Sabine Adler
Was wird aus Russland?

SABINE ADLER

# Was wird aus Russland?

## Über eine Nation zwischen Krieg und Selbstzerstörung

**Ch.Links** VERLAG

Auch als ebook erhältlich

Die Deutsche Nationalbibliothek verzeichnet diese Publikation in der Deutschen Nationalbibliografie; detaillierte bibliografische Angaben sind im Internet über www.dnb.de abrufbar.

Ch. Links Verlag ist eine Marke der Aufbau Verlage GmbH & Co. KG

2. Auflage 2024

www.aufbau-verlage.de/ch-links-verlag
Prinzenstraße 85, 10969 Berlin

Umschlaggestaltung: zero-media.net, München;
Foto © Natascha Zivadinovic
Satz: Nadja Caspar
Druck und Bindung: Friedrich Pustet GmbH & Co. KG,
Gutenbergstr. 8, 93051 Regensburg

ISBN 978-3-96289-209-8

# Inhalt

**Vorwort 9**

**»Schlimmer als Krieg ist nur ein verlorener Krieg« 16**

**Die sedierte Gesellschaft 28**

»Wir tun so, als ob wir arbeiten, weil ihr so tut, als ob ihr uns bezahlt« 36

Angepasste, Indifferente und Zyniker 44

**Wo eine Mini-Revolte den Führer erschreckt 52**

**Krieg als Überlebenschance für Diktatoren 62**

**Silowiki auf Beutezug 74**

Die Petersburger Diebesbande 77

Surkow – Spindoktor des Demokratieabbaus 84

Beresowski – der Pate des Kremls 88

Kowaltschuk – »Putins Brieftasche« 93

Toxische Milliarden 96

»Im Netz sind wir Spinne, nicht Fliege« 103

Tödlicher Kampf um Pfründe 109

Räuber in Uniformen – Russlands kaltgestellte Justiz 117

**Das Schreckgespenst vom Bürgerkrieg 124**

Staatliche bewaffnete Verbände 128

Privatarmeen – die Büchse der Pandora 132

Der Schattenmann 135

Machtkampf im Auge des Orkans 149

»Erst der Krieg macht einen Mann zum Mann« 152

**Putins Geheimtruppe – vom Exportschlager zum Konkurrenten um die Macht 161**

Wagner in Afrika 162

Der König ist tot, es lebe der König – Prigoschins Nachfolger 170

Privatarmeen und der innerrussische Machtkampf 173

**Gefahr von rechts außen 175**

Kriegsberichterstattung ohne Journalisten 176

Rechtsextreme Opposition in Putins Machtgefüge 180

**Die »versklavten Völker« der Russischen Föderation 184**

Moskaus Statthalter in Tschetschenien 185

Unruheherd Dagestan 189

Kalmückien – wo der Glaube an eine Zukunft mit Russland schwindet 193

Burjatien – »Wir dürfen nicht weinen« 196

Wo Putins Buddhisten Karma kaufen 198

Wenn Wälder dem Klima nicht mehr helfen, sondern schaden – Raubbau in Jakutien 203

Tatarstans geliebte Privilegien 214

Baschkortostan – »Wir kämpfen nicht für Putins Imperium« 217

Russlands Schweigen über den eigenen Kolonialismus 223

Realität in Tuwa – »Wir sind in Wahrheit eine Kolonie« 225

Kolonialismus 2.1 – Putins Griff nach dem weißen Gold der Ukraine 231

Wie aus Worten Taten werden 238

**Schutzlos ausgeliefert 253**

Das russische Antifoltergesetz – ein zahnloser Tiger 257

Folter als Besatzungspolitik 259

Gewalt in der Familientradition 266

**Kinder als Kriegsbeute 268**

Die Verschleppung der Jüngsten 274

Putin allein zu Hause? 280

Russland – das abschreckende Beispiel 284

**Der Traum von Russlands Läuterung 290**

**Kann es die Opposition richten? 296**

**Was verlorene Schlachten lehren 304**

**Was also wird aus Russland? 317**

**Anhang**

Quellen 323

Dank 336

Sie haben mich gepeinigt,
weil ich zu denken wagte,
sie haben mich gesteinigt,
weil ich mein Denken sagte.

*Michail Jurjewitsch Lermontow*
*(1814 – 1841)*

# Vorwort

Was wird aus Russland? Meine Arbeit als Korrespondentin hat mich mit dem Land und seinen Menschen eng verbunden. Es liegt mir nicht nur in politischer und wirtschaftlicher Hinsicht am Herzen, sondern auch als Gesellschaft. Aber es wird immer schwerer zu erfahren, was tatsächlich in ihm vorgeht. Für Journalisten herrscht praktisch Berufsverbot.

Einfach war es nie, über Russland zu informieren. Schon während der Stalin-Herrschaft wurden westliche Berichterstatter als potenzielle Spione angesehen. Bis zum Ende der Sowjetunion legte man ihnen Steine in den Weg wo immer möglich. Mit Glasnost und Perestroika änderte sich das. Allerdings auch nicht überall. Funktionäre in vielen Orten der russischen Provinz meinten, uns Ausländern immer noch vorschreiben zu können, mit wem wir Interviews führen dürfen und mit wem nicht. Obwohl die vom Außenministerium erteilte Akkreditierung landesweit galt. Von Kaliningrad bis Wladiwostok. Mit Putins Amtsantritt 1999 kehrte das Sowjetverständnis zurück, Medienvertreter aus anderen Ländern nach Belieben zu gängeln. Sie werden überwacht, auch digital. Oder riskieren, bei der Arbeit festgenommen zu werden, wie Evan Gershkovich, der Korrespondent des *Wall Street Journals*. Seine Haft soll alle Pressevertreter abschrecken.

Inzwischen werden vom russischen Justizministerium Listen von Journalisten angelegt, die man als »Ausländische Agenten« eingruppiert. Rund 150 russische wie westliche Medien und Rechercheorganisationen stehen auf dieser Liste, dazu die Namen von über 300 Kolleginnen und Kollegen. Es werden immer mehr. Russische Journalisten arbeiten, wenn überhaupt, nur noch im Untergrund oder außerhalb des Landes. Stalin lässt grüßen.

Trotz dieser enormen Widerstände wird weiterberichtet. Die Profis von *Meduza,* Radio Swoboda, *The Insider, Projekt, Mediasona, Waschnije Istorii,* der *Nowaja Gaseta, Moscow Times,* vom TV-Kanal Doschd und viele andere Berichterstatter lassen sich nicht stoppen und fördern unablässig wertvolles Wissen zutage. Ebenso zahlreiche Organisationen, wie Memorial oder OWD-Info, die Verletzungen von Menschenrechten in Russland dokumentieren. Dieser Fundus ermöglicht es in- und ausländischen Beobachtern, die aktuelle Lage differenziert zu beurteilen.

Ohne die Hilfe der Russinnen und Russen, die ausländischen Reportern wie mir ehrlich Auskunft geben, wäre das dennoch unmöglich. Diese Informanten riskieren, verfolgt, festgehalten, verprügelt oder eingesperrt zu werden – einige von diesen mutigen Menschen haben das bedauerlicherweise erleben müssen. Diejenigen, die es dennoch weiterhin wagen, nutzen eine der letzten Gelegenheiten, der Welt ihre Ansicht über die realen Verhältnisse mitzuteilen. Denn sobald die unabhängige Medienberichterstattung im Inland ganz eingestellt wird, die internationale Presse gar nicht mehr berichtet, werden die einheimischen Kritiker völlig isoliert sein.

Ohnehin reden Russinnen und Russen viel seltener miteinander. Wer den Überfall auf die Ukraine als Katastrophe begreift, wird von denen, die davor die Augen verschließen oder ihn gar gutheißen, nicht mehr gehört. Der Graben ist so breit, dass man die auf der anderen Seite nicht mehr versteht. Denunzianten, die Andersdenkende anschwärzen, tun ihr Übriges.

Die russische Gesellschaft diskutiert über kein einziges relevantes Thema mehr öffentlich. Politik als Verständigung über Einstellungen und Ziele findet nicht mehr statt. Dafür sorgen der russische Präsident und seine Führungsriege seit vielen Jahren. Die Folge ist vor allem ein Realitätsverlust im Inneren des Landes, von dem auch die Regierung nicht ausgenommen ist. Sie lebt längst in einer Parallelwelt. Die Auswirkungen einer solchen Entfernung von der Wahrheit sind in jeder Diktatur zu beobachten. Das Erwachen daraus dürfte auch für Russland schrecklich sein. Weil in diesem Augenblick offenbar werden wird, wie sehr die Politik Putins und zuletzt sein als militärische Spezialoperation bemäntelter Krieg gegen die Ukraine Russland von innen zerstört hat.

Dazu gehört auch, Russland und die Russen von der freien westlichen Welt abzuschotten. Dennoch stehen weit mehr Informationsquellen zur Verfügung, als die gleichgeschalteten russischen Staatsmedien glauben machen wollen. Zwar geben einige der bislang kooperativen Gesprächspartner in Anadyr, Belgorod, Grosny, Inta, Jakutsk, Jekaterinburg, Machatschkala, Magadan, Moskau, Nischni Nowgorod, Sankt Petersburg und vielen anderen Orten aus Angst keine Auskunft mehr. Andere – in Behörden oder Kultureinrichtungen – sind durchaus noch gesprächsbereit. Weil sie erkennen, wohin sich ihr Land bewegt – und das als große Gefahr begreifen. Mitunter ist es jetzt sogar einfacher, in Kontakt zu treten, da man als Besucher nicht mehr an ihre Tür klopfen muss, sondern sich weitaus unbeobachteter online treffen kann. Bei den vielen klugen Kritikern, die in den Westen emigriert sind, wird man ohnehin mit offenen Armen empfangen. Und so mancher Putin-Gegner verschafft sich ganz ungefragt und dermaßen laut Gehör, dass es jeder mitbekommen muss. Nicht zu vergessen die Expertise der Spezialisten, die sich seit Langem mit Russland wissenschaftlich beschäftigen. Russland ist keine Black Box. Eine Bestandsaufnahme ist durchaus möglich.

Die Zukunft eines Landes ist ohne seine Gegenwart nicht vorstellbar, ebenso wenig ohne seine Vergangenheit. Denn wohin es geht, hängt maßgeblich davon ab, wo es steht und woher es kommt. Deshalb richte ich in diesem Buch den Blick auf die aktuelle Verfasstheit Russlands, nicht aber, ohne sie immer auch ins Verhältnis zu seiner Geschichte zu setzen. Vom Ende der UdSSR und der postsowjetischen Zeit über unterschiedliche Phasen der Sowjetunion bis hin zur Stalin-Herrschaft und dem vorher untergegangenen Zarenreich.

Noch ist ungewiss, wie Russlands Krieg gegen die Ukraine ausgeht. Fest steht schon jetzt, dass die Reputation der Russischen Föderation nachhaltig gelitten hat und das bestehende Machtgefüge auf dem Globus verschoben wurde. Dennoch bleibt Russlands Anwesenheit in Europa eine unumstößliche Tatsache. Nachbarn, Verbündete und Gegner werden mit Russland leben müssen. Ihre Beziehungen zu dem Aggressorstaat werden maßgeblich davon bestimmt sein, ob Russland in der Ukraine gewinnt, verliert oder ob der Krieg eingefroren wird. Nach welchen Szenarien sich das vollziehen könnte, ist ebenfalls Gegenstand dieses Buches.

Am unmittelbarsten wird natürlich die Ukraine vom Ausgang des Krieges betroffen sein. Sollte Russland ihn gewinnen, wird die Ukraine nicht mehr das Land sein, das es seit seiner Unabhängigkeit 1991 gewesen ist. Russland wird es sich vollständig unterwerfen und sein Gewaltregime über die bisher besetzten Gebiete hinaus errichten. Die Soldatinnen und Soldaten, die den Kampf gegen Moskaus Streitkräfte überlebt haben, werden in Gefängnissen festgehalten werden, so wie das mit den proukrainischen Menschen geschehen ist, die man in sogenannten Filtrationslagern bereits als Russlandfeinde identifiziert hat. Oder sie werden zur Zwangsarbeit nach Sibirien verbannt, wie es russische Regierungsberater neuerdings vorschlagen. Immer mehr Ukrainer werden fliehen. Die, die bereits im Ausland Zuflucht gefunden haben, werden nicht zurückkehren. Die stark zerstörten Städte und Dörfer werden willige Russen und Russinnen besiedeln, denen man – wie schon für einen Umzug auf die Krim – lukrative Prämien zahlt. Aber wie nach der Errichtung der Sowjetmacht und nach dem Zweiten Weltkrieg werden ukrainische Partisanen den russischen Okkupanten das Leben schwermachen. Ob sie allerdings je genug Kraft entwickeln werden, ihr Land zurückzuholen, bliebe offen.

Ein Sieg Russlands wäre auch ein fatales Signal an die internationale Gemeinschaft: Nicht das Recht setzt sich durch, sondern der Stärkere. Für Russlands Nachbarn, allen voran die Europäische Union, hieße das, auf weitere Expansionsgelüste des Kremls gefasst sein zu müssen.

Hätte Belarus überhaupt noch eine Zukunft als eigenständiger Staat? Oder wird es der Russischen Föderation früher oder später einverleibt, weil dem belarussischen Machthaber sein politisches Überleben wichtiger ist als die Souveränität des Landes? Werden auch die ehemaligen Sowjetrepubliken im Kaukasus und in Zentralasien zittern müssen? In Georgien, Armenien, Aserbaidschan und Kasachstan gibt es noch immer russischsprachige Minderheiten. Macht man sich in der Mongolei, dem ehemaligen Satellitenstaat der UdSSR, Sorgen? Oder in Japan, wo der Streit mit Moskau um die Kurilen neu aufgeflammt ist? Wie wird sich die Türkei, die mal auf Kiew und mal auf Moskau zugeht, dem kriegerischen Land gegenüber positionieren? Die Länder, die sich mit Russland eine Grenze teilen, befinden sich schon jetzt in größter Gefahr.

Selbst für China, das bislang bestenfalls als halbherziger Friedensstifter auftrat, wäre ein Sieg Russlands keineswegs nur Grund zur Zufriedenheit. Die unendliche Freundschaft, die Xi und Putin einander zugesichert haben, könnte einer neuen Konkurrenz weichen. Zugleich würde sich Peking vorwerfen lassen müssen, den Sieg des Kremls nicht verhindert zu haben, obwohl es dazu in der Lage gewesen wäre. Andererseits schreitet China, ähnlich wie Russland, politisch stramm in Richtung Diktatur.

Der Gedanke liegt nahe, dass sich beide Länder verbünden könnten – gegen den demokratischen Westen. In der Folge könnten auch die Chinesen mit westlichen Sanktionen belegt und ihnen die Zugänge zu den wichtigen, weil großen Absatzmärkten der Europäischen Union und der Vereinigten Staaten verwehrt werden. Die USA würden sich in ihrer Sicherheitspolitik vermutlich noch stärker auf Peking konzentrieren. Zumal ihre Bereitschaft, weiter den Löwenanteil für Europas Schutz zu übernehmen, spürbar gesunken ist.

Es führt kein Weg daran vorbei: Russland bleibt Nachbar. Auch wenn es noch so schwerfällt, muss zumindest ein Nebeneinander gelingen. Ob es aber genügt, auf die diplomatischen Mittel der friedlichen Koexistenz aus Zeiten der Ost-West-Konfrontation zurückzugreifen, bleibt abzuwägen. Denn an die wirtschaftliche Kooperation anzuknüpfen, dürfte kaum eine Lösung sein. An einem vernünftigen Umgang miteinander wird hart gearbeitet werden müssen. Das ist keine Aufgabe für die Ukraine allein. Auch die Verbündeten in Europa und im Westen insgesamt sind gefragt, indem sie weiter für die Sicherheit und den Schutz der Ukraine einstehen. Außerdem haben sie Erfahrung mit komplizierten Nachkriegskonstellationen. Vor allem aber setzen die demokratischen Werte die Standards, ohne die eine gewaltfreie Nachbarschaft nicht auskommt.

Was aus Russland wird, entscheiden in erster Linie seine Bürgerinnen und Bürger. Dreiviertel sind mit der Regierung zufrieden. Obwohl ihr Präsident Krieg gegen einen Nachbarn führt, zu dem engste familiäre und freundschaftliche Verbindungen bestanden haben. Obwohl der Eroberungsfeldzug Hunderttausende von Männern das Leben kostet, obwohl er Russland im Westen zum Paria gemacht hat. Diese übergroße Mehrheit genauer zu verstehen, ist wichtig, um einzuschätzen, welche gesellschaftlichen Veränderungen mit ihr überhaupt möglich sind.

Die »Eine-Million-Dollar-Frage« lautet, wie lange der Krieg

noch dauert, und daran anschließend: Wie lange hält sich Putins Machtapparat noch? Wenn als Antwort ein Datum erwartet wird, muss wohl jeder passen. Eine Analyse und Einordnung des derzeitigen Kräfteverhältnisses im Land sind jedoch sehr wohl möglich. Entwicklungen vorauszudenken, ist für eine Zukunft mit Russland unabdingbar.

Sabine Adler, Berlin im Januar 2024

# »Schlimmer als Krieg ist nur ein verlorener Krieg«

Auf die Russen und Russinnen hat der Krieg in der Ukraine bislang kaum Auswirkungen, solange sie in einer der zehn größten Städte leben, denn dort werden nur wenige Soldaten für die Front rekrutiert. Auch von den westlichen Sanktionen gegen Russland merkt die breite Masse fast nichts. Einschränkungen spüren nur diejenigen, die häufig importierte Waren gekauft oder internationale Geschäfte gemacht haben bzw. ihren Urlaub gern im Ausland verbrachten. Für diesen Personenkreis hat sich der Bewegungsradius deutlich verkleinert. Die mehr als 20 Millionen Menschen, die unterhalb der Armutsgrenze leben, sind ebenfalls wenig betroffen. Ihnen ging es vor dem russischen Einmarsch in die Ukraine schlecht, und so ist es immer noch.

Doch je länger der Krieg dauert, desto trotziger klingen viele Russen, wenn man sie nach ihrer Meinung zum Feldzug gegen das Nachbarland fragt. Tenor: Schlimmer als Krieg ist nur ein verlorener Krieg. Es sei ein verrückter Fehler gewesen, den Krieg anzufangen, aber jetzt müsse man ihn gewinnen, sonst würden die Russen den Kummer der Besiegten erleiden. Putin habe ihnen die Suppe eingebrockt. Verdammt sei er. Solche und ähnliche Aussagen stammen keineswegs nur von Menschen, die russische Staatsmedien nutzen, sondern auch von Leuten, die unabhängige russischsprachige Internetzeitungen lesen. Der 35-jährige Andrej aus Wolgograd sehnt beispielsweise keinesfalls das Ende des Krieges herbei, denn dann stünden Sieger und Verlierer fest. Eine Niederlage Russlands würde eine nationale

Demütigung bedeuten, die man nicht zulassen könne. Deshalb sei es notwendig zu gewinnen – es gebe keine andere Wahl.

Dem einen oder der anderen schwant, dass eine russische Niederlage das Ende ihres bisherigen Lebens bedeuten könnte. Bei diesem Gedanken wird Alexej, 24 Jahre alt, aus dem sibirischen Jakutsk, ganz bang: »In diesem Fall wird es allen schlechter gehen und die Welt, an die wir uns gewöhnt haben, wird mit Sicherheit zusammenbrechen, und es wird mehr Dunkelheit herrschen. Der Krieg ist falsch, aber ihn zu verlieren ist inakzeptabel.« Sergej, 38 Jahre alt, hält sich nicht für einen Kriegsbefürworter. »Aber leider steht mein Vaterland im Moment vor der Existenzfrage. Ich will nicht, dass mein Land zerfällt und zerstört wird.« Dmitri, 35 Jahre alt, lebt in Moskau und war konsequent gegen den Krieg. Doch jetzt wird die Angst um sich und seine Freunde, dass sie einberufen und an die Front geschickt werden könnten, verdrängt von einer viel größeren Sorge. Dass sich das Leben in der Russischen Föderation dramatisch verschlechtern wird, wenn es keinen Weg gibt, aus der Situation herauszukommen, ohne das Gesicht zu verlieren. Oleg, 27 Jahre, wird es beim Gedanken an den von Wolodymyr Selenskyj vorgelegten und vom »kollektiven Westen« unterstützten »Friedensplan« mulmig, denn er rechnet damit, dass Russland höchstwahrscheinlich ein solcher Schaden zugefügt werden würde, dass es nicht sicher sei, ob es ihn überlebt. Auch die Vorstellung, dass sie als russische Bürger jahrzehntelang die Reparationen für die Fehler anderer zahlen sollen, lässt Menschen wie Oleg lieber am Krieg festhalten als aufgeben. »Atomwaffen abgeben und Reparationen zahlen – nein danke.«

Schlecht für das Selbstwertgefühl ist auch die Aussicht, dass niemand mehr mit der Verliererseite reden würde. Ruslan, 28 Jahre alt, aus Kasan, sieht einerseits die Schwäche der russischen Diplomatie, die den Konflikt mit dem Nachbarn nicht habe beilegen können, andererseits habe die Ukraine die Wahl gehabt: »Sie hätte sich in den ersten Tagen des Krieges mit uns einigen und unsere Forderungen erfüllen können, bevor die Dinge zu weit gingen. Sie hätte dann zwar Territorium verloren, aber sie hätte sich als Staat erhalten. Ist Land wichtiger als Menschenleben? Die Ukraine trägt also auch einen Teil der Schuld, dass Menschen ihr Leben verloren haben. Ich bin sicher, dass die Menschen in den Gebieten, die an Russland gegangen wären, nicht schlechter gelebt hätten. Vielleicht sogar irgendwo besser.«

Diese Aussagen von eher jüngeren Personen mit Zugang zu unabhängigen Medien klingen noch moderat, gemessen an denen, die aus staatlichen Quellen sprudeln. Aber auch die Internetaffinen sind von der russischen Propaganda beeinflusst, wie sich an ihren Statements bei einer Leserumfrage vom russischen Exil-Portal *Meduza* ablesen lässt. »Die Ukraine ist nicht auf der Suche nach Frieden. Sie will nur mehr Waffen, um russische Städte zu beschießen.« Bei Wiktoria, 27 Jahre alt, die dieser Meinung ist, entfaltet die Taktik der Täter-Opfer-Umkehr und Stilisierung der Russen als Leidtragende ihre Wirksamkeit. Hat sie früher den Krieg kritisiert, verteidigt sie ihn inzwischen: »Nachdem ich gesehen habe, wie groß der Hass auf Russland und die Russen ist, wie groß die Freude über die Explosion der Krim-Brücke war und wie viele Waffen aus dem Westen in die Ukraine geliefert wurden, begann ich zu begreifen, dass Russophobie und andere Dinge, die ich früher für dumme Propaganda hielt, nicht immer gelogen sind. Krieg ist immer traurig, aber manchmal sind unpopuläre Entscheidungen die richtigen.«

In dieser russischen Mischung aus Selbstmitleid, der Angst vor einem Wohlstands- und Ansehensverlust und der Furcht vor einer instabilen Zukunft des Landes sucht man eines vergeblich: Scham und Anteilnahme angesichts des Leids, das das russische Volk über seine ukrainischen Brüder und Schwestern gebracht hat. Dieser Egoismus wird eine ehrliche Auseinandersetzung der russischen Bevölkerung mit ihrer Mitverantwortung für den

Krieg schwer machen. Zumal es gegenwärtig keine Kräfte im Land gibt, die Aufklärung, Aufarbeitung und politische Bildung leisten könnten.

Im Gegensatz zur Mehrheit der russischen Bevölkerung leidet die ukrainische seit Beginn des Überfalls im Februar 2022 und teilweise seit der Besetzung der Ostukraine im Jahr 2014 tagtäglich und allumfassend unter den Auswirkungen des Kriegs. Es ist schwer, in Erfahrung zu bringen, wie sich die Menschen in der Ukraine ihre Beziehung zu Russland nach dem Krieg vorstellen. Viele winken ab, wollen oder können darüber nicht nachdenken, weil es im Moment zu schmerzhaft ist. Oft fallen die Worte »nie« und »nie wieder«. Nie würden die Ukrainer den Russen vergeben können, niemals würden sich die Russen bei den Ukrainern entschuldigen. Nie würden sie aus ihrer schrecklichen Geschichte die richtigen Lehren ziehen, nie wieder werde man friedlich miteinander auskommen können.

Gut gemeinte Versuche von außen, Ukrainer und Russen aus der Zivilgesellschaft, Künstler oder Schriftsteller, an einem Tisch zu versammeln, enden derzeit oft in Frust und Streit, verursachen mehr Ärger, als dass sie das gegenseitige Verständnis befördern. Das PEN World Voices Festival unternahm einen ambitionierten Versuch, beide Seiten zusammenzubringen, ohne jedoch die Beteiligten zu fragen, was sie davon hielten. Organisator war der Autorenverband PEN America, der die ukrainischen Schriftsteller Artjom Tschapai, Artjom Tschech sowie die Filmemacherin Iryna Tsilyk nach New York eingeladen hatte. Die drei knüpften ihre Zusage ausdrücklich an die Bedingung, dass das Festival ohne russische Teilnehmer stattfindet. Erst vor Ort erfuhren sie, dass es doch eine Veranstaltung mit russischen Journalisten geben sollte. Unter anderem mit der russisch-amerikanischen Journalistin Masha Gessen, die für den *New Yorker* aus der Ukraine berichtet und als eine entschiedene Putin-Gegnerin gilt. Eine »gute« Russin also. Für die Ukrainer spielte das keine Rolle. Auch, dass die »Opfer der Tyrannei« thematisiert werden sollten, änderte daran nichts. Tschapai, Tschech und Tsilyk waren drauf und dran abzureisen. Erst als die Russen auf ihre Mitwirkung verzichteten, lenkten sie ein.

Masha Gessen, Vize-Präsidentin des PEN in den USA, sprach von Erpressung und gab ihren Posten auf. Eine Debatte in russischen und amerikanischen Medien entbrannte, warum sich ausgerechnet Russen nach diesem Vorfall als Opfer stilisierten. Und ob es erlaubt sei, die gesamte russische Bevölkerung mit den Verbrechen des russischen Militärs gleichzusetzen. Der ukrainische PEN erklärte seine harte Haltung. Gemeinsame Auftritte könnten »die Illusion der Offenheit für einen ›Dialog‹ zwischen der Ukraine und Russlands wecken, noch bevor das russische Regime besiegt ist, noch ehe seine Kriegsverbrecher vor Gericht gestellt werden und Russland die Konsequenzen für alle Verbrechen trägt, die es in der Ukraine begangen hat«. Die amerikanischen Organisatoren wiederum machten deutlich, dass ihnen ausdrücklich an »schreibenden Soldaten« gelegen gewesen sei, weil es in den USA eine Tradition der Veteranenliteratur gebe.

Aber Artjom Tschapai und Artjom Tschech sind keine ehemaligen, sondern noch aktive Soldaten. Sie hatten sich die Reise in die USA, und damit ihre Abwesenheit von der Front, vorab genehmigen lassen müssen. Tschech kämpft schon seit 2015 in der Ostukraine, Tschapai hat sich vor dem Krieg für die Rettung historischer Baudenkmäler in Kiew eingesetzt. Auch wenn die beiden als Schriftsteller nach New York gekommen waren, sind sie doch zuallererst Armeeangehörige. »Ein Soldat kann keinen ›separaten Waffenstillstand‹ aushandeln, selbst wenn dieser metaphysischer Natur ist«, erklärte Artjom Tschapai seine besondere Lage.

Der Schriftsteller Serhij Zhadan und seine Kollegin Sofia Andruchowytsch boykottierten schon sehr früh, drei Monate nach

Kriegsbeginn, binationale Runden. Sie sagten ein Literaturfestival in Norwegen ab, weil der russische Journalist Dmitri Muratow und die Pressesprecherin des Oppositionsführers Alexej Nawalny, Kira Jarmysch, ebenfalls eingeladen waren. Nicht einmal die Tatsache, dass Muratow 2021 Friedensnobelpreisträger war, machte für Zhadan und Andruchowytsch einen Unterschied.

Diese Streitigkeiten in der Literatur- und Oppositionellenszene erinnern an den massiven Protest in der Ukraine, als 2022 neben der ukrainischen auch die russische Menschrechtsorganisation Memorial und die belarussische Wjasna den Friedensnobelpreis erhielten. Die Leiterin des Zentrums für bürgerliche Freiheiten, Oleksandra Matwitschuk, die für ihr ukrainisches Team die Ehrung entgegennahm, hatte zwar versucht, die Wogen zu glätten, wirklich verstummt ist die Kritik jedoch nicht.

Mitunter wollen Veranstalter Diskutanten aus gleich zwei Aggressorstaaten, aus Russland und aus Belarus, mit Ukrainern an einen Tisch setzen. Das ist sicherlich gut gemeint. Tatsächlich aber werden Teilnehmer keineswegs nur als individuelle Künstler oder Wissenschaftler, sondern immer auch als Repräsentanten ihrer Länder eingeladen. Somit ist jede ihrer Äußerungen niemals nur persönlich oder gar privat, sondern ebenso ein Sprechen für ihre Länder, die sich an der Front gegenüberstehen. Teilnehmer aus mehreren ehemaligen Sowjetrepubliken stört es außerdem, in einen Topf geworfen zu werden. Denn weder gleicht sich ihre Bewertung der sowjetischen Geschichte, die abweicht von der russischen Sicht, noch wird die Unterschiedlichkeit ihrer Länder wahrgenommen, um die die neuen Nationalstaaten nach dem Zerfall der UdSSR so sehr ringen. Sie wollen schließlich gerade in ihrer Eigenständigkeit gesehen und nicht nur über ihr Verhältnis zum heutigen Russland definiert werden.

Die größte Schwierigkeit aber ist, auf den Podien eine gemeinsame Sprache zu finden. Es geht nicht nur darum, dass alle

Englisch sprechen, obwohl man sich auch auf Russisch verständigen könnte. Vielmehr soll ein schreibender ukrainischer Soldat wie Artjom Tschapai oder Artjom Tschech in Masha Gessen nur noch die liberale Journalistin wahrnehmen, nicht aber ihre russische Herkunft, die trotz aller Individualität zu ihr als Person des öffentlichen Lebens dazugehört. Obwohl Gessen bereits 1981 mit ihrer Familie in die USA ausgereist ist und auch die amerikanische Staatsbürgerschaft besitzt. Es ist nachvollziehbar, dass es schwerfallen kann, von der kriegerischen Aggression Russlands zu abstrahieren, um sich auf eine konkrete Gesprächssituation einlassen zu können, die aber genau diese kriegerische Aggression zum Thema hat, wenn man den Frieden, Freunde, Bekannte oder Familienangehörige, seine Wohnung und die Heimat verloren hat.

Zumal Kunst und Kultur durchaus als Waffe eingesetzt werden. Der Direktor der Eremitage in Sankt Petersburg Michail Piotrowski lässt sich nur zu bereitwillig vom Kreml einspannen. Und noch mehr: Er outete sich gar als Kriegsbefürworter. In den über 30 Jahren an der Spitze eines der wichtigsten Kunstmuseen des Landes ist er noch nie durch einen unabhängigen Geist aufgefallen. Im Gegenteil, oft vermied er es, Stellung zu beziehen, vor allem, wenn es um die Rückgabe von Beutekunst ging, die die Rote Armee 1945 in die Sowjetunion mitgenommen hatte. Eine unbekannte Menge davon lagert bis heute in den Magazinen der weltberühmten Gemäldesammlung. Umso bemerkenswerter ist es, dass er sich jetzt ganz unverhohlen auf Putins Seite geschlagen hat. Und damit nicht genug, er geht selbst zum Angriff über. Er möchte die Ausstellungen seines Hauses im Ausland als »eine große kulturelle Offensive« verstanden wissen, als eine Art »Spezialoperation«. Piotrowski wählt nicht von ungefähr diese Bezeichnung: Es ist dieselbe wie die, die der Kreml anstelle von »Krieg« verwendet. Kein Wunder, dass es nicht nur Menschen in der Ukraine schwerfällt, Kultur, Politik und Krieg zu trennen, wenn es um Russland geht. Die russische Kultur als Ganzes gerät durch Äußerungen von Schwergewichten wie Piotrowski unter den Verdacht der Kriegsbefürwortung: »Wir sind alle Militaristen und Imperialisten. [...] Wir, die Menschen der Kultur, müssen jetzt unsere Beteiligung an allem, was geschieht, verstehen. Nach dem Prinzip: ›Wenn die Kanonen sprechen, sollten auch die Musen sprechen.‹«

Selbstverständlich steht der Leiter der Eremitage nicht für alle russischen Künstlerinnen und Künstler. Aber viele lassen sich – genau wie er – vereinnahmen. Diesen Vorwurf musste sich die russische Schriftstellerin Ljudmila Ulitzkaja noch nie machen lassen. Sie hat eines sehr früh verstanden: Wenn sich die Menschen nicht gegen ihre Instrumentalisierung durch den Staat wehren, kann er mit ihnen machen, was er will. Indem sie den Weg des geringsten Widerstands wählen, glauben viele, von jeglicher Verantwortung befreit zu sein. Selbst Jahrzehnte nach dem Ende der Sowjetunion würden immer noch »sowjetische« Menschen geschaffen, so Ulitzkaja in einem Interview im März 2023, Menschen, die immer für alles stimmten, was ihnen vorgeschlagen werde, niemals dagegen. Ja-Sager.

Seit Jahren meldet sich die erklärte Putin-Gegnerin zu Wort. Sie hat sich noch nie mit einer Regierung ihres Landes identifizieren können. Die Oberen seien immer weit von ihr entfernt gewesen und sie hätte ihrerseits zu ihnen Distanz gehalten. Aber mit dem russischen Einmarsch in die Ukraine sei ein Moment gekommen, in dem das nicht mehr genügt hätte: Sie musste weg. Kurz nach Kriegsbeginn verließ Ulitzkaja Russland und zog nach Berlin, Letzteres auch wegen ihrer treuen deutschen Leserschaft. »Das Regime unterdrückt alles. Seit 1924 wissen sie, wie man die Repression organisiert, wie man Leute ins Gefängnis bringt, wie man sie liquidiert. Dieser Mechanismus funktioniert bis heute.« Im Wohnzimmer zeigt sie auf ein Dutzend oval gerahmter Fotografien an der Wand. Die Gewalt Russlands gegen die eigene Bevölkerung hat Spuren in ihrer Familie hinterlassen: Beide Großväter saßen in Stalins Lagern.

Für Ulitzkaja besteht die Haupttragödie Russlands darin, dass Menschen von jeglicher Verantwortung entbunden werden. Auch deswegen mag sie nicht mit dem Finger auf ihre Landsleute zeigen. »Wer bin ich, dass ich sage, sie sind schuld. Dann bin auch ich schuld.« Sie nimmt die Russinnen und Russen nicht in Schutz, es gebe Spielräume, die man nutzen könne. Für sich selbst hat sie manchmal welche gesehen. Immer wenn die Regierung bei Wahlen um ihre Zustimmung bat, hat Ulitzkaja sie verweigert. Doch obwohl sie zu den allerersten Dissidenten gehört, verbotene Samisdat-Literatur verbreitete, soll bloß niemand aus ihr eine Heldin machen.

1968 solidarisierte sie sich mit den drei Frauen und fünf Männern, die am 25. August vor dem Kreml mit einem Plakat gegen den Einmarsch der Roten Armee in Prag protestierten. »Für die Freiheit – unsere und die der Tschechoslowakei.« Ihre Freundin, die Dichterin Natalja Gorbanewskaja, gehörte zu den Demonstranten. Ulitzkaja selbst war nicht auf dem Roten Platz dabei, aber sie weigerte sich, diese acht mutigen Menschen zu verurteilen, wie es landauf, landab von den Sowjetbürgern in den Parteiorganisationen und Arbeitskollektiven erwartet wurde. Auch im Institut für allgemeine Genetik der Akademie der Wissenschaften, in dem Ljudmila Ulitzkaja tätig war. Auf einer Versammlung des Instituts sollten sich alle von den Dissidenten distanzieren. Ulitzkaja hatte sich einen Platz an der Tür ausgesucht, um sich kurz vor der Abstimmung davonzuschleichen. Doch plötzlich war die Tür abgeschlossen. Als sie das merkte, wollte sie nur noch fort. »Dafür musste ich quer durch den ganzen Saal. Ich ging also auf meinen hohen Absätzen – klack, klack, klack – am Präsidium vorbei und verließ den Saal durch eine andere Tür.« Rausgehen, um sich nicht verleugnen zu müssen, das sei ihre sichtbarste Protesthandlung gewesen.

Zwei Monate später bezahlte sie ihre Aktionen mit dem Verlust ihres Jobs. Sie hatte Biologie studiert und schrieb gerade ihre Doktorarbeit, die sie nicht mehr beenden durfte. Sie verlor ihre Stelle am Institut und hörte auf, als Genetikerin zu arbeiten. Ihr Geld verdiente sie fortan mit Theaterrezensionen. Oft über schlechte Aufführungen. Schließlich schrieb sie selbst Stücke, von denen bis heute einige auch international aufgeführt werden, sofern russische Kunst nicht auf dem Index steht. Ein Gutes hätten schlechte Zeiten, sagt Ulitzkaja: »Die Qualität eines Menschen wird nicht mieser, sondern besser. Die Leute sind einander viel wohlgesinnter und hilfsbereiter. Ich erinnere mich an meine Freundin, die Verkäuferin war. Wenn ich bei ihr Fleisch kaufte, gab sie mir immer sieben Stück: eines für mich und sechs für unsere anderen Freundinnen. Wir kümmerten uns umeinander. Denn wir konnten unser Leben nur gemeinsam meistern. Wir waren voneinander abhängig und darum immer bereit, uns gegenseitig zu helfen. Allein hätten wir dieses Leben nicht ausgehalten.« Bis heute, ist Ulitzkaja überzeugt, würden Russen Schicksalsgemeinschaften bilden, weniger aus Nächstenliebe, sondern weil sich der Staat nicht um die Menschen kümmere. Die Autorin hat Generationen von Leserinnen und Lesern in der Sowjetunion und Russland, aber auch weit darüber hinaus, vor allem mit unzähligen berührenden Frauenschicksalen bekannt gemacht – in einem für die russische Literatur eher seltenen Ton, von heiter-ironischer Leichtigkeit. Mehrfach wurde sie für den Literaturnobelpreis gehandelt. Sie kann verstehen, dass viele Menschen heute alles Russische in der Kunst ablehnen. »Ich denke, dass diese Abneigung eine gesunde Reaktion ist. Die russische Literatur hat Wertvolles zu bieten. Wenn die Welt das irgendwann wieder annimmt, dann wird sie auch weiter existieren. Aber man wird auch erleben, dass die Zeit über das eine oder andere Werk hinweggehen wird, wie das bei Tolstoi und Dostojewskij zum Beispiel schon der Fall ist.«

Die Ukrainer haben auch Alexander Puschkin vom Sockel geholt. Generationen sind mit den Versen des russischen Nationaldichters aufgewachsen. Heute klingen die Texte für sie antiukrainisch, antiwestlich, chauvinistisch. Die Berührungsängste sind keineswegs auf die Kunst-, Medien- und Aktivistenszene begrenzt. Olena Pawlenko, Präsidentin der ukrainischen Denkfabrik DIXI Group, lehnt jede Veranstaltung mit Vertretern aus Belarus und Russland ab. Als die Vereinten Nationen zu einem Workshop einluden, nicht um über Krieg oder Frieden zu debattieren, sondern »nur« Energie- und Umweltfragen zu klären, sagte sie ebenfalls ab. Business as usual schien ihr unangemessen. Die Politologin, eine rationale Analystin, mag sich derzeit auch nicht mit »guten« Russen treffen: »Das funktioniert jetzt nicht. Das bleibt wohl auch eine ziemlich lange Zeit so. Ich spreche jetzt als Privatperson. Zuerst müssen wir den Krieg gewinnen.«

Pawlenko ist erschöpft vom schwierigen Überlebenskampf. Statt sich ihren Themen Energiesicherheit und Klimawandel widmen zu können, organisiert sie in ihrem Kriegsalltag vor allem Hilfsleistungen für die Binnenflüchtlinge. Außerdem funktioniert die Infrastruktur wegen der russischen Raketen- und Drohnenangriffe oft nur eingeschränkt und es herrscht eine Wirtschaftskrise, die ebenfalls der Krieg verursacht hat. Aber sie macht sich auch keine Illusionen, dass die Prioritäten bald wieder andere sind: »Wer russische TV-Programme sieht, in denen zu immer neuen Angriffen aufgerufen wird, der weiß, dass nicht nur die Balten, Polen und Deutschen, sondern auch die Briten in Gefahr sind. Niemand wird in Europa mehr sicher sein.«

Der Hass auf die Okkupanten versetzt so manchen in der Ukraine in ohnmächtige Wut. Die meisten wissen, dass sie nicht übermächtig werden darf, um sie nicht völlig zu beherrschen. Denn dann hätten Putin und Co am Ende doch noch gesiegt. Damit das nicht geschieht, braucht es Strategien, um die negativen Energien in positive umzuwandeln. Für die Zukunft.

Sieg oder Niederlage ist im Falle der Ukraine eine Frage von Sein oder Nichtsein. Für Russland böte eine Niederlage die Chance für einen Neuanfang, ein Sieg dagegen wäre eine Hiobsbotschaft weit über die Ukraine hinaus.

# Die sedierte Gesellschaft

Russen halten sich für etwas Besonderes. Streng genommen müsste es allerdings nicht Russen, sondern Russländer heißen. Das wäre die korrekte Bezeichnung für die Bürgerinnen und Bürger des Landes, in dem zwar eine Vielzahl von Völkern und Nationen lebt, die Russen aber die Titularnation stellen. Und nicht nur das. Seit dem Verfassungsreferendum 2020 hat Präsident Wladimir Putin durchgesetzt, dass das russische Volk auch als das »staatsbildende Volk« im Grundgesetz verankert ist. Das Wort *russkij* meint »russisch« in einem ethnisch-nationalen Sinn, *rossijskij* weist eine staatsbürgerliche Dimension auf und wird im Deutschen mit »russländisch« übersetzt. Die Russische Föderation müsste deshalb eigentlich Russländische Föderation heißen. Weil das aber viel zu sperrig und sehr unvertraut klingt, bleibt es bei Russischer Föderation und den Russen und Russinnen. Die Angehörigen der vielen nationalen Minderheiten sind, wenn nicht eigens erwähnt, immer mit gemeint.

Wenn Russen erklären, wer und wie sie sind, bemühen sie oft den Begriff des »homo sovieticus«, des Sowjetmenschen. Die Kommunistische Partei wollte die Russen zu Menschen erziehen, die eine soziale Gesellschaft frei von Ausbeutung und Gewinnstreben errichten, die die bürgerliche Ordnung als unmoralisch verurteilen, sich an humanistischen, altruistischen und kollektiven Werten orientieren, eine wissenschaftliche und atheistische Weltanschauung vertreten, sich nach schöpferischer Tätigkeit sehnen. Soweit die kommunistische Theorie. In der Praxis erwartete die Partei jedoch vom Volk, sich widerstandslos in die staatlich organisierte Arbeitswelt einzufügen und die allumfassende Kontrolle des öffentlichen wie privaten Lebens hinzunehmen.

Als homo sovieticus beschreiben sich heute keineswegs nur Menschen, die die Sowjetunion noch erlebt haben, sondern auch diejenigen, die nach dem Zerfall der UdSSR sozialisiert wurden. Der homo sovieticus blieb offenbar auch nach 1991 erhalten und stellte so die Kaderreserve für das nächste totalitäre System. Denn dieser Menschentyp fügt sich stets ein, ganz gleich unter welcher Ideologie, oder ganz ohne sie. Und so lange die Mehrheit der Russen und Russinnen dieses Verhalten verinnerlicht hat, ist es leicht, sie in einem Zwangssystem zu halten. Sie begehren nicht auf, sie hinterfragen nichts.

Seit 1988 erforschten die russischen Soziologen Juri Lewada und Lew Gudkow in dem von Tatjana Saslawskaja und Boris Gruschin 1987 gegründeten Gesamtsowjetischen Zentrum für Meinungsforschung (WZIOM) die Beschaffenheit dieses alten neuen Sowjetmenschen. Zunächst gingen die Wissenschaftler fest davon aus, dass er mit dem Ende der UdSSR der Vergangenheit angehören würde. Die von Michail Gorbatschow initiierte Periode von Glasnost und Perestroika – Transparenz und Umbau – euphorisierte die Gebildeten und Engagierten. Sie hatten stets eine Zeit herbeigesehnt, in der es möglich sein würde, eine demokratische Gesellschaft aufzubauen, die die Freiheit und die Menschenrechte schätzt, auf Marktwirtschaft fußt und von den besten Praktiken des Westens lernt.

Doch die Reformen wurden schon kurz nach dem Amtsantritt von Präsident Boris Jelzin durch eine tiefe Wirtschaftskrise und die darauffolgende Verarmung der Massen im Keim erstickt – während sich die ersten Oligarchen maßlos bereicherten. Die Demokratie als Gesellschaftsmodell geriet in Verruf, noch ehe sie errichtet war. Die Menschen reagierten mit Zynismus, viele waren wie gelähmt. Lewada und Gudkow stellten in ihren soziologischen Forschungen fest, dass das posttotalitäre autoritäre Regime genau auf diese Demobilisierung setzte. Statt eine neue Zukunftsvision zu vermitteln, machte sich Wladimir Putin zu Beginn seiner Herrschaft das Klima der Gleichgültigkeit, Enttäuschung und Antriebslosigkeit zunutze. Der homo sovieticus wurde Knetmasse in seinen Händen. Zunächst durch die ständige Wiederholung, dass die prowestlichen Parteien schuld seien am Zerfall der UdSSR und an der katastrophalen Wirtschaftslage. Gleichzeitig diskreditierte Putin die Menschenrechte und die bürgerlichen Freiheiten. Propagiert wurden »Ordnung«, Orthodoxie, Konservatismus, Militarismus und die Rückkehr der Großmacht Russland auf die Weltbühne. Als westliche Staaten den zweiten Tschetschenienkrieg und die zahlreichen darin begangenen Menschenrechtsverletzungen an der Zivilbevölkerung kritisierten, nahm die antiwestliche Stimmung der Staatsführung und ihre Neigung zum Isolationismus noch einmal deutlich zu. Wenn man überhaupt von einer Ideologie Putins sprechen kann, dann wird sie bestimmt von der »Fremdheit der westlichen Kultur«.

Für den Soziologen Gudkow wird die wachsende Demoralisierung der gebildeten Schichten, der Zynismus der Elite und deren innerer Verfall von Jahr zu Jahr offensichtlicher. »Typisch für fast alle Teile der Gesellschaft sind Konformismus und eine vorgeheuchelte Bereitschaft, sich um die Staatsmacht zu scharen, die traditionalistische Parolen verkündet und Angst vor militärischer Bedrohung, Terrorismus, fremden Einflüssen und dem Verlust der nationalen Identität schürt. Alle Unterschiede der politischen Ansichten und ideologischen Positionen werden verwischt. Die Staatsmacht ist von der Gesellschaft vollständig abgeschottet, kann von ihr in keiner Weise mehr kontrolliert werden. Damit einher geht eine kollektive intellektuelle, moralische und sogar religiöse Trägheit. Die Bevölkerung reagierte vollkommen regungslos auf die polit-technologische Demagogie des autoritären Regimes. Die Menschen waren und sind nicht in der Lage, sich eine bessere Gesellschaft und ein besseres Leben vorzustellen oder gar daran zu arbeiten. Als ›besser‹ gilt allenfalls eine Konsumsteigerung.«

Der Autoritarismus festigt sich laut Gudkow in einer solchen Gesellschaft nicht deshalb, weil er über starke politische Trümpfe – Argumente, Ziele, oder Programme zur nationalen Entwicklung – verfügt, sondern weil die Gleichgültigkeit der Gesellschaft diese unfähig macht, sich der Willkür der Staatsmacht zu widersetzen. Der fehlende Glaube an ein besseres Leben und die Erosion aller Werte wirken auf die Moral wie ein HIV-Virus. Sie zerstören das Immunsystem, das vor Gewalt und Demagogie schützt, das Widerstand gegen die Willkür der Behörden leistet, gegen die Eigenmächtigkeit von Beamten, die vorgeben, im Namen des Staates und der Aufrechterhaltung von Recht und Ordnung zu handeln.

Als Putin 2003 Juri Lewada, den Leiter des Meinungsforschungsinstituts WZIOM, absetzen lassen wollte, um es wie andere Institutionen auf Kreml-Linie zu bringen, verließen sämtliche Mitarbeiter die Einrichtung und setzten ihre Arbeit im neugegründeten WZIOM-A-, dem späteren Lewada-Zentrum fort. Seit Jahrzehnten erhebt das Institut empirische Daten zur Verfasstheit der russischen Gesellschaft. Gudkow, der nach Lewadas Tod 2006 die Leitung übernahm, kann heute nachweisen, »dass der repressive Staat die Mentalität der Menschen so stark geformt hat, dass sich der Sowjetmensch auch nach Auflösung der Sowjetunion erhalten hat und sich sogar reproduziert. Er ist gleichzeitig Produkt und Produzent des wiederentstandenen autoritären Staates.«

Die Bürger spüren, dass sich ihr Land nicht zum Besseren wandelt. Schon im Oktober 2007 erklärten 75 Prozent der vom Lewada-Zentrum Befragten, dass die Moral der Gesellschaft unbefriedigend sei. Nicht nur wegen der alltäglichen Aggressivität und Rücksichtslosigkeit, der wachsenden Kriminalität, der Korruption auf allen Ebenen des Staatsapparates, der schamlosen Demagogie sowie der Politiker und Funktionäre, die für nichts zur Verantwortung gezogen werden. Ein wichtiger Grund war auch, dass den Menschen die Kriterien dafür abhandengekommen seien, was richtig und was falsch ist.

Im Krieg gegen die Ukraine wird das besonders sichtbar. Bundeskanzler Olaf Scholz sprach am 27. Februar 2022 in seiner Zeitenwende-Rede von Putins Krieg. Er hob ausdrücklich den Mut der russischen Kriegsgegner hervor, die gegen die Invasion protestiert hatten. Das tat er so ausführlich, dass die Ukrainer den Eindruck gewinnen mussten, auf der Straße zu demonstrieren sei eine größere Heldenleistung als die ihre, sich russischen Panzern entgegenzustellen. Die Bundestagsabgeordneten applaudierten, sicher auch in der Erwartung, dass sich die russischen Proteste noch ausweiten würden. Sich womöglich nicht nur gegen den Überfall auf das Nachbarland richteten, sondern gegen das Regime Putin insgesamt. So mancher träumte von einer Empörungswelle, die Russland erfassen und den Kampf für ein demokratisches System neu entfachen könnte. Diese Hoffnung erwies sich als Wunschdenken. Was nicht nur an der verschärften Gesetzgebung lag, die jede Kritik an der sogenannten militärischen Spezialoperation unter Strafe stellte. Sondern auch daran, dass der Kreml-Chef bereits beim Einmarsch seiner Truppen in die Ukraine Dreiviertel der russischen Bevölkerung hinter sich wusste.

Auf eine Zweidrittel- bis Dreiviertel-Kriegszustimmung kamen keineswegs nur staatliche Umfrageinstitute, sondern auch die Lewada-Soziologen. Die aber anders als die Kollegen nicht so taten, als handele es sich bei der Unterstützung für den Waffengang um eine spontane freie Äußerung der Befragten. Denn von impulsiver oder unbeschwerter Begeisterung für den Krieg konnte keine Rede sein. Allerdings sagten die Befragten auch nicht aus Angst etwas, was sie nicht dachten. Das Ja zur »militärischen Spezialoperation« ist eine lange, durch die Propaganda und die totale Informationskontrolle verinnerlichte Haltung. Es handelt sich um einen totalitären Konsens, auf den über Jahre hingearbeitet wurde.

Seit der Orangen Revolution 2004 wird die Ukraine im russischen Fernsehen mit Hass überzogen. Die Hetze gegen Kiew steigerte sich ab 2008, als die Ukraine beim Konflikt um Südossetien Georgien zur Seite stand. Für den Versuch, den russischen Einflussbereich zu verlassen, wurden beide Länder, Georgien und die Ukraine, von den Einpeitschern im russischen Staatsfernsehen gegeißelt.

Die Propaganda, so stellte Lew Gudkow fest, sorgte für eine Wiederbelebung imperialer Einstellungen. Noch im Winter 2013/14, während der Proteste auf dem Maidan, fanden drei Viertel der Russen, dass sich Russland nicht in die inneren Angelegenheiten der Ukraine einmischen sollte. Im März 2014, nach einer beispiellosen Kampagne über den angeblichen ukrainischen Faschismus, wendete sich das Blatt. Für die Meinungsforscher wurde messbar, wie sich die russische Öffentlichkeit bis Ende 2021 an den Gedanken gewöhnt hatte, dass Russland Opfer eines Angriffskrieges werden könnte. Die unablässige militaristische und antiwestliche Hysterie in den TV-Kanälen hatte ihre volle Wirkung entfaltet. Die ins Internet oder ins Ausland verdrängten unabhängigen Medien konnten dem viel zu wenig entgegensetzen. Die Angst in der Bevölkerung vor einem großen Krieg war unübersehbar. Eine große Mehrheit der Menschen war überzeugt davon, dass Russland eine Invasion der NATO bevorstand.

Die jahrelange Enthumanisierung der Ukrainer, die nur noch als Nazis und Faschisten dargestellt wurden, und die Stimmungsmache gegen den Westen, der kurz vor einem Überfall auf Russland stünde und dem Moskau schleunigst zuvorkommen müsse, verfingen. Drei Wirkmechanismen bewährten sich.

Erstens die Viktimisierung: »Wir sind Opfer einer NATO-Aggression.« Zweitens die Rechtfertigung des Krieges mit einem höheren Ziel, das in der Befreiung der Bevölkerung des Donbass besteht, an der Kiew einen Genozid verübe, und drittens die Darstellung des Krieges als eine zielgenaue, räumlich und zeitlich eng begrenzte Spezialoperation.

Diese mit großem Aufwand verbreitete Lesart des russischen Überfalls war es, was der Soziologe Gudkow die Herstellung eines organisierten Konsenses nennt. Das Volk wird so lange auf die Ziele des Regimes eingeschworen, bis die große Mehrheit nicht mehr widerspricht. Eine für ein totalitäres Regime typische Vorgehensweise. Umfragen dienen dann nur noch der Kontrolle, ob die staatliche Propaganda gefruchtet hat.

Aber Zensur und Indoktrinierung allein würden die Gleichschaltung nicht erreichen, wenn den Menschen nicht zuvor die Fähigkeit abhandengekommen wäre, sich eine eigene Meinung zu bilden und die Vorgehensweise des Staates selbst kritisch zu bewerten. Womit wir wieder beim postsowjetischen homo sovieticus wären. Der wurde ganz und gar nicht zu selbstständigem Denken und Hinterfragen erzogen, sondern zu Gefolgschaft, Gehorsam und Anpassung. Als »Köder« wurde die Identifikation mit der Großmacht Russland ausgelegt. Die meisten Russen sind stolz, Bürger des größten Landes der Welt zu sein, das militärisch in der Lage ist, anderen seinen Willen aufzuzwingen. Sie gestehen ihrer Führung auch jedes Recht dazu zu, wenn es um die Wahrung russischer Interessen geht. Das Völkerrecht, die Souveränität anderer Länder, die Achtung ihre Grenzen sind nebensächlich.

Bei der Annexion der Krim 2014 verfiel die russische Bevölkerung in einen patriotischen Freudentaumel. Selbst Kritiker wie Alexej Nawalny tanzten mit. Die Beliebtheitswerte des Staatsoberhaupts stiegen von 33 Prozent auf 58 Prozent. Moskau wollte die Euphorie für den nächsten Coup nutzen, indem es prorussische Kräfte im Donbass finanziell und militärisch unterstützte und versuchte, eine separatistische Bewegung aufzubauen, die sich für »Neurussland« einsetzte, das von Luhansk über Donezk bis nach Odessa reichen sollte. Dieser Plan schlug fehl. Der nächste Expansionsversuch startete 2022.

Inzwischen schleichen sich Zweifel in die offizielle Darstellung des Krieges ein. Anders als der Kreml versprochen hat, ist er nicht schnell zu Ende gegangen, sondern dauert immer noch an. Zudem halten es viele Russinnen und Russen für denkbar, dass er sich über die Ukraine hinaus zu einem Krieg Russlands gegen die NATO ausweiten könnte. Das, so der erfahrene Meinungsforscher Gudkow, sei nicht mehr nur Produkt der Propaganda, sondern Ergebnis eines einsetzenden Nachdenkens über die Folgen des Kurses, den die Regierung eingeschlagen hat. Inzwischen trauen nur noch 53 Prozent dem Staatsfernsehen, in der Gruppe der 18- bis 24-Jährigen misstrauen ihm 59 Prozent. Besonders groß ist die Angst, dass Russland wegen des anhaltenden Widerstands der ukrainischen Armee Atomwaffen einsetzen könnte.

Aufschlussreich ist die Bewertung der eigenen Verantwortung für die vielen Toten in der Ukraine. Nach drei Monaten Krieg wollten 65 Prozent der Russen davon nichts hören, nach vier Monaten aber wuschen nur noch 57 Prozent ihre Hände in Unschuld. Dagegen gaben inzwischen 25 Prozent zu, dass sie in »gewisser Hinsicht« mitverantwortlich seien. Allerdings haben nur 28 bis 36 Prozent der Russinnen und Russen ein schlechtes Gewissen. Selbst wer dem Regime kritisch gegenübersteht, sucht und erkennt keine Möglichkeit, Einfluss zu nehmen, sondern nennt viel mehr jede Menge Gründe, den eigenen Opportunismus zu rechtfertigen. Viele geben dem Westen und dem »Russenhass« die Schuld. Gerade einmal 16 Prozent bekommen den Krieg persönlich zu spüren.

Dass also der Krieg zum Katalysator für eine Umbruchstimmung werden könnte, ist bis jetzt nicht erkennbar. Unmut in der Bevölkerung ist zwar vorhanden, aber in viel zu geringem Maße, als dass der russische Präsident und die Regierung offen angezweifelt oder gar in Frage gestellt werden würden.

Ein halbes Jahr vor der Präsidentschaftswahl 2024 hat die unabhängige Forschungsgruppe Russian Field 1600 Personen gefragt, welche Eigenschaften ihr Kandidat aufweisen müsste bzw. auf gar keinen Fall haben dürfte. 80 Prozent fänden demnach einen homosexuellen Anwärter vollkommen unannehmbar. An zweiter Stelle bei den für sie negativen Merkmalen käme eine Person, die über 70 Jahre alt wäre. 68 Prozent lehnen einen Präsidenten in diesem Alter ab. Putin ist beim Antritt seiner fünften Amtszeit 71 Jahre alt. Eine öffentliche Debatte über sein Alter, wie sie in den USA im Vorfeld der Präsidentschaftswahl im Herbst 2024 über das Alter der beiden Rivalen Joe Biden und Donald Trump stattfindet, blieb in Russland bislang aus. Ebenfalls unbeliebt, wenn auch längst nicht in diesem Maße, sind Unternehmer, Muslime, Vertreter aus dem Nordkaukasus oder den annektierten Gebieten. Am attraktivsten sind Militärangehörige. Die allerstärkste Zurückweisung als Staatsoberhaupt erfahren Frauen.

### »Wir tun so, als ob wir arbeiten, weil ihr so tut, als ob ihr uns bezahlt«

Zu kommunistischen Zeiten gab es unter Russen eine Abmachung, die freilich nirgendwo geschrieben stand: »Wir tun so, als ob wir arbeiten, weil ihr so tut, als ob ihr uns bezahlt.« Man betrog sich also gegenseitig. Die Bürger lassen »die da oben« machen. Daran hat sich in der Gegenwart nicht viel geändert. Obwohl Beamte und Angestellte in der Regierung, in den Behörden, Gerichten, Polizeistationen, kurzum im Staat, für ihre Bestechlichkeit und Rechtsbeugungen bekannt sind. Trotzdem scheint es in der Gesellschaft bis auf wenige Ausnahmen kein

Bedürfnis zu geben, den Staat zu kontrollieren und zur Verantwortung zu ziehen.

Im Herbst 2012 trat das Gesetz über die »Änderung einzelner Gesetzesakte der Russländischen Föderation zur Reglementierung der Tätigkeit gemeinnütziger Organisationen, die die Funktion eines ausländischen Agenten ausüben« in Kraft. Im Sommer 2014 wurde das Menschenrechtszentrum Memorial vom Justizministerium als erster »Ausländischer Agent« registriert. Schon bevor unzählige politische Gruppen und Medien folgten, engagierten sich in staatskritischen Bewegungen höchstens zwei Prozent der Bevölkerung. Neue Parteien werden seit dem Jahr 2000 nur vom Kreml gegründet, für andere Kräfte ist es fast unmöglich. Die einzige »alte«, 1993 gegründete Oppositionspartei Jabloko spielt heute nur noch eine marginale Rolle. Als Mitglieder der Partei gegen den Ukraine-Krieg protestierten, wurden sie festgenommen.

Das politische Desinteresse der Allgemeinheit führt der Soziologe Lew Gudkow auf eine gezielte Kreml-Strategie zurück. Seiner Meinung nach werde das intellektuelle, kulturelle und moralische Niveau der Gesellschaft systematisch gesenkt, mit dem Ziel, das Selbstwertgefühl der Bürger zu unterdrücken, das heißt ihre Motivation und ihre Erfolgsorientierung zu neutralisieren und ihr Streben nach sozialer Anerkennung auszuschalten. Mechanismen, zu »den Besten« gehören zu wollen, werden unwirksam gemacht, stattdessen legt man den Menschen den Wunsch nahe, »möglichst einfach« oder »wie alle« zu sein.

Dmitri Gluchowski, Schriftsteller und inzwischen weit über Russland hinaus bekannt, interessierte sich lange überhaupt nicht für Politik. Wie viele junge Leute. Erst als Präsident Putin und Premierminister Dmitri Medwedew 2008 beschlossen, einander das Präsidentenamt zu sichern, wachte er auf. Welche Rolle spiele ich als Wähler bei einer solchen Abmachung noch, fragte er sich. Der Moskauer ist da noch keine 30 Jahre alt.

Die Stadt boomt, mit der Wirtschaft ging es seit dem Jahr 2000 immer nur aufwärts, Tausende Möglichkeiten locken, die Welt scheint ihm zu Füßen zu liegen. 2001 hat er ein Journalismusstudium in Israel hinter sich. Kein Selbstfindungstrip, obwohl sein Vater Jude ist, was als Nationalität in dessen Pass vermerkt ist. Antisemitismus hat er zuvor schon zu spüren bekommen, er will sein wie die meisten: russisch, wie seine Mutter.

In Israel hatte sich ihm eine neue Welt eröffnet. Von den dorthin ausgewanderten Landsleuten hielt er sich fern, für ihn lebten sie im Gestern. Während seiner Ausbildung überraschte ihn, wie wenig er sich in der Geschichte seines Landes auskannte. Leerstellen bei der Zarenzeit, der Sowjetunion, dem neuen Russland. Er füllte sie in Jerusalem. Zurück in Moskau will er das tun, was alle machen: Geld verdienen. »Unsere ganze Generation war nur mit money machen beschäftigt. Alles drehte sich um den Rubel. Jobs, Geld, Karriere, Waren, Klamotten – Konsum war wichtig in unserem Leben.« Menschen, die Jahrzehnte lang nichts besaßen, können auf einmal wann immer sie wollen ins Ausland fliegen. Seine Eltern in ihrer 50 Quadratmeter großen Wohnung wissen zwar, wie man trotz aller Entbehrungen den Lebensmut nicht verliert, aber das ist Schnee von gestern, kein Wissen, das heute noch nützt. »Ein Wochenende in Paris, ein teures ausländisches Auto – darum ging es. Wir, die Generation der damals 20- bis 30-Jährigen, wollten den Erfolg der Oligarchen wiederholen.«

Sich um Freiheit und Zivilrechte zu kümmern, gilt als liberaler Spleen. Schließlich fühlen sich Gluchowski und seine Freunde weder von der Regierung noch vom Regime oder von der Polizei eingeschränkt oder bedroht. Er könnte in die Politik gehen, dort gibt es mehrere Möglichkeiten: Nationalist, Demokrat oder Kommunist werden. Aber weder er noch jemand aus seinem Bekanntenkreis verspürt große Lust dazu. Zu präsent ist immer noch das sowjetische Erbe. Dass man plötzlich politisch verfolgt werden könnte, wie zu Stalins Zeiten. Von der Großmutter kommen nichts als Warnungen: Mach das lieber nicht, du erreichst sowieso nichts und bringst dich nur in Gefahr! Die Eltern geben ihr recht. Sein Vater wird als Redakteur im Auslandsrundfunk so schlecht bezahlt, dass er sich lieber als Geschäftsmann versucht.

Dmitri Gluchowski sieht sich nicht als Unternehmer, ihn fasziniert das Schreiben. Sein erstes Buch »Metro 2033« trifft den Nerv der Leserschaft, 2007 wird er aus dem Stand zum Bestseller-Autor. Dystopien sind sein Fach, aus seinem Debütroman entsteht ein Computerspiel, das Moskau nach einem Atomangriff simuliert und wo Menschen nur noch in den U-Bahn-Schächten und -Stationen überleben können. Die russische Bombardierung von Charkiw liegt zu diesem Zeitpunkt noch Lichtjahre entfernt – 2022 findet die ukrainische Bevölkerung während des Angriffs nur noch in der Metro ausreichend Schutz. Für den Broterwerb heuert Gluchowski im Jahr 2002 bei verschiedenen TV-Sendern an und berichtet aus der Ukraine. Die hielt er bis dahin für eine »zweitklassige postsowjetische Nation« und glaubte, was die staatliche Propaganda erzählte, zum Beispiel, dass die Ukrainer aus russischen Pipelines Gas abzapfen. Obwohl Russland wesentlich reicher ist und viel mehr Möglichkeiten bietet, verliebt er sich in das Land.

Im Jahr 2012 wiederholte sich das Szenario der verabredeten Präsidentschaftskandidatur. Wieder entschieden Putin und Medwedew unter sich, wer kandidiert. Medwedew lässt Putin den Vortritt, obwohl er jedes Recht gehabt hätte, ein zweites Mal anzutreten. Als 2011 die Parlamentswahlen und dann 2012 auch noch die Präsidentschaftswahlen gefälscht wurden, forderten Zehntausende Demonstranten wochenlang die Annullierung der Abstimmungsergebnisse und den Rücktritt sowohl von Dmitri Medwedew als auch von Wladimir Putin. In Moskau, Sankt Petersburg und einer Reihe anderer Städte gab es

Demonstrationen wie zuletzt während des Zerfalls der UdSSR 1991. Schauplatz Nummer eins war der Bolotnaja-Platz auf der Bolotny-Insel, die dem Kreml auf dem anderen Ufer der Moskwa gegenüberliegt.

In dieser Zeit wird in der Familie von Dmitri Gluchowski plötzlich wieder politisch gestritten. Alles im Land läuft in die verkehrte Richtung, findet der Sohn. Seine Eltern lassen die Rochaden von Putin und Medwedew dagegen kalt. Ihnen ist gleichgültig, wer gerade welche Position besetzt. Putin ficht es nicht an, dass die Massenkundgebungen selbst während der Präsidentschaftswahl am 4. März 2012 und darüber hinaus fortgesetzt werden, er lässt sich für sechs Jahre ins Amt bringen. Um etwas Druck aus dem Kessel abzulassen, führt er wieder direkte Gouverneurswahlen in den meisten russischen Regionen ein, was allerdings niemanden beruhigt.

Einige Kommentatoren glauben 2012, dass sich Putins Zirkel nur noch wegen des hohen Ölpreises an der Macht hält, das System in einer kommenden Wirtschaftskrise aber schnell zusammenbrechen wird. Pessimistischere Beobachter befürchten, dass die autokratischen Strukturen Russland immanent sind, unabhängig davon, wer es anführt. Tatsächlich wird unmittelbar nach den Bolotnaja-Protesten parallel zu den Strafprozessen gegen viele Teilnehmer sofort dafür gesorgt, künftigen Massenprotesten einen Riegel vorzuschieben. Das Demonstrationsrecht erfährt eine deutliche Verschärfung. Besonders tut sich der Duma-Abgeordnete Alexander Sidjakin von der Regierungspartei Einiges Russland hervor. Auf ihn geht die Erhöhung der Geldstrafen für eine Teilnahme an Kundgebungen von 2000 auf 20000 Rubel zurück. Außerdem wird die gemeinnützige Arbeit als Strafe fürs Demonstrieren eingeführt, die früher nur bei Straftaten verhängt wurde. Später erweitert sich das Versammlungsverbot über Einzelproteste und Kundgebungen hinaus auch auf Flashmobs, Massenversammlungen und andere Veranstaltungen, die zuvor nicht unter das Gesetz zum öffentlichen Protest gefallen waren. Wer sich rechtswidrig an einem öffentlichen Platz in einer Menschenmenge aufhält, kann mit bis zu 30 Tagen Arrest bestraft werden.

Seit dem Angriff auf die Ukraine geht es weniger um Geldbußen. Die muten neben den martialischen Haftstrafen fast harmlos an. Eine »kriegskritische Position« zu äußern oder die Armee zu diskreditieren, kann jeden viel Lebenszeit kosten – zwischen drei und 15 Jahren Lagerhaft. Damit sind das Versammlungsrecht und die Meinungsfreiheit praktisch aufgehoben. Der Opposition ist somit der Boden unter den Füßen weggezogen. Wie soll sie Regimegegner mobilisieren, wenn diese fürchten müssen, für Jahre in einem sibirischen Straflager zu verschwinden. Wie soll sich Protest überhaupt noch artikulieren?

In einem fragwürdigen Verfahren fand 2020 zudem eine Verfassungsreform statt, über die eine Woche lang in einem Volksentscheid abgestimmt wurde. Putin sicherte sich darin die Macht weit über das Jahr 2024 hinaus. Bislang war die Regierungszeit eines Präsidenten auf zweimal sechs Jahre begrenzt, nun sind zwei Amtszeiten möglich, auch wenn diese nicht aufeinander folgen. Vor allem aber zählen die Präsidentschaften vor 2024 nicht. Putin kann also noch zweimal antreten. Gewinnt er diese und auch die nächste Wahl im Jahr 2030, bliebe er bis 2036 an der Spitze der Russischen Föderation. Danach bekäme er automatisch einen lebenslangen Sitz im Föderationsrat, der ihm Immunität verschaffen würde. Nach der 2020 durchgeführten Reform dürfen nur Bürgerinnen und Bürger kandidieren, die mindestens 25 Jahre dauerhaft in Russland gewohnt und das Land weder aus geschäftlichen noch aus politischen Gründen verlassen haben. Ausgeschlossen von dem Amt ist laut der neuen Verfassung auch, wer die Staatsbürgerschaft eines anderen Landes neben der russischen besitzt. All diese Punkte treffen auf einige Oppositionspolitiker zu. Die Aussicht, dass Wladimir Putin womöglich weitere zwölf Jahre im Amt bleibt und abzuwarten, ob er dann nach insgesamt 37 Jahren als Regierungschef bzw. Staatsoberhaupt mit 84 endlich abtritt, ist für viele Russinnen und Russen entmutigend.

Dmitri Gluchowski kann ihn schon jetzt nicht mehr ertragen. Wer ein anderes Volk überfällt, hat für ihn jedes Vertrauen verwirkt. Noch am Morgen des 24. Februar 2022 erhebt er seine Stimme gegen die Invasion. Er weiß, dass Schweigen als Zustimmung ausgelegt wird. Nach seinen Wortmeldungen auf unterschiedlichen sozialen Kanälen wird er in Moskau von der Polizei gesucht. Sie taucht auch bei Verwandten und Bekannten auf, beschlagnahmt seine Wohnung, lädt ihn schriftlich vor. Er flieht, wohin, ist sein Geheimnis.

Seine Bücher werden zwar nach wie vor verkauft, aber nur noch inkognito. In den Geschäften liegen sie in undurchsichtige Umschläge eingewickelt und mit der Aufschrift versehen, dass der Autor ein »Ausländischer Agent« ist. Er rechnet damit, dass sie bald ganz aus den Regalen verschwinden. Seit seinen ersten kritischen Kommentaren zum Angriffskrieg war ihm bewusst, dass er riskiert, nicht nach Russland zurückkehren zu können, und tatsächlich wurde er drei Wochen nach der Invasion zur Fahndung ausgeschrieben und in Abwesenheit zu acht Jahren Lagerhaft wegen »Falschaussagen über die russische Armee« verurteilt.

Seither verfolgt Dmitri Gluchowski die Diskussion seiner Landsleute jenseits der russischen Grenze und stellt fest, dass sich viele in diesem Krieg vor allem selbst leidtun. Seine Diagnose: toxischer Infantilismus. »Wir haben keine Zivilgesellschaft aufgebaut, anders als in Europa nach dem Zweiten Weltkrieg. Dort setzen sich die Menschen mit allem auseinander, auch mit Kolonialismus. Nicht nur Akademiker, auch ganz durchschnittliche Bürger stellen sich Gewissensfragen. Bei uns ist sich jeder selbst der nächste. Keiner verschwendet einen Gedanken daran, dass in der Ukraine schon rund 10 000 Menschen ohne Grund umgebracht wurden. Viel beunruhigender finden sie, dass Apple Pay nicht mehr funktioniert.«

Seine Landsleute würden im Internet eher einen Ersatz für die Bezahl-App suchen als Wahrheiten über den Krieg, den Gluchowski »fast für einen Bürgerkrieg zwischen Russland und der Ukraine« hält. Schließlich seien sie doch brüderliche Nationen und Völker gewesen. Eine Auffassung, die viele Ukrainer und Ukrainerinnen noch nie geteilt haben. Wenn überhaupt handelt es sich bei Russland um einen ungeliebten großen Bruder, der über sie bestimmen möchte, und den man am liebsten nicht hätte.

Eine Versöhnung nach dem Krieg? Unvorstellbar, sagt der ansonsten sehr phantasiebegabte Autor, dessen Bücher ebenso finster sind, wie er sich die Zukunft vorstellt. Er vermutet, dass Deutschland und Frankreich einen Neuanfang geschafft haben, weil sich diese beiden Länder gerade nicht als Brudernationen verstanden haben. »Der Hass ist viel stärker, wenn er sich gegen eine Person richtet, die fast genauso ist wie du.« Dass sich die Russen zu ihrer Verantwortung oder Schuld bekennen, hält er für ausgeschlossen. Sie werden sich wegducken, indem sie behaupten, dass das nicht ihr Krieg gewesen ist, vermutet er.

Der russische Autor, der in der Sowjetunion geboren wurde und bei ihrem Zerfall gerade volljährig geworden war, hat seine ganz eigene Theorie, warum nicht mehr Menschen so wie er ihre Stimme gegen den Krieg erhoben haben. Der Grund seien verschiedene Überlebensstrategien. »Ein Russe betrachtet den Staat wie seinen betrunkenen Vater, der aggressiv ist und dem man aus dem Weg gehen muss. Er ist ein Säufer, fast immer voll und meist böse. Aber du bist von ihm abhängig, weil er dich ernährt. Er hat alle Macht, auch die, dich zu verprügeln, so oft es ihm gefällt. Um zu überleben, musst du – solange der Vater stark ist – so tun, als ob du ihn liebst. Vor allem, wenn du

Angst vor ihm hast. Wenn er nach Hause kommt, versteckst du dich, um von ihm nicht bemerkt zu werden. Die Russen erheben nicht das Wort gegen den Staat, so wie auch der Sohn das besser nicht tut. Aber zuzugeben, dass du Angst vor dem Staat hast, ist demütigend, deswegen lässt man das lieber.«

## Angepasste, Indifferente und Zyniker

Menschen wie Dmitri Gluchowski, die gut ausgebildet sind, das Ausland kennen, Talent und Ideen haben – halten sich, wenn sie noch im Land sind, von den russischen Behörden fern. Sie wollen nicht für sie arbeiten, denn sie trauen ihnen nicht. So verhält es sich bereits seit Beginn von Putins Amtszeit. Im öffentlichen Dienst machen andere Charaktere Karriere. Die Angepassten. Der Soziologe Lew Gudkow beobachtet seit Jahrzehnten, dass der Staat seine Stellen vor allem mit servilen Untergebenen besetzt. Er macht in den gebildeten Schichten einen Opportunismus aus, der jeden Wandel ausschließlich an die Staatsmacht knüpft. Andere Kräfte in der Gesellschaft verlören so an Ansehen, mit dem Ergebnis, dass es gar keine Autoritäten mehr gebe.

Der Idealismus, mit dem in den 1990er Jahren die Demokratie betrachtet wurde, ist verschwunden. Putin stellt die Reformen von damals als fatal und vom Westen aufgezwungen dar. Er knüpft lieber an die Zeit davor an, will die totalitären Züge der Sowjetmacht wiederherstellen. Schon 2011 schrieb Gudkow, dass das Regime versuche, die politische Konkurrenz, die Massenmedien, die Tätigkeit von gesellschaftlichen Organisationen, die Justiz und andere Institutionen unter seine Kontrolle zu bringen. Das blockiere jede Modernisierung. Immer mehr würden sich Traditionalismus, Nationalismus sowie etatistisch-paternalistische, antiliberale und antiwestliche Einstellungen verbreiten. In der russischen Gesellschaft herrsche politische Apathie, Passivität und Misstrauen gegen jede Art Parteien oder zivilgesellschaftliche Organisationen.

Über 20 Jahre hinweg, so lange wie er regiert, führt Putin einen Krieg gegen Andersdenkende im Inneren. Mit dem Krieg gegen die Ukraine, also nach außen, hat er das Land in eine Kriegsdiktatur verwandelt. Ein totalitäres Regime zu errichten war möglich, weil die Gewaltenteilung nach und nach aufgehoben wurde, Wahlen einzig der Bestätigung des Regimes dienen, Geheimdienste immer mehr Posten übernehmen, Zensur herrscht. Den Menschen wird inzwischen eine patriotische Ideologie aufgezwungen, die zum Maßstab für das Bildungssystem, die Kultur, Kunst und Wissenschaft sowie die Zivilgesellschaft geworden ist. Die Polizeigewalt wurde immer mehr ausgeweitet, Schlüsselpositionen in der Wirtschaft werden kontrolliert und Unternehmen für die Ziele des Regimes eingespannt. Politik und Gesellschaft haben sich militarisiert.

Seit Ende der 1990er Jahre tauchten immer mehr ehemalige KGBler in den Führungsetagen auf. Das war möglich, weil der sowjetische Geheimdienst, anders als die Staatssicherheit der DDR, nicht aufgelöst, sondern nur umbenannt worden war und niemand nach dem Zerfall der UdSSR auf seine Taten während seiner Geheimdiensttätigkeit überprüft wurde. Statt den kriminellen Charakter des Sowjetreiches aufzuarbeiten, wurden die alten Institutionen in kurzer Zeit wiederbelebt. Nicht erst von Putin, auch unter seinem Vorgänger Boris Jelzin. Dessen korrupter Zirkel, Familie genannt, stand außerhalb des Gesetzes. Jelzin benutzte die Polizei und die Justiz für seine Zwecke und sogar die Armee im ersten Tschetschenienkrieg von 1994 bis 1996. Jelzin hat die demokratischen Reformen der Gorbatschow-Ära verraten und Putin als Staatsoberhaupt installiert, der bis heute kein einziges Mal frei gewählt wurde.

Der wirtschaftliche Niedergang während der Perestroika- und Jelzin-Jahre führte in Russland nicht nur zu Lethargie und Zynismus, sondern weckte im Volk auch die Sehnsucht nach den alten Zeiten, als die Sowjetunion eine geachtete oder vielmehr gefürchtete Großmacht war, im Land Stabilität herrschte. Putin war nur zu gern bereit, den Weg zurück in die Vergangenheit einzuschlagen. Seine erste Machtdemonstration, die Teilrepublik Tschetschenien in einem zweiten Krieg zu bombardieren und den Separatisten mit einem Vokabular aus der Gossensprache zu drohen, stießen auf Wohlgefallen in weiten Teilen der Bevölkerung. Gewalt, so gaben die Menschen damals zu verstehen, wurde von ihnen toleriert.

Das Lewada-Zentrum hat die Zustimmungswerte für Putin seit seinem Erscheinen auf der politischen Bühne gemessen und während dieser Zeit immer wieder festgestellt, dass nur ein sehr kleiner Teil der Gesellschaft mit Repressionen, Zensur und Überwachung durch Polizei, Justizministerium oder Medienaufsichtsbehörde auf Linie gebracht werden musste. Ein Drittel sieht den Präsidenten, der bald so lange wie Stalin an der Macht ist, kritisch. Nun aber im Umkehrschluss zu glauben, dass die restlichen zwei Drittel positiv zu Putin stünden, stimmt nicht. Die Zahl der erklärten Putin-Sympathisanten ist etwa genau so groß wie die der Putin-Kritiker. Etwa 30 Prozent. Den entscheidenden Unterschied machen die politisch Indifferenten. Und hier kommt die Staatspropaganda ins Spiel: Die Staatsmedien unterdrücken Unmutsäußerungen und Proteststimmen und stellen die Zustimmung der loyalen Minderheit als Mehrheitsmeinung dar. Die 40 Prozent der Menschen, die sich für unpolitisch halten und sich weder dem einen noch dem anderen Lager zurechnen, werden ideologisch vereinnahmt. Ihre Haltung wird nicht respektiert, man geht über sie hinweg und spricht für sie. Kann daraus eine kritische Masse entstehen?

Das Lewada-Umfrageinstitut hat seit seiner Gründung 1987 die Stimmungen in der Bevölkerung kontinuierlich gemessen. Forschungsdirektor Lew Gudkow sagt ganz grundsätzlich: Widerstand von unten war noch nie Auslöser eines Machtwechsels in Russland.

Die ausgewiesenen Kritiker sind zu wenige, die Unpolitischen in der Mehrheit und passiv. Was Putin sehr entgegenkommt. Er fühlt sich ohnehin an keine Institution und kein Amt mehr gebunden, er ist der Woschd, der »Führer der Nation«, wie er 2007 erstmals auf dem Parteitag von Einiges Russland bezeichnet wurde. Obwohl die hohen Zustimmungswerte für Putin eintönige Staatspropaganda widerspiegeln, kann auch das Lewada-Institut keine gegenteiligen Zahlen präsentieren. Sondern nur die ernüchternde Wahrheit bestätigen, dass Putin immer dann am beliebtesten ist, wenn er Krieg führt. So war es beim zweiten Tschetschenienkrieg, beim Krieg Russlands gegen Georgien, bei der Krim-Annexion. Als er ab August 2021, ein halbes Jahr vor dem Angriff auf Kiew, davon sprach, dass Russland von außen bedroht werde, stiegen seine Werte von 61 Prozent auf 69 Prozent im Januar 2022. Ab dem flächendeckenden Angriff der russischen Armee auf die Ukraine, der »Spezialoperation«, kletterten seine Werte noch weiter nach oben, auf 71 Prozent. Selbst als die Invasion anfangs fehlschlug, stiegen sie noch einmal: auf 83 Prozent im März 2022. Dort verharren sie.

Putins Kriegsgelüste interpretieren seine Landsleute als Entschlossenheit. Was er darüber hinaus an Leistungen vorzuweisen hat, waren in den 2000er Jahren die steigenden Einkommen und ein höherer Lebensstandard. Die Aussicht auf weiter steigenden Wohlstand verflog allmählich, dafür wuchs die Überzeugung, Russlands Autorität und Einfluss in der Welt seien gewachsen, was allein Putin als Verdienst angerechnet wurde. Die Bürger goutierten auch die Modernisierung der Armee. Gudkows Fazit lautet, dass es aus Sicht der Bevölkerung keine weiteren nennenswerten Leistungen in Putins 20-jähriger Regierungszeit gebe. Was bleibe, sei das Bild, Putin handle entschlossen bei der Bekämpfung von inneren und äußeren Feinden und habe Erfahrung. Er mehre mit diesen Eigenschaften das Ansehen Russlands und verteidige dessen Sicherheitsinteressen.

Als einer der markantesten Sätze Putins wird jener aus dem Jahr 2005 zitiert, in dem er das Ende der Sowjetunion als größte Tragödie des 20. Jahrhunderts bezeichnete. Daraus schließen bis heute viele Beobachter, dass Wladimir Putin die Restauration der Union anstrebt. Das aber war zu keinem Zeitpunkt der Fall. Er verstand sich in erster Linie als Geheimdienstler und wurde nur deshalb Mitglied der Kommunistischen Partei, weil der Eintritt in den KGB nicht ohne KPdSU-Parteibuch zu haben war.

Tschekisten ziehen ihn magisch an. So wie zuvor die Straßengangs. Der kleine unscheinbare Junge, der keinerlei besondere Begabungen aufweist – nicht in der Schule, nicht im Sport – merkt schnell, dass er seine Schwäche in eine Stärke verwandeln kann, wenn er sich nur der richtigen Gruppe anschließt. Er unterwirft sich ihrem Ehrenkodex und ihren ungeschriebenen Regeln, die die Welt in »wir« und »die« einteilen. Zusammen mit der geliehenen Kraft des brutal agierenden Verbunds lehrt er die anderen das Fürchten. So ähnlich verhält es sich mit dem KGB. Er wird seine Familie, nicht die Partei. Die Eltern haben zu wenig Einfluss, weil sie fast nie da sind. Seine Mutter geht putzen, der Vater arbeitet sich zum Fabrikleiter hoch. Derweil treibt sich der Sohn auf Sankt Petersburgs Hinterhöfen herum.

Der Geheimdienst stand schon zu Sowjetzeiten über dem Gesetz. Wenn es die Situation erforderte, dem Staatswohl diente, durfte er das Recht brechen, ohne irgendjemandem rechenschaftspflichtig zu sein oder gar strafrechtlich zur Verantwortung gezogen zu werden. Die Beamten im KGB lebten isoliert von der sowjetischen Gesellschaft, die sie zwar beobachteten und über die sie wachten, zu der sie aber nicht gehörten. Und noch etwas unterschied sie maßgeblich von den Mitmenschen: Sie, die Spione, reisten in den Westen, der für den Normalbürger unerreichbar blieb. Sie kannten die Welt jenseits des Eisernen Vorhangs, woraus ihr Gefühl der Überlegenheit und Arroganz erwuchs. Auch wenn viele Russen Putin als einen der ihren betrachten, ist er doch gerade keiner von ihnen, den Durchschnittsmenschen. Er fühlte sich stets einer Elite zugehörig. Sein Ziel bestand nicht in der Errichtung eines fernen Kommunismus, sondern eines starken Russlands, das sich in einer Dauerkonkurrenz zu den USA sah. Die utopische Gesellschaftsversion der Kommunisten vermochte ihn nie zu locken, ganz im Gegenteil, er machte die kommunistischen Herrscher vor ihm sogar für den Zerfall des russischen Imperiums verantwortlich. Stalin und dessen Nationalitätenpolitik, die unter ihm verabschiedete Verfassung der UdSSR, die den Sowjetrepubliken das Recht auf Selbstbestimmung zubilligte, und Gorbatschow, der die Nationen gehen ließ, als sie souverän sein wollten.

Als die Union der Sowjetstaaten zusammenbrach, fühlte sich Putin abserviert. In der Stadtverwaltung von Sankt Petersburg bot die Abteilung für Außenhandelsbeziehungen die besten Möglichkeiten, sich neu zu erfinden. Er beschloss, Geld zu machen. Nicht etwa als Gründer einer eigenen prosperierenden Firma, sondern indem er erfolgreiche Unternehmer unter Druck setzen und ausnehmen ließ. Das erste Vermögen hat er vermutlich auf diese Weise erworben. Alexej Nawalny veröffentlichte nicht nur das Ausmaß von Putins heutigem Besitz, sondern zeigte auch, wie er angelegt wurde. In kitschigen Palästen, über die die Öffentlichkeit sich zum Teil lustig machte.

Bei aller Macht, allem Reichtum wird Putin aber auch als ängstlicher und unsicherer Mann beschrieben. Während der Corona-Pandemie isolierte er sich fast gänzlich von seinem Stab. Junge Leute nennen ihn seitdem den Opa im Bunker. Er hat größte Mühe, seine Wut zu kontrollieren und den Hass auf seine Kritiker zu zähmen. Er empfindet Widerworte ausschließlich als Herabsetzung seiner Bedeutung. Auch wer Russlands Größe nicht gebührend bewundert, kränkt ihn persönlich, wie 2014 nach einer Bemerkung von Barack Obama zu beobachten war. Der US-Präsident hatte beim Gipfel zur Atomsicherheit in

Den Haag nach der Annexion der Krim gesagt, dass Russland nicht die größte Bedrohung für die Sicherheit der Vereinigten Staaten sei, sondern nur eine »Regionalmacht«, die aus Schwäche, nicht aus Stärke handle. Er sei besorgter darüber, dass in Manhattan eine Atombombe explodieren könne. Rührt daher Putins ständige Drohung mit dem Einsatz von Nuklearwaffen?

Lew Gudkow, der regelmäßig seine Umfrageergebnisse mit denen der staatlich gelenkten Institute vergleicht, weiß inzwischen genau, dass es nicht die Angst vor falschen Antworten ist, die die Menschen so antworten lässt, wie sie antworten, sondern dass die allermeisten Russen unangenehme Wahrheiten über ihr Land aus reinem Selbstschutz nicht an sich heranlassen. Sie befürchten, dass die bisherige Ordnung durcheinandergeraten könnte, mit der sie sich trotz allem identifizieren. Zwar gingen nach Nawalnys Enthüllungen über Putins korrupte Machenschaften zu Beginn des Jahres 2022 in den russischen Großstädten Zehntausende auf die Straße, aber eben nicht Millionen.

Der Soziologe ist heute 78 Jahre alt und lebt in Moskau. Die Leitung des Instituts hat er abgegeben, ist aber immer noch Forschungsdirektor. Sein gesamtes Leben als Wissenschaftler hat er versucht, den Charakter der russischen Gesellschaft zu ergründen, denn die Mehrheit seiner russischen Landsleute unterscheidet sich in ihrem Denken und ihren Werten maßgeblich von westlichen Bürgerinnen und Bürgern. Die Zahlen, die seine Meinungsumfragen Monat für Monat liefern, geben einen gewissen Aufschluss und verlangen dennoch immer wieder nach Einordnung. Er selbst beschreibt die Russinnen und Russen als frustrierte Individuen oder soziale Gruppen, die nach tiefen gesellschaftlichen Krisen orientierungslos geworden sind und ihre Komplexe auf einen Führer übertragen. Er stellt eine »Wahlverwandtschaft« zwischen Putin und seinem Volk fest. Beide sehen sich als Opfer, leiden an einem imperialistischen und militaristischen Syndrom und sehnen sich nach einem paternalistischen

Staat. Die Bürger übertragen das Prestige des Präsidentenamts auf die Person des Amtsinhabers. Ihm schreiben sie persönliche Vollkommenheit, idealistische Ziele und edle Charaktereigenschaften zu. Und gestatten ihm, kraft seines Amtes, sich nicht an Regeln halten zu müssen. Zugleich begegnen sie ihm mit Ehrfurcht und Angst, schließlich ist er im Besitz von unbegrenzten Zwangsmitteln. Putin gibt ihnen Selbstachtung, wenn er die imperiale Vergangenheit und die historischen Siege zum Beispiel im Zweiten Weltkrieg maßlos überhöht. Er geht über die Niederlage im Kalten Krieg hinweg, erinnert dafür umso häufiger an das geistig reiche Russland mit seinen besonderen Traditionen und Werten. Der wichtigste Baustein des neuen Selbstwertgefühls entspringt aber der steten Mahnung an die Bedrohung durch die inneren und äußeren Feinde. Andere Nationen werden abgewertet, um sich selbst aufzuwerten. Gewalt ist erlaubt, sie ersetzt Recht und Gesetz.

## Wo eine Mini-Revolte den Führer erschreckt

Wladimir Putin bietet wenig Anlass zu Heiterkeit. Edi Rama, der Ministerpräsident von Albanien, schaffte es. Ende August 2023 brachte er mit einem Witz über Putin sogar einen ganzen Konferenzsaal zum Lachen: »Ich weiß nicht, ob Sie davon gehört haben, dass Russland seine Zeitzonen vereinheitlichen will. Deshalb ging der russische Premierminister zu Putin und sagte: ›Herr Präsident, wir haben ein Problem. Ich habe meine Familie in den Urlaub geschickt und wollte gute Nacht sagen, aber bei ihnen war es schon Vormittag und alle lagen am Strand. Als ich Olaf Scholz anrief, um ihm zum Geburtstag zu gratulieren, sagte er, der ist erst morgen. Als ich Xi Jinping Glück im neuen Jahr wünschen wollte, sagte er, wir haben noch das alte.‹ Da antwortet Putin: ›Das geht mir genauso. Ich habe Prigoschins Familie angerufen, um ihr mein Beileid auszusprechen, da hatte sein Flugzeug noch gar nicht abgehoben.‹« Der Witz wäre nie erzählt worden, hätten sich die Ereignisse in Russland zwei Monate vorher nicht derartig überschlagen.

Am 23. Juni 2023, einem Freitag, fragt sich alle Welt: Wo steckt Putin? Eine aufständische Söldnertruppe unter dem Kommando von Jewgeni Prigoschin ist unterwegs in Richtung Rostow am Don und will erst die Stadt nahe der ukrainischen Grenze besetzen und dann weiter in die russische Hauptstadt marschieren. Doch vom Oberbefehlshaber, Präsident Putin, keine Spur. Der erste Mann im Staat ist auf Tauchstation. Viele in Moskau spitzen die Ohren, wann er endlich ein Machtwort sprechen wird. Schließlich dauert die wortgewaltige Auseinandersetzung mit der russischen Militärführung schon Monate an. Und sie wurde zunehmend lauter ausgetragen, indem der Chef der Privatarmee Wagner den Verteidigungsminister in aller Öffentlichkeit herausforderte.

Beide, Sergej Schoigu und der Milizen-Chef, lieferten sich eine Fehde, die dem Präsidenten offensichtlich die Sprache verschlagen hat. Tatenlos schaute Putin zu, wie der Söldner-Kommandeur seinen langgedienten Minister immer obszöner beschimpfte – für dessen angebliche Unfähigkeit, die Truppen im Krieg gegen die Ukraine zu führen. Putin stellte sich weder schützend vor seinen engen Freund Sergej noch ergriff er Partei für seinen »Koch«, Jewgeni Prigoschin, der sich für den besseren Verteidigungsminister und Generalstabschef hielt. Der Kreml-Herr reagierte auch dann nicht, als der verurteilte Gewaltverbrecher mit langjähriger Gefängniskarriere ihn, den Präsidenten selbst, mit einem glücklichen Opa verglich, der die Realität nicht mehr begreife und sich am Ende womöglich als eine »Arschgeige« erweisen könnte. Allen stockte der Atem, doch von Putin kein Ton.

Während die Wagner-Meuterei in vollem Gange ist, hat Putin die Muße, eine liebgewonnene Tradition zu pflegen. Wie jedes Jahr verbringt er den letzten Schultag, der an allen russischen Bildungseinrichtungen aufwändig gefeiert wird, in seiner Heimatstadt Sankt Petersburg. Höhepunkt dieses Sommerabends in den weißen Nächten ist das Festival »Scharlachrotes Segel«, eine abendliche Schiffsparade, mit der an den Zweiten Weltkrieg erinnert wird.

Putin, in Sankt Petersburg geboren, als die Stadt noch Leningrad hieß, mischt sich jedoch nicht unter die Hochschulabsolventen und auch nicht unter die Schaulustigen, sondern bleibt in sicherer Distanz zum Volk auf der Yacht seines Intimus Juri Kowaltschuk. Von ihm bekommt er an diesem Tag ein Geschenk. Ein Schiff. Als Ersatz für die »Scheherazade«, die kurz nach dem Überfall auf die Ukraine von der italienischen Polizei beschlagnahmt worden war. Als Besitzer des 140 Meter langen Luxus-Liners ist zwar Eduard Chudainatow eingetragen, doch der Ex-Chef des russischen Staatskonzerns Rosneft gilt nur als Strohmann, mit dessen Hilfe Sanktionen unterlaufen werden können. Die Scheherazade mit ihren sechs Etagen und zwei Hubschrauber-Landeplätzen gehört zu den 20 größten Yachten der Welt, Wert: 650 Millionen Euro. Die italienischen Beamten stellten sie sicher, als sich die Anzeichen mehrten, dass sie nicht nur aus dem Trockendeck geholt, sondern vollgetankt und beladen werden sollte und alles danach aussah, als würde sie jeden Moment ablegen. Die Italiener wussten, dass eine Verbindung zwischen dem Schiff und »prominenten Elementen der russischen Regierung«, sprich Personen auf der EU-Sanktionsliste, existierte. Zumal Recherchen der Antikorruptionsstiftung von Alexej Nawalny ergeben hatten, dass Spuren von dem Schiff zum Präsidenten persönlich führten. Nicht weil bis auf den Kapitän alle Besatzungsmitglieder Russen waren, sondern weil Nawalnys Team zehn von ihnen als Offiziere des FSO identifiziert hatte, des Föderalen Dienstes für die Bewachung. Er ist zuständig für den Schutz des russischen Präsidenten und der russischen Regierung. Organisatorisch, so wiesen es die Rechercheure nach, waren diese Männer Teil der Mannschaft, die auch die Staatsresidenz in Sotschi bewachte, die der russische Präsident gern und oft nutzt. Die Schiffscrew gehörte also offiziell zum Sicherheitspersonal und zum persönlichen Stab Putins.

An diesem 23. Juni 2023 hat Putin nur Augen für Boote, der Krieg gegen die Ukraine ist weit weg. Der Präsident ist nicht bekannt dafür, viel im Internet zu surfen oder oft auf sein Handy zu schauen. Aber denjenigen, die das für ihn tun, ist die hohe Schlagzahl der Wortmeldungen, mit denen sich Prigoschin schon den ganzen Tag über an die Öffentlichkeit wendet, wohl kaum entgangen. Unerhört, wie er Putins Argumentation für den Krieg zerlegt. Der Söldnerboss bezeichnet Putins Lügen darüber, warum die sogenannte militärische Spezialoperation in der Ukraine geführt werden muss, offen als das, was sie sind: Lügen. Prigoschin stellt klar, dass es weder Neonazis in der ukrainischen Führung gebe noch die Ukraine gemeinsam mit der NATO eine Aggression plane. Die Ukraine habe auch nichts Alptraumhaftes im Donbass getan, dort würden keine russischsprechenden Menschen von Ukrainern gequält. Wogegen der russische Geheimdienst FSB und andere Moskauer Gestalten die Ostukraine nach ihrer Besetzung 2014 ausgeplündert hätten. Zudem sei der ukrainische Präsident Selenskyj bereit, über eine Lösung der Situation zu verhandeln. Den Krieg, so Prigoschin, habe das russische Verteidigungsministerium »nur für die PR« gebraucht, man habe Putin getäuscht. Auch das Ziel der Demilitarisierung der Ukraine sei mitnichten erreicht worden, deren Armee stünde jetzt moderner und besser bewaffnet da denn je.

Prigoschin verletzt ein Tabu nach dem anderen. Er lässt Putin dastehen wie einen König ohne Kleider: nackt. Das hat bisher noch niemand aus Putins Lager gewagt. Diejenigen, die die Nachrichtenlage von Amts wegen im Auge behalten müssen, hätten ihrem Präsidenten an diesem Freitag mitteilen müssen, dass der Milizenführer obendrein eine unglaubliche Beschuldigung gegen die russische Armee gerichtet hat. Angeblich seien auf seine Söldner Raketen und Artilleriegeschosse abgefeuert worden. Nicht von Ukrainern, sondern von der eigenen, der russischen Armee. Weil Verteidigungsminister Schoigu die Vernichtung der Privatarmee Wagner befohlen habe. Das könne auf keinen Fall ohne Antwort bleiben, immerhin seien 30 seiner Männer getötet worden.

Es war nur eine Frage der Zeit, dass der Konflikt zwischen Prigoschin und Schoigu eskalieren würde. Es geschieht, als ein Countdown läuft: Eine Woche bleibt dem Anführer der Privatarmee am 23. Juni noch, um seine Organisation unter das Kommando des Verteidigungsministeriums zu stellen. Prigoschin macht aber keine Anstalten, dieser Forderung bis zum 1. Juli nachzukommen, stattdessen richtet er schwere Vorwürfe an die Armeeführung. Er verlangt einen Untersuchungsausschuss, in dem der Generalstabschef Gerassimow und Verteidigungsminister Schoigu für den Völkermord am russischen Volk, die Ermordung Zehntausender russischer Bürger und die Abtretung russischer Gebiete an den Feind geradestehen sollen.

Am frühen Morgen des 24. Juni geht Prigoschin erneut auf Sendung. Jetzt aus Rostow am Don, wo sich das Hauptquartier des südlichen Militärbezirks befindet. Für eine Videobotschaft tritt er im Sahara-Tarnanzug vor die Kamera, unter dem Kinn ein Funkgerät, über dem strammen Bauch eine kugelsichere Weste, darauf ein Sticker mit der Aufschrift: »ГРУЗ 200 МЫ ВМЕСТЕ«, Fracht 200 / Wir sind zusammen. Fracht 200 lautet das Codewort für den Transport von Soldatenleichen, was wohl als Hommage an seine gefallenen Kameraden verstanden werden soll. Mit bewaffneten Uniformierten im Hintergrund kündigt er sein nächstes Vorhaben an. Seine Söldner würden »die Stadt Rostow blockieren« und »nach Moskau gehen«, wo die Wagner-Privatarmee erwarte, den Generalstabschef und Verteidigungsminister ausgehändigt zu bekommen. Noch in der Nacht hatten Wladimir Aleksejew und Sergej Surowikin, Generäle der russischen Armee, Anhänger Prigoschins eindringlich davor gewarnt, sich der Meuterei anzuschließen. Aber ihr Appell war wirkungslos verhallt, der Trupp von rund eintausend Mann hatte sich zum »Marsch für Gerechtigkeit« in Bewegung gesetzt, samt schwerer Technik.

Einige Stunden nach Prigoschins Videobotschaft, um zehn Uhr am 24. Juni, findet Putin seine Sprache wieder. Er bezichtigt Prigoschin, ohne dessen Namen zu erwähnen, des Verrats, der hart bestraft werde, und nennt den Aufstand einen »Dolchstoß in den Rücken unseres Landes und unseres Volkes«. Wie schon bei dem Unternehmer Michail Chodorkowski und Korruptionsjäger Alexej Nawalny bringt er den Namen des Opponenten nicht über die Lippen. Der Hobbyhistoriker, als der Putin immer wieder in Erscheinung tritt, sieht in dem Aufstand den Beginn einer verhängnisvollen Entwicklung, wie es sie schon einmal in der russischen Geschichte gegeben hat: »Dies ist genau der Schlag, der Russland 1917 zugefügt wurde, als das Land den Ersten Weltkrieg führte. Doch der Sieg wurde dem Land gestohlen. Intrigen, Zank, politische Machenschaften hinter dem Rücken der Armee und des Volkes führten zum größten Schock, zur Zerschlagung der Armee und zum Zerfall des Staates, zum Verlust riesiger Gebiete. Das Ergebnis war die Tragödie des Bürgerkriegs.« Mit dem »Schlag, der Russland 1917 zugefügt wurde«, meint Putin eine Meuterei.

Das russische Schicksalsjahr 1917 hatte unruhig begonnen. Die Februarrevolution war ausgebrochen und Zar Nikolaus II. musste abdanken. Arbeiter- und Soldatenräte zettelten Unruhen an, die ein Mann, Lawr Kornilow, sofort niederschlagen wollte. Er war der Oberbefehlshaber der Armee der Provisorischen Übergangsregierung und sah in den Arbeiter- und Soldatenräten der Bolschewiki eine Gefahr für ganz Russland. Doch Ministerpräsident Kerenski verbot ein bewaffnetes Vorgehen, denn er hielt die Bolschewiki für längst nicht so stark. Weil Kornilow sein Ziel, die Bolschewiki zu bekämpfen, nicht aufgab, wurde ihm die Befehlsgewalt entzogen. Kornilow versammelte daraufhin eigene Truppen hinter sich – so wie Prigoschin über 100 Jahre später. Ministerpräsident Kerenski, der sich in den Bolschewiki schwer geirrt hatte, musste noch vor der Oktoberrevolution vor ihnen fliehen. Kornilow kämpfte bis nach der Revolution mit den »Weißen« gegen die »Roten« und fiel. Aus diesem Vorgang zu schließen, dass Kornilows Meuterei zu Russlands Niederlage im Ersten Weltkrieg, zum Zerfall des Russischen Reiches und zum Verlust riesiger Gebiete geführt hätten, und daraus Parallelen in die Gegenwart zu ziehen, ist zumindest ein sehr eigenwilliges Verständnis der Ereignisse, wofür Putin wiederum bekannt ist. Er nimmt sich angesichts von Prigoschins Aufstand in seiner Rede sogar Zeit für ein noch weiter zurückliegendes Kapitel: die Smuta. Das waren schwere Aufstände im 16. und 17. Jahrhundert. Sie seien, wie jede Rebellion, eine tödliche Bedrohung für die Staatlichkeit und die Nation gewesen.

Während dieser Smuta brachen gleich mehrere Kriege aus, hinzu kamen Hungersnöte, weil es damals sogar im Sommer noch Frost gegeben haben soll. Die völlig verarmte Bevölkerung war am Rand der Verzweiflung. Obendrein tauchte ein falscher Zarensohn auf, ein gefeierter Hoffnungsträger, nach dessen Ermordung das Volk überall im Reich Kopf stand.

Mit diesen historischen Vergleichen verleiht Putin der gerade beginnenden Prigoschin-Meuterei eine immense Bedeutung, deren Ausmaß zu diesem Zeitpunkt noch gar nicht abzuschätzen ist, und die im Nachhinein umso unverhältnismäßiger wirkt. Im Bemühen um Schadensbegrenzung warnt er vor unabsehbaren Folgen, die solche Unruhen in Russland nach sich ziehen. Etwas, was die Staatspropaganda schon seit Kriegsbeginn am 24. Februar 2022 tut. Die Menschen sollen glauben, dass Russland in Gefahr sei, die Stabilität des Landes nur mit Putin gewährleistet sei und eine neue Führung nichts als unsichere Verhältnisse bringen würde.

Doch in Wahrheit offenbart dieser Auftritt Putins blankes Entsetzen darüber, dass der Aufstand sein eigenes Ende einläuten könnte. Lange hat die Öffentlichkeit keinen so aufgewühlten und verunsicherten Präsidenten mehr erlebt. Der aufgedunsene und oft lethargisch wirkende Herrscher hatte längst das frühere Bild vom Macho-Machthaber verdrängt. Der ganze Kerl, der mit nacktem Oberkörper fischt und reitet, war Vergangenheit. Sein wächsernes Gesicht, dass manche schon an Lenin im Mausoleum erinnerte, weil es stets völlig ausdrucks- und regungslos bleibt, ist an diesem Sonnabendmorgen rot und wutverzerrt.

Keine zwölf Stunden später löst sich der »Gerechtigkeitsmarsch« 200 Kilometer vor Moskau in Wohlgefallen auf, ist der ganze Spuk vorbei. Die Revolte hat nicht einmal zwei Tage gedauert. Das Publikum reibt sich ob des Schauspiels verwundert die Augen. Prigoschin verspricht, mit seinen Leuten in die »Lager« zurückzukehren. Er, den Putin noch am Morgen wegen des Verrats schwer bestraft wissen will, räumt freiwillig das Feld. Es gelte das Wort des Präsidenten. Wobei nicht klar ist, was der überhaupt gesagt hat. Mal heißt es, die Ermittlungen des FSB und der Staatsanwaltschaft gegen den Wagner-Anführer seien fallengelassen worden, dann wieder nicht. Was bestenfalls zweitrangig ist, da die Justiz ohnehin nur Befehle der Präsidialverwaltung ausführt. Ob der Freund aus Petersburger Zeiten überlebt, entscheiden Putin und die Geheimdienste.

Prigoschin, der unmittelbar nach Putins Fernsehansprache den Vorwurf des Verrats noch scharf zurückweist, scheint plötzlich nicht abgeneigt, wie geheißen nach Belarus zu gehen. Seine Kämpfer können ihm folgen oder aber in die russische Armee eintreten, wie es ihnen Putin angeboten hat. Der Anspruch der Söldner, nicht zuzulassen, dass sich Russland »auf dem Weg der Korruption, des Betrugs und der Bürokratie« weiterbewegt, scheint vergessen zu sein.

Was hat den Sinneswandel ausgelöst? Dass sich der Revolte, anders als erhofft, doch nicht mehr Wagnerianer und erst recht keine Soldaten der regulären russischen Armee angeschlossen haben? Immerhin versteht sich Prigoschin als deren Anwalt. Eigentlich hätte er unbeirrt nach Moskau weiterziehen können, denn niemand hatte sich ihm ernsthaft in den Weg gestellt. Seine Kolonne war zwar ab und zu beschossen, aber kein einziges Mal getroffen worden. An einigen Orten standen Lastwagen als Barrikade quer auf der Fahrbahn oder der Asphalt war aufgebaggert worden, aber das hatte kein wirkliches Hindernis dargestellt. Dass Prigoschin ungeschoren davonkommt, glaubt kaum jemand. Eher, dass ihn statt eines ordentlichen Strafverfahrens ein außergerichtliches Urteil ereilt.

Doch der Öffentlichkeit wird zunächst weisgemacht, dass ein Deal zwischen dem Kreml und der Privatarmee geschlossen wurde, ausgehandelt von Alexander Lukaschenko, dem autoritären Machthaber von Belarus, abgesegnet von Putin persönlich. Der Weißrusse platzt fast vor Stolz. Dass Prigoschin seine Truppen zurückrief, sei Ausweis seiner Vermittlerkunst gewesen. Er, Lukaschenko, habe Russland vor dem Abgrund bewahrt, denn schließlich sei durch ihn »eine absolut gewinnbringende und akzeptable Option zur Lösung der Situation« gefunden worden. So schildert es Lukaschenkos Hofberichterstatter Wadim Gigin, gegen den die Europäische Union Sanktionen verhängt hat, weil er die Unterdrückung der demokratischen Opposition und der Zivilgesellschaft unterstützt. Welche Vereinbarung tatsächlich getroffen wurde, ist unbekannt.

Nach seinem Auftritt als selbsternannter Krisenmanager schreitet Lukaschenko wie ein Sieger vom Platz, vermutlich in dem Glauben, dass er dadurch sein Image aufpolieren konnte. Tatsächlich bleibt er der Handlanger Moskaus, der sich fast drei Jahrzehnte mit gefälschten Wahlen an der Macht halten konnte, und als das nicht mehr gelang, die Schützenhilfe von Putin in Anspruch nehmen musste.

Lukaschenko hat sein Land an das russische Regime verkauft und es sogar für die Stationierung von atomwaffentauglichen Raketensystemen dargeboten. Belarussische Oppositionelle sind überzeugt davon, dass sich Putins Ambitionen keineswegs nur auf das ukrainische Territorium beschränken. Lukaschenko öffnete Prigoschins Kämpfern trotzdem Tür und Tor, ließ für sie in aller Eile Unterkünfte errichten, als wüsste er nicht, dass diese Männer jeden Moment auf Befehl Putins Belarus besetzen könnten, so wie sie in die Ukraine oder in arabische und afrikanische Länder eingefallen sind.

Die Rolle des Friedensvermittlers steht Lukaschenko schlecht. Bei den Minsker Gesprächen 2014 und 2015 ging sein Anteil über die Bereitstellung der Verhandlungsräume nicht hinaus. Kurz nach dem russischen Truppeneinmarsch in die Ukraine lud er Delegationen aus Moskau und Kiew in die südöstliche Stadt Gomel ein. Die Gespräche scheiterten. Lukaschenkos Schicksal ist direkt mit dem Putins verbunden. »Sie sind siamesische Zwillinge«, sagt Pawel Latuschka, ein ehemaliger belarussischer Diplomat und Minister, in seinem Warschauer Exil. »Der eine kann nicht ohne den anderen leben. Der Sturz des einen bedeutet den politischen Tod des anderen.«

Bereits unmittelbar nach Prigoschins 24-Stunden-Rebelliönchen ist klar, dass seine Tage gezählt sind. Aber auch Putins Zukunft ist ins Wanken geraten und damit die von Russland ebenfalls: Nie zuvor war Putin von einem seiner Verbündeten so gedemütigt worden wie von Prigoschin. Und das öffentlich. Die ganze Welt konnte sehen, wie der scheinbar unangefochtene Herrscher von Angst gepackt vor die Kamera trat und wie schnell sich die Lage in Russland destabilisiert hatte. Prigoschins Mini-Aufstand hat eine Ahnung von den Machtkämpfen an der russischen Spitze vermittelt, die selbst den Präsidenten nicht mehr aussparen und sich jederzeit weiter verschärfen können. Die Führung Russlands ist angesichts einer ernsthaften Bedrohung zu keiner professionellen Reaktion fähig gewesen und hatte damit Rivalen ungewollt ermuntert, sie erneut herauszufordern.

Als Antwort des Regimes folgte erwartungsgemäß noch mehr Härte, nach innen wie nach außen. Jeder, von dem eine Gefahr für den Kreis um Putin ausgehen könnte, steht seit den Tagen im Juni 2023 unter strengster Beobachtung. Denn sie haben eine Fragilität des russischen Machtgefüges offenbart, mit der keiner gerechnet hatte.

## Krieg als Überlebenschance für Diktatoren

Was für Russland das Beste wäre, nämlich die Angriffe einzustellen und seine Truppen aus der Ukraine abzuziehen, wäre nicht unbedingt auch das Beste für Oberbefehlshaber Putin. Denn Autokraten, die sich im Krieg befinden, verlieren höchst selten ihre Macht. Das haben die US-amerikanischen Politikwissenschaftlerinnen Erica Frantz und Andrea Kendall-Taylor festgestellt. Sie analysierten rund 300 autoritäre Regime seit 1946 und interessierten sich vor allem für die Frage, was die Autokraten bzw. Diktatoren zu Fall brachte. Die Antwort ist ernüchternd.

Seit dem Zweiten Weltkrieg wurde in etwa der Hälfte der Fälle, in denen ein Staatsoberhaupt gestürzt wurde, einfach ein Nachfolger ernannt und das autoritäre System bestand fort. In der anderen Hälfte der Fälle, in denen der Führer fiel, ging das Regime mit ihm unter. Wenn Diktaturen auf eine Person zugeschnitten sind, ist deren Angst, ins Exil geschickt, ins Gefängnis geworfen oder getötet zu werden, berechtigt, denn das passiert tatsächlich oft. Deswegen tun sie alles, um an der Macht zu bleiben. Wenn Autokraten und ihre Regime die Macht durch eine Revolte, eine ausländische Invasion oder einen Bürgerkrieg verlieren, ist das wiederum ein schlechter Start für eine anschließende demokratische Entwicklung, es ist dann unwahrscheinlicher, dass es zu einer Demokratie kommt, fanden die beiden Forscherinnen heraus.

Wenn Autokraten, so wie Putin, über 20 Jahre lang am Ruder sind, treten sie meist erst mit ihrem Tod ab. Und auch dann brechen nicht unbedingt andere Zeiten an. Die schlechte Nachricht lautet vielmehr: Noch nicht einmal der Tod im Amt muss eine Veränderung herbeiführen, weil in etwa 80 Prozent der Fälle das Regime überlebt. Denn die Eliten scharen sich viel eher sofort um denjenigen, der noch im Machtvakuum die Führung an sich reißt, als dass sie abwarten und das Risiko eingehen, unter neuen Bedingungen keinen Job mehr zu haben.

Nach Stalins Tod am 5. März 1953 richteten sich alle Blicke auf seine vier engsten Vertrauten Beria, Chruschtschow, Malenkow und Bulganin. Lawrenti Beria gehörte zu den Hauptverantwortlichen für den Terror während der stalinistischen Säuberungen. Er sicherte sich sofort den Posten des Ersten Stellvertretenden Ministerpräsidenten und den des Innenministers. Georgi Malenkow wurde Regierungschef. Beria, der auch das sowjetische Atombombenprogramm vorangetrieben hatte, verschmolz sein Innenministerium mit dem Geheimdienst zu einem Superministerium, was seinen Herausforderern dann doch zu viel Macht in einer Hand war. Sie befürchteten, dass er die Führung beanspruchen könnte, um die Nachfolge des toten Diktators anzutreten.

Nikita Chruschtschow erkannte die Gefahr und ließ Beria, die Nummer zwei nach Malenkow, am 26. Juni 1953 auf einer Sitzung des Zentralkomitees der Kommunistischen Partei verhaften. Die Gründe hatten mit dem aktuellen Machtkampf scheinbar nichts zu tun. Beria wurde wegen Spionage für Großbritannien in den 1920er Jahren und wegen angeblicher Versuche zur Beseitigung der Sowjetmacht zum Tode verurteilt und erschossen. Nach seiner erfolgreichen Intrige gegen Beria nahm sich Chruschtschow Malenkow vor und erreichte, dass dieser sich künftig mit ihm die Macht teilen musste. Die Funktion als Erster Sekretär des Zentralkomitees ging an Chruschtschow, weil sich die Partei für die Zeit nach Stalin auf eine »kollektive Führung« verständigt hatte.

Mit Teamgeist hatte Chruschtschow allerdings nichts am Hut. Drei Jahre später hielt er, der selbst tief in Stalins Regime verstrickt war, seine sogenannte Geheimrede »Über den Personenkult«. Eine Abrechnung mit Stalin und die mit ihm verbundenen Verbrechen. In der Sowjetunion machte sich allgemeine Erleichterung breit, denn damit brach die Tauwetter-Periode an, in der die meisten Gulag-Häftlinge entlassen und viele Opfer des Regimes rehabilitiert wurden. 1958 vereinte Chruschtschow schließlich alle Macht auf sich. Die kollektive Führung war vergessen. Das Tauwetter bald ebenso, denn die Daumenschrauben in der Innen- und Außenpolitik wurden wieder angezogen. Kommunistische Diktatoren herrschten noch fast 40 Jahre, wenn auch nicht mit der gleichen Härte wie Stalin. Der letzte, Michail Gorbatschow, war kein Autokrat, er ließ den Fall des Eisernen Vorhangs zu, der auch das Ende der Sowjetunion einläutete.

Wie nach Stalins Tod könnte es Russland auch nach Putins Amtsende ergehen. Der ukrainische Historiker Jaroslaw Hryzak, Professor an der Ukrainischen Katholischen Universität in Kiew, rechnet nicht mit einem schnellen Frieden zwischen Russland und der Ukraine, selbst wenn der russische Präsident plötzlich sterben würde. Denn hinter Putin stehe ein »kollektiver Putin«. Entscheidend sei nicht, dass der Diktator abgesetzt, verhaftet, zum Internationalen Strafgerichtshof nach Den Haag überstellt werde oder durch einen Putsch ums Leben komme, entscheidend sei, dass selbst nach einem solchen Szenario in 20 bis 30 Jahren ein »neuer Putin«, also ein neuer Diktator, in Russland auftauchen und alles wieder von vorne beginnen könne.

Unter den besonderen Voraussetzungen der russischen Führung und der russischen Gesellschaft stellt es daher eine fast unlösbare Aufgabe dar, Russland in einen demokratischen Staat zu verwandeln. So wie es mit Deutschland nach der Nazi-Diktatur oder mit Japan nach seiner Niederlage im Zweiten Weltkrieg geschah. Weil aber vom Charakter des russischen Staates die

Sicherheit der Ukraine abhängt, verlangt Hryzak, seinem Land bei der Gestaltung der russischen Nachkriegsordnung ein Mitspracherecht einzuräumen. Denn niemand wolle ein so aggressives Land als Nachbarn haben, in dem regelmäßig Diktatoren wie Stalin oder Putin an die Macht gelangen, wo willkürliche Verhaftungen an der Tagesordnung sind, Menschen schuldlos in Straflagern verschwinden, politische Gegner vergiftet werden und – ganz wichtig – andere Länder jederzeit mit einem Überfall rechnen müssen. Für den Historiker spielt es keine Rolle, ob es sich um einen Zaren, Generalsekretär oder einen russischen Präsidenten handelt. Entscheidend sei, dieses politische System zu brechen, in dem der Herrscher an der Spitze zugleich der Besitzer dieses Landes ist. Er regiere es nicht nur, sondern verfüge darüber hinaus auch über das gesamte Eigentum Russlands, einschließlich des Lebens seiner Bürger, ohne jegliche Kontrollinstanz. Das Aufbrechen dieses politischen Monolithen, insbesondere die Entsakralisierung der Macht, die Trennung von Kirche und Staat, definiert Jaroslaw Hryzak als Agenda. Die auch einschließt, dass kein Offizier des russischen Geheimdienstes in Zukunft ein öffentliches Amt in Russland bekleiden dürfe.

Die beiden amerikanischen Politologinnen Erica Frantz und Andrea Kendall-Taylor haben sich in ihrer Studie explizit die Frage gestellt, was passiert, wenn Diktatoren in den Krieg ziehen. Sichert ein Krieg ihre Macht oder kann er für sie gefährlich werden, geht der Diktator also das Risiko ein, dass er im Krieg seines Amtes enthoben oder weggeputscht wird? Entscheidend ist das erste Kriegsjahr, so die Wissenschaftlerinnen. Denn wenn der Führer gestürzt werden soll, muss das sofort zu Beginn geschehen. Saddam Hussein ist ein Beispiel dafür: Er musste im April 2003 kurz nach Beginn des Irakkrieges untertauchen und wurde im Dezember von US-Truppen festgenommen. Zieht sich ein Krieg jedoch länger als ein Jahr hin, hilft er dem amtierenden Diktator und es sinkt die Chance, den Gewaltherrscher loszuwerden.

Frantz und Kendall-Taylor, die zu Forschungsaufenthalten in Latein- und Mittelamerika sowie in Afrika, Asien und Russland unterwegs waren, fanden weiterhin heraus, dass Diktatoren jeglicher Couleur häufig dann einen Krieg beginnen, wenn es im eigenen Land schlecht läuft. Krieg ist sogar ein sehr erfolgreiches Mittel zur Sicherung ihrer Herrschaft. »Autokraten, die sich im Krieg befinden, verlieren selten ihre Macht, denn dann gibt es für die Bürger, das Militär und die Sicherheitskräfte eines Landes keine Möglichkeit mehr, ihre Führung in Frage zu stellen.«

Ein Krieg verschafft einem autokratischen Herrscher auch dadurch Macht, dass das Kriegsrecht gilt, selbst wenn es nicht ausdrücklich ausgerufen wurde. Auch wenn die Kreml-Propaganda nicht von Krieg, sondern von einer militärischen Spezialoperation spricht, herrscht in Russland de facto Kriegsrecht, das Putins Macht verstärkt. Anders sieht es aus, wenn Diktatoren einen Krieg verlieren. Dann droht ihnen der Rauswurf. Sollte dieses Schicksal Putin ereilen, könnte es für ihn tödlich sein. Die Wahrscheinlichkeit ist der Studie von Frantz und Kendall-Taylor zufolge sehr hoch. »Führer personalistischer Diktaturen, in denen die Macht stark in den Händen einer einzelnen Person konzentriert ist, werden am ehesten gewaltsam gestürzt.« Deswegen zögern sie ein Kriegsende so lange wie möglich hinaus. Auch weil Widersacher, die zu Kriegsbeginn aus dem Land geflohen sind, wie die Hunderttausenden von Russen, heimkehren könnten. Ihr Exodus war für das Regime ein Segen, denn sie stellten die größte Herausforderung für Putin dar. Sollten sie zurückkehren, könnte eine Konfrontation beginnen, die Putin wohl lieber vermeiden würde.

Frantz und Kendall-Taylor kommen zu dem Schluss: »Der vielversprechendste Weg zur Beendigung des Krieges [in der Ukraine] ist eine stärkere Unterstützung Kiews durch die USA und Europa. Sie könnte der Ukraine zu einem entscheidenden militärischen Sieg verhelfen und Putins persönliche Ambitionen irrelevant machen. Erst wenn Putin befürchten muss, den Krieg zu verlieren, wird er aufhören zu kämpfen.« Dass Putin sich anfangs ganz allein für die Invasion aussprach, könnte ihn bei einer Niederlage besonders anfällig für einen Sturz machen.

Die amerikanischen Politologinnen haben ermittelt, dass etwa die Hälfte aller Führer, die einen Krieg verlieren, auch ihre Macht einbüßen. Aber wann hätte Putin verloren? Wann könnte überhaupt von einer Niederlage gesprochen werden? Putin hat sich Deutungsmöglichkeiten offengelassen und sich somit abgesichert. Er vermied es, seine Ziele in der Ukraine klar zu formulieren, was ihm helfen könnte, dem heimischen Publikum einen Status quo als Sieg zu verkaufen. Nur er entscheidet, wann der Krieg seinen Zweck erfüllt hat. Es ist Auslegungssache. Ein Unentschieden könnte auch genügen. Von der »Entnazifizierung«, »Demilitarisierung« oder von der »einen, russischen und ukrainischen Nation« spricht er nur noch ab und zu. So wie die Notwendigkeit eines Krieges auf Lügen aufgebaut war, könnte auch die Ausrufung des Sieges eine Lüge sein.

Am 17. Juni 2023, nach 16 Monaten Raketen- und Drohnenangriffen, Artilleriefeuer und Häuserkämpfen, vermeldete Putins Sprecher Dmitri Peskow, dass das Ziel der Entwaffnung der Ukraine bereits erreicht worden sei. Jewgeni Prigoschin, Chef der Wagner-Truppe und lange Jahre ein enger Verbündeter des Präsidenten, strafte Peskows Aussagen von der erreichten Entmilitarisierung öffentlich Lügen. Denn die habe nie zuvor über so viele und so moderne Waffen verfügt wie jetzt während des Krieges. Dank der Lieferungen aus dem Westen. Doch wer wird die Siegespropaganda in Zukunft entlarven? Eines scheint zumindest sicher: Lange leben würde auch derjenige danach wahrscheinlich nicht mehr.

Die meisten Kriege dauern nur ein paar Monate. Wird länger als ein Jahr gekämpft, ziehen sie sich dann oft über ein

Jahrzehnt hin. Auch das hat die Untersuchung von Frantz und Kendall-Taylor gezeigt. Putins Gründe für die Invasion sind ideologischer Natur, was das Risiko für einen langwierigen Konflikt erhöht. Als derjenige, der das größte Interesse daran hat, das Ende hinauszuzögern, sucht er immer neue Vorwände. Zum Beispiel macht er sich die NATO-Regel zunutze, nach der ein im Krieg oder Grenzkonflikt befindliches Land nicht als Mitglied aufgenommen werden darf. Es war eigentlich nur eine Frage der Zeit, wann Russland versuchen würde, die NATO in diesem Punkt mit ihren eigenen Waffen zu schlagen.

Ex-Präsident Dmitri Medwedew, der in seinen Äußerungen immer öfter den unzivilisierten Stil von Warlord Prigoschin kopiert und zu dessen Lebzeiten geradezu mit ihm zu wetteifern schien, wer den unflätigsten Spruch ablässt, gab vor dem NATO-Gipfel in Vilnius im Juli 2023 ganz unverblümt zu: »Wir haben nie versucht, die NATO einzudämmen. Wir haben immer nur um eines gebeten, ehemalige Teile unseres Landes nicht in die NATO einzuladen. Unser Ziel ist daher einfach: die Bedrohung durch die Mitgliedschaft der Ukraine in der NATO zu beseitigen. Und wir werden es erreichen. Heute haben sogar die gesteinigten Führer des Kiewer Regimes zugegeben, dass die Bandera-Ukraine, oder wie auch immer man ihre verrottenden Überreste jetzt nennt, im Konfliktzustand nicht in die Allianz aufgenommen werden wird. Daraus ergibt sich jedoch eine sehr einfache und traurige Schlussfolgerung: Wenn die Konfliktländer nicht in die NATO aufgenommen werden, bedeutet dies, dass der Konflikt von Dauer sein wird, denn es geht um die Existenz Russlands.«

Wenn Medwedew in der Regierungszeitung *Rossijskaja Gaseta* schreibt, dass Russland nie versucht habe, die NATO einzudämmen, unterschlägt er Putins Forderung von 2021, die Allianz möge zu ihrer Größe von 1997 zurückkehren, was heißen würde, die Osterweiterung von 1999 bis 2020 rückgängig zu machen. Da laut der Charta von Paris jedes Land sein Bündnis frei wählen darf, ging die NATO nicht darauf ein.

Ein langer Krieg bringt nicht nur mehr ukrainische Opfer und Zerstörungen, sondern verlangt auch vom Westen deutlich mehr Ausdauer, der Ukraine zu helfen. Hört der Krieg nicht auf, kann Russland noch mehr Gebiete besetzen und kontrollieren. Deswegen lautet die Schlussfolgerung, dass der Krieg möglichst kurzgehalten werden muss. Die Demilitarisierung der Krim durch die Ukraine könnte dafür von entscheidender Bedeutung sein. Wenn Kiew die Sicherheit auf der Krim mit nachhaltigen Angriffen auf Flotten- und Luftwaffenstützpunkte erschüttert und die Menschen von der annektierten Halbinsel fliehen, droht Putin eine Niederlage. Könnte er die eroberten Gebiete nicht mehr halten und verlöre er mit der Krim einen wichtigen Ausgangspunkt für Angriffe auf die übrige Ukraine, müsste er wohl ein Ende aushandeln, das weit hinter seinen Kriegszielen zurückbleibt.

Seit der russischen Annexion 2014 ist die Halbinsel, die einst lediglich die russische Schwarzmeerflotte in Sewastopol beherbergte, von Russland zu einem Militärstützpunkt aufgerüstet worden. Satellitenaufnahmen zeigen, dass es inzwischen 232 Standorte von Militäreinheiten verschiedener Teilstreitkräfte, Radar- und Luftabwehranlagen, Flugplätze und Treibstoffdepots gibt. In mehr als 60 Orten auf der Krim ist es seit Beginn des Krieges zu Explosionen gekommen, die mutmaßlich auf ukrainische Angriffe zurückgehen. Die Ukraine hat das erklärte Ziel, alle besetzten Gebiete, einschließlich der Krim, zurückzuerobern, auch mit militärischen Mitteln.

Das ukrainische Kompromissangebot vom März 2022 dürfte jedenfalls obsolet sein. Kurz nach dem Überfall auf sein Land schlug Präsident Selenskyj vor, über einen Neutralitätsstatus der Ukraine zu verhandeln und von der NATO-Mitgliedschaft abzurücken, wenn die Ukraine im Gegenzug umfängliche Sicherheitsgarantien von einer Reihe von Ländern einschließlich der fünf ständigen Mitglieder des UN-Sicherheitsrates bekäme. Auch über den Status der Krim hätte Kiew durchaus später verhandelt. Nach den Kriegsverbrechen in Butscha, Irpin, Mariupol und anderen Orten ist auf der ukrainischen Seite derzeit keine Bereitschaft mehr zum Einlenken zu erkennen.

Inzwischen ist die NATO-Mitgliedschaft für die Ukraine essentiell, denn sie kann nicht davon ausgehen, dass Moskau seinen Expansionskrieg je beendet. Im Gegenteil. Neben der Krim und Sewastopol, den sogenannten Volksrepubliken Luhansk und Donezk hat sich Russland noch die Gebiete Cherson und Saporischja einverleibt. Letztere waren noch längst nicht vollständig erobert, da fanden schon Wahlen statt, die einen Anschein von Normalität vermitteln sollten, tatsächlich aber Urnengänge im Wortsinne waren: Wahlen unter Gewehrsalven. Der Gang in improvisierte Wahllokale war lebensgefährlich und verfassungswidrig. Doch nach dem Verwaltungsakt der Gebietserweiterung der Russischen Föderation haben die sogenannten neuen Gebiete Verfassungsrang, müssen also vollständig unter Moskaus Kontrolle gebracht werden. Mit einem Ende der russischen Eroberungszüge ist auch deshalb vorerst nicht zu rechnen. Zudem baut der Kreml mit der Stationierung von Atomwaffen und russischen Einheiten in Belarus das Vasallenland immer weiter zu seinem Vorposten direkt an der EU-Grenze aus. Eine dazu dauerhafte russische Militärpräsenz in der Ukraine würde Europas Sicherheit insgesamt deutlich verschlechtern. Es ist deshalb im ureigenen Interesse der NATO-Mitglieder, mit der Aufnahme der Ukraine in das Verteidigungsbündnis ein deutliches Zeichen in Richtung Moskau zu senden. Kiew hat im September 2022 ein beschleunigtes Aufnahmeverfahren beantragt, das das Reglement eigentlich gar nicht vorsieht.

Die Sicherheitsexpertinnen Claudia Major und Margarete Klein greifen in ihrem Strategievorschlag »Dauerhafte Sicherheit für die Ukraine« auf ein historisches Vorbild zurück. Da die NATO-Regel, kein Land im Krieg aufzunehmen, mehr und mehr zur Fußangel wird, müsste man sie freier auslegen. Sie erinnern an eine erfolgreiche Vorgehensweise 1955, als Westdeutschland aufgenommen wurde – ohne die DDR, die als sowjetischer Satellitenstaat mit sowjetischen Truppen auf ihrem Territorium fest in den Ostblock und den militärischen Warschauer Pakt eingebunden war. Analog könnten die nicht besetzten Gebiete der freien Ukraine unter den Schutz der NATO gestellt werden. Die okkupierten Gebiete dürften keinesfalls als russisches Territorium anerkannt werden. Die Ukraine ihrerseits wäre verpflichtet, militärische Aktionen für die Befreiung nur in Absprache mit der Allianz durchzuführen. Wären alle Gebiete schließlich zurückerobert, könnte das gesamte Land NATO-Mitglied werden.

Einwände gegen diese Vorgehensweise lassen sich viele finden. Wo soll die Grenze verlaufen? Die Front, die sich mal in die eine, mal in die andere Richtung verschiebt, kann es nicht sein. Wird eine graue Zone definiert, mit neutralen Flächen entlang der Front? Können Länder wie die Türkei oder Ungarn von der Idee überzeugt werden? Und wie holt man die ins Boot, die sogar gegen Sicherheitsgarantien für die Ukraine sind? Wären westliche Truppen als Garantiemacht in der Ukraine ein Kompromiss, wie sie der Chef der Münchener Sicherheitskonferenz, Christoph Heusgen, ins Gespräch brachte?

Die NATO jedenfalls würde durch den ukrainischen Beitritt gestärkt werden, denn auch ohne Mitgliedschaft werden die Kiewer Streitkräfte schon jetzt immer enger an die NATO herangeführt. Bei der militärischen Zusammenarbeit, Ausbildung, Ausrüstung und den Waffensystemen nähert sich die ukrainische Armee dem Stand des Bündnisses an, was die viel wichtigere Voraussetzung für eine volle Mitgliedschaft ist. Außerhalb der NATO müsste sich die Armeeführung nicht zwingend mit den Partnern absprechen, was die Möglichkeit von riskanten Alleingängen in sich birgt. Das politische Signal, dass die NATO die Ukraine langfristig durchaus in ihrem Kreis haben möchte, wurde durch den neuen NATO-Ukraine-Rat gesetzt. Der trat beim NATO-Treffen im litauischen Vilnius im Juli 2023, wo er ins Leben gerufen wurde, zum ersten Mal zusammen. Streit in der NATO über die ukrainische Mitgliedschaft kann in Kriegszeiten niemand gebrauchen. Viel dringender gilt es zu verhindern, dass Russland in ein weiteres Nachbarland einmarschiert.

Die letzte Entscheidung, ob Diktatoren einen Krieg beginnen bzw. wann sie ihn beenden, fällt immer mit Blick auf die innenpolitische Lage. Putins Image ist durch die militärischen Rückschläge und die Prigoschin-Revolte beschädigt. Die beiden US-Politologinnen Frantz und Kendall-Taylor fanden heraus, dass seit 1946 nur sieben Prozent der autoritär regierenden Persönlichkeiten während eines Krieges, den sie begonnen hatten, abgesetzt wurden. Vielmehr darf Putin damit rechnen, dass der Krieg ihn schützt. Zum Beispiel vor den Eliten. Die wurden, wenn sie das Land nicht verließen, während des Krieges mundtot gemacht. Hohen Beamten ist sogar untersagt, außer Landes zu reisen. Die Kapazitäten der russischen Armee und der Nationalgarde sind durch den Krieg gebunden. Ein Coup des Militärs ist deswegen eher unwahrscheinlich. Überdies sind viele höhere und mittlere Offiziere gefallen. Das schränkt die Handlungsfähigkeit der Armee ein. Die russischen Sicherheitsdienste dagegen profitieren vom Krieg. Putin verlässt sich auf sie, sie sind Teil seines Repressionsapparates. »Diktatoren, die sich die Loyalität bewaffneter Akteure bewahren, können widrigen Umständen bemerkenswert trotzen«, heißt es in der Studie der US-Amerikanerinnen. Auch wirtschaftliche Not allein bewirke nur selten die Destabilisierung eines Autokraten. Zudem würden Autokratien, die auf eine Person zugeschnitten sind, unbeeindruckt auf viele Kriegstote reagieren, solange die politisch wichtigsten Gruppen nicht betroffen sind. Das ist mit ein Grund dafür, weswegen das

Regime die Soldaten in den ärmsten und entlegensten Regionen bzw. in Gefängnissen rekrutieren lässt, nicht aber in den europäischen Metropolen des Landes.

Und dennoch fühlt sich der Präsident seines Lebens offenbar nicht mehr sicher. Wenn er reist, was inzwischen fast so selten wie bei Kim Jong-un geschieht, benutzt er einen Spezialzug. Genau wie der nordkoreanische Diktator und schon dessen Vater. Als Putin im zerstörten und besetzten Mariupol sowie in der Teilrepublik Dagestan auftauchte, die besonders viele Männer an die Front schicken musste, zweifelte so mancher, ob er gerade dem echten Putin begegnet war. Wurde nicht doch ein Double vorgeschickt?

# Silowiki auf Beutezug

Wie der »Ewige Vorsitzende« Kim Jong-il und dessen Sohn, der »Oberste Führer« von Nordkorea, Kim Jong-un, hat auch Putin die Macht in Russland immer mehr auf sich zugeschnitten. Er übernahm von seinem Vorgänger Boris Jelzin wahrlich keine funktionierende Demokratie, aber immerhin ein Land mit eigenständigen Institutionen wie einer Regierung, einem Parlament samt Opposition, einem Föderationsrat, einer Zivilgesellschaft und einer freien Presse. Kurz nachdem Wladimir Putin zum ersten Mal als Präsident gewählt worden war, verkündete er die »Vertikale der Macht« als sein Herrschaftssystem. Es bedeutete de facto die Aufhebung der Gewaltenteilung. Er unterdrückte sämtliche örtliche Initiativen, entmachtete alle lokalen Regierungsinstitutionen und zentralisierte die Finanzströme, wodurch den Regionen nicht nur die politischen Rechte, sondern auch die finanzielle Autonomie entzogen wurden.

Die Regionen werden laut Verfassung Subjekte der Russischen Föderation genannt. Völkerrechtlich anerkannt sind 83 Subjekte, russische Quellen nennen 89, weil sie die Krim, Sewastopol, die Gebiete Donezk, Luhansk, Cherson und Saporischja in der Ukraine nach der Besetzung mitzählen. Wie zu Zeiten Lenins, Stalins und Breschnews wurden die Regionen wieder an das Moskauer Gängelband genommen. Dabei war hinreichend bekannt, dass die Sowjetunion auch wegen des ungeheuer ineffizienten Verwaltungsapparates zusammengebrochen war. Unter Stalins Herrschaft legte beispielsweise das Ministerium für Fischereiindustrie in Moskau die Normen für die neun Zeitstunden entfernten Fangboote in Magadan oder Wladiwostok im Fernen Osten fest. Und solange aus der Hauptstadt keine Anweisungen kamen, durfte kein Netz ausgeworfen werden. Oder die Traktoren in Minsk: Sie wurden aus Einzelteilen zusammengeschraubt, die, von Moskau so geplant, aus drei verschiedenen Sowjetrepubliken angeliefert werden mussten. Nach solch einer ineffizienten übermäßigen Zentralisierung verschaffte Nikita Chruschtschow den Kombinaten und Betrieben wieder mehr Beinfreiheit. Mit der Wirtschaft ging es aufwärts. Bis Leonid Breschnew alles komplett zurückdrehte. Die Logik, die dahintersteckt und die Putin offenbar noch heute schlüssig findet, lautet: Wenn Regionen allzu autonom werden, schwindet die Bedeutung der zentralen Kontrolle. Und wenn eine Region zu Wohlstand gelangt und über eigene Ressourcen verfügt, ist sie weit weniger vom Zentrum abhängig.

In Russlands offizieller Bezeichnung, Russische Föderation, kommt das ursprünglich beabsichtigte Verhältnis zwischen der Hauptstadt und den Regionen zum Ausdruck. Doch Putin hat diese Idee ihres Inhalts beraubt. In den Anfangsjahren der Föderation hatte Jelzin nicht nur wegen Tschetschenien große Probleme mit den Regionen. Der Föderationsrat wurde damals zu einer wichtigen Institution, in der die Vertreter verhandelten und politische Absprachen trafen. Aber Putin verspürte wenig Neigung, sich mit all den Gouverneuren und Präsidenten auseinanderzusetzen. Deswegen schuf er per Dekret im Jahr 2000 zusätzlich acht Föderalkreise nach dem Vorbild der Militärverwaltung. Aus 83 mach acht. Jeder dieser Bezirke bekam einen vom Präsidenten ernannten »General«, der die Regionen kontrollierte. Ruhe im Land garantierte dies jedoch noch nicht. 2004 nahmen tschetschenische Terroristen tagelang eine Schule in Beslan mit 1100 Menschen in Geiselhaft. Bei der Befreiungsaktion wurden 330 Kinder und Erwachsene getötet. Danach verfügte der Präsident, dass die regionalen Gouverneure nicht mehr gewählt, sondern nur noch von ihm ernannt werden. Was die Gouverneurswahl alle vier Jahre mit der Tragödie in der nordossetischen Stadt Beslan zu tun hatte, erschloss sich nicht. Die Lektion lautete: Jeder Konflikt – mit oder in den Regionen – wird mit noch mehr Macht für die Zentrale beantwortet.

Die Distanz zwischen dem Staat und den Menschen ist messbar. Manchmal in Kilometern. Auch Regionen, selbst Orte, sind oft erstaunlich wenig miteinander verbunden. Ein Beispiel: Die Dörfer Konenkow Chutor und Osownik trennen 20 Kilometer Luftlinie. Aber beide Dorfstraßen enden jeweils am Wald. Denn der eine Ort gehört zur Region Smolensk, der andere zu Brjansk. Um von dem einen Dorf in das andere zu gelangen, ist ein Umweg auf der Bundesstraße nötig, der fast 150 Kilometer lang ist. Würden sich beide Oblaste verständigen und hätten sie das nötige Geld, wären die 20 Kilometer vermutlich schnell asphaltiert. So aber wartet alles auf Moskau, doch in der Hauptstadt interessiert sich niemand für die Beschwernisse des Provinzalltags.

Zudem sind die Kassen fernab der Hauptstadt leer. Ursache ist das Steuersystem. Denn Putin kehrte lieber zu dem sowjetischen Modell zurück, als das von Boris Jelzin geschaffene fortzuführen. In dessen Präsidentschaft galt bei den Steuern fifty-fifty. Die eine Hälfte bekam Moskau, die andere Hälfte blieb in der jeweiligen Region, die somit einen Anreiz hatte, gut zu wirtschaften. Putin verlangt deutlich mehr, nämlich 62 Prozent. Die Provinzen müssen sich mit 38 Prozent begnügen, was vielen Gouverneuren jeden Ehrgeiz raubt und exakt Putins Absicht entspricht: Die Regionen sollen arm bleiben, weil sie dadurch fügsamer sind. Dass mit diesem Kurs die wirtschaftliche Entwicklung im ganzen Land stagniert, ist dem Präsidenten gleichgültig. Ihm geht es um Kontrolle und Ressourcen.

Die zaghaften Ansätze unter Präsident Medwedew, der in seiner Amtszeit von 2008 bis 2012 versucht hatte, ein unternehmerfreundliches Wirtschaftsklima zu schaffen, machte Putin danach sofort wieder zunichte. Denn nicht das Wohl der Bürgerinnen und Bürger ist der Maßstab, sondern die Macht. Die gesteht der ehemalige Spion nur den Geheimdiensten und den Angehörigen des bewaffneten Gewaltapparats zu.

Diese Silowiki halten nicht nur den Staat fest in ihrer Hand, sondern auch die Wirtschaft. Sie haben sie gekapert. Das Schema habe der heutige Präsident bereits Anfang der 1990er Jahre entworfen, sagt der ehemalige Ermittlungsbeamte Andrej Sykow. Er leitete das Rechercheteam, das 1999 und 2000 Putins Wirtschaftsaktivitäten in Sankt Petersburg untersuchte, und war mit dem berühmten Fall 144128 befasst: Verdacht der Veruntreuung von Staatsgeldern durch die Führung des Unternehmens »20. Trust«. »Als wir Ermittler die Tätigkeiten dieser Aktiengesellschaft untersuchten, kamen wir zu dem Schluss, dass sie nicht mit dem Ziel gegründet wurde, etwas zu bauen oder zu produzieren, sondern rein für Unterschlagungen.« Beim Fall 144128 handelte es sich also um ein mutmaßliches Korruptionsdelikt, begangen nicht nur von einer Person, sondern von der gesamten Führung dieser Aktiengesellschaft, die wiederum nur dadurch in der Lage war, ungestraft zu stehlen, weil sie sich der Beihilfe höherer Beamter aus Sankt Petersburg sicher sein konnte.

### Die Petersburger Diebesbande

Die Anfänge der »20. Trust« gingen auf das Jahr 1992 zurück, an das viele Russinnen und Russen schlimme Erinnerungen haben. Es hat sich ihnen eingeprägt als eine Zeit des Hungers und Elends. In der Stadt an der Newa wurden über 30 Todesfälle aufgrund von Unterernährung registriert. Der Wert des Rubel war ins Bodenlose gefallen, die Inflation galoppierte in die Höhe, das Land war am Rande der Zahlungsunfähigkeit und die Unternehmen konnten die Lieferanten und Gehälter nicht mehr bezahlen.

Als erste Nothilfemaßnahme stellte die Regierung Geld aus dem föderalen Budget zur Verfügung, damit zumindest staatliche Unternehmen untereinander ihre Rechnungen begleichen konnten. Diese Finanzhilfe kam nur dann, und auch nur im Ausnahmefall, für private Unternehmen zur Anwendung, wenn sie zu mindestens 50 Prozent dem Staat gehörten.

»Als wir nachforschten, wofür diese föderalen Finanzmittel verwendet wurden, stellten wir allerdings fest, dass über 60 Prozent dieser Gelder ausgerechnet an die Firma ›20. Trust‹ gingen. Die restlichen Gelder, weniger als 40 Prozent, wurden unter den staatlichen Unternehmen in Sankt Petersburg aufgeteilt«, sagt der 1955 geborene Jurist und damalige Hauptermittlungsbeamte Andrej Sykow. Die »20. Trust« hätte als Aktiengesellschaft gar kein Geld bekommen dürfen. Außerdem fand Wasili Kabatschinow, ein Ermittler-Kollege von Sykow, heraus, dass von den 23 Milliarden Rubel, die in die Firma »20. Trust« geflossen sind, nur eine Milliarde Rubel für die Bedürfnisse der Stadt ausgegeben wurde. Die restlichen 22 Milliarden wurden einfach gestohlen und in andere Staaten überwiesen: nach Spanien, Finnland, Kanada und in die USA.

Kabatschinow war Hauptkontrolleur und Revisor in der Petersburger Abteilung des russischen Finanzministeriums und ebenfalls zuständig für Korruptionsbekämpfung. Er hatte nachverfolgt, wofür das Geld angeblich verwendet wurde: für Marktforschungen, die aber nie durchgeführt worden waren, oder für diverse Doppelarbeiten, die teilweise unterschiedliche Petersburger Unternehmen für minimale Beträge erledigt hatten. Tatsächlich wurden von den Milliarden Villen in Spanien gekauft, die für Wladimir Putin, Anatoli Sobtschak und eine Reihe von anderen Beamten aus der Stadtverwaltung von Sankt Petersburg bestimmt waren.

Sykows Leute konnten anhand von Dokumenten belegen, mit welcher Methode »20. Trust« staatliche Gelder gestohlen hatte. Sykow sagt, die Vorgehensweise sei bis heute eine Blaupause und verweise auf einen zweiten Vorgang aus dem Hungerjahr 1992. Den untersuchte Marina Salje, die im Stadtsowjet die Lebensmittelkommission leitete. Die Abgeordnete verstand nicht, warum das Hilfsprogramm »Lebensmittel gegen Rohstoffe tauschen« gescheitert war. Die Idee des Programms war, den akuten Hunger in der Stadt zu bekämpfen, indem Lebensmittel aus dem Ausland gegen Rohstoffe aus staatlichen russischen Reserven getauscht werden sollten. Die Rohstoffe waren bereitgestellt worden, das Geld, um davon Lebensmittel zu kaufen, tauchte jedoch nicht auf. Salje vermutete, dass riesige Summen gestohlen worden waren. Die unerschrockene Parlamentarierin interessierte sich für Putins Rolle in Bezug auf die Umsetzung des Hilfsprogramms. Denn er leitete damals das Komitee für Außenbeziehungen bei der Stadtverwaltung und war zuständig für das Tauschprogramm.

Marina Salje stellte fest, dass die Verträge von Wladimir Putin und seinem Team so verfasst worden waren, dass man sie vor Gericht nicht anfechten konnte. Mal fehlten in den Dokumenten Zeitangaben, mal die Definition von Strafsanktionen – absichtlich eingebaute Fehler. Die Abgeordnete kam zu dem Schluss, dass das Team von Putin ca. 100 Millionen US-Dollar gestohlen haben muss.

Sykow, der parallel zu Marina Salje seinen Fall 144128 aufzuklären hatte, verfolgte deren Ermittlungen genau. In einem Interview mit Radio Swoboda im Jahr 2015 erzählte er, dass die Volksvertreterin damals außerdem aufdeckte, wer neben Putin noch involviert war. Zu diesem Team gehörte Alexej Miller, seit 2001 Gazprom-Chef. Außerdem Dmitri Medwedew, damals der Wirtschaftsberater von Bürgermeister Anatoli Sobtschak. Sobtschak wiederum war Spezialist für Zivilrecht und Medwedews Doktorvater. »Und dieses Juristenpack – Sobtschak, Medwedew und Putin – sollte plötzlich juristisch total unfähig sein! Die Verträge wurden von ihnen und ihren Angestellten absichtlich so ausgearbeitet, dass sie juristisch nichtig waren.« Andrej Sykow erwähnte außerdem den heute schwerreichen Bankier Pjotr Awen, der sich ebenfalls an diesen Verbrechen beteiligt haben soll. Bei ihm versuchte der Ermittler zu klären, wohin 997 Tonnen reines Aluminium verschwunden waren, einer der Rohstoffe, mit denen die Nahrungsmittel bezahlt werden sollten. »Ist es verdampft? Die Frage ist bis heute nicht beantwortet, so wenig wie die Frage: Wo steckt das Geld, das für dieses Material bezahlt wurde?«

Bis 1997 führte die dem russischen Finanzministerium unterstellte Kontroll- und Prüfungsabteilung von Sankt Petersburg die Ermittlungen gegen die »20. Trust« durch. Das Ergebnis war ein 52-seitiger Bericht, der an 19 Adressen verschickt wurde: an die Generalstaatsanwaltschaft, an den Innenminister, an den Leiter der Hauptabteilung für innere Angelegenheiten, an den Staatsanwalt von Sankt Petersburg und an die Kontrollabteilung der Präsidialverwaltung. Russlands Präsident war damals Boris Jelzin, Putin schon Stellvertretender Chef der Präsidialverwaltung. Auch er hatte also den Ermittlungsbericht erhalten.

»Später haben wir analysiert, wer die Strafverfolgungsbehörden geleitet hat. Meist Personen, die ebenfalls mit Putin verbunden waren und auf die eine oder andere Weise Schmiergelder von der Firma ›20. Trust‹ erhalten hatten.« Die Ermittler ließen nicht locker, versuchten immer weiter, einen Prozess zu erwirken. Aber 1998 wurde Putin Direktor des Inlandsgeheimdienstes FSB, im März 1999 außerdem Sekretär des Sicherheitsrates und im August 1999 wählte ihn die Duma auf Vorschlag von Boris Jelzin mit knapper Mehrheit zum Ministerpräsidenten. Sykows Team führte den Strafprozess trotzdem weiter. Dann starb im November 1999 plötzlich Wasili Kabatschinow, also derjenige, der verfolgt hatte, wo das aus der Firma »20. Trust« gestohlene Geld gelandet war. Nach offiziellen Angaben soll er auf seiner

Datscha verbrannt sein. Dass der akribische und besonnene Korruptionsermittler und keineswegs trinkfreudige Kollege im Rausch ein Feuer angezündet haben und darin umgekommen sein soll, glaubt Andrej Sykow bis heute nicht.

Er wusste aber von Anfang an, wes Geistes Kind Putin ist. Und Putin machte daraus auch gar keinen Hehl. Am 20. Dezember 1999, am »Tag der Tschekisten«, enthüllte er eine Gedenktafel an der FSB-Geheimdienstzentrale Lubjanka für den »herausragenden Staatsmann« Juri Andropow. Dieser war 25 Jahre lang KGB-Chef gewesen und hatte maßgeblichen Anteil an der Niederschlagung des Ungarischen Volksaufstands 1956 sowie der Gründung einer speziellen KGB-Abteilung zur Verfolgung von Dissidenten. Die Plakette weihte Putin auf dem Platz ein, wo acht Jahre zuvor Bürger Moskaus das Denkmal für Feliks Dzierżyński, dem verhassten Gründer der bolschewistischen Geheimpolizei Tscheka, vom Sockel holten.

Am 31. Dezember 1999 um 12 Uhr mittags verkündete Boris Jelzin, dass er den damals 47-jährigen Petersburger zu seinem Nachfolger ernannt hatte. Die Korruptionsjäger verstanden sofort, dass das Verfahren nun eingestellt werden würde, da die wichtigste darin verwickelte Person ab sofort Immunität genoss. Sykow erinnert sich an einen der aktivsten Ermittler seines Teams, an Oleg Kalinitschenko. Er war leitender Mitarbeiter der Korruptionsbekämpfungsabteilung in Sankt Petersburg und beschloss damals, die Informationen, die bisher vorlagen, an die Medien zu geben. Die *Nowaja Gaseta* veröffentlichte sie unter der Überschrift »Der Fall Putin«. Der Artikel erschien am 23. März 2000, drei Tage vor der Präsidentschaftswahl.

Den Ausgang der undemokratischen und unfairen Abstimmung konnte er nicht mehr beeinflussen. Putin siegte im ersten Wahlgang mit offiziell 52,9 Prozent der Stimmen. Das Dossier, das Oleg Kalinitschenko über ihn und andere Beamten zusammengetragen hatte, war umfangreich. Aber nachdem das

Ermittlungsverfahren geschlossen und der Artikel veröffentlicht worden war, ging Kalinitschenko ins Kloster. »Er interessiert sich nicht mehr für unsere irdischen Sorgen. Allerdings habe ich manche Unterlagen, die er mir gegeben hat, aufbewahrt«, so Andrej Sykow. Zum Beispiel über einen Fonds zur Unterstützung der Olympischen Spiele 2004. Russlands Behörden warben offensiv für die Spiele und wollten bei der Entscheidung 1997 als überzeugendster Kandidat erscheinen. Russische Unternehmer wurden für die Werbekampagne zur Kasse gebeten. Bis zu einem festgesetzten Zeitpunkt mussten sie einen Betrag von jeweils 50000 Dollar überweisen. Falls jemand dieser Aufforderung nicht rechtzeitig nachkam, wurde er gezwungen, die doppelte Summe zu zahlen. Oder es wurde ein »Team« geschickt.

Andrej Sykow hat sich oft zu den Machenschaften Putins geäußert. In einem Interview wurde er gefragt: »Sie beschuldigen Wladimir Putin und andere Leute aus seinem Umfeld der Korruption. Ist Ihnen klar, dass man Sie wegen Verleumdung anzeigen könnte?« Sykow antwortet darauf, dass ihm als Ermittlungsbeamten eine eigene Überzeugung zustehe und er genau wisse, wann er genug Material zusammengetragen habe, damit gegen die eine oder andere Person Anklage erhoben werden kann. Und er fügte hinzu: »Wer war damals der Staatsanwalt von Sankt Petersburg? Wladimir Iwanowitsch Jeremenko. Und woher tauchte bei Wladimir Iwanowitsch plötzlich eine Villa in Repino auf, unweit der Villa des Konzernchefs von ›20. Trust‹ Sergej Nikeschin? Was kostete sie? Zum damaligen Zeitpunkt etwa 400000 Dollar. Woher hatte der Staatsanwalt so eine Summe? Und wie viele Wohnungen hat der Staatsanwalt [...] noch bekommen? Von wem? Auf welche Weise? Dieser Wohlstand des Staatsanwalts von Sankt Petersburg gibt meiner Meinung nach die Antwort auf die Frage, warum kein Strafverfahren gegen Wladimir Putin und seinen Kreis eingeleitet wurde.«

Sykow hat bis zum Jahr 2000 versucht, Wladimir Putin

strafrechtlich zur Verantwortung zu ziehen. Er und sein Ermittlerteam hätten die Schuld von Putin selbst wie auch von vielen anderen Personen aus seinem Umkreis nachweisen können. Das Korruptionsmodell sei in Sankt Petersburg eingeübt und dann auf ganz Russland ausgeweitet worden. »Damit man auch weiterhin Entwendungen risikofrei durchführen konnte, musste man die ganze Umgebung kriminalisieren, also ein Team zusammensuchen. Diese Mannschaft, die in der Zeit von 1992 bis 1996 zusammengestellt und geprüft wurde, bildet bis heute das Umfeld von Wladimir Putin. Und sie alle bekommen Orden und Auszeichnungen.«

Als sich Sykow auch durch seine Zwangspensionierung 2001 nicht ruhigstellen ließ, wurde unmissverständlich Druck auf ihn ausgeübt. Im Sommer 2002 begann ein Strafverfahren. Die Anklage gegen ihn war gefälscht, allerdings plump. Sykow hatte, als die Strafverfolgung im Fall 144128 eingestellt wurde, den Behörden 117 Bände mit Ermittlungsakten ausgehändigt. Viele Ordner trugen seine Unterschrift, weil er es war, der die Verzeichnisse angelegt hatte. Nun wurde ihm vorgeworfen, er hätte eine Reihe von Materialien aus dem »Fall Putin« gestohlen. Ein Verbrechen nach Artikel 285 des Strafgesetzbuches der Russischen Föderation.

»Als ich diesen Blödsinn las, war ich natürlich sehr amüsiert. Denn wenn sie meinen Fall verhandeln wollten, müssten sie auch Putin befragen.« Der Prozess gegen Sykow hatte somit das Zeug zu einer Staatsaffäre. Das erkannte auch der gegen Sykow tätige Ermittler und wurde vorsichtig. Er prüfte das Material noch einmal. Es waren 128 Bände. Sykow hatte aber nur 117 Ordner abgegeben. »Sie hatten jede Menge Seiten aus einigen Bänden entnommen und in neue Mappen abgeheftet. Somit war das Material vollständig, aber in mehr Ordnern als zuvor von mir angelegt.« Als alle Dokumente in diesen zusätzlichen elf Bänden gefunden wurden, stellte man das Verfahren gegen ihn ein.

Sykow hat im Laufe der Jahre zwar enorm an Umfang zugelegt, auch sein Haar wird immer länger, aber er ist so furchtlos wie eh und je. 2020 erklärte er in einem Interview mit dem unabhängigen Internetfernsehen Nastojaschtscheje Wremja (Gegenwart), warum: »Ich habe keine Angst. Ich habe schon häufig offen darüber gesprochen, dass es völlig sinnlos wäre, jetzt etwas mit mir zu machen. Meine Einstellung dazu ist: Was sein wird, wird sein. Warum versucht Putin jetzt, die Verfassung zu ändern? Damit der Präsident der Russischen Föderation nicht mehr strafrechtlich verfolgt werden kann. Das war auch bei Jelzin der Fall. Jelzin hätte, gelinde gesagt, auch vor Gericht gestellt werden müssen.« Seit über 20 Jahren spricht Sykow aus, was nur wenige zu sagen wagen: »Putin ist zu 90 Prozent ein Krimineller und nur zu zehn Prozent ein Politiker, er hat einen Mafiastaat aufgebaut und man kann ihm nicht trauen.«

Die russische Gesellschaft hat mitnichten ein Erkenntnisproblem, was die Ursachen der ausufernden Wirtschaftskriminalität betrifft. Der Raubtier-Kapitalismus, der nach dem Zerfall der UdSSR mit oftmals bewaffneten Kämpfen unter den »biznesmeny«, wie die neuen Geschäftsleute damals bezeichnet wurden, einherging, ist dem Plündern durch Staatsbedienstete gewichen. Die Geheimdienstclique von Wladimir Putin hatte die Neuverteilung der profitabelsten Privatunternehmen zum Ziel. Hochrangige Beamte scheuten sich nicht im Geringsten, dafür die Justizorgane einzuspannen. Im Öl- und Gassektor, der Rohstoffbranche, der Rüstungswirtschaft sowie im Finanzsektor bekamen Unternehmen neue Eigentümer.

### Surkow – Spindoktor des Demokratieabbaus

Einer der wichtigsten Strippenzieher in Putins Umgebung war lange Wladislaw Surkow. Ein ranghoher Funktionär mit dem Verhalten eines Chamäleons. Dass Putin überhaupt Präsident Boris Jelzin nachfolgen konnte, wird auch Surkow zugerechnet.

Der gesundheitlich sehr angeschlagene Jelzin hatte den damaligen blassen FSB-Chef zwar als Premierminister nominiert, doch dass Putin auch Präsident werden könnte, war keineswegs ausgemacht. Ohne eigene Partei und erst kurz in der Politik war er in der Öffentlichkeit ein unbeschriebenes Blatt. Weitaus mehr Aufmerksamkeit zog im Herbst 1999 der 70-jährige Ministerpräsident und Ex-Außenminister Jewgeni Primakow auf sich. Gemeinsam mit dem damaligen Bürgermeister von Moskau, Juri Luschkow, hatte er den Wahlblock »Vaterland – Ganz Russland« gegründet. Beide Politiker entwickelten trotz ihres fortgeschrittenen Alters eine unerwartete Medienpräsenz, obwohl sie jeder längst kannte. Sie brachten sich für die bevorstehende Duma-Wahl in Stellung, die als Testlauf für die Präsidentschaftswahl im März 2000 galt.

Primakow und Luschkow spürten Aufwind und hatten eine beinahe durchweg positive Presse, bis plötzlich ein merkwürdig gehässiger Ton Einzug in die Berichterstattung hielt. Im russischen Fernsehen tauchten immer mehr Korruptionsgeschichten über Luschkow auf, der, wie Primakow, ebenfalls als Präsidentschaftskandidat gehandelt wurde. Gleichzeitig wurde immer öfter über eine neue Bewegung berichtet, die wie aus dem Nichts entstanden war und sich »Einheit« nannte. Für die Nachrichten schien es nichts Wichtigeres mehr als diese Organisation zu geben, die noch nicht einmal als Partei registriert war. Die Sender brachten umfangreiche und durchweg wohlwollende Meldungen über »Einheit«, die ihre Kampagne seltsam spät für die Parlamentswahl am 19. Dezember 1999 gestartet hatte. Trotzdem wollte »Einheit« sowohl das Primakow-Luschkow-Bündnis »Vaterland« als auch die Kommunistische Partei herausfordern, die immer noch die stärkste Kraft im russischen Unterhaus bildete.

»Einheit« wurde beständig mit Premier Putin in Verbindung gebracht. Er ließ sich auch auf der Gründungsversammlung sehen, doch gehörte der Gruppierung erklärtermaßen nicht an. Bei der Wahl gelang »Einheit« der Sprung auf den zweiten Platz, den ersten hatten wieder die Kommunisten errungen. Doch der Vorsprung war hauchdünn. Ein kolossaler Erfolg für eine Quasi-Partei, die ohne jede Verankerung in der Bevölkerung operierte und deren Basis viele zur Mitgliedschaft gedrängte Staatsdiener bildeten.

Möglich wurde der sensationelle Erfolg von »Einheit« freilich nur, weil die Medien auf Linie gebracht worden waren. Die Chefredakteure der wichtigsten Sender und Zeitungen bekamen wöchentliche Instruktionen, worüber und wie sie zu berichten hatten. Womit eine alte Gewohnheit wiederbelebt wurde. Gaben solche Anweisungen zu kommunistischen Zeiten die obersten Funktionäre der KPdSU, bereitete jetzt der Pressedienst des Präsidialamtes den medialen Echoraum vor. Der Start von »Einheit«, aus der später die Kreml-Partei Einiges Russland wurde, galt als Surkows polit-technologisches Gesellenstück. »Einheit« hatte Putin Sichtbarkeit verschafft und seine Chancen bei der nur drei Monate später anstehenden Präsidentschaftswahl deutlich erhöht.

Spätere Partei-Neugründungen wurden weit weniger sorgfältig organisiert, denn sie dienten ohnehin nur der Staffage und sollten eine Art Oppositionskulisse darstellen, eine Vielfalt in der politischen Landschaft vortäuschen, wo in Wahrheit eine Monokultur eingezogen war. Keine der zahlreichen Parteien ist seitdem mehr in der Zivilgesellschaft entstanden, keine wurde von ambitionierten Bürgern ins Leben gerufen, die Einfluss auf Entscheidungen nehmen wollten, um ihre Lebensumstände zu verbessern. Potemkinsche Dörfer statt lebendiger Mitbestimmung.

Wladislaw Surkow war ein Spindoktor des Demokratieabbaus. Selbst wenn nicht alles aus seiner Feder stammte, wird ihm ein großer Anteil an der Umsetzung zugeschrieben. Er soll auch der Architekt der Ukraine-Politik gewesen sein. Ihn als eine schillernde Gestalt zu bezeichnen, wäre untertrieben. Über zehn

Jahre gehörte er zum Wirtschaftsimperium von Michail Chodorkowski, anfangs als dessen Bodyguard, dann als Werbechef der Menatep-Bank, die der Öl-Oligarch gegründet hatte. Surkow verstand es, dem Geldhaus zur nötigen Aufmerksamkeit zu verhelfen, indem er dem Bankdirektor Chodorkowski ein aufsehenerregendes, aber alles andere als seriöses Image verschaffte. Er ließ ihn in auffälligem Jackett mit angeklebtem Schnurbart und riesiger Brille für Werbetafeln posieren. Chodorkowski wurde als Manager schlagartig bekannt, allerdings nicht unbedingt positiv. Wenig später überwarf sich Surkow mit Chodorkowskis Geschäftspartner Leonid Newslin und wechselte zur Konkurrenz: der Bank Alfa von Michail Fridman.

Schon bald kamen komplett andere Fotos seines ehemaligen Chefs in Umlauf: der reichste Mann Russlands mit schmal gewordenem Gesicht hinter Gitterstäben. Sein Kompagnon Platon Lebedew war schon vorher verhaftet worden. Ein anderer Vertrauter und Geschäftspartner, Leonid Newslin – wie die beiden Freunde ebenfalls in Führungspositionen bei der Menatep-Bank und Jukos – entging seiner Festnahme durch seine Flucht nach Israel. Chodorkowski und Newslin hatten es atemberaubend schnell zu riesigen Vermögen gebracht. Lag Chodorkowski 2001 noch auf Platz 194 der *Forbes*-Liste der reichsten Menschen der Welt, hatte er sich ein Jahr später schon auf Rang 101 vorgearbeitet. 2003 war ihm mit acht Milliarden Dollar Platz 26 sicher. Newslin gehörte 2003 und 2004 ebenfalls zu den 100 Reichsten.

Jukos war in diesen Jahren die viertgrößte Ölfirma der Welt. 2003 ließ Putin Chodorkowski festnehmen. Offiziell nicht wegen seiner Einmischung in politische Angelegenheiten des Landes, sondern wegen angeblichen Betrugs, Steuerhinterziehung und anderer zum Teil fabrizierter Vorwürfe. Chodorkowski wurde zu 20 Jahren Haft verurteilt, zehn davon saß er in Straflagern ab. Seine Firma Jukos wurde zerschlagen. Mit ihren Anteilen pumpte sich Rosneft zu einem der 100 größten Unternehmen weltweit auf und landete in den Händen von Igor Setschin, dem früheren Vize-Chef der Präsidialadministration und enger Weggefährte von Putin aus Leningrader bzw. Petersburger Zeiten. Wie dieser diente Setschin im KGB, unter anderem als »Militärberater« in Angola und Mosambik, danach in der Stadtverwaltung von Sankt Petersburg, bis beide nach Moskau zu Boris Jelzin wechselten. Die Botschaft, die sie mit dem Raub von Jukos sendeten, war eindeutig: Niemand soll sich in Sicherheit wiegen, keiner ist unantastbar, wir holen uns, was uns gefällt.

Wladislaw Surkow gelang es bereits 1999, in der Präsidialverwaltung Fuß zu fassen, wo er unter Präsident Putin flink weiter die Karriereleiter emporkletterte und es vom Assistierenden über den Stellvertretenden Leiter und schließlich zu dessen Chefideologen brachte. Als Dmitri Medwedew 2008 Präsident wurde, beförderte er Surkow zum Vize-Ministerpräsidenten. Surkow war von 1998 bis 1999 auch Erster Stellvertretender Generaldirektor des wichtigsten Fernsehkanals ORT, der dem Automobilhändler Boris Beresowski gehörte, und ging so eine kurzzeitige Verbindung mit einer der finstersten Gestalten der Jelzin-Ära ein.

### Beresowski – der Pate des Kremls

Wer sich schon immer gefragt hat, warum ein großer Teil der Bevölkerung in dem so rohstoffreichen Land ein ärmliches Dasein fristet, findet ein paar Antworten in Beresowskis Geschäftsgebaren. In den 1990er Jahren unter Präsident Boris Jelzin wurde er der reichste Unternehmer Russlands. Er besaß die Erdölfirma Sibneft, außerdem Anteile an der Fluggesellschaft Aeroflot und gründete die Autohandelskette LogoWas. Die verkaufte nicht nur importierte Mercedes-Limousinen, sondern vor allem die russischen Lada-Modelle, kleine und ziemlich schlecht verarbeitete Autos des Herstellers AwtoWAS, die für Russen aber gerade noch erschwinglich waren. Obwohl die Absatzzahlen stimmten, fuhr der größte russische Autoproduzent AwtoWAS ständig Verluste ein, weil er seine Wagen nur zu Dumpingpreisen, weit unter den Produktionskosten, bei den Autohändlern loswurde. Der Erfinder dieses für den Produzenten mörderischen Systems hieß: Boris Beresowski, ein hochintelligenter Ingenieur.

Um seiner kleinen Händlerclique dieses lukrative Geschäft zu ermöglichen, musste das Management des Autoherstellers mitspielen. Damit das geschah, wurde entweder geschmiert oder gemordet. Beresowskis Zerstörungskraft war selbst für russische Verhältnisse außergewöhnlich. 1997 wurden bei einer Razzia, an der 3000 Beamte des Innenministeriums, der Staatsanwaltschaft und der Steuerbehörden teilnahmen, Computerdateien beschlagnahmt. Sie sollten Beweise dafür enthalten, dass Kriminelle mit Verbindungen zu AwtoWAS 65 Auftragsmorde an Firmenmanagern, Händlern und Konkurrenten begangen hatten. Strafverfahren wurden eingeleitet.

Im Februar 1999 zerstörte ein Brand das Büro der Hauptabteilung des Innenministeriums der Region Samara, die für die Ermittlungen im Fall AwtoWAS zuständig war. Alle Unterlagen zum Fall wurden vernichtet; mehr als 50 Ermittler und andere Beamte des Innenministeriums kamen bei dem Brand ums Leben.

Obwohl viele Spuren zu Beresowski führten, blieb er unbehelligt und weiter der Mann mit dem engsten Draht zu Präsident Jelzin.

Beresowski rühmte sich 1999, Jelzin von Putin als seinem Nachfolger überzeugt zu haben. Von Surkow wusste die Öffentlichkeit zu diesem Zeitpunkt so gut wie nichts. Aber nur wenige Monate nach Putins Amtsantritt wehte im Kreml ein anderer Wind. Beresowski, der bei Jelzin ein- und ausgegangen war, wie es ihm beliebte, der dessen Politik nicht nur mitbestimmte, sondern in seinen Fernsehsendern und Tageszeitungen munter kritisierte, glaubte, sich über die neue Führungskultur hinwegsetzen zu können. Der rasend schnell sprechende Jelzin-Einflüsterer äußerte sich abfällig über Putins brutalen Tschetschenienkrieg. Ebenso über das miserable Krisenmanagement des Präsidenten, als 118 Seeleute im Jahr 2000 im untergegangenen U-Boot Kursk ertranken. Mit seinen öffentlichen Widerworten verletzte Beresowski die wichtigste von Putin aufgestellte Regel, nach der sich alle Oligarchen aus der Politik herauszuhalten hatten.

Gegen den agilen Unternehmer wurden so lange Ermittlungsverfahren eingeleitet, bis Beresowski verstanden hatte, dass er aus Russland verschwinden und seine Anteile an den Firmen verkaufen sollte, einschließlich des TV-Senders ORT. Der wurde mit dem Rückzug des ehemaligen Besitzers umgehend auf Kreml-Linie gebracht. Im Ausland, wo sich der Löwenanteil seines angehäuften Kapitals befand, gab sich der Oligarch als Dissident aus, als Schützer der Menschenrechte und Kämpfer für die Pressefreiheit, was ihm vor allem Oppositionelle so übelnahmen, dass sie ihn als einen Heuchler bezeichneten. Das britische Foreign Office erkannte ihm 2003 dennoch den Status eines politischen Flüchtlings zu. Zehn Jahre später starb er in seinem Londoner Exil. Britische Gerichtsmediziner legten sich nicht fest, ob er ermordet wurde oder sich selbst das Leben genommen hatte. Für einen hinzugezogenen deutschen Experten wies zu wenig auf Selbstmord durch Erhängen hin, eher auf Erdrosseln. Beresowski hatte am Vorabend seines Todes in einem BBC-Interview gesagt, dass er Präsident Putin für fähig halte, jeden zu töten, den er als Feind ausgemacht hat, und sich selbst als potentielles Ziel eines solchen Anschlages gesehen.

Putin hielt Beresowski von Anfang an auf Distanz. Vermutlich wusste er noch aus eigener Anschauung, wie der gerissene Berater seinen Vorgänger Jelzin kontrollierte und manipulierte, was nur möglich war, weil Jelzin über eine geringe Leistungsfähigkeit verfügte und nicht gewillt war, sich tiefgründig mit den komplexen Problemen seines Landes auseinanderzusetzen. Aber Reichtum und Macht können gefährlich werden, auch für die Akteure selbst. Vor allem, wenn sich die Zeiten ändern. Der gewiefte Beresowski besaß nicht nur sehr viel Geld, sondern auch enormen Einfluss – und war Surkow in die Quere gekommen. Nicht dem Jelzin-Vertrauten sollte Putin sein Ohr schenken, sondern ihm, dem begabten Polit-Technologen.

Surkows Methoden erschienen auf den ersten Blick demokratisch: Parteien und Jugendorganisationen entstanden, was nach politischer Beteiligung aussah. Junge potentielle Führungskräfte wurden gefördert. In Wahrheit aber sollten diese herangezogenen Kräfte nichts Anderes tun, als die Meinungsvielfalt zu zerstören und jeden politischen Diskurs zu ersticken. Pro Putin lautete die Devise. Der Jugendorganisation »Iduschtschije wmeste« (Zusammen gehen) folgte die Demokratische Antifaschistische Bewegung »Naschi«, die Unsrigen. Der Name meinte exakt, wonach er klang: Wer nicht für uns ist, ist gegen uns. Oppositionspolitiker und populäre, aber politisch unbequeme Persönlichkeiten wurden diffamiert. Wer sich für Verfassungs- und Menschenrechte einsetzte, sah sich öffentlicher Hetze ausgesetzt. Dissidenten verglichen »Naschi« mit der Hitler-Jugend und bezeichneten sie deswegen als Naschisty, eine Wortschöpfung aus »Naschi« und Faschisten.

Erklärtes Ziel der Organisation war, die künftige Elite des Landes heranzuziehen. Die jetzige Elite, so »Naschi«-Führungsmitglied Gennadi Iwanow, sehe Russland nur als Selbstbedienungsladen, wo jeder nehme, was er könne, um schnell reich zu werden. Gebraucht würden wahre Patrioten, die zugleich Spezialisten auf ihrem Gebiet sein müssten. Deshalb würden sie ihren Aktivisten, die bei »Naschi« Kommissare hießen, die beste Ausbildung ermöglichen, sprich finanzieren. Mit Geld, über das die »Naschi« selbst nicht verfügten, aber von russischen Unternehmern bekämen. Außerdem würden Mitgliedern von »Naschi« Praktikumsplätze in Banken, Erdölgesellschaften, in der Verwaltung, im Kreml-Pressedienst und anderen Redaktionen vermittelt. Firmen, die nicht bei der Elite-Bildung von »Naschi« behilflich sein wollten, mussten befürchten, auf einer schwarzen Liste zu landen und demnächst Schwierigkeiten mit den Behörden zu bekommen. Ein Vorwand fand sich immer.

Aus »Naschi« ging noch eine Vielzahl von weiteren Jugendorganisationen hervor. Sie stellen unter anderem die Kaderreserve für gleichgeschaltete »Abgeordnete« in den Parlamenten. Inzwischen setzt die Indoktrination noch früher an. Seit einiger Zeit tragen Kinder wieder rote Käppis und Halstücher auf weißen Hemden, damit kehrt Russland zur »Uniform« der Pioniere in der Sowjetunion zurück. Die Käppi- und Halstuchträger der Gegenwart sind Mitglieder der neuen Kinder- und Jugendorganisation für ganz Russland. Ihr Name ist Programm: »Großer Wandel« – und soll für einen solchen bei der Erziehung sorgen. Alle Mädchen und Jungen ab dem sechsten Lebensjahr können Mitglied werden. Die Verbände sollen nicht nur in Schulen und Berufsbildungseinrichtungen entstehen, sondern es sollen sich der Organisation auch Sport- und Kulturorganisationen anschließen. Artem Metelew, Vorsitzender des Duma-Ausschusses für Jugendpolitik und Mitverfasser des Gründungsgesetzes, sprach von einer landesweiten Bewegung, die die absolute Mehrheit der Schüler und Studenten erreichen und Millionen von Kindern helfen soll, »einen Sinn im Leben zu finden«. Der freilich besteht nicht in Individualität und Vielfalt, sondern die Betonung liegt auf *einen* Sinn.

Diese Reanimation der totalitären Pionierorganisation lässt das Herz von Gennadi Sjuganow höherschlagen. Seit 1993 führt er die Kommunistische Partei der Russischen Föderation, KPRF. Zuvor war er über 30 Jahre in der KPdSU, der einzigen Partei, die es in der Sowjetunion gab. Für Sjuganow ist die Pionierarbeit stets »eine helle Seite im Leben eines jeden Menschen gewesen«.

210 Millionen Bürger der UdSSR seien durch eine »erstaunliche Universität« gegangen, um zu wahren Patrioten des Vaterlandes zu werden. Großartig, dass das Land wieder zu seinen alten Werten zurückfinde. Entsprechend wenig hat Sjuganow an Präsident Putin auszusetzen. Eine derart antiquierte Kinder- und Jugendbewegung zu reanimieren, wäre Surkow vermutlich nicht eingefallen, sie entstand, als er längst weg war.

### Kowaltschuk – »Putins Brieftasche«

War Boris Beresowski für Präsident Jelzin lange einer der wichtigsten Strippenzieher, nahm diese Rolle bei Putin Surkow ein. Doch mit Putins engstem Vertrauten konnte es Surkow nie aufnehmen. An Juri Kowaltschuk reichte er nicht heran. Der langjährige Freund aus dem früheren Leningrad war der Einzige, der in der Corona-Pandemie zum Präsidenten vordrang. Solange eine erhöhte Gefahr von dem Virus ausging, verließ Kowaltschuk die Präsidentenresidenz nicht mehr, weil er sich eine jeweils neue Quarantäne ersparen wollte.

Kowaltschuk und Putin wohnten schon in Sankt Petersburg nah beieinander, in derselben exklusiven Datschensiedlung. Sie sind familiär so eng verbandelt, dass Kowaltschuk die Hochzeit von Putins Tochter Marija ausrichtete. Er gilt als rechte Hand und »Geldbörse« Putins, sie sind Brüder im Geiste, durch und durch antiwestlich eingestellt. Was Kowaltschuk nicht hinderte, Mehrheitseigner der Bank Rossija zu werden. Herausragende Bedeutung hat er aber vor allem als »General« in Putins Desinformationskrieg, der sich seit Jahren unter anderem durch Geschichtsfälschungen auszeichnet.

Der zwei Jahre ältere Freund entspringt einer Historikerfamilie, beide Eltern hatten sich für das Fach begeistert. Kowaltschuk studierte Physik und Mathematik, blieb aber Hobbyhistoriker. Putin teilt dessen Faible für Geschichte, Kowaltschuk soll ihm entsprechende Lektüren zugeführt haben. Zusätzlich hängen beide Verschwörungstheorien an. Dass historischen Themen in vielen Medien plötzlich auffällig viel Platz eingeräumt wurde, ist kein Zufall, denn die meisten gehören zur National Media Group, bei der Kowaltschuk die Mehrheitsanteile hält. Putin und er hatten es schon früh auf Beresowskis Fernsehkanal ORT abgesehen. Über Umwege landete ORT, der heute Erster Kanal heißt, in Kowaltschuks Händen. Mit Hilfe einer Strohfrau, Jelena Sorokina, soll der Präsident selbst zeitweilig Anteile besessen haben. Sie war Putins Kommilitonin an der Leningrader Universität und wurde Geschäftsführerin von Firmen, die aus Anteilen von ORT hervorgegangen waren. Inzwischen besitzt Kowaltschuks Mediengruppe neben dem Ersten Kanal neun weitere TV-Stationen und 30 Bezahlsender plus Nachrichtenagenturen bzw. Internetportale.

All diese Medien kann man genau genommen nicht als staatlich bezeichnen, denn sie haben vielmehr private Eigner, deren wichtigster im Kreml sitzt. Juri Kowaltschuk als einzelne Person führt die Aufsicht. Ihm vertraut Putin sehr viel mehr als irgendwelchen behördlich eingesetzten Staatsdienern. Kowaltschuks Vermögen beträgt laut *Forbes* rund drei Milliarden Dollar. Als sich herausstellte, dass der Krieg doch nicht so blitzartig verlief wie erwartet und vor allem Zehntausende russische Soldaten starben, wurde er aktiv. Auf der sozialen Plattform *VKontakte*, dem russischen *facebook*-Pendant, lässt er für neue Rekruten werben. Seine National Media Group hatte schon 2021 die Mehrheitsbeteiligung an dem russischen Social-Media-Riesen gekauft, außerdem das Netzwerk *Odnoklassniki*. Beide zusammen haben 100 Millionen Nutzer.

Kowaltschuk hat das, was einen echten Oligarchen auszeichnet: enormes Vermögen und ebenso großen wirtschaftlichen wie politischen Einfluss aufgrund engster Verbindungen in die Staatsspitze. Vielen anderen russischen Unternehmern, selbst wenn sie gleichermaßen oder noch viel reicher sind, fehlt heute jegliches politische Gewicht. Putins Mannschaft ist inzwischen so lange an der Macht, dass sie ihr anfänglich formuliertes Ziel, die Herrschafts- und Besitzverhältnisse grundlegend neu zu ordnen, erreicht hat. An dem Gewinner Kowaltschuk lässt sich nachzeichnen, wie die alten Oligarchen von den neuen, die fast alle aus Putins engstem KGB- bzw. FSB-Zirkel stammen, enteignet und entmachtet wurden.

Neben ORT bekam auch der wichtigste TV-Sender NTW nach Putins Amtsantritt einen neuen Besitzer. Wladimir Gussinskis Tage als Eigner der Media Most, zu der NTW gehörte, waren seit Beginn des Jahres 2000 gezählt. Der private Fernsehkanal machte ein hochprofessionelles, westlich anmutendes Programm und war bereits in den ersten Tagen von Putins Präsidentschaft einer der lautesten Kritiker seiner Politik, allerdings nicht lange. Denn Gussinski wurden nun Betrug und Steuerhinterziehung vorgeworfen, er musste sein Medienimperium an den staatlichen Energieriesen Gazprom verkaufen, der es dann zu einem günstigen Preis an die Bank Rossija weitergab. Ihr Mehrheitseigner war und ist Kowaltschuk, der zu diesem Zeitpunkt schon zwei Sender sein Eigen nennen konnte und auf den Fundamenten von Media Most sein neues Medienimperium weiter aufbaute.

Die Oppositionspolitiker Wladimir Milow und Boris Nemzow haben 2008 die Spur des Geldes verfolgt und fanden heraus, dass zwischen 2004 und 2007 staatliche Vermögenswerte von über 60 Milliarden Dollar über Gazprom an Kowaltschuks Bank Rossija sowie an Unternehmen anderer Putin-Verbündeter, wie die Gebrüder Rotenberg und Gennadi Timtschenko, weitergeleitet wurden. Bei Gazprom selbst blieb kein Geld hängen, womit auch die Steuerzahler leer ausgingen, und »statt Reformen haben sie ein System der Kontrolle unter einer Handvoll von Putins Kumpanen aufgebaut«, resümierte Wladimir Milow gegenüber *Forbes*. Sein Freund Boris Nemzow wurde 2015 auf einer Moskauer Brücke erschossen.

Boris Nemzows Tod nach Mafiamanier war Putins ganz eigene Art, mit dem politischen Opponenten umzugehen. In seiner Welt kommt eine verbale Auseinandersetzung über Politik nicht vor. Sie erfolgt jeweils gewaltsam oder mit juristischen Winkelzügen, die nur aufgehen, weil ihm ein ganzes Heer von Erfüllungsgehilfen gehorcht. Die Enteignungen von Michail Chodorkowski, Leonid Newslin, Wladimir Gussinski oder Boris Beresowski hatten eine Gemeinsamkeit: Alle haben ihre Unternehmen an die von Putin geführte Petersburger Clique mit den Ex-KGB-Offizieren Igor Setschin und Juri Kowaltschuk bzw. Alexej Miller, seit 1991 Mitarbeiter Putins, und andere verloren. Im Falle der TV-Sender brachten sie nicht nur einträgliche Firmen, sondern auch wirkmächtige Propagandainstrumente in ihren Besitz und konnten so gleich zwei Fliegen mit einer Klappe schlagen. Wladimir Milow unterstützte später noch Alexej Nawalny, floh aber, als der Leiter der Antikorruptionsstiftung ins Gefängnis kam, aus Russland.

## Toxische Milliarden

Der Umgang mit den bekanntesten Oligarchen des Landes hat die russischen Top-Manager das Fürchten gelehrt. Sie hüten sich vor jeder kritischen Äußerung. Doch seit dem Überfall auf die Ukraine ist es ausgerechnet Putin, der von ihnen Solidarität einfordert. Kommen sie dem nach, positionieren sie sich politisch, selbst wenn sie es nicht vorhatten. Es braucht keine öffentlichen Statements, um zu wissen, wie die Wirtschaftsbosse über den Krieg denken. Dazu genügt ein Blick auf die Unternehmensbilanzen. Die treiben vielen Superreichen die Tränen in die Augen. Denn ihre Vermögen schmelzen wie Butter in der Sonne.

Den Spitzenplatz nahm 2021 Alexej Mordaschow ein. Er ist Miteigentümer des Industriegiganten Sewerstal, der Bank Rossija sowie der National Media Group. Sein von *Forbes* geschätztes Vermögen im Jahr 2021 betrug 29,1 Milliarden Dollar. Mordaschow verlor innerhalb des ersten Kriegsjahres rund zehn Milliarden Dollar. Seine Yacht »Lady M« und eine Villa auf Sardinien wurden von den italienischen Behörden beschlagnahmt. Sein Unternehmen Sewerstal, bei dem er über Dreiviertel der Anteile hält, verlor im ersten Kriegsjahr aufgrund der Sanktionen 400 Millionen Dollar. Allerdings übertrug er am selben Tag, an dem er auf die Liste der zu sanktionierenden Unternehmer gesetzt wurde, seiner Ehefrau Marina Mordaschowa einen Anteil von über einer Milliarde Dollar an den zu Sewerstal gehörenden Goldminen, denn die Gattin blieb zunächst von Sanktionen verschont.

Der Stahl-Manager Mordaschow sieht sich als Opfer. Die EU und Großbritannien würden ihn ungerecht behandeln, schließlich halte er sich doch von der Politik fern. Die Bezeichnung Oligarch verdient er tatsächlich nicht, wie fast ausnahmslos alle russischen Großunternehmer derzeit. Denn anders als während der Präsidentschaft von Boris Jelzin verschafft ihnen ihr Reichtum nicht zwingend mehr politischen Einfluss. Unter Putin hatten sie sich bislang aus der Politik herauszuhalten, wenn sie ihre Besitztümer nicht gefährden wollten. Doch seit dem Krieg ist etwas in Bewegung geraten. Der Präsident möchte nicht mehr Stillschweigen oder Neutralität, er verlangt Engagement. Jetzt erwartet er von ihnen, seine militärischen Vorhaben zu ermöglichen. Das Rechercheportal *Projekt* hat nachgewiesen, dass dem Ukas, der Anordnung des Präsidenten mit unmittelbarer Rechtswirkung, so gut wie alle russischen Dollar-Milliardäre des Jahres 2021 folgen. Mit ihren Produkten beteiligen sie sich an der »militärischen Spezialoperation«. Jeder dieser über 80 Männer trägt somit mit seinen Milliarden persönlich zum Krieg bei.

Ihre Verstrickung erfolgt nach dem Motto: mitgegangen, mitgehangen. Das sollte öffentlichkeitswirksam dokumentiert werden. Wenige Stunden nach dem Angriff auf die Ukraine hatten sich die Mitglieder des russischen Industrieverbands im

Kreml einzufinden. Die Versammlung sollte demonstrieren, dass die einheimische Wirtschaftselite Putin Rückendeckung gibt. Genauso wurde das auch in Brüssel verstanden, ergo landeten alle Teilnehmer auf der personalisierten EU-Sanktionsliste.

Mordaschow hat den Krieg zwar als eine Tragödie zweier brüderlicher Nationen bezeichnet und beteuert, er habe nichts mit dem Entstehen der aktuellen geopolitischen Spannungen zu tun. Doch schon im Sommer 2022 rief er in einer Rede auf dem Sankt Petersburger Wirtschaftsforum dazu auf, »den Schwung zu nutzen«, um die russische Wirtschaft zu entwickeln. Er sagte nicht, ob er den Schwung des Krieges meinte. Fest steht, dass es einen gestiegenen Materialbedarf der Rüstungsbetriebe gibt und Mordaschows Stahlwerke die russischen Waffenproduzenten mit unterschiedlichen Stahlsorten, Blechen, Metallprodukten und Eisenpulvern beliefern. Mit Mordaschows Hilfe werden alle Arten von Kalaschnikows, Scharfschützengewehren, Panzern, darunter der modernste, der T-90, hergestellt. Eine große Palette von Sewerstal-Produkten verwenden russische Waffenschmieden für gepanzerte Fahrzeuge, Mehrfachraketenwerfer, Granatwerfer, für Landungs-, Raketen- und Patrouillenboote, U-Boote, einschließlich nuklear angetriebener Raketenträger, Drohnen, Bomben, nuklearer Munition. Bis auf Letztere sind das alles Waffen, mit denen Ukrainer getötet und ihr Land zerstört werden. 2022 belohnte Putin den Top-Manager mit dem Orden der Freundschaft.

Die Investigativ-Journalisten von *Projekt* haben nachverfolgt, auf welche Weise jeder der russischen Dollar-Milliardäre die Kriegsmaschinerie am Laufen hält. Dafür analysierten sie staatliche Verträge, die deren Firmen mit staatlichen Rüstungsbetrieben, dem Verteidigungsministerium und der Rosgwardija, der Nationalgarde, für den Zeitraum von 2014 bis 2023 abgeschlossen haben. »Die Gesamtsumme der offenen Verträge beträgt mindestens 220 Milliarden Rubel, umgerechnet drei Milliarden Dollar.« Das russische Rechercheteam hat damit eine wichtige Hilfe geleistet, um künftig die Akteure und Helfershelfer des Krieges zur Verantwortung ziehen zu können. Zu wissen, an wessen Händen Blut klebt, ist eine ebenso moralisch wichtige wie auch juristisch notwendige Frage. Diese Informationen sind aber auch für künftige Wirtschaftsbeziehungen mit Russland relevant: Welcher Unternehmer hat mit welcher Firma, welchen Produkten Schuld auf sich geladen, mit wem kann man wieder Handel treiben, Kooperationen eingehen, bei wem verbietet sich das.

Wie bei Alexej Mordaschow klaffen auch bei Jewgeni Kasperski Worte und Taten weit auseinander. Er sei »sehr betroffen« von den Ereignissen, denn »Krieg hat noch nie jemandem etwas Gutes gebracht. Wir stehen unter Schock, genau wie der Rest der Welt.« Was den Industriellen, der Platz 101 im *Forbes*-Ranking belegt, nicht hinderte, Bauteile für Kaliber-Raketen zu liefern. Sie werden unter anderem von russischen U-Booten oder Fregatten vom Schwarzem Meer aus abgefeuert. Den ukrainischen Ort Winnitza trafen am 14. Juli 2022 drei solcher Raketen, die 21 Personen töteten und über 200 verletzten.

Mindestens sieben weitere Unternehmen von russischen Milliardären haben zur Entwicklung von Kaliber-Raketen beigetragen, nicht weniger als 25 Privatunternehmen haben Verträge mit den russischen Schiffsbau- und Schiffsreparaturbetrieben geschlossen.

Wagit Alekperow nahm am 24. Februar 2022 noch an der Versammlung des russischen Industrieverbands im Kreml teil, Anfang März drückte der Lukoil-Vorstand dann aber seine »Besorgnis über die anhaltenden tragischen Ereignisse in der Ukraine und sein tiefes Mitgefühl für alle von dieser Tragödie Betroffenen« aus. Im April 2022 trat Alekperow als Lukoil-Präsident und Direktor zurück, offiziell aufgrund von persönlichen Sanktionen, die Großbritannien, Kanada, Neuseeland, Australien und die Ukraine gegen ihn erlassen hatten. Lukoil-Großaktionär ist er aber immer noch. Seine Firma ist nach Rosneft der größte russische Ölproduzent mit 100 000 Mitarbeitern. Alekperows Vermögen schätzte *Forbes* 2021 auf 24,9 Milliarden Dollar. Neben einem Weingut auf der Krim besitzt er drei Yachten. Wer seinen Rücktritt und seine Besorgnis über den Krieg als einen Versuch der Distanzierung von Putin deutete, wurde im Mai 2022 eines Besseren belehrt. Alekperow ließ sich von Putin mit dem Orden für Verdienste um das Vaterland auszeichnen. Offenbar waren die steten Treibstofflieferungen an das russische Verteidigungsministerium, die Schwarzmeerflotte, die Rosgwardija und an Rüstungsunternehmen patriotisch genug. Bereits seit 2014 hat Lukoil mit diesen Partnern Verträge im Wert von mindestens sechs Milliarden Rubel unterzeichnet. Ohne Lukoil-Treibstoffe würden die russischen Raketen nicht fliegen, die Panzer nicht rollen, müsste die gesamte Armee stillstehen.

Einer der im Westen bekanntesten Oligarchen, Roman Abramowitsch, stand in der Vorkriegszeit auf Platz zwölf der *Forbes*-Liste. Auch er bangt um sein Vermögen, das nach Kriegsbeginn von 14 Milliarden um die Hälfte schrumpfte, sich 2023 aber auf neun Milliarden einpendelte. Abramowitsch fehlte in der Kreml-Runde der Wirtschaftselite im Februar 2022. Dass das als Absetzbewegung von Putin gewertet wurde, geschah ganz in Abramowitschs Sinn, hat aber nichts mit den Tatsachen zu tun. Denn sein Verhältnis zum Präsidenten soll wie das zwischen einem Vater und dessen Lieblingssohn sein. Abramowitsch spreche den Präsidenten zwar mit dem formellen »Sie« an, als Zeichen des Respekts vor Putins Dienstalter, doch beide kennen sich mindestens seit einem Vierteljahrhundert.

Wie alle Mitglieder der Russischen Union der Industriellen und Unternehmer hat auch »Herr A.«, wie Abramowitsch im Kreml angeblich genannt wird, für den 24. Februar 2022 eine Einladung bekommen. Sie war nicht etwa kurzfristig erfolgt, weil sich an jenem Tag die Ereignisse überschlugen, sondern mit einem 14-tägigen Vorlauf. Die genaue Uhrzeit war am 22. Februar mitgeteilt worden. Er ist ein überaus umtriebiger Geschäftsmann, dem zusammen mit Beresowksi die Ölfirma Sibneft gehörte und der jetzt der größte Aktionär von Evraz ist, dem zweitgrößten Stahlhersteller Russlands. Außerdem besitzt er Anteile an Norilsk Nickel, dem viertgrößten Förderer dieses Industriemetalls weltweit. So früh über das Treffen informiert, hätte er seine Anreise also gut vorbereiten können, zumal er ein eigenes Flugzeug besitzt. Doch er verspätete sich angeblich. Was vermutlich ein Manöver war. Er kennt Putins Angewohnheit, seine Gesprächspartner warten zu lassen. Oft stundenlang, wie auch an diesem Tag.

Abramowitsch wollte nicht pünktlich sein. Der in Kreml-Intrigen erfahrene Oligarch ahnte, dass sich jeder, der sich am Tag des Kriegsbeginns gegen die Ukraine mit Putin zeigte, auf den westlichen Sanktionslisten wiederfinden würde. Tatsächlich wurden gegen alle 37 anwesenden Industriellen Strafen verhängt. Hatte Abramowitsch vermeiden wollen, in diesem Kreis gefilmt zu werden? Möglich. Dennoch wollte er Putin sprechen, allerdings hinterher und ohne öffentliche Zeugen: Er hatte vor, ihm persönlich seine Vermittlerdienste für Friedensgespräche mit der Ukraine anzubieten. Putin erteilte ihm die Erlaubnis, doch die von Abramowitsch organisierten Verhandlungen endeten ergebnislos. Seine Rechnung, von Sanktionen verschont zu bleiben, ging auch nicht auf. Der schmerzlichste Verlust dürfte sein Fußballklub Chelsea sein, den er 19 Jahre lang besaß, aber »wegen der anhaltenden Situation in der Ukraine« im Juli 2022 verkaufen musste. Die britische Regierung fror Abramowitschs Vermögen im Vereinigten Königreich aufgrund seiner »engen Beziehungen zum Kreml« ein.

Die Milliardärsquote bei der Veranstaltung im Katharinensaal war hoch. Alle mussten Corona-Masken tragen, weil sich

Putin noch immer vor einer Covid-Infektion fürchtete. Die Masken verbargen die eingefrorenen Mienen der Teilnehmer. Niemand habe etwas essen können, berichtete der Korrespondent des *Kommersant*. Die Zeitung gehört dem Unternehmer Alischer Usmanow, der seit einiger Zeit in Usbekistan lebt. Zur Invasion in die Ukraine schweigt er oder erlaubt sich bestenfalls zaghafte pazifistische Äußerungen. Usmanows geschätztes Nettovermögen soll 2021 laut *Forbes* 18,4 Milliarden Dollar betragen haben, nach Kriegsbeginn nur noch 11,5 Milliarden. Doch auch sein Reichtum vermehrte sich rasch wieder. Er ist der Mehrheitseigner des Eisenerz- und Stahlriesen Metalloinvest. Außerdem besitzt er Anteile an Bergbau-, Telekommunikations- und Medienunternehmen.

Sein erstes Vermögen machte er Ende der 1980er Jahre mit der Produktion von Plastiktüten, die in der Sowjetunion ein so rares Gut waren, dass die Menschen sie auswuschen und wiederverwendeten. Damals wusste der Geschäftsmann, was seine Landsleute wollten. Heute beteiligt er sich wie die meisten anderen seiner Gewichtsklasse an der Aufrüstung der russischen Armee. Statt Russlands marode Infrastruktur zu modernisieren oder überhaupt erst aufzubauen, den Lebensstandard von Millionen Russen, vor allem in der Provinz, anzuheben, sie aus der Armut zu holen, werden gigantische Ressourcen verschwendet. Mit der auf pure Destruktion ausgerichteten Politik raubt Russlands Führung dem eigenen Land die Zukunft und bremst seine Entwicklung um viele Jahre. Und seine Wirtschaftsbosse unterstützen sie dabei.

In der Begründung, weshalb gegen Usmanow Sanktionen verhängt wurden, heißt es, dass er ein Kreml-naher Oligarch sei, der enge Beziehungen zum russischen Präsidenten unterhalte und als finanzieller Hintermann für den russischen Staatschef fungieren könne. Laut dem Financial Crimes Enforcement Network (FinCEN) des US-Finanzministeriums soll Putins langjähriger Berater Walentin Jumaschew, der angeblich nur ehrenamtlich im Kreml tätig ist, sechs Millionen Dollar von Usmanow erhalten haben. Zudem gehört Usmanows *Kommersant* zum Orchester der Kreml-Propaganda.

Ein Name, der häufiger als alle anderen in der Liste der größten Kriegsunterstützer auftaucht, ist der von Juri Kowaltschuk. Er und sein Bruder Michail gelten als »die Kriegsideologen«, die Putin zum Angriff auf die Ukraine überredet haben sollen. Kowaltschuks Bank Rossija vergab unter anderem Kredite an die Kalaschnikow-Werke in Tula und Ischewsk. Außerdem hält er einen großen Anteil an der Versicherungsgesellschaft Sogas. Sie ist der eigentliche Grund, weshalb Kowaltschuks Name so oft fällt, denn über Sogas sind ganze Belegschaften einer Unmenge von Rüstungsbetrieben versichert. Zehntausende Mitarbeiter von Fabriken, die Kampfflugzeuge, Triebwerke und Sprengstoff für die FAB-500-Bomben herstellen, mit denen zum Beispiel das Dramaturgische Theater von Mariupol attackiert wurde. Dorthin hatten sich im März 2022 mehrere hundert Einwohner gerettet, von denen die meisten in den Trümmern starben.

Kowaltschuk besitzt seit 2021 mit Hilfe der Versicherungsgesellschaft Sogas das soziale Netzwerk *VKontakte*. Der Plattform wie den Propagandamedien der National Media Group wird aus dem Ausland Desinformation über den Krieg vorgeworfen. Die Kreml-Sender produzieren vor allem grobe Fälschungen vom Kriegsgeschehen. In Zeitungen und Online-Publikationen, die zur National Media Group gehören, sind die Darstellungen etwas ausgefeilter, aber ebenso unwahr.

### »Im Netz sind wir Spinne, nicht Fliege«

Die Hauptrolle in der russischen Propaganda wird der russischen Internet-Suchmaschine *Yandex* zugeschrieben, weil sie in der russischsprachigen Welt so mächtig ist wie *Google* im Westen. *Yandex.Novosti*, das Nachrichtenportal, bekam im September 2022 einen neuen Eigner. Es soll seither der Social-Media-Plattform *VKontakte* gehören. Damit führt auch dieser Weg zu dem Medienmogul und Putin-Vertrauten Juri Kowaltschuk.

Als Sergey Brin und Larry Page in einer Garage im kalifornischen Mountain View an *Google* tüftelten, versuchten Arkadi Wolosch, Jelena Kolmanowskaja und Ilja Segalowitsch zeitgleich in Moskau, eine Internet-Suchmaschine mit kyrillischen Buchstaben zu programmieren. *Google* hatten die Amerikaner von Googol abgeleitet. So heißt eine Eins mit 100 Nullen. Der Name *Yandex* ist ein Hybrid aus Ya (Ich) und Index. Es gibt noch andere Auslegungen, aber diese ist die plausibelste. Wer auf Russisch Nachrichten lesen oder Informationen finden möchte, Videos oder Streamingdienste sehen, online einkaufen oder ein Taxi bestellen will, tut dies bei *Yandex*. *Forbes* schätzte den Wert des Unternehmens 2022 auf über 14 Milliarden Dollar. Es hat über 20000 Mitarbeiter, die im Jahr vor dem Krieg, 2021, einen Umsatz von 2,5 Milliarden Dollar erwirtschafteten.

Als Russland in die Ukraine einfiel, wurde der Handel mit *Yandex*-Aktien an der US-Börse Nasdaq ausgesetzt. *Yandex*-Aktien verloren 75 Prozent ihres Wertes. Ausländische Geschäftspartner kappten ihre Verbindungen und jeder vierte Mitarbeiter emigrierte. Der Imageverlust begann allerdings schon früher. Denn russische Journalisten haben wiederholt nachgewiesen, dass Nachrichten bei *Yandex* seit Jahren in Abstimmung mit dem Kreml erstellt werden. 2019 machte ein *Yandex*-Mitarbeiter eine überraschende Entdeckung. Er fand heraus, dass die wichtigsten Meldungen über das Zeitgeschehen ausschließlich aus einer »weißen Liste« von 15 Nachrichtenagenturen stammten. Ignoriert wurden der Radiosender Echo Moskwy, das Internetfernsehen Doschd und die *Nowaja Gaseta*. Sie waren in Russland registriert und wurden wegen ihres kritischen Journalismus häufig von anderen Medien zitiert, aber nicht von der wichtigsten russischen Suchmaschine. Die wählte nur aus Kreml-treuen

Medien aus, wie *Iswestija*, TASS, Interfax, *Rossijskaja Gaseta*, *Kommersant*, *Wedomosti*, RBK, *Gaseta.ru*, RT und *Lenta.ru*.

Die »weiße Liste« war von der russischen Präsidialverwaltung festgelegt worden. Über die Ereignisse am 4. April 2022 in Butscha lasen die Nutzer der Suchmaschine dann zum Beispiel in der Meldung von RIA Novosti über das russische Massaker: »Das [russische] Außenministerium nannte den Zweck des Verbrechens ukrainischer Radikaler in Butscha die Störung von Friedensgesprächen.« Die Falschmeldung von RIA Novosti auf der *Yandex*-Startseite war kein Zufall.

Den ersten Versuch der Bevormundung startete die Präsidialadministration schon 2008. Mit dabei war der Anti-Demokratie-Technologe Wladislaw Surkow. Er und seine Kollegen der Kreml-Verwaltung bissen sich an *Yandex* zunächst die Zähne aus. Aber sie blieben am Ball und konnten 2015 schließlich einen Erfolg verbuchen. Der ehemalige Nachrichtenchef Lew Gerschenson erinnert sich, wie der Kreml darauf bestand, dass die Top-Stories anfangs aus einem Pool von maximal drei bis fünf genehmigten Nachrichtenquellen ausgewählt werden sollten. Am Ende einigten sich seine Kollegen auf 15.

Zuvor hatte *Yandex* seine Informationen aus 6000 Quellen ausgewählt, weil es mit dem hohen Anspruch gestartet war, über Nachrichtenereignisse aus möglichst vielen unterschiedlichen Perspektiven zu berichten. Dem Internetportal *Meduza* gegenüber bestätigte 2022 sowohl ein Informant von *Yandex* als auch jemand aus der Präsidialadministration, dass die auf *Yandex* veröffentlichten Nachrichten vom Ersten Stellvertretenden Stabschef, Sergej Kirijenko, kuratiert werden, also direkt im Kreml.

Wie die Industrieunternehmen wurden demnach auch die Medien von den alten KGB-Kadern – und nun neuen russischen Top-Managern – übernommen und gleichgeschaltet. Unabhängige Redaktionen mussten sich zunächst das vom Justizministerium vergebene, diskreditierende Label »Ausländischer Agent« gefallen lassen, später wurden sie ganz verboten und gingen ins Ausland. Parallel ließ der Kreml aktiv Fake News im Netz streuen und machte dabei auch vor dem Ausland nicht halt.

Nachdem Putin das Internet anfangs eher unterschätzt hatte, wurden ab 2013/14 Inhalte massiver und aggressiver falsch dargestellt, um gesellschaftliche Debatten im Ausland anzuheizen, vorhandene Konflikte zu verschärfen und Unfrieden zu stiften. Russland wollte das Internet als grenzenlosen Freiheitsraum auf keinen Fall mehr sich selbst überlassen. Der von Surkow herausgegebene Kampfauftrag lautete: »Im Netz sind wir Spinne, nicht Fliege!« So geriet *Yandex* immer mehr ins Blickfeld der um Putin versammelten Oligarchen und Behörden. Mit immer neuen Mediengesetzen wurde fast die gesamte amerikanische IT-Konkurrenz aus dem russischen Internet verbannt. Im März 2022 sperrte die Medienaufsichtsbehörde die Plattformen *Twitter, facebook* und *Instagram*. Der Konzern Meta, dem *facebook* und *Instagram* gehören, wurde als »extremistische Organisation« eingestuft.

Inzwischen nimmt die wichtigste Suchmaschine der russischen Sprachwelt eine unangefochtene Vormachtstellung ein. Als es noch einen offenen Wettbewerb mit *Google* gab, hätte man sich darüber in der *Yandex*-Chefetage gefreut. Doch der Pakt mit dem Teufel rächte sich. Immer mehr Mitarbeiter verließen das Unternehmen. Arkadi Wolosch, der als einziger aus dem Erfinderteam geblieben war, zog sich erst aus der Führung zurück, als er mit EU-Sanktionen belegt wurde. Er ist zwar immer noch der größte Einzelaktionär, aber irgendwann verurteilte er den Krieg gegen die Ukraine als »barbarisch« und emigrierte nach Israel.

Im Januar 2023 wurde eine weitere Manipulation bei *Yandex* bekannt. Es ging um ein Quellcode-Leck. Es offenbarte, dass Yandex auch die Bild- und Videosuche zensiert. Die Internetgemeinde erhielt einmal mehr Einblick in das Innenleben der einst so hippen *Yandex*-Truppe. Das neue Leck erschütterte das Vertrauen der Nutzer nachhaltig, denn sie erfuhren, dass kritische Suchanfragen automatisch hinter den Kulissen bearbeitet wurden, damit bestimmte Bilder oder Videos nicht aufgerufen werden. Dies geschieht mit Hilfe eines speziellen Codes namens ImgPatch.

Der Code wurde ursprünglich gegen pornografische Inhalte eingesetzt. Nun sollte er »falsche« Bilder von Wladimir Putin aus den Suchergebnissen aussortieren. Dies wurde zuerst von *Twitter*-Nutzer @bantg bemerkt: »Eine weitere verrückte Sache, die ich gefunden habe, ist, dass sie den Kinderpornofilter umfunktioniert haben, damit die Suche keine schlechten Dinge über Putin enthält.« Der *Twitter*-Autor hatte auch festgestellt, dass die Ergebnisse bei der Suche nach dem »Z-Symbol« zensiert wurden. Es ist das wichtigste Emblem des Krieges gegen die Ukraine. Er machte diese Entdeckung ebenfalls öffentlich: »Ähnlich verhält es sich bei Bildanfragen: Wenn man nach dem ›Z-Symbol‹ sucht, werden viele negative Eingabeaufforderungen hinzugefügt, um die möglichen Parallelen zu Nazi-Deutschland zu verschleiern.« Dass die Manipulation der *Yandex*-Suchmaschine öffentlich wurde, war anscheinend kein Zufall. Vielmehr gehen russische unabhängige Medien davon aus, dass der aufschlussreiche Quell-Code von einem internen Mitarbeiter geleakt wurde. Anhand dieser Informationen wurde belegt, welche Suchbegriffe im Zusammenhang mit Putin im Sinne des Kremls gesperrt sind. In der Aufzählung sind »Schwachkopf« und »Opa im Bunker« die harmlosesten. Auch mehrere Kombinationen von Putin und Tod lösen eine Veränderung der Anfrage aus.

Die meisten *Yandex*-Mitarbeiter hielten still, aber nicht jeder ließ sich zum willfährigen Handlanger machen. Nachrichtenchef Lew Gerschenson, der von 2008 bis 2012 bei *Yandex* die Knebelung der Pressefreiheit hautnah miterlebt und seine Konsequenzen gezogen hat, wandte sich am 1. März 2022 auf *facebook* an die Nutzergemeinde. »Heute ist der sechste Tag, an dem mindestens 30 Millionen russische User auf der *Yandex*-Homepage gesehen haben, dass es keinen Krieg gibt, dass nicht Tausende russische Soldaten gestorben sind, dass nicht Dutzende Zivilisten durch russische Bombardierungen getötet wurden, dass es nicht Dutzende Geiseln gibt und dass ukrainische Städte nicht völlig zerstört wurden. Die Tatsache, dass ein beträchtlicher Teil der russischen Bevölkerung glauben mag, dass es überhaupt keinen Krieg gibt, ist die treibende Kraft für den Krieg. Im Moment ist *Yandex* ein Schlüsselelement bei der Vertuschung des Krieges. Jeder Tag – jede Stunde – mit solchen ›Nachrichten‹ führt zu mehr verlorenen Menschenleben.«

Die Führungsspitze des Internetanbieters sprach der ehemalige Mitarbeiter persönlich an: »Denken Sie daran, dass Sie nicht nur vor Ihren Tausenden von Kollegen Rechenschaft ablegen müssen, sondern auch vor zehn Millionen Nutzern. Und Millionen von Nicht-Nutzern in der Ukraine.« Seinen Ex-Kollegen redete er ins Gewissen, sich nicht über diejenigen lustig zu machen, die *Yandex* immer noch lesen und nicht merken würden, dass sie nicht mehr professionell informiert werden. Es sei falsch, sie als Hinterwäldler zu betrachten. »*Yandex* verdient Millionen an diesen ›Hinterwäldlern‹ in Russland.«

Seine Worte hatten Wirkung. Das *Yandex*-Team diskutierte mit der Führung die Möglichkeit, die Nachrichten ganz von der Startseite des Portals zu entfernen. Generaldirektorin Jelena Bunina war dagegen. Sie wollte nicht das gesamte Unternehmen »für zehn Minuten Ruhm« opfern, den ihm eine Antikriegshaltung einbringen würde. »Auf globaler Ebene wird sich nichts ändern, und wenn die zehn Minuten um sind, ist alles wie vorher, nur *Yandex* wird weg sein.«

Viele Mitarbeiter befürchteten eine Verstaatlichung des Portals, wenn es sich gegen den Kreml zur Wehr setzen sollte. Die

Chefin hielt ihre Selbstverleugnung nicht mehr lange durch. Sie emigrierte nach Israel und kündigte in einem Brief an ihre Angestellten an, dass sie nicht zurückkehren würde, weil sie nicht in einem Land leben könne, das Krieg gegen seine Nachbarn führe. Ihr Stellvertreter Tigran Chudawerdjan übernahm die Führung und wurde am 15. März 2022 auf die EU-Sanktionsliste gesetzt. Die Begründung des EU-Rates glich dem *facebook*-Post des ehemaligen Nachrichtenchefs Lew Gerschenson fast aufs Wort. Zusätzlich war in Brüssel registriert worden, dass der neue *Yandex*-Chef schon an dem Treffen mit Wladimir Putin im Kreml teilgenommen hatte. Für die EU-Mitgliedsländer gehörte er zum inneren Kreis der Oligarchen, denen, die Wladimir Putin nahestünden und ihm bei seiner Destabilisierungspolitik in der Ukraine behilflich waren.

Auf die wirtschaftliche Lage von *Yandex* hatten der Führungswechsel und die Nachrichtenzensur nicht im Mindesten negative Folgen. Im Gegenteil. Im März 2022 klickten sich rund 14 Millionen Besucher pro Tag auf die Seite, fünf Millionen mehr als im Januar. Die Werbeinnahmen betrugen über 700 Millionen Dollar. Die Kunden gingen über die Gleichschaltung des Informationsraumes offenbar hinweg.

## Tödlicher Kampf um Pfründe

Einen großen Einschnitt brachte der Krieg für diejenigen, die ihr Fähnchen nicht in den Wind hängten. Die Bank von Geschäftsmann Oleg Tinkow verzeichnete schon sechs Tage nach Kriegsbeginn gigantische Einbußen, die Aktien seines Geldhauses fielen um 90 Prozent. Er war kein Milliardär mehr, besaß nur noch rund 800 Millionen Dollar. Tinkow wusste nicht, auf wen er wütender sein sollte, auf Putin oder auf die seiner Meinung nach wahllosen Sanktionen. Er hätte es klüger gefunden, wenn der Westen den Oligarchen einen Ausweg angeboten hätte, etwa indem sie sich erklärtermaßen aus dem Russlandgeschäft zurückziehen und nicht mehr für das Regime arbeiten. Jedoch hat sich außer ihm keiner der Unternehmer weiter vorgewagt, als den Krieg ganz allgemein nicht gut zu finden.

Tinkow gibt zu, dass die Wirtschaftsbosse immer noch zwischen den Stühlen sitzen. »Ich bin schockiert, wie feige sie sind«, sagt er. Denn im Unterschied zu den Oligarchen hat er sich klar und deutlich von dem Angriff auf die Ukraine distanziert. Er postete im Internet, dass er keinen einzigen Nutznießer dieses »verrückten Krieges« sehe, in dem unschuldige Menschen und Soldaten stürben. Wenig später trennte sich die Bank von ihm, er musste seine 35 Prozent Anteile verkaufen und emigrieren. Am 31. Oktober 2022 gab er seine russische Staatsbürgerschaft ab, weil er nichts mit einem faschistischen Land zu tun haben wollte. Weil er aber in Großbritannien ungeachtet seiner kriegskritischen Haltung auf der Sanktionsliste stand, fühlte er sich ungerecht behandelt. Seine Klage wurde schließlich erhört, London nahm die Restriktionen in seinem Fall 2023 zurück.

Wer in der russischen Wirtschaftselite Unmut über den Präsidenten und seinen Krieg äußert, tut es in aller Regel nur hinter vorgehaltener Hand. Wenn offene Worte zu vernehmen sind, kommen sie meist aus sicherer Entfernung. Wie von Alfred Koch, der unter Putins Vorgänger Boris Jelzin Vize-Premierminister war und schon lange in Deutschland lebt. Er postete wutentbrannt im Internet: »Ihr habt alles verkackt!« Der heutige Unternehmer findet, dass sich seine frühere Heimat in einen Mafiastaat verwandelt habe. Diesem russischen Mafiastaat schreibt er die Besonderheit zu, dass die Mafia nicht parallel zum Staat existiere, sondern der Staat selbst die Mafia sei.

Leonid Newslin, ehemals im Management von Jukos, malt sich in seiner neuen israelischen Heimat in drastischen Bildern aus, wie sich die Vertrauten und Mächtigen um den Präsidenten herum bekriegen werden. »Da gibt es den Clan von Igor Setschin und den von Juri Kowaltschuk. Dmitri Medwedew hat schon keine Gefolgschaft mehr. Er weiß, dass er bald wie ein Ferkel von den erwachsenen Schweinen zerrissen wird, sobald Putin ihn nicht mehr schützt.« Im Unterschied zu heute ist von solchen Auseinandersetzungen früher nichts nach außen gedrungen. Es herrschte absolute Ruhe, ein sicheres Zeichen, dass nur einer das Sagen hatte. Nämlich Putin. Dass sich das jetzt ändert, könnte bedeuten, dass Putin schwächer wird, nicht mehr so fest im Sattel sitzt.

Viele der Wirtschaftsbosse werden, solange das Schiff sicher im Wasser liegt, nicht von Bord gehen. Doch sobald es leck schlägt, dürften sie es fluchtartig verlassen. Ihre Millionen und Milliarden haben sie längst in sicheren Häfen angelegt. Ihrem Heimatland werden sie weiter das Geld vorenthalten.

Im Gegensatz zu mächtigen und im Ausland lebenden Unternehmern wie Newslin und Tinkow sind die Massen nach wie vor zum Schweigen verurteilt. Dabei hätten sie schon wegen der höchst ungerechten Verteilung der Vermögen Grund für Protest. Ein Prozent der Bevölkerung kontrolliert fast 60 Prozent des nationalen Reichtums, mit Putin an der Spitze. Der kolossale Besitz der Oligarchen, der sich früher in den Händen »unzuverlässiger« Privatpersonen befand, ist bei den Silowiki gelandet. Sie haben sich die Unternehmen zur Beute gemacht. Ihr korruptes System, die »Silogarchie«, wird durch Abhängigkeiten, Erpressbarkeit und Loyalitäten abgesichert. Doch wie lange halten sie Putin die Treue?

Wenn Russland den Krieg gegen die Ukraine zu verlieren droht, würde das auch am innersten Führungszirkel nicht spurlos vorübergehen. Sollten sich die Machtverhältnisse ändern, könnte das auch Auswirkungen auf die Eigentumsverhältnisse der Reichsten der Reichen haben. Wird dann um die Banken, Gas- und Ölfirmen, Nickel-, Aluminium- und Stahlwerke die nächste Schlacht ausgetragen? Oder hat sie bereits begonnen?

Auffällig viele russische Oligarchen kamen in den vergangenen Jahren auf mysteriöse Weise ums Leben, einige durch angeblichen Selbstmord. Im Dezember 2022 fiel der Millionär Pawel Antow in Indien aus dem Fenster eines Hotels. Der russische Wurst- und Fleischproduzent war auch Abgeordneter im Regionalparlament des Wladimir-Gebietes. Politisch gehörte der sehr reiche Unternehmer zur Kreml-Partei Einiges Russland. Er soll in Ungnade gefallen sein, weil er im Internet die Raketenangriffe auf die Ukraine als Terror bezeichnet hat. Offenbar nützte ihm sein sofortiges Zurückrudern nicht mehr.

Im Sommer 2021 war Rawil Maganow, der Vorstandschef des russischen Ölkonzerns Lukoil, aus dem Fenster einer Moskauer Klinik in den Tod gestürzt. Auch Alexander Subbotin, ebenfalls ein Top-Manager von Lukoil, starb überraschend. Angeblich hat er im Mai 2022 beim Besuch eines Schamanen einen Herzanfall erlitten. Im Juli 2022 wurde der Multimillionär und Geschäftsmann Juri Woronow mit einer Schusswunde im Kopf, einer Pistole in der Nähe und Patronenhülsen auf dem Grund des Swimmingpools seines Hauses in der Nähe von Sankt Petersburg aufgefunden. Woronow war der Gründer und Generaldirektor von Astra Shipping, einem Transport- und Logistikunternehmen, das lukrative Gazprom-Verträge in der Arktis abwickelte.

Vor Woronow kamen 2022 fünf weitere Geschäftsmänner ums Leben. Einige von ihnen standen ebenfalls in Verbindung mit Gazprom: der Gazprom-Manager Leonid Schulman, der stellvertretende Generaldirektor des Unified Settlement Centre for Corporate Security von Gazprom Alexander Tjuljakow, der ehemalige Vize-Präsident der Gazprombank Wladislaw Awajew und der ehemalige Novatek-Topmanager Sergej Protosenja. Im Falle von Awajew und Protosenja wurden auch die Leichen ihrer Ehefrauen und Töchter neben ihnen gefunden.

Putin verbirgt seinen Besitz so gut es geht. Umso verärgerter reagierte er, als Alexej Nawalny in einem ausführlichen

Dokumentarfilm Details aus Putins prunkvoll ausgestattetem neuen Palast am Schwarzen Meer präsentierte. Der bereits inhaftierte Antikorruptionsaktivist wurde daraufhin der Finanzierung des Extremismus angeklagt und zu zehn Jahren Freiheitsentzug mehr verurteilt, was seine Lagerhaft auf 19 Jahre erhöhte.

Der Kreml sah sich bemüßigt, eine »Korrektur« zum Putin-Domizil zu veröffentlichen. Demnach besitzt den über eine Milliarde Euro teuren Bau nicht das Staatsoberhaupt, sondern Arkadi Rotenberg aus dem engsten Kreis Putins. Arkadi und sein Bruder Boris Rotenberg werden in Russland auch als die »Könige der Staatsaufträge« bezeichnet, zu denen der Bau der Kertsch-Brücke auf der Krim im Wert von drei Milliarden Euro zählt. Während die EU und die USA den Brüdern die Einreise verbieten und ihre Konten und Vermögenswerte einfroren, verlieh Präsident Putin Arkadi Rotenberg die Auszeichnung »Held der Arbeit«.

So wie Arkadi Rotenberg den neuen Palast sein Eigen nennt, gehören Juri Kowaltschuk und Gennadi Timtschenko angeblich andere Reichtümer des Präsidenten, die freilich nicht offengelegt werden. Timtschenko wehrte sich juristisch gegen die EU-Sanktionen, weil seine langjährige Beziehung zum russischen Präsidenten nicht bedeuten würden, dass er Putins Verbündeter im Krieg gegen die Ukraine sei. Er ist offiziell Finne, eine erkaufte Staatsbürgerschaft. Tatsächlich stammt er aus Armenien, wo er als Sohn eines sowjetischen Offiziers geboren wurde. Mit sechs Jahren zog er mit seiner Familie in die DDR, weil sein Vater dorthin versetzt wurde, und lernte Deutsch. Eine Ähnlichkeit zu Putin, der in Dresden seine Deutschkenntnisse erwarb. Wie Putin war er zu Sowjetzeiten ein KGB-Agent.

Timtschenko hat die Invasion in die Ukraine bislang mit keinem Wort verurteilt. Stattdessen unterstützen seine Firmen die russische Rüstungsindustrie und den Krieg. So liefert Sibur Treibstoff für Raketentriebwerke, Raketenwerfer, außerdem

Komponenten für Mehrfachraketenwerfer, Luftabwehrsysteme, Abschusssysteme für Marschflugkörper und Handfeuerwaffen. Von Novatek kommt Gas für das Verteidigungsministerium und für Rüstungsunternehmen, die Sprengstoffe und Munition herstellen, insbesondere FAB-500-Bomben, die auf Mariupol abgeworfen wurden. Seine Unternehmen sind an der Produktion von U-Booten und Nuklearmunition beteiligt sowie am Bau von Militärsatelliten ebenso interkontinentaler ballistischer Raketen. Die ganze Palette.

Timtschenko ist außerdem Miteigentümer eines der führenden Bauunternehmen, Stroitransgas, des Öl-Produkte-Transporteurs Transoil und des Kohleunternehmens Kolmar. Reich geworden ist er mit dem Verkauf von russischem Öl ins Ausland und mit Regierungsaufträgen. Die finnischen Behörden beschlagnahmten sein Vermögen und werfen ihm vor, die Staatsbürgerschaft auf illegale Weise und unter Umgehung der erforderlichen Verfahren erhalten zu haben.

Welche Unternehmen Rotenbergs, Kowaltschuks und Timtschenkos tatsächlich ihnen und nicht heimlich dem russischen Präsidenten gehören, sind bestens gehütete Geheimnisse. Vermutlich gibt es noch weitere »Verwalter«, die Putin alle entweder aus seiner Sankt Petersburger Zeit oder aber aus dem KGB, dem FSB oder dem Apparat der Gewaltministerien kennt. Wenn Putin den Krieg verlieren und damit stürzen oder sterben sollte, wären sie nicht nur die formellen, sondern wohl auch die tatsächlichen Inhaber dieser Vermögen und könnten als eingetragene Besitzer ihre Ansprüche geltend machen.

Es könnten aber auch neue Konkurrenten auftauchen, die wissen, dass diese Vermögen nur zur Tarnung übertragen wurden, und deshalb ein Stück vom Kuchen abhaben wollen. Eine solche Konstellation lässt Böses erahnen. Vor allem bei Gazprom. 2001 hatte Putin seinem Petersburg-Vertrauten Alexej Miller die Führung übertragen. Somit ist Putins Draht auch in Russlands größtes Unternehmen kurz. Der börsennotierte Konzern, an dem zu 50 Prozent der russische Staat beteiligt ist, hat rund eine halbe Million Beschäftigte und ist hauptsächlich für den Gasexport zuständig. Anfang 2019 lieferte Russland 39,4 Prozent der Gasimporte der EU, und die Erlöse aus diesen Lieferungen machten 13,5 Prozent der russischen Haushaltseinnahmen aus.

Typisch für Russlands Wirtschaft ist, dass die Linien zwischen Staat, Geheimdienst und privaten Ambitionen kaum auszumachen sind. Das Erdgas wurde in der Vergangenheit wiederholt als Waffe der russischen Außenpolitik eingesetzt. Der Umfang und die Preise der Erdgaslieferungen in die EU, die Ukraine oder nach Belarus unterlagen immer der politischen Konjunktur. Bei der Annexion der Krim im Jahr 2014 sollen für Gazprom die Öl- und Gasvorkommen auf der Halbinsel von Interesse gewesen sein.

Im ersten Kriegshalbjahr erzielte Gazprom einen Rekordgewinn von 2,5 Billionen Rubel (über 40 Milliarden Euro), der deutlich über dem Jahresgewinn 2021 lag. Für die Aktionäre begann der Krieg also mit einer frohen Botschaft, an sie wurde eine Zwischendividende ausgezahlt. Insgesamt rund 20 Milliarden Euro. 50 Prozent sollten in den Staatshaushalt fließen. Was im Budget jeweils tatsächlich ankommt, ist wegen der fehlenden transparenten Kontrolle unbekannt.

Die guten Nachrichten für Gazprom nahmen im Verlauf des Krieges ab. Durch die Nordstream-1-Pipelines wurde immer weniger Gas geschickt, dann gar keines mehr, auch als Deutschland es durchaus noch gekauft hätte. Inzwischen stapeln sich bei den Schiedsgerichten die milliardenschweren Forderungen von Abnehmern, denen Gazprom vertragswidrig kein Gas mehr geliefert hat. Seit der Sprengung der beiden Röhren Nord Stream 1 und Nord Stream 2 steht diese Exporttrasse nicht mehr zur Verfügung. Wenn nachgewiesen werden sollte, dass die Zerstörung auf Russland selbst zurückgeht, werden mutmaßlich große Entschädigungszahlungen an die europäischen Geschäftspartner fällig.

Für Gazprom könnte die Zukunft also mit einer schweren Hypothek beginnen. Der Krieg ist für den Konzern so oder so Harakiri. Wurden in den besten Jahren fast 180 Milliarden Kubikmeter Erdgas ins europäische Ausland verkauft, sind die Exporte nach rund anderthalb Jahren Krieg auf zwölf Milliarden Kubikmeter eingebrochen. Der Trinkspruch der oft hoch erfreuten Gazprom-Aktionäre »Auf uns, auf euch, auf das Gas!«, der sich auf Russisch viel knackiger anhört: »Sa nas, sa was, sa gas!«, dieser Trinkspruch gehört wohl der Vergangenheit an.

Als treuer Abnehmer, wenn auch nicht in dem Maße wie Deutschland in der Vergangenheit, erwies sich die Türkei, die über die Schwarzmeergasleitungen Turkish bzw. Blue Stream ein Drittel des russischen Gases bekommt. Außerdem konnten sich die Neukunden Indien und China über Erdgas zu Dumpingpreisen freuen. Wie viel Kubikmeter aus dem größten ostsibirischen Gasfeld Kowykta durch die 3000 Kilometer lange Gasleitung »Kraft Sibiriens« fließt, wird nicht beziffert, bekannt ist nur, dass an vielen Tagen Rekordmengen erreicht werden. Gazprom beruhigt seine Aktionäre damit, dass die Verkäufe in den Osten die Verluste in Europa wettmachen werden. Nach dem Vorbild von Nord Stream soll auch »Kraft Sibiriens« einen zweiten Strang erhalten. Der wird, laut Putin, 2030 fertig sein und dann weitere 50 Milliarden Kubikmeter Gas von den west- und nordsibirischen Gasfeldern über die Mongolei nach China bringen. Russland wird dann ein wichtiger Energieversorger in Asien sein, aber wohl nie mehr für Europa. 2030 hätte der amtierende Präsident immer noch sechs Jahre an der Spitze des Staates vor sich. Dann wäre er 84 Jahre alt, vermutlich steinreich und würde dennoch in keiner *Forbes*-Liste auftauchen.

## Räuber in Uniformen – Russlands kaltgestellte Justiz

Auch das Leben ganz unauffälliger Bürger kann in Russland urplötzlich aus den Fugen geraten. Besonders dann, wenn sie kleinere Betriebe besitzen oder auch nur Einzelunternehmer sind. Ihre Firmen, gerade, wenn sie gut laufen, wecken häufig Begehrlichkeiten bei Sicherheitsbeamten der unteren Ränge. FSB-Geheimdienstmitarbeiter, Polizisten, Ermittlungsbeamte – sehr viele haben keine Hemmungen, sich der Justiz zu bedienen, um erfolgreichen Geschäftsführern unter einem rechtlichen Vorwand ihre Firmen abzujagen. Ob eine Karriere und ein Betrieb aus politischen, formalen oder rein egoistischen Gründen zerstört wird, entscheiden nur sie, weil sich kaum jemand von ihnen verantworten muss.

Der russischen Gesellschaft wird damit unmissverständlich klargemacht: Es bedarf noch nicht einmal eines politischen Engagements oder einer oppositionellen Position, dass sich Menschen nicht mehr sicher fühlen können. Der tägliche Broterwerb genügt. Betroffen können alle sein – vom Spitzenmanager bis zum kleinen Angestellten. Letztere bekommen die Konsequenzen der Rechtslosigkeit zu spüren, wenn sie infolge der willkürlichen Verfolgung ihrer Chefs ihre Arbeit verlieren. Wie man sich lukrative Unternehmen aneignet, hat inzwischen Schule gemacht.

Ein Fall aus Magadan veranschaulicht die Methoden, die von Moskau bis in den Fernen Osten an der Tagesordnung sind: Der FSB-Geheimdienstoffizier Alexej Prokajew hatte es auf drei Autotransportunternehmen des Geschäftsmannes Waleri Choschilow abgesehen. Der FSB-Mann spannte für sein Vorhaben die Strafverfolgungsbehörden ein, die ein Verfahren gegen den Unternehmer erfanden: wegen Steuerbetrugs und Beteiligung an einer kriminellen Verschwörung zur Erlangung von Steuererleichterungen. Die Polizei schrieb den Geschäftsmann zur Fahndung aus und beschlagnahmte sein Eigentum. Der Plan der Räuber in Uniformen ging auf. Der Besitzer verlor seine drei Firmen Awtotek, Departament und Magadan Awtosojus. Möglich wurde das, weil der FSB-Offizier zwei enge Freunde gegen Choschilow aussagen ließ, die die Vorwürfe gegen den angeblichen Steuerbetrüger bestätigten. Andere Zeugen setzte der Geheimdienstmitarbeiter mit massiver Gewalt unter Druck. Einer wurde mit Messerstichen in ein Krankenhaus eingeliefert, eine andere Zeugin entführt. Der Transportunternehmer Waleri Choschilow ist durchaus kein Einzelfall. Die inszenierte Strafverfolgung von Geschäftsleuten durch die Justizbehörden hat sich zum Massenphänomen ausgewachsen. Zwischen 2011 und 2014 waren es rund 200 000 Fälle pro Jahr. Danach wurden es immer mehr. Von 2014 bis 2019 stiegen die Zahlen um fast 60 Prozent auf rund 320 000 Fälle pro Jahr. Nach Ansicht des russischen Ombudsmanns der Wirtschaft Boris Titow ist es schwer, eine andere soziale Gruppe zu finden, die in derart großem Umfang verfolgt wird wie die russischen Geschäftsleute. Die Bilanz des Vertreters des Präsidenten für die Rechte der Unternehmen – so lautet das Amt offiziell – ist verheerend. In den zehn Jahren, in denen Titow für mehr Rechtssicherheit sorgen sollte, verschlechterte sich die Lage noch einmal rapide. Russland entwickelt sich immer weiter weg von einem Rechtsstaat, und es gibt keinen Grund anzunehmen, dass sich daran irgendetwas ändert.

Wen die Behörden erst einmal im Visier haben, der hat vor Gericht meist keine Chance. Da russische Richter nicht unabhängig urteilen, sondern staatliche Vorgaben erfüllen, enden Verfahren immer mit einem Schuldspruch gegen die Angeklagten. Ihr Besitz wird zur Verfügungsmasse und landet in den Händen eines Angehörigen der Silowiki. Russlands Führung schaut bei Angriffen auf Unternehmer durch die Geheim- und Sicherheitsdienste gewohnheitsmäßig weg. Die Auswirkungen für die Wirtschaft sind verheerend. Der Wettbewerb wird erstickt, was zu höheren Preisen, schlechterer Qualität bei Dienstleistungen, Produkten und staatlichen Leistungen führt. Wer sich mit dem Gedanken trägt, einen eigenen Betrieb zu eröffnen, überlegt sich das gut. Viele lassen es lieber.

Immerhin sieht man in der russischen Rechtswissenschaft Handlungsbedarf. Die russische Jura-Professorin Jekaterina Awdejewa beschreibt nüchtern, was sich aus juristischer Sicht dringend ändern muss: »Wenn das Potenzial der russischen Wirtschaft ausgeschöpft werden soll, wird eine weitreichende Umgestaltung des Strafrechts benötigt.« Es hätten sich Praktiken in der Strafverfolgung herausgebildet, deren Abschaffung notwendig erscheint. Die Rechte von Unternehmern müssten besser gesichert werden, auch vor kriminellen Handlungen von Beamten der Ermittlungsbehörden. Zudem müsse der Schutz der Rechte von Unternehmern bei der Untersuchung von Straftaten neu organisiert werden, um die wirtschaftliche Sicherheit zu gewährleisten. Doch ob der Theorie wirklich Taten folgen? Noch spricht alles dagegen. Vielmehr diagnostizieren Experten angesichts der Ausweitung der Rechtlosigkeit eine »Pandemie illegaler Raubzüge«, die sich in allen Regionen Russlands ausbreitet, die sozioökonomische Entwicklung untergräbt und das Investitionsklima zerstört.

Die Erfahrung, dass Firmeninhaber immer öfter Opfer einer inszenierten Strafverfolgung durch Personen werden, die enge Verbindungen zu den Justizbehörden haben, gehört inzwischen zum Alltag der russischen Bürger. In vielen Fällen sind Beamte der Strafbehörden selbst Nutznießer oder aktive Teilnehmer an willkürlich herbeigeführten Razzien.

Der Föderale Dienst für Bewachung, einer der sechs Geheimdienste Russlands, übernimmt auf Weisung des Präsidenten auch nachrichtendienstliche Aufgaben zur Abwehr oder Spionage. Er bringt regelmäßig in Erfahrung, wie es um das öffentliche Vertrauen in die russische Justiz bestellt ist. Für eine

Umfrage 2020 werden rund 500 Personen in 36 Regionen um ihre Meinung gebeten, darunter Rechtsanwälte, Staatsanwälte, Menschenrechtsaktivisten und Rechtswissenschaftler sowie Unternehmer, die wegen Straftaten verfolgt wurden. Drei Viertel der Befragten glauben, dass Geschäfte in Russland unsicher sind – 2017 waren 57 Prozent dieser Ansicht. 70 Prozent finden, dass die russische Gesetzgebung keine ausreichenden Garantien bietet, um Unternehmen vor ungerechtfertigter Strafverfolgung zu schützen. Gleichzeitig ist der Anteil der Befragten, die denken, dass die Justiz in Russland weder unabhängig noch objektiv ist, deutlich gestiegen: von 50 Prozent im Jahr 2017 auf 74 Prozent im Jahr 2020. So wie die Zahl der Strafverfahren gegen Unternehmen stark zugenommen hat, stieg auch das Misstrauen gegenüber Strafverfolgungsbehörden: von 45 Prozent der Befragten im Jahr 2017 auf 70 Prozent im Jahr 2020. 41 Prozent der Unternehmer vermuten, dass persönliche Interessen der Strafverfolgungsbeamten der Grund für die Einleitung von Strafverfahren gegen sie war. Gleichzeitig halten 74 Prozent der Befragten die Aktivitäten der Strafverfolgungsbehörden zur Korruptionsbekämpfung für unwirksam, 61 Prozent waren es noch im Jahr 2017. 84 Prozent der befragten Unternehmer gaben an, dass ihre Firma durch die Strafverfolgung ganz oder teilweise zerstört wurde. Die Hälfte beklagt, dass die Strafverfolgung zu einem Verlust ihrer Gesundheit und ihres Ansehens geführt hat, 34 Prozent haben den größten Teil ihres Vermögens verloren. Wohlgemerkt, das sind Zahlen, die ein russischer Geheimdienst, der FSO, 2020 selbst ermittelt und in Umlauf gebracht hat. Wie die Rolle des FSB bei der unrechtmäßigen Enteignung der Unternehmer bewertet wird, hat er wohlweislich nicht gefragt.

Schon 2010 hat das sehr viel vertrauenswürdigere, weil unabhängige Lewada-Zentrum unter der Leitung von Lew Gudkow in einer repräsentativen Studie festgestellt, dass fast 80 Prozent, also eine überwältigende Mehrheit in der Bevölkerung, überzeugt davon sind, dass sich viele Regierungsbeamte nicht an das Gesetz halten. 83 Prozent dachten schon damals, dass Spitzenbeamte unbegrenzte Macht haben, also praktisch außerhalb des Gesetzes stehen. Schuld sei die fehlende gesellschaftliche Kontrolle. Gleichzeitig fand die Öffentlichkeit, dass für eine gute Entwicklung des Landes viel eher wirksame Gesetze als starke Führer benötigt würden.

Die allermeisten Menschen in Russland verunsichert die Willkür der Beamten, sie begegnen ihnen mit Angst, denn sie haben kein Vertrauen, aus Konflikten mit Behörden als Sieger hervorgehen zu können. Und obwohl die meisten schon 2010 glaubten, dass es inakzeptabel ist, einen Beamten zu bestechen, taten es 60 Prozent, wenn sie darin eine Chance sahen, ihr Problem zu lösen. An diesem Verhalten hat sich bis heute nichts geändert. Beamte sind aus der Sicht der Russinnen und Russen nur an der Bewertung durch ihre Vorgesetzten interessiert, nicht an der Meinung des einfachen Volkes. Der Soziologe Wladislaw Inosemzew, Direktor des Zentrums für die Erforschung der postindustriellen Gesellschaft, glaubt, dass die Bevölkerung Beamte für Schmarotzer hält, denn sie würden hauptsächlich erleben, dass die Staatsdiener den Geschäftsleuten, Unternehmern und normalen Bürgern nichts als Steine in den Weg legten, um sie zu erpressen. »Russland hat ein System etabliert, in dem die Staatsmacht eine Art Geschäft ist, von dem immer nur die Bürokraten profitieren. Sie verstehen sich nicht im Mindesten als Dienstleister für die Bürger, sondern weigern sich, ihnen zu geben, was ihnen per Gesetz zusteht. Sie ignorieren, dass das Volk sie bezahlt. Sie schaffen Probleme, statt sie zu lösen, um daraus für sich noch einmal Profit zu schlagen.«

Die auf diese Art entrechteten Menschen fühlten sich ohnmächtig und hielten ihre Fähigkeit, diese verfahrene Situation zu lösen, für minimal. Nach Angaben des Lewada-Zentrums herrschte früher in der Gesellschaft die Ansicht vor, dass die Korruption der Beamten mit ihrem geringen Einkommen zusammenhängt. Als mit Putins Amtsantritt die Gehälter der Beamten erhöht wurden, weil sich der Präsident damit ihren Rückhalt sichern wollte, waren nur wenige Russen der Auffassung, dass sich nun die Korruption verringert und die Arbeit der Beamten verbessert hätte. Sie hatten recht. Die Ironie der Geschichte besteht allerdings darin, dass sich viele Menschen für ihre Kinder eine Beamtenlaufbahn wünschen. In diesem Punkt erhört der Staat sie, der Beamtenapparat bläht sich immer weiter auf. Er war bereits 2010 doppelt so groß wie zu Sowjetzeiten. Der russische Schriftsteller und Publizist Juri Boldyrew glaubt nicht, dass mit der jungen Generation eine neue Mentalität in die Beamtenstuben einzieht, denn es sei unmöglich, die Sklaverei zu überwinden, wenn man selbst davon träumt, ein Herr zu werden und einen anderen als Sklaven abzustempeln.

Den Silowiki, also den Angehörigen der Geheimdienste und Gewaltstrukturen des Staates von ganz oben bis in die unteren Ränge, ist die Willkür und Selbstbedienungsmentalität am Privat- und auch am Staatsbesitz in Fleisch und Blut übergegangen, die Strukturen nach fast einem Vierteljahrhundert Putin-Herrschaft haben sich inzwischen verfestigt. Das dürfte auch die Nach-Putin-Ära stark prägen. Besonders, wenn man sich die Besitzverhältnisse in den größten und einträglichsten Unternehmensbereichen anschaut, wird klar, was für eine Herkules-Aufgabe auf diejenigen zukäme, die sich vornähmen, die Verflechtung von Geheimdienst, Staat und Wirtschaft aufzulösen.

Wer mutig genug ist, sich für eine Rückkehr zur Rechtsstaatlichkeit stark zu machen, müsste zunächst die Gewaltenteilung im Staat herstellen. Die unheilige Allianz von Kapital und Silowiki zu entflechten, stellt allerdings eine Mammutaufgabe dar. Russlands wichtigster Meinungsforscher Lew Gudkow sieht durchaus Kräfte, die das Potential dafür mitbringen würden: gebildete, informierte Menschen im mittleren Alter, die meist in

Großstädten leben und bereits politische Erfahrung gesammelt haben. Sie wären intellektuell fähig, einen Wandel zu organisieren. Allerdings ist diese Gruppe klein. Sie macht zwischen 15 und 17 Prozent der Gesamtbevölkerung aus. Ein großer Teil von ihnen, rund eine Million Menschen, ist ausgewandert, was ihren Einfluss erheblich mindert. Sie hätten zwar Entwürfe für ein neues Russland. Aber ihre Fähigkeit, sich zu organisieren und gemeinsam zu handeln, hielte sich in engen Grenzen. Mit einem schnellen Erfolg ist auch deshalb nicht zu rechnen, weil die Beharrungskräfte riesig sein werden. Diejenigen, die sich in den letzten Jahrzehnten unrechtmäßig bereichert haben, werden ihre gigantischen Vermögen auch mit Gewalt verteidigen. In diesem Fall könnten sie Gruppen aus bewaffneten staatlichen Institutionen oder aber Privatarmeen einspannen. Auch in dieser Hinsicht steht Russland eine unsichere Zukunft bevor, bewegt sich das Land innenpolitisch weiter in Richtung eines failed state, eines gescheiterten Staates.

# Das Schreckgespenst vom Bürgerkrieg

Je länger der Krieg dauert, desto länger werden die Sanktionslisten, auf denen diejenigen landen, die im System Putin viel zu sagen haben, ihr Vermögen aber im Westen in Sicherheit bringen wollten. Wo es für sie nun aber unerreichbar geworden ist. Möglich, dass sie es ganz verlieren, sollte es beispielsweise für den Wiederaufbau der Ukraine eingesetzt werden. Was allerdings als juristisch heikel gilt. Im für sie günstigeren Fall müssen sie warten, bis der Westen die Sanktionen zurückgenommen hat. Das dürfte er jedoch erst nach einschneidenden politischen Veränderungen in Russland tun.

Putin mit seinem Krieg hat den Unternehmern die »Früchte« ihrer Arbeit geraubt, auch wenn die hauptsächlich darin bestand, Vermögen auf unerlaubte Weise zu vermehren. Ihre Dankbarkeit Putin gegenüber dürfte sich in Grenzen halten. Der hat sich ihre Loyalität oft ohnehin nur teuer erkauft. Genügend Potential für künftige Konflikte auf höchster Ebene.

Dass mit dem Ende des Krieges auch der Untergang Putins einhergeht, ist längst nicht ausgemacht. Die einen sind überzeugt davon. Sie können sich seine Zukunft, sollte er das Kriegsende überleben, nur noch im afrikanischen Exil vorstellen, weit weg von Europa, von Russland. Andere halten es für möglich, dass sich sein System mit ihm an der Spitze noch einige Jahre behaupten kann, ein Machtwechsel, wie auch immer er ausfällt, erst später erfolgt. Diejenigen, die heute amtlich als Besitzer von Vermögen geführt werden, die inoffiziell ihm gehören, könnten die lachenden Dritten sein. Geht Putin unter, könnten sie auf ihre Verträge und Urkunden pochen und ihre Eigentumsrechte geltend machen. Doch wie steht es um ihre Loyalität? Ist Putins Machtgefüge angesichts der neuen sich formierenden Kräfte und Lager stabil?

Der Politikwissenschaftler und Publizist Andrej Piontkowski hält einen innerrussischen Bürgerkrieg keineswegs für unwahrscheinlich. Er lebt heute in den USA, gehört mit seinen über 80 Jahren zu den kenntnisreichsten Experten und war 2010 Mitunterzeichner eines Manifests für Putins Rücktritt. Als Auslöser für einen Bürgerkrieg sieht Piontkowski allerdings nicht eine demokratische Bewegung, die in einer fernen Zukunft mit Korruption, Misswirtschaft, staatlicher Gewalt und Justizversagen aufräumen will, sondern ein Szenario, das viel früher wahr werden könnte. Wenn sich nämlich bewaffnete Clans bilden, die sich untereinander bekriegen, um herrenlos gewordenes Vermögen in ihren Besitz zu bringen. »Ihnen ist klar, dass der Krieg in der Ukraine verloren ist. Es wird bald eine riesige Umverteilung beginnen. Sie kümmern sich nicht mehr um den Ausgang des Krieges mit der Ukraine, sie bereiten sich schon auf den nächsten Krieg vor. Der wird ein Bürgerkrieg«, sagt Piontkowski im Interview mit dem ukrainischen Internet-TV-Sender *Espreso* Ende 2022. Eine zugespitzte Meinung mit einer düsteren Prognose, die wohl am ehesten einträfe, wenn Putin stirbt.

Laut Gesetz muss nach dem Tod des Präsidenten der Premierminister an seine Stelle treten. Putins Befugnisse gingen in diesem Fall an Ministerpräsident Michail Mischustin über. Er kann die Funktion des ersten Manns im Staat aber nur maximal drei Monate ausüben und muss in dieser Zeit Wahlen organisieren. Durch sie würde das Volk entscheiden, wer der nächste Präsident sein soll. Tatsächlich haben die russischen Wähler in dieser Frage schon seit der Präsidentschaftswahl im Jahr 2000 kein Mitspracherecht mehr.

Die politischen Institutionen in Russland sind leere Hüllen, Putin und seine Polit-Technologen haben sie zerstört. Das Parlament, die Regierung, die Justiz, die Presse sind ihrer eigentlichen Aufgaben und Befugnisse beraubt. Die Macht teilen sich von Putin geschaffene, zum Teil konkurrierende Gruppen. Dass sich diese ausgerechnet in einer Umbruchsituation an das Gesetz halten, ist unwahrscheinlich. Dass die Wahlen, die ein Nachfolger Putins anberaumen müsste, fair und frei verlaufen würden, ist kaum anzunehmen, denn in gefälschten Abstimmungen hat Russland weitaus mehr Übung.

Und wer könnte die demokratische Kontrolle überhaupt übernehmen? Die liberale Opposition ist größtenteils außer Landes. Sie könnte zwar zurückkehren, aber würde man ihr zugestehen, Einfluss zu nehmen? Die nationalistischen Hardliner, die eine Opposition von rechts außen darstellen, werden Gerechtigkeit bei Neuwahlen nicht zu ihrem Maßstab machen. Ihren Kandidaten würden sie vermutlich auch mit Gewalt zu installieren versuchen. Auf Aufsichtspersonen, wie etwa die langjährige Wahlleiterin Ella Pamfilowa, konnten Verfechter unabhängiger Wahlen noch nie zählen. Die jüngsten russischen Regionalwahlen im September 2023 waren da keine Ausnahme, zumal sie auch in den vier besetzten ukrainischen Gebieten durchgezogen wurden, wo sie laut ukrainischem Recht verfassungswidrig waren. Zudem fanden sie in einem Kriegsgebiet statt, das unter ständigem Beschuss stand. Dennoch zog eine Wahlverweigerung harte Konsequenzen nach sich.

Die Regional- und Kommunalwahlen in Luhansk, Donezk, Cherson und Saporischja waren auch deswegen eine Farce, weil fast kein Kandidat aus den ukrainischen Gebieten stammte. Völlig unbekannte Russinnen und Russen, oft ohne jede politische Erfahrung, standen auf den Kandidatenlisten. Auch die Wähler selbst waren zum großen Teil russische Staatsbürger, Angehörige des russischen Geheimdiensts, der Nationalgarde oder des

Migrationsdiensts, die in die ukrainischen Gebiete abkommandiert worden waren. Die Wählerlisten waren unbrauchbar, weil völlig unklar war, wer von den Einheimischen überhaupt noch in seinem Wohnort lebte und wer vor den Kampfhandlungen zeitweilig oder für immer geflohen war. Nicht einmal das Gebiet, über das die mit unlauteren Mitteln Gewählten zukünftig regieren würden, war exakt umrissen, denn der Grenzverlauf ist immer noch Gegenstand des Krieges.

Warum also wurde dieses ganze Spektakel veranstaltet? Weil die russische Besatzungsmacht Fakten schaffen und die Gebiete rasch unter ihre Kontrolle bringen wollte – scheinbar unter Einhaltung der Gesetze, die jedoch gezielt verletzt wurden. Verboten waren bei den Wahlen sogar die Parteien, die die ukrainischen Kollaborateure in Donezk und Luhansk gegründet hatten. Sie sind jetzt abserviert, Moskau hat die Macht übernommen.

Die Kommunalwahlen im Jahr 2023 hätten auch im übrigen Russland nicht stattfinden dürfen. Denn auch dort herrscht de facto das Kriegsrecht, selbst wenn nur von »militärischer Spezialoperation« geredet wird. Zu wählen gab es wie schon seit Langem auch in den russischen Regionen nichts mehr, denn alle Parteien sind dem Kreml treu ergeben. Die Wählerinnen und Wähler sind nichts als Komparsen, aber sogar ihre Teilnahme am Spektakel ist zweitrangig, denn die Wahlbeteiligung wurde ebenso wie das Ergebnis gefälscht. In der Ostukraine soll sie angeblich 70 Prozent betragen haben, mehr als in Russland. Aus diesem Vorgehen spricht die offene Verachtung für die eigene Bevölkerung.

Vor diesem Hintergrund ist ein geordneter, von unabhängigen Wahlen begleiteter Übergang zu einem Putin-Nachfolger schwer vorstellbar. Kommt es aber, wie der Militärexperte Andrej Piontkowski annimmt, zu einem Bürgerkrieg bewaffneter und einander feindlich gegenüberstehender Clans, lohnt sich ein Blick darauf, um welche Gruppen es sich dabei handeln könnte.

## Staatliche bewaffnete Verbände

Bewaffnet sind in Russland sehr viele Verbände. Zunächst zu den staatlichen: die dem Verteidigungsministerium unterstehende Armee und Flotte, die Weltraumtruppen, die Luftstreitkräfte und die strategischen Raketenstreitkräfte. Insgesamt knapp 800 000 Personen. Da wäre außerdem der FSB, der Föderale Sicherheitsdienst, mit seinen rund 200 000 Beschäftigten. Hervorgegangen ist er aus dem KGB. Der Auslandsgeheimdienst SWR und der Militärgeheimdienst GRU nehmen den FSB als direkten Konkurrenten wahr. Sie ringen um Ressourcen, Einfluss und um die Deutungshoheit. Angaben darüber, wie viele Mitarbeiter in SWR und GRU tätig sind, werden – wie bei einigen anderen Diensten – geheim gehalten.

Die Geheimdienste – welcher genau ist nicht ganz klar, möglicherweise waren es alle zusammen – haben sich bei der russischen Invasion in die Ukraine bis auf die Knochen blamiert, weil sie Putin glauben machten, die Ukrainer würden die wenigen dafür nötigen Truppen mit Brot und Salz empfangen und der Sturz der Kiewer Regierung wäre eine Sache von einigen Tagen. Dass sich der Oberbefehlshaber auf eine solche Fehleinschätzung verließ, führte der Öffentlichkeit vor Augen, wie weit sich Putin von der Realität entfernt hat, wie isoliert er offenbar lebt. Der Föderale Dienst für die Bewachung der Russischen Föderation, FSO, der ebenfalls zu den Geheimdiensten zählt und für die Sicherheit des Präsidenten und anderer hochrangiger Staats- und Regierungsmitglieder sorgen soll sowie für die Bewachung von wichtigen Staatsgebäuden, hat angesichts solcher Vorfälle seine Aufgabe gründlich erledigt, denn die Abschottung des Präsidenten erfolgt demnach umfassend.

Für die Sicherheit von strategischen Einrichtungen, wie Bunkern für Staats- und Regierungsmitglieder, ist das Hauptdirektorat für Sonderprogramme des Präsidenten, GUSP, zuständig. Der Föderale Dienst für Grenzschutz, FPS, und die

Föderale Agentur für Regierungsfernmeldewesen und Information, FAPSI, werden ebenfalls zu den Geheimdiensten gezählt. Aus dem Innenministerium mit den Polizeikräften ist 2016 die Nationalgarde, die Rosgwardija, hervorgegangen. Polizei und Nationalgarde zusammen sind größer als das Militär. Zu den fast 700 000 Polizeikräften kommen rund 340 000 Angehörige der Rosgwardija, die in den russisch besetzten Gebieten der Ukraine den FSB abgelöst hat und dort jetzt die Terrorherrschaft aufrechterhält.

Die Nationalgarde wird auch Solotow-Gruppe genannt, was auf ihren Chef Wiktor Solotow zurückgeht. Solotow ist ein enger Vertrauter Putins, bei den Sicherheitsorganen allerdings unbeliebt. Auch bei Sergej Schoigu, dem Verteidigungsminister, der grundsätzlich alle, die bewaffnet sind und nicht der Armee angehören, nicht mag. Für den Fall der Fälle hat sich Schoigu seit 2014 eine eigene, angeblich 4000 Mann starke Kampftruppe namens Patriot zugelegt.

Schoigu durchsetzte die russische Armee mehr und mehr mit Kriminellen, denn seit Prigoschin die Rekrutierung von Strafgefangenen untersagt wurde, sucht das Verteidigungsministerium selbst in russischen Gefängnissen nach Freiwilligen für die Front. 15 000 Häftlinge nahmen die Truppen in nur wenigen Monaten auf, berichtete die Menschenrechtsaktivistin Olga Romanowa im Juni 2023 gegenüber dem unabhängigen Internetportal *Verstka*. Selbst verurteilte Schwerverbrecher würden zu vollwertigen Mitgliedern der militärischen Einheiten des Verteidigungsministeriums. Solange Schoigu an der Spitze des Ministeriums für Zivilschutz, Notsituationen und Katastrophenhilfe stand – es ist ebenfalls bewaffnet –, war er eines der populärsten Regierungsmitglieder. Das hat sich seit den Einberufungen der Männer zum Kriegsdienst in der Ukraine geändert.

Wie stark sich die Macht in Putins Händen konzentriert, wird auch daran deutlich, dass die Gewaltministerien, also das

Verteidigungs-, Innen-, Justiz-, Katastrophenschutz- und sogar das Außenministerium, von ihm persönlich geleitet werden, Minister hin oder her. Außerdem ist er der oberste Chef des FSB, des SWR, der Nationalgarde, des FSO, des Föderalen Finanzkontrolldienstes, des Föderalen Archivamtes, der Hauptabteilung für Sonderprogramme des Präsidenten und des Föderalen Kurierdienstes. Alle Fäden laufen bei Putin zusammen, die Minister und Chefs dieser Behörden erhalten von ihm ihre Weisungen und sind ihm rechenschaftspflichtig.

Da es weder eine freie Presse noch ein Parlament gibt, das die Regierung kontrolliert, fehlt jegliche öffentliche Aufsicht über die bewaffneten staatlichen Institutionen, in denen immer mehr Personen tätig sind. In den letzten zehn Jahren stieg das Personal um zehn Prozent.

109 Milliarden Dollar sollen 2024 für den Unterhalt der Armee und des rüstungsindustriellen Komplexes aufgewendet werden, das sind laut Aussagen der Regierung rund ein Drittel aller Ausgaben. Sechs Prozent der Gesamtproduktion des Landes fließen in die russische Kriegsmaschinerie, mehr als doppelt so viel wie vor der Invasion. Weitere 9,2 Prozent des Haushalts sind für die »nationale Sicherheit« vorgesehen, wozu auch die Strafverfolgung, Ausgaben für verletzte Soldaten sowie für die Familien der Gefallenen und auch die »Integration der neuen Regionen« zählen, wie die besetzten Gebiete in der Ukraine im Kreml genannt werden. Wer in Russland Uniform und Schulterstücke trägt, wird mit überdurchschnittlichen Gehältern und Pensionen belohnt und ist von der Anhebung des Renteneintrittsalters nach der Reform 2018 nicht betroffen. Gut möglich, dass man in Sibirien oder in anderen Regionen mit einer hohen Konzentration von Haftanstalten einem 37-jährigen Pensionär begegnet.

Das Personal von Straflagern darf noch eher in Rente gehen als andere Silowiki. Auch wenn diese Männer ihre Karriere direkt nach ihrem Wehrdienst beginnen und dann nach 20 oder 25 Jahren in den Ruhestand gehen, sind sie erst 45 Jahre alt. Damit sind sie 20 Jahre früher Rentner als die übrigen Männer, die seit der Reform nicht mehr mit 60, sondern erst mit 65 aufhören dürfen zu arbeiten. Die Frauen sind statt bis zum 55. Lebensjahr jetzt bis 60 erwerbstätig.

Auch die sogenannten Kontraktniki, die Zeitsoldaten, profitieren von Vergünstigungen, und ihr Sold liegt mit 195 000 Rubel, rund 2300 Euro, weit über dem Durchschnittsverdienst. Damit sollen auch junge Männer und Frauen ermuntert werden, gegen die Ukraine in den Krieg zu ziehen.

Die unangefochtene Macht üben vermutlich immer noch die Geheimdienste aus. Sie haben ihre schützende Hand über Jewgeni Prigoschin gehalten, sind sich Beobachter einig. Ohne ihre Rückendeckung hätte er sein Spiel nicht so weit treiben können. Diese Männer werden es letztlich auch sein, die über einen möglichen Putin-Nachfolger befinden. Ausführendes Gremium wäre wohl der Sicherheitsrat der Russischen Föderation, dessen Vorsitzender bzw. Stellvertretender Vorsitzender Wladimir Putin und Dmitri Medwedew sind. In dem aber auch der Sekretär Nikolai Patruschew sitzt sowie Alexander Bortnikow, der FSB-Chef, Sergej Naryschkin, der Leiter des Auslandsgeheimdienstes SWR, und Igor Kostjukow, der an der Spitze des Militärgeheimdienstes GRU steht. Er wurde von der EU wegen des Hackerangriffs auf den Bundestag und dem Mordanschlag auf den ehemaligen FSB-Offizier Sergej Skripal in Großbritannien mit einem Einreiseverbot belegt. Sie alle verbindet eine Gemeinsamkeit: Sie wurden zwischen 1951 und 1961 geboren, ihr Karriereende ist absehbar. Wie auch das von Sergej Lawrow, dem Ältesten in diesem Bunde, der als Außenminister über den geringsten Einfluss von allen verfügt.

Das Gremium ist ähnlich wie das Politbüro der Kommunistischen Partei der Sowjetunion überaltert. Russland wird bald wieder von einer Gerontokratie geführt. Gut möglich, dass sie sich auf einen Technokraten wie Premier Mischustin als Putin-Nachfolger einigen würden. Jede andere Person käme nur in Frage, wenn sie von ihnen für steuerbar gehalten würde. Wer aber wird diesem Altmännerbund folgen? Wird ein Generationenwechsel zu einer anderen Politik führen? Schaut man sich an, wo aktive oder ehemalige Geheimdienstmitarbeiter überall ihre Finger im Spiel haben, ist eher das Gegenteil zu erwarten.

## Privatarmeen – die Büchse der Pandora

Seit Beginn der Invasion in die Ukraine stehen immer öfter russische Güterzüge, Tankstellen, Lagerhäuser oder Raffinerien in Flammen. Mitunter handelt es sich mutmaßlich um ukrainische Drohnenangriffe, besonders bei Objekten in Grenznähe, aber es geraten auch Anlagen tief im Inneren Russlands ins Visier. Ob von russischen Kriegsgegnern, Wettbewerbern oder durch sorgloses Personal verursacht, ist unklar. In der Folge erleben Wachdienste eine neue Konjunktur, denn die Besitzer reagieren verunsichert.

Viele Unternehmer wollen der Zerstörung oder Beschädigung ihrer Firmen nicht tatenlos zuschauen. Sie sitzen in den Startlöchern und rüsten militärisch auf wie in den frühen Jahren der Russischen Föderation, als ein Wildwest-Kapitalismus tobte. Die sogenannten roten Direktoren, die bis zum Ende der Sowjetunion die großen Kombinate und Betriebe geleitet haben, eigneten sich die Betriebe an, indem sie den Beschäftigten ihre Anteilsscheine abluchsten. Auch junge Unternehmer kauften sich auf diese Weise für wenig Geld wertvolle Firmen. In diesem Wettkampf um die betrieblichen Filetstücke bedienten sie sich privater Schutzorganisationen, aus Angst, dass ein Konkurrent sie vernichten könnte. Die neuen Besitzer der ehemals volkseigenen Produktionsstätten mussten ihren gerade erst gewonnenen Besitz verteidigen. Um der Beute habhaft zu werden, ging mancher Möchtegern-Manager über Leichen und gelangte als Oligarch zu weitreichender Macht. Später wurde die Riege der alten Oligarchen von den staatlichen Räubern abgelöst. Gegen die Piraterie durch die Silowiki waren die betroffenen Oligarchen machtlos.

Inzwischen ist außerhalb der staatlichen Militärstrukturen eine nicht mehr zu übersehende Aufrüstung im Gang. Prominentes Beispiel ist der Staatsmonopolist Gazprom, der sich eine neue Sicherheitsfirma zugelegt hat. Diese Privatarmee bekam Anfang 2023 die Genehmigung von Premierminister Michail Mischustin. Er berief sich auf das Gesetz »über die Sicherheit von Anlagen des Brennstoff- und Energiesektors«. Die Privatarmee ist unter dem Namen Staf Zentr in das Handelsregister von Omsk eingetragen und dient offiziell der Sicherung der Energieinfrastruktur, obwohl Gazprom seit Jahren über einen eigenen Betriebsschutz und Wachdienst verfügt. Das Schema, nach dem Staf Zentr verfahren könnte, ist erprobt. Auch die Söldnerarmee Wagner ist aus einer Sicherheitsfirma hervorgegangen.

Sie war als Beratungs- und Wachunternehmen und sogenanntes Slavonic Corps Limited registriert und sollte Öl- und Gasfelder in Syrien schützen. Scheinbar zivil, de facto militärisch. Ebenso könnte Staf Zentr zur Armee umfunktioniert werden. Genau genommen räumte die Staatsduma bereits 2007 sowohl Gazprom als auch dem größten Pipeline-Betreiber Transneft das Recht ein, eigene bewaffnete Garden zu besitzen. Und schon damals hat Gazprom bereits über 90 Prozent seiner Produktionsanlagen durch interne Wachen sichern lassen. Warum sich der Gasriese nun zusätzlich eine Privatarmee zulegt, wird mit möglichen Konflikten erklärt, die in der Nähe der Gazprom-Betriebsstätten ausbrechen könnten. Aber gegen wen würde die Gazprom-Armee antreten? Und für wen? Wie stark wurde die Entscheidung, die Militärfirma zu gründen, von internen Konflikten beeinflusst? Oder waren die sich häufenden Tode von Managern im Gazprom-Umfeld der Grund für eine Privatarmee?

Die Größe des schon bestehenden Sicherheitsdienstes des Gasgiganten ist ein seit Jahren gut gehütetes Geheimnis. Obwohl Gazprom offiziell immer noch ein staatliches Unternehmen ist, fühlt es sich in dieser Frage zu keiner Rechenschaft verpflichtet.

Der neuen Gazprom-Privatarmee werden weitere folgen, warnt Leonid Newslin, ehemaliger Geschäftspartner des Ex-Ölmagnaten Michail Chodorkowski. Denn es gäbe noch andere Leute mit Geld und Macht, die sich und ihre Angehörigen mit genau solchen Formationen schützen wollten. Die Liste der russischen Milliardäre ist bekanntlich lang. Wie Gazprom könnten sie den Krieg gegen die Ukraine und die daraus resultierende Instabilität in Russland selbst zum Vorwand nehmen, sich solche Militärverbände zuzulegen. Oder sie greifen auf die eine oder andere bereits bestehende Privatarmee zurück, zu denen sich die unzähligen Sicherheitsfirmen leicht haben ausbauen lassen. Feraks, die RSB-Group Tiger Top Rent Security und viele mehr. Eine weitere, Redut, wird schon lange Gennadi Timtschenko zugeschrieben. Sie alle dürfte es laut Verfassung nicht geben. Viele agieren unbeeindruckt davon seit Jahren, zum Teil weltweit. Alles Einheiten, die neben Armee, Polizei, Geheimdiensten und Nationalgarde bestehen und zum Teil miteinander konkurrieren.

Russland ist also während seines laufenden Angriffskriegs selbst massiv bedroht. Nicht von außen, sondern von innen. Denn die Ukraine hat nicht vor, in das Feindesland einzumarschieren. Den Russinnen und Russen stehen vielmehr unruhige Zeiten bevor, weil es innenpolitisch rumort, wie Politologen, Wirtschaftsexperten und Unternehmer prognostizieren.

Wenn sie von Bürgerkrieg sprechen, ziehen sie jedoch keinerlei Parallelen zu einer Situation wie der nach der Oktoberrevolution 1917, als über vier Jahre ein grausamer Bürgerkrieg entbrannte. Damals kämpfte auf dem gesamten Gebiet des russischen Imperiums die Rote Armee der Kommunisten gegen die Weiße Armee, die sich aus höchst unterschiedlichen Kräften zusammensetzte und sich nur in der Gegnerschaft zu den Bolschewiki einig war. Acht Millionen Menschen verloren in diesen Kämpfen ihr Leben. Ein solches Horrorszenario malt derzeit niemand an die Wand. Wohl aber das neuer Verteilungskämpfe. Der Politikanalyst Andrej Piontkowski beschreibt den Charakter dieser drohenden Auseinandersetzungen so: Es gehe nicht um einen Krieg, an dem Massen beteiligt sind, sondern um schwere Kämpfe innerhalb der Führungsschicht. »Elite«, so fügt er hinzu, wäre für diese Schurkenbande eine viel zu positive Bezeichnung.

### Der Schattenmann

Als am 23. August 2023 bei Sankt Petersburg ein Privatflugzeug abstürzte, wurde wenig später die Passagierliste veröffentlicht. Ein unüblicher Vorgang. Doch die Welt sollte sofort erfahren, dass sich Jewgeni Prigoschin unter den Toten befand. Was die Zweifel daran erst recht nährte. Auch die angeblich erfolgten Genanalysen konnten sie nicht ausräumen, da es keiner unabhängigen Kontrollinstanz erlaubt wurde, die Resultate zu überprüfen.

Die Art des Todes, in einem abgeschossenen oder gesprengten Privatjet sein Leben zu verlieren, enthielt eine Warnung an alle Prigoschin-Unterstützer. Neun waren mit ihm getötet worden, sein engster Mitstreiter Dmitri Utkin und weitere Vertraute seines Imperiums. Dadurch sollten nicht nur alle, die Prigoschin zugeordnet werden konnten, mit ihm sympathisiert hatten, sich an seiner 24-Stunden-Meuterei beteiligt oder mit ihm Geschäfte gemacht hatten, hellhörig werden, sondern die gesamte russische Führungsriege.

Dort, wo der eine dem anderen nicht über den Weg traut, es keinerlei verbindende Idee gibt, Leben und Karriere einzig von der Nähe zum Machtzentrum abhängen, haben sie nach dem Flugzeugabsturz noch einmal mehr Grund, sich zu fürchten. Die Gefahr kann überall lauern. Sie muss nicht nur aus Kreml-Kreisen kommen, sie kann auch von den Prigoschin-Anhängern ausgehen. Denn die haben viel zu verlieren. Auf *Grey Zone,* dem *Telegram*-Kanal der radikalen Kriegsbefürworter, die Prigoschin unverhohlen unterstützten, hieß es nach dem Flugzeugabsturz unheilvoll: »Die Ermordung von Prigoschin wird katastrophale Folgen haben.« Der ukrainische Blogger Anatoli Nesmijan prophezeit, Prigoschin sei nicht der erste Getötete gewesen und werde auch nicht der letzte sein: »Die Ermordung Prigoschins ist ein Routinefall für ein Regime, das im Laufe seines Bestehens ein ganzes Fließband zur Vernichtung politischer Gegner geschaffen hat.«

Über Jahre war Jewgeni Prigoschin das Gesicht russischer brutaler Warlords, dessen Söldner mit Billigung und im Auftrag des Kremls in anderen Ländern mordeten, vergewaltigten und zerstörten. War sein Name lange nur Eingeweihten ein Begriff, kannte ihn kurz vor seinem Tod die ganze Welt. Hatte er es doch schließlich gewagt, das Staatsoberhaupt der Russischen Föderation offen herauszufordern. Noch dazu mit einer hochgerüsteten Truppe hinter sich. Und das, obwohl er aus Putins Umfeld kam und ihm seine Karriere verdankte. An Prigoschin, der 1961 wie Putin in Leningrad geboren wurde, lässt sich ablesen, welche dunklen Kräfte im russischen Reich von heute ihr Unwesen treiben.

Schon im Januar 2022, einen Monat vor der russischen Invasion, sollen 2000 bis 4000 seiner Söldner über Belarus in die Ukraine gegangen sein. 400 von ihnen mit dem erklärten Auftrag, über 20 ukrainische Spitzenpolitiker zu ermorden. Unter ihnen Wolodymyr Selenskyj. Das gelang ihnen nicht. Aber an dem Massaker in Butscha im März 2022 sollen Wagner-Söldner beteiligt gewesen sein.

Prigoschins Werdegang begann als ein gewalttätiger Krimineller, der wegen Körperverletzung und Wohnungseinbrüchen jahrelang im Gefängnis saß und nach seiner Entlassung seinen Lebensunterhalt mit dem Verkauf von Würstchen bestritt. Außerdem versuchte er sich im Glücksspiel, eröffnete Spielsalons. Erst als er gemeinsam mit einem Geschäftspartner die ersten Spitzenrestaurants in der ehemaligen Zarenstadt betrieb, ging sein Stern am Firmament von Russlands Machtelite auf. Und strahlte noch etwas stärker, als es ihm gelang, ein Abendessen für Wladimir Putin und seine Amtskollegen aus Frankreich und den USA auszurichten. Jacques Chirac und George W. Bush speisten in Prigoschins Schiffsrestaurant »New Island« – und er persönlich bediente die Staatsmänner.

Der Draht zum Establishment war geknüpft. Der Präsident duldete den Kriminellen daraufhin nicht nur in seinem Kreis, er förderte ihn auch noch. Die Präsidialverwaltung versorgte ihn bevorzugt mit Aufträgen. Er durfte das Catering zur Amtseinführung von Dmitri Medwedew übernehmen, der ein Petersburger war wie er. Prigoschins Firma Concord belieferte in Moskau und vielen anderen Städten Schulen und Armeeeinheiten mit warmem Essen. In der Hauptstadt aß jedes neunte von zehn Schul- und Kindergartenkindern Gerichte aus der Prigoschin-Küche, was den Schülern nicht immer bekam. Ruhrerkrankungen und Vergiftungen erbosten die Eltern, die insgesamt über 1000 Anklagen gegen die Verpflegungsunternehmen einreichten. Was ihm allerdings nicht schadete, im Gegenteil. Mit den Millionenaufträgen aus dem Verteidigungsministerium übernahmen die Firmen des inzwischen reichen Geschäftsmannes auch die Instandhaltung von Kasernen und ganzen Militärstädten. Enge Kontakte und Schmiergelder für Verantwortliche in den Führungsetagen machten es möglich.

2013 begann Prigoschin dem Kreml eine Dienstleistung ganz anderer Art anzubieten: Er ließ Hass-Propaganda herstellen. In seiner Troll-Fabrik »Internet Research Agency« in Olgino bei Sankt Petersburg verfassten rund 400 Mitarbeiter Falschmeldungen und Hetze gegen die Ukraine, die Vereinigten Staaten und andere westliche Länder und verbreiteten sie über unterschiedliche Kanäle. Erst 2022 vor den Midterm-Wahlen gab Prigoschin zu, was er bis dahin stets geleugnet hatte, dass sich seine Trolle schon seit Jahren in den politischen Diskurs der USA einmischten. Auch ohne sein Geständnis hatte ihm Sonderermittler Robert Mueller bereits 2018 zusammen mit einem Dutzend anderer russischer Bürger und Firmen vorgeworfen, vor den US-Präsidentschaftswahlen 2016 Zwietracht gesät und die öffentliche Meinung in den USA gespalten zu haben.

Prigoschin dehnte seinen Radius immer weiter aus und sprengte den Rahmen des Gesetzes, als er der Kopf einer Privatarmee wurde. Die Behörden ließen ihn gewähren. Kein Wunder, kam doch die Idee aus dem Verteidigungsministerium selbst. Die russische Regierung wollte für die Ausdehnung ihres Einflusses auf andere Kontinente eine private bewaffnete Organisation schaffen, die zwar ihre Aufträge ausführt, aber offiziell nicht zu ihr gehört. Unterhalb des Radars sollte sich die Wagner-Truppe arabischen bzw. afrikanischen Regimen andienen, bisherige westliche Partner verdrängen und auf diese Weise Moskaus Einflussbereich erweitern. Präsident Wladimir Putin stimmte zu. Schon die Sowjetunion schickte schließlich Tausende Soldaten der Roten Armee in Krisengebiete, die angeblich die ausländischen Streitkräfte modernisieren sollten. Zu den Aufgaben dieser »Militärberater«, wie sie offiziell genannt wurden, gehörten aber stattdessen: verdeckte Desinformationskampagnen zur Diskreditierung der demokratischen Kräfte, die Verbreitung von Verschwörungstheorien und die Manipulation von Medien, Parteien und Wahlen. Alles Bestandteile einer hybriden

Kriegsführung, die der ehemalige KGB-Offizier Putin lediglich reaktivieren musste.

Schon in den 1990er Jahren, damals noch unter Präsident Boris Jelzin, schürten russische »Freiwillige« Separatismusbestrebungen in der Republik Moldau und in Georgien, wobei der russische Staat seine Hände offiziell in Unschuld wusch. Der Kreml hatte da schon genau beobachtet, für welche Aufgaben die USA private Sicherheitsfirmen in Konfliktgebieten anheuerten. Die bekannteste war Blackwater im Irak. Dass dieses Personal meist viel weniger kostete als reguläre Armeeangehörige, interessierte Russland nur am Rande. Wichtiger war, dass das eigene militärische Engagement im Ausland mit kommerziellen Militärfirmen sehr viel einfacher verborgen werden konnte.

Am 1. April 2012 äußerte sich Putin, damals Ministerpräsident, erstmals öffentlich zu russischen Privatarmeen. In der Duma wandte sich Alexej Mitrofanow, Abgeordneter der Kreml-nahen Partei Gerechtes Russland, direkt an den Kabinettschef: »In den letzten Jahren hat sich in der Welt ein sehr aktives Geschäft mit privaten Militärdiensten entwickelt. Die Amerikaner bieten diese Dienstleistungen im Wert von fast 350 Milliarden Dollar an. Private Militärfirmen, die ausländisches Eigentum bewachen und ausländisches Personal ausbilden, erbringen viele Dienstleistungen im Irak und überall sonst auf der Welt. Meinen Sie nicht, dass wir auch vertreten sein sollten, wobei wir natürlich wissen, dass dies ein Instrument der Einflussnahme ist?« Putins Antwort lautete: »Ich glaube, dass es in der Tat ein Instrument zur Durchsetzung nationaler Interessen ist, ohne dass der Staat direkt beteiligt ist. Da haben Sie völlig Recht. Ja, wir können es in Betracht ziehen.«

Keine zwei Wochen später legte der Fragesteller Mitrofanow dem Verteidigungsausschuss der Duma den Gesetzentwurf zur »Staatlichen Regulierung der Gründung und Tätigkeit privater Militärunternehmen« vor. Verabschiedet wurde er nicht. Den letzten Versuch, private Sicherheitsunternehmen in Russland zu legalisieren, unternahmen wieder Abgeordnete der Partei Gerechtes Russland, Gennadi Nosowko und Oleg Michejew, im März 2016. Ihr Gesetzentwurf nannte als Ziele unter anderem den Schutz der russischen Interessen außerhalb des Landes und die Stärkung russischer Sicherheitsfirmen auf den Weltmärkten. Die direkte Teilnahme an bewaffneten Konflikten auf dem Territorium eines Staates sollte ihnen aber untersagt werden. Sie schlugen vor, das Verteidigungsministerium mit der Zulassung derartiger Firmen zu beauftragen. Der FSB und die Generalstaatsanwaltschaft hätten die Umsetzung des Gesetzes überwachen sollen. Die Regierung lehnte das Gesetz ab mit Verweis auf Artikel 13 Teil 5 in der Verfassung, der die Bildung bewaffneter Formationen grundsätzlich verbietet.

Den Befürwortern der Legalisierung von Privatarmeen ging es vor allem um geschäftliche Interessen. Ehemalige Armeeangehörige wollten einen Fuß in die Tür eines internationalen Business bekommen, das noch fast ganz ohne sie stattfand. Der Markt der privaten Sicherheitsfirmen wurde bis dahin von den USA, Frankreich und dem Vereinigten Königreich beherrscht. Sie boten Beratung bei Sicherheitsfragen, übernahmen die Bewachung von Einrichtungen, waren bei der Material- und Militärversorgung behilflich, bildeten Streitkräfte aus. Sie eskortierten Schiffe, um zum Beispiel im Golf von Aden vor Somalia Piratenangriffe zu vereiteln, schützten Konzerne, Regierungen und Sicherheitsministerien. Über die Herkunft des Personals wird in diesen Kreisen so wenig wie möglich gesprochen. Russische Unternehmen wie Feraks, RSB-Group, Tiger Top Rent Security, Redut-Antiterror oder Anti-Terror Eagle mischten zwar laut Militärbloggern schon im Irak, in Afghanistan, Kurdistan, Sri Lanka und anderen Regionen der Welt recht erfolgreich mit, aber geben durfte sie es offiziell nicht.

Die Sicherheitsfirma Wagner geht ganz ursprünglich auf die

Moran Security Group zurück. Zwei Moran-Mitarbeiter machten sich mit der Gründung einer weiteren russischen Privatarmee selbstständig, der Slavonic Corps Limited, dem Slawonischen Korps. Die Firma wurde, weil es in Russland das Gesetz nicht erlaubte, 2012 in Hongkong angemeldet. Mit rund 250 Kombattanten, meist ehemaligen russischen Armeeangehörigen, übernahmen sie 2013 im Bürgerkriegsland Syrien den ersten Auftrag. Unglücklicherweise auf der »falschen« Seite. Dutzende wurden in Kämpfen gegen die Assad-Regierungstruppen getötet.

2018 geriet der Kreml in Erklärungsnot. Der Syrien-Einsatz schien aus dem Ruder zu laufen. Die Verluste häuften sich ausgerechnet bei dem Söldnertrupp Wagner, der offiziell gar nicht existierte. Über 100 Männer wurden bei einem US-Angriff auf einen Konvoi regierungstreuer Truppen getötet. Der Zwischenfall geschah in der Nähe von Deir ez-Zor, wo Russland einen Stützpunkt der Syrischen Demokratischen Kräfte übernehmen wollte und wohl auch das Öl- und Gasförderfeld in der Nähe. Obwohl das der schwerste Vorfall zwischen russischen und amerikanischen Militärverbänden seit den 1970er Jahren war, gab sich die russische Regierung ahnungslos und spielte ihn herunter. Die Diskussion um den Status von Privatarmeen flammte in Russland erneut auf, doch ein Gesetzentwurf wurde einmal mehr mit der Begründung abgelehnt, dass Privatmilizen der russischen Verfassung widersprächen. Eingebracht hatte ihn Sergej Mironow aus Sankt Petersburg, ein späterer Freund von Jewgeni Prigoschin. Bis heute gilt Verfassungsartikel 208, der festlegt, dass die Gründung einer bewaffneten Einheit eine Straftat darstellt.

Die Einsatzkräfte, die 2013 den Kampf gegen die syrischen Regierungstruppen überlebten, wurden bei ihrer Rückkehr nach Russland wegen illegalen Söldnertums zu Haftstrafen verurteilt. Zu denen, die straffrei davonkamen, gehörte Dmitri Utkin, obwohl auch er mitgekämpft hatte. Möglicherweise hat ihn seine Vergangenheit in einer Spezialbrigade des Militärgeheimdienstes GRU geschützt. Utkin gehörte zuvor der Morgan Security Group an. Er, nicht Jewgeni Prigoschin, bekam 2012 den Auftrag, eine neue Privatarmee zusammenzustellen, der Prigoschin von Anfang an angehörte. Utkin rekrutierte dafür Kameraden aus dem Slawonischen Korps, den Luftlandetruppen, dem GRU sowie aus Spezialeinheiten des Verteidigungsministeriums. Somit war Utkin, nicht Prigoschin, der eigentliche Wagner-Gründer.

Utkin, Oberstleutnant der Reserve, war ein Neonazi, die Brust voller tätowierter Hakenkreuze und Waffen-SS-Runen. Angeblich verehrte er wie Hitler den Komponisten Richard Wagner, weshalb er ihn zum Namensgeber seiner Privatarmee machte.

Seine Leute hatten bereits in Georgien, Tschetschenien und Syrien gekämpft und wurden zunächst in einem Ausbildungslager in Rostow am Don an der russisch-ukrainischen Grenze trainiert. Ihr neues Einsatzgebiet würde in unmittelbarer Nähe liegen. In der Ostukraine sollten sie die von Moskau instrumentalisierten sogenannten Separatisten unterstützen. 2014 wurden Wagner-Söldner unter den »grünen Männchen« gesichtet, die die Krim annektierten. Danach mischte eine Truppe, die Igor Girkin, genannt Strelkow anführte, die gesamte Ostukraine auf. Sie schaltete vielerorts ukrainische Sicherheitskräfte aus, besetzte Lokal- und Regionalverwaltungen, eroberte eine Stadt nach der anderen. Was den Anschein einer ukrainischen Absetzbewegung von Kiew erwecken sollte, war eine von Moskau orchestrierte und durchgeführte Landnahme schwer bewaffneter Spezialkräfte.

Sie schossen ein ukrainisches Militärflugzeug ab, später eine Passagiermaschine, die MH 17 mit 300 vor allem niederländischen Reisenden an Bord. Sie erstürmten den Flughafen von Luhansk und lieferten sich mit der ukrainischen Armee eine blutige Schlacht um Debalzewe. Während ein Teil der bekanntesten russischen Privatarmee inkognito den Donbass in Brand setzte, kämpfte der andere im ferneren Ausland.

Ab 2015 sollte die Wagner-Armee in Syrien helfen, einen Arabischen Frühling wie den in Tunesien zu verhindern und Diktator Bashar al-Assad an der Macht zu halten. Sie unterstützten die Regierungstruppen bei der Rückeroberung der Stadt Palmyra, die sich in den Händen des sogenannten Islamischen Staats befand. Bei zahlreichen Kampfeinsätzen wurden Legionäre getötet, doch offiziell existierte die Einheit immer noch nicht.

Das Verteidigungsministerium bezeichnete die Söldner als Privatpersonen, die auf eigenen Entschluss als Freiwillige in Syrien kämpften. Wie diese russischen »Privatpersonen« einen Deal mit dem Assad-Regime abschließen konnten, der ihnen ein Viertel der Öl- und Gasvorkommen zusicherte, wenn sie sich an der Befreiung, Verteidigung und Erschließung neuer Quellen beteiligten, wurde nicht erläutert. Wer das herauszufinden versuchte, wurde gestoppt. Über die Wagner-Gruppe zu berichten, stellte Putin 2018 per Dekret unter Strafe, denn Informationen über irreguläre Geheimdienstmitarbeiter galten ab sofort als Staatsgeheimnis. Für den 32-jährigen russischen Journalisten Maxim Borodin aus Jekaterinburg endeten seine Recherchen über die Machenschaften der Wagner-Armee in Syrien und ihre hohen Verluste dort tödlich. Er stürzte angeblich vom Balkon seiner Wohnung im fünften Stock.

Prigoschins Firma Evro Polis, die für Assad die Ölfelder vom IS zurückeroberte, bewachte und an der Prigoschin seit 2016 Rechte für die Ausbeutung von Ölquellen besaß, wurde 2018 von den USA auf die Sanktionsliste gesetzt. Im selben Jahr erhob die US-Bundesstaatsanwaltschaft Anklage gegen ihn und ein Dutzend weiterer Russen wegen der Einmischung in den US-Wahlkampf 2016. Öffentlich war noch immer wenig über den Putin-Schergen im Ausland, seine Verbindungen zur Wagner-Gruppe und deren Aktivitäten bekannt. 2017 tauchte ein Video auf, aufgenommen im syrischen Homs. Es vermittelt einen Eindruck vom Charakter der Wagner-Einsätze. Gefilmt wurde die Ermordung eines syrischen Mannes, der aus Assads Armee desertiert war. Er wurde mit einem Vorschlaghammer getötet. Danach trennten die sich gegenseitig anfeuernden russischen Söldner den Kopf und die Arme vom Körper und verbrannten die Leiche.

Die Aufnahmen zeigen einen weiteren abgetrennten Kopf am Boden und die Gesichter einiger der Täter. Der unabhängigen russischen Zeitung *Nowaja Gaseta* gelang es, mit Hilfe eines Gesichtserkennungsprogramms einen der Mörder als Stanislaw D. zu identifizieren. Die Journalisten konnten durch eine Kopie seines Reisepasses beweisen, dass er ein registrierter Wagner-Kämpfer war, der früher als Polizist im Stawropoler Gebiet im Süden Russlands gearbeitet hatte. Sie bekamen außerdem ein von ihm ausgefülltes Bewerbungsformular und die unterschriebene Geheimhaltungserklärung zugespielt. Es war das erste Mal, dass die bis dahin im Verborgenen agierende Privatarmee im Zusammenhang mit Kriegsverbrechen genannt wurde.

Ihr in Syrien erprobtes Geschäftsmodell übertrug die Wagner-Armee auf Einsätze in Afrika. Meist ließ sie sich mit Rohstoffen des jeweiligen Landes bezahlen. Wer mehr darüber erfahren wollte, wie die drei russischen Journalisten Alexander Rastorgujew, Orchan Dschemal und Kirill Radtschenko, die in der Zentralafrikanischen Republik recherchierten, wurde umgebracht. Zeugen waren weder dort noch in Libyen, Mali, Kenia, im Sudan, Libanon oder Tschad erwünscht. Gewohnheitsmäßig leugnete der Petersburger »Koch« jegliche Beteiligung an Undercover-Aktionen.

Doch die *Financial Times* wies Prigoschin nach, von 2018 bis 2022 an die 250 Millionen Dollar durch die Gewinnung von Bodenschätzen in Afrika und im Nahen Osten verdient zu haben. Das im syrischen Ölgeschäft tätige Evro-Polis-Unternehmen verzeichnete im Jahr 2020 einen Umsatz von 134 Millionen US-Dollar und einen Nettogewinn von 90 Millionen US-Dollar in seinen Bilanzen. »Das entsprach einer Eigenkapitalrendite von 180 Prozent, die nach Russland zurückgeführt wurde. Im Dezember 2021, zwei Monate vor der Invasion, meldete das Unternehmen einen vertragsbedingten Einbruch der Einnahmen auf knapp über 400 000 Dollar, verfügte aber immer noch über 92 Millionen Dollar an Barmitteln«, schreibt die *Financial Times* nach der Analyse der Konten der von Wagner unterstützten Unternehmen.

Gegen einige dieser Firmen wurden von den USA, der EU und Großbritannien Sanktionen verhängt. Dank der Zeitungsrecherche wurde die Finanzkraft sichtbar, die Prigoschin mit seiner transnationalen kriminellen Organisation entwickelte. Trotz der Sanktionen erzielten auch kleinere Unternehmen des Firmenimperiums immer noch Millionengewinne. M Invest schürft Gold in sudanesischen Minen und wurde ab Juli 2020 von der US-Regierung sanktioniert, trotzdem erzielte die Firma im darauffolgenden Jahr noch einen Umsatz von 2,6 Millionen US-Dollar. Der vermutlich milliardenschwere Geschäftsmann Prigoschin »spuckte auf alle Sanktionen«, wie er die *Financial Times* wissen ließ. Es war ihm demnach egal, dass die Morde und das Verbreiten von Hass durch die Wagner-Armee in Afrika publik wurden und eine Verbindung zu seinen Unternehmen hergestellt werden konnte. Nur dass er große Gewinne mache, wollte er korrigiert wissen, denn das stimme nicht. Es seien sehr große gewesen.

Einer breiten Öffentlichkeit wurde Prigoschin, dessen Truppe bislang im Verborgenen agierte, erst nach Russlands Invasion in die Ukraine bekannt. Obwohl er am Einmarsch selbst nicht teilnahm. Damals hieß es, er läge überkreuz mit der Führung in Moskau, und so überließ er anfangs dem Putin-Vasallen Kadyrow aus Tschetschenien und den Redut-Kämpfern von Putins Intimus Gennadi Timtschenko das Feld. Letzterer besitzt diese private Sicherheits- und Militärfirma, die ebenso wenig wie die von Prigoschin legal oder privat ist. Auch sie war mit dem Einverständnis des Verteidigungsministeriums gegründet worden.

Prigoschins Kommando griff erst Wochen später in das Kriegsgeschehen ein, das von Anfang an viele Ukrainer, aber wohl noch mehr Russen das Leben kostete. Mit seiner Ansage, die rasch eingetretenen und hohen Verluste auszugleichen, indem er Kämpfer in den russischen Strafgefangenenlagern rekrutierte, sorgte er für Aufsehen. Häftlinge an die Front? Wer glaubte, dass er für so viel Großspurigkeit einen Dämpfer verpasst bekommen würde, täuschte sich. Der verurteilte Straftäter, der als junger Mann neun Jahre in einer sowjetischen Strafkolonie verbrachte, durfte tatsächlich am helllichten Tag in Begleitung von Kamerateams durch russische Haftanstalten ziehen und den potentiellen Soldaten nicht nur einen verlockenden Sold in Aussicht stellen, sondern auch eine Amnestie zusichern.

Seine Abmachung mit den Strafgefangenen lautete: Ihr werdet voraussichtlich sterben, aber wer überlebt, wird danach in die Freiheit entlassen. Auf welcher Gesetzesgrundlage die für das Söldnertum eingespannten Häftlinge begnadigt werden sollten und einige danach tatsächlich frei kamen, ist bis heute unklar. Das Recht auf Begnadigung ist bislang allein dem Präsidenten vorbehalten und erfordert ein schriftliches Gesuch desjenigen, der um Gnade bittet. Bis zu einer Entscheidung vergeht meist viel Zeit, somit war das Erstaunen groß, dass einige Ex-Häftlinge, die als Söldner an der Front überlebt hatten, nicht mehr ins Gefängnis zurück mussten.

Wie dies möglich war, erklärte Putins Sprecher Dmitri Peskow nebulös mit geheimen Dekreten, von denen selbst die Gesetzgeber, die Parlamentsabgeordneten in der Staatsduma, nichts wussten. Spätestens an dieser Stelle lässt Putin seine Maske als angeblich gesetzestreu agierender Herrscher fallen. Prigoschin musste sich nie um die Einhaltung von Gesetzen kümmern, konnte sie nach Belieben außer Kraft setzen und nach eigenen Regeln verfahren, solange der Kreml dies erlaubte. Niemand fiel dem international agierenden Warlord in den Arm, pochte darauf, ihn strafrechtlich zur Verantwortung zu ziehen.

Das russische Internetportal *Mediasona* hat recherchiert, dass sich im ersten Kriegsjahr fast 33 000 Strafgefangene Prigoschin angeschlossen hatten. Als Rekruten bevorzugte Prigoschin Mörder, Räuber und Diebe, die ihm als einem von ihnen vertrauten. Alexander saß zum Beispiel in der Strafkolonie 13 in Saratow ein, wo ihn »Onkel Schenja« persönlich abholte, wie er Reportern erzählte. Schenja ist der Kosename für Jewgeni. Der Häftling wurde 1987 geboren, hat die Schule besucht, dann das Polytechnikum, wurde dort jedoch rausgeworfen. Dann hat er an einer Baufachschule studiert und musste wieder vorzeitig gehen. Schließlich kam er wegen Entführung, Raub und Diebstahl für acht Jahre ins Gefängnis. 2019 wurde er wegen Mordes an seiner Frau zu einer zehnjährigen Haftstrafe verurteilt, die später um drei weitere Jahre aufgestockt wurde, weil er eine Gefängniszelle angezündet hatte. »Mit Onkel Schenja sprach ich am Anfang trotzig, denn ich kapierte überhaupt nicht, was er von mir wollte. Dann zog mich Onkel Schenja am Ohr und sagte: ›Wenn du nicht mit zu Wagner kommst, wirst du hier verrotten.‹ Er sprach ganz offen, er hält nichts von Förmlichkeiten. Ich ging mit ihm mit, ins Orchester.« Orchester wird die Wagner-Privatarmee vor allem in den eigenen Reihen bzw. von ultranationalistischen Bloggern genannt.

Sechs Monate später, im März 2023, kehrte Alexander von der Front nach Hause zurück. Ihm wurde das Georgskreuz und die Tapferkeitsmedaille verliehen. Er ist ein freier Mann. Ob er wieder straffällig wurde, ist nicht bekannt. Prigoschin jedenfalls hatte Wort gehalten. Bezahlt wurden die Wagner-Söldner aus dem russischen Staatshaushalt. Kurz nach der Wagner-Meuterei im Juni 2023 teilte Wladimir Putin mit, dass das Prigoschin-Militärunternehmen mehr als 86 Milliarden Rubel aus der Staatskasse bekommen hat. Das entsprach rund einer Milliarde Euro. Eine Menge russisches Steuergeld für eine Institution, von der der Präsident im selben Atemzug behauptete, dass die Private Military Company (PMC) »Wagner« rechtlich nicht existiere.

Dem schwerreichen Ex-Häftling Prigoschin mit besten Verbindungen zum höchsten Mann im Staate gelang es, sich als Anwalt der Armen und Ausgegrenzten zu gerieren und eine Botschaft in die russische Gesellschaft zu senden, nach der Straftäter in ihr nun willkommen waren, weil sie sich für das Vaterland einsetzten, im Gegensatz zur reichen Antikriegselite, die das Geschehen lieber abwarte, vorzugsweise im Ausland.

Seit Kriegsbeginn sterben Prigoschins Rekruten mit ihren kriminellen Vorgeschichten nach kürzester Zeit und in großer Zahl an der Front. In Meldungen aus dem Kriegsgebiet wurde von einem ungeheuren Blutzoll unter den Wagner-Sträflingen berichtet. Tausende seien als Kanonenfutter in militärisch ausweglosen Situationen verheizt worden. Für den lange ausbleibenden militärischen Erfolg machte Prigoschin andere verantwortlich, die Armeeführung: »Während sich die Kinder der Elite mit Cremes einschmieren und das im Internet zeigen, kommen die Söhne der einfachen Leute zerfetzt in Zinksärgen zurück. Das wird noch mit einer Revolution wie 1917 enden. Zuerst stehen die Soldaten auf und dann ihre Angehörigen. Das wird in einem Massaker wie in der Bartholomäus-Nacht enden. Wenn die Kinder der Elite weiter gemästet werden, greift das Volk zu den Mistgabeln. Ich empfehle der Elite, ihre verdammten Jungs zu nehmen und in den Krieg zu verfrachten. Und erst, wenn dann auch welche von ihnen begraben werden, werden die Leute sagen, dass es jetzt gerecht zugeht.« Mit diesen Worten griff Prigoschin im Mai 2023 Verteidigungsminister Sergej Schoigu an. Dessen Schwiegersohn stellte er als typischen Vertreter von Oberschichtkindern dar, die sich vor dem Dienst am Vaterland drückten.

Dass sich Prigoschin als Oppositioneller gerierte, der die obersten Repräsentanten kritisierte und eine Revolution anzetteln wollte, weil nach seinen eigenen Worten nur er in der Lage war, das Land zu retten, fand Beifall. Ungeachtet der Tatsache, dass er selbst diesem von ihm kritisierten Kreis angehörte. Was wie harsche Kritik aussah, erwies sich in Wahrheit als ein Dienst am Regime. Der vulgäre Milliardär ließ so lautstark Dampf ab, wie es kein normaler Bürger je wagen dürfte. Zwar stimmten Prigoschins Kritikpunkte nicht unbedingt mit denen überein, die die Bevölkerung umtrieb, aber dass jemand mitten im Krieg überhaupt auf die Führung schimpfte, gab den Menschen das Gefühl, dass zumindest einer aussprach, was viele andere dachten und immer noch denken. Außerdem war Prigoschin als Schreckgespenst nützlich. Was würde dem Land drohen, wenn eine derart verrohte Gestalt wie er an die Macht käme? Da nahm man doch besser weiter vorlieb mit Putin.

### Machtkampf im Auge des Orkans

Allgemeines Erstaunen, mitunter Entsetzen, löste aus, wie lange Prigoschin den Verteidigungsminister und die Generäle beschimpfen konnte. Die Attacken blieben scheinbar folgenlos. Dieser öffentliche Schlagabtausch war Ausdruck eines Machtkampfes unter den Silowiki, also denjenigen, die Geheimdiensten und Militär angehören und unter Putin immer mehr wirtschaftlichen und politischen Einfluss erlangt haben.

Der Moskauer Politologe Andrej Piontkowski verfolgte die täglichen Auftritte Prigoschins genau. Nicht, weil dieser ein großer Politiker gewesen wäre, sondern weil er der Frontmann einer sehr einflussreichen politischen Gruppe war und sich an ein sehr patriotisches Publikum wandte. Er kannte bei seinen Attacken gegen Schoigu, Gerassimow und das gesamte Verteidigungsministerium kein Maß. Er forderte, von 7000 Generälen 6800 zu bestrafen. »Das konnte er nur tun, weil hinter ihm eine sehr starke Gruppe stand, die ich den ›tiefen KGB‹ nenne, also Spezialeinheiten im Geheimdienst FSB, die dritte Abteilung für Spionageaufklärung«, sagt Piontkowski. Mit dem »tiefen KGB« spielt er auf den »deep state« an, vor dem Steve Bannon einst warnte. Der Berater von Donald Trump empfahl dem US-Präsidenten, vorsichtig zu sein bei alteingesessenen Beamten, die seine Präsidentschaft unterminieren könnten.

Abbas Galljamow – er ist Politologe, ein früherer Redenschreiber von Putin und lebt jetzt im israelischen Exil – erklärte sich Prigoschins Duldung ebenfalls mit dem Rückhalt, den dieser vermutlich im Geheimdienst FSB und bei anderen Putin-Vertrauten genoss. Er fand es auffällig, wie respektvoll sich Prigoschin gegenüber dem FSB verhielt. »Es sieht so aus, als wäre er mit dem Geheimdienst verbunden, mit Patruschew und Setschin«, so Galljamow im Juni 2023 im Internetkanal *Chodorkowski* live. Gemeint sind Nikolai Patruschew, Sekretär des Sicherheitsrates, früher FSB-Chef und einer der engsten Vertrauten Putins, Falke unter den Falken, mit einer tiefen Abneigung gegen den Westen und großen Affinität zu Verschwörungstheorien. Igor Setschin, früher im KGB, ist heute an der Spitze der Ölfirma Rosneft.

Anders als der Kampf um die ostukrainische Stadt Bachmut, der viele Monate dauerte, gelang es den Söldnern im Frühjahr 2022 schnell, den Ort Popasna bei Luhansk einzunehmen. Ein erster Sieg für den Milizenführer, der dafür im Juni 2022 von Putin mit dem Orden »Held Russlands« ausgezeichnet wurde. Stritt der Söldnerchef früher seine Aktivitäten meist ab, brüstete er sich jetzt in aller Öffentlichkeit damit. Utkin, der eigentliche Wagner-Gründer, blieb weiter im Hintergrund. Prigoschin ersann immer neue Auftritte, ließ sich wie einst Putin im Kampfflugzeug abbilden, nur, dass er nicht auf dem Weg in die bombardierte tschetschenische Hauptstadt Grosny war, sondern angeblich über Bachmut. Für seine Dauerpräsenz in den Medien war Prigoschin nicht auf das staatliche Fernsehen angewiesen. Er nutzte seine eigenen unzähligen Internetaccounts, wo er sich meist im »Mat«, der russischen Vulgärsprache, äußerte und politische Forderungen formulierte. So drängte er das russische Parlament, ein Gesetz zu erlassen, das Kritik an seinen Rekruten unter Strafe stellt.

Prigoschin wollte erreichen, dass die Ex-Häftlinge, mit denen er seine Reihen aufgefüllt hatte, auch dann nicht strafrechtlich belangt werden können, wenn sie neue Verbrechen begehen. Hätten die Abgeordneten Prigoschins Wunsch erfüllt, hätte dies bedeutet, den ehemaligen Straffälligen alles durchgehen zu lassen, nur, weil sie für Russland gekämpft haben. Damit hätte der Kreml kriminelle Gewalt auch offiziell sanktioniert.

Die Wagner-Leute verbreiteten in der Ukraine Angst und Schrecken und exekutierten angebliche Verräter aus ihren Reihen ebenso brutal wie in Syrien. Im November 2022 wurden zwei Ex-Kameraden ermordet, wieder mit einem Vorschlaghammer. Ein erstes Video, das die Ermordung von Jewgeni Nuschin dokumentieren sollte, kam sofort in Umlauf, das zweite erst Monate später. Der Vorschlaghammer wurde zum Wagner-Symbol. Launig vermerkte Prigoschin, dass neuerdings auch Polizeibeamte bei Hausdurchsuchungen Vorschlaghammer mitnehmen würden, zum Beispiel bei dem Einsatz gegen die Menschenrechtsorganisation Memorial.

Im November 2022 soll ein Vorschlaghammer auch an das Europäische Parlament geschickt worden sein. Auf der *Telegram*-Seite *Grey Zone,* die der Wagner-Gruppe zugerechnet wird und als eines der Sprachrohre Prigoschins galt, war zu sehen, wie ein Mann einen Geigenkasten in ein Büro bringt und diesen auf einem Tisch öffnet. Auf den hellblauen Samt gebettet lag das große Werkzeug, am Griff offenbar mit Kunstblut beschmiert und auf dem Hammerkopf das Logo der Wagner Group PMC sowie die Worte »Blut« und »Ehre« und eine Zeichnung aufeinandergehäufter Totenschädel. Ob sich die offensichtlich gestellte Übergabe wirklich in Brüssel abgespielt hat, ist unklar. Der »Bote« habe sich als Anwalt der Wagner-Gruppe ausgegeben. Den überbrachten Vorschlaghammer wollte Prigoschin als »Information« an das EU-Parlament verstanden wissen. Tags zuvor hatte eine überwältigende Mehrheit der EU-Abgeordneten Russland als staatlichen Sponsor von Terrorismus verurteilt. Direkt nach der Abstimmung wurden die Internetseiten des EU-Parlaments von Hackern angegriffen.

## »Erst der Krieg macht einen Mann zum Mann«

Es setzt ein verheerendes Signal, wenn ein Staat zulässt, dass er nicht mehr allein das Gewaltmonopol besitzt. Normalerweise würde man das als Kontrollverlust des Staates verstehen. In Russland demonstriert es aber vielmehr, wie eng Staat und kriminelle Gewalt inzwischen miteinander verwoben sind. Der Krieg dürfte diese Entwicklung nur noch weiter beschleunigen. Dem Staatsoberhaupt macht das nicht etwa Angst, Wladimir Putin ist vielmehr überzeugt davon, dass erst ein Krieg einen Mann zu einem richtigen Kerl macht. Wie eine Gesellschaft Hunderttausende verrohte und traumatisierte Ex-Soldaten aushalten soll und dazu noch einmal Tausende Söldner, sagt er nicht.

Bei einem Treffen mit Müttern gefallener Soldaten im Kreml spendete er den Frauen eine sehr eigenwillige Art von Trost: »Jeder muss sterben, also ist es doch besser, im Krieg zu sterben als an Alkoholismus.« Putins Botschaft war die Feststellung des Offensichtlichen, dass die Menschen von Natur aus sterblich sind. Gleichzeitig hätten die Russen aber eine besondere Aufgabe in diesem Leben, sodass man dem Schicksal nur danken könne, dass sie den Tod auf dem Schlachtfeld gefunden haben. Schließlich gebe es viel »unangenehmere Optionen«. Dem Autokraten zufolge sind einige Menschen dazu bestimmt, bei einem

Verkehrsunfall zu sterben oder sich eben zu Tode zu trinken. Dagegen gebe die Möglichkeit, für das Vaterland zu kämpfen, dem Ende eine besondere Bedeutung: Nutzen für den Staat und finanzielle Entschädigung für die Familie. Ob manche Menschen lebten oder nicht, sei nicht spürbar. Man bemerke sie nicht. »Aber Ihr Sohn hat gelebt. Er lebte mit einem Ziel, das er erreicht hat«, philosophierte Putin in Anwesenheit der Soldatenmütter.

Parallel zu immer mehr gefallenen russischen Soldaten und zu derartigen Veranstaltungen, die sie zu Helden ausrufen, tauchen beständig neue Zeugnisse von mutmaßlich russischen Gewaltexzessen auf. Im April 2022 ist in einem knapp zwei Minuten langen Film zu sehen, wie ein Mann einem am Boden liegenden Gefangenen den Kopf festhält und dann abschneidet. Das Opfer in ukrainischer Uniform schreit vor Schmerzen. Die Personen ringsherum – einige tragen die weiße Armbinde der russischen Soldaten – feuern den Kameraden mit dem Messer an: »Schneide ihn ab! Brich ihm die Wirbelsäule! Hast du noch nie einen Kopf abgeschnitten?« Als der Kopf vom Körper abgetrennt ist, hört man eine Person, die nicht im Bild auftaucht, sagen: »Packt ihn verdammt noch mal in den Sack und schickt ihn an den Kommandanten.« Kurz darauf werden noch weitere Enthauptungsaktionen bekannt, alle jeweils durch Videos belegt. Die Getöteten sollen gegnerische Soldaten oder aber Ex-Paramilitärs sein.

Wann genau die Führung der Privatarmee an Prigoschin übertragen wurde, ist unbekannt. Die Europäische Union verhängte gegen ihn Sanktionen wegen der Verletzung des Waffenembargos gegen Libyen. Dort unterstützen die russischen Legionäre seit 2019 Marschall Khalifa Haftar, der sich gegen die international anerkannte Regierung in Tripolis gestellt hat. Prigoschin erhob Einspruch vor einem EU-Gericht, in dem er behauptete, keine Kenntnis von einer als Wagner-Gruppe bekannten Organisation zu haben. 2022 gab er seine Verbindung zu der

Terroreinheit in seinen zahlreichen Medienauftritten endlich zu. Violetta Prigoschina, seine Mutter, machte von der Möglichkeit zu klagen ebenfalls Gebrauch, wie zuvor ihr Sohn. Sie bestritt, noch immer in Verbindung zu Unternehmen zu stehen, die ihm zugerechnet werden. Das Gericht der Europäischen Union in Luxemburg gab ihr Recht und strich sie von der Sanktionsliste. Auffällig ist, wie schnell die Gegner des Westens – Putin nahestehende Oligarchen und Funktionäre auf der EU-Sanktionsliste – ihre Rechte auszunutzen wissen. Von derartigen juristischen Möglichkeiten können Russinnen und Russen in ihrem Land nur träumen. Vor allem jene, die zum Beispiel als »Ausländische Agenten« oder Mitarbeiter in »unerwünschten Organisationen« eingestuft wurden.

Das ganze russische System beruht auf Gewalt, deren Anwendung nicht streng begrenzt, geregelt und vor allem kontrolliert wird. Wer Gewalt anprangert, sich mit ihren Opfern solidarisiert und die Menschen davon zu überzeugen versucht, dass Gewalt unzulässig ist, stellt das russische Regime in Frage. Täter wie Jewgeni Prigoschin dagegen lässt man gewähren. Gern ließ er sich filmen, wie er Kinderköpfe streichelte. Der schwer bewaffnete alte Mann in Helm und dicker Schutzweste, der wie ein Feldherr in der Mitte der Zivilisten posierte, beugte sich zu ihnen hinunter. Die Jungen mussten sagen, wie sie heißen, bekamen Schokolade und ein Wagner-Abzeichen geschenkt sowie das Versprechen, dass sie irgendwann auch mit seinen Männern mitkämpfen dürfen. Videos von Frontbesuchen wurden wie unzählige anderer Auftritte auf gleich mehreren Kanälen ins Netz gestellt. Vor seinem Tod gehörte er zu den zehn am meisten zitierten Personen Russlands. Was weitere Ambitionen in ihm weckte. Er wollte in die Politik und schien es auf den Posten des Gouverneurs von Sankt Petersburg abgesehen zu haben.

Der Amtsinhaber Alexander Beglow wurde von Prigoschin angezeigt, weil in der Stadt der Schnee und der Müll nicht weggeräumt und die Baudenkmäler nicht saniert würden. Dann initiierte er eine Petition für die Absetzung des Gouverneurs. Der hatte ihm zuvor jede wirtschaftliche Tätigkeit in der Stadt an der Newa verboten und ihn damit offenbar herausgefordert. Immerhin waren seine Firmen in Sankt Petersburg zu Hause. Seine Troll-Fabrik überschwemmte schon seit Jahren Europa, Amerika und Afrika mit Fake News. Prigoschin fühlte sich auch zum Politstrategen berufen, wobei er bei Steve Bannon abkupferte. Seine Warnung vor dem »deep state« bezog er auf die in den Westen geflohenen Oligarchen, die noch Verbindungen in den Kreml und andere Behörden haben und von dortigen Beamten auf dem Laufenden gehalten werden. Diesen Staatsdienern unterstellte er, mit der Weitergabe von Informationen an Emigranten Russland zersetzen zu wollen und sagte ihnen den Kampf an.

Als der Krieg schon über ein Jahr dauerte, ließ eine kleine Meldung aus Sankt Petersburg aufhorchen. Die Vorsitzende des Ortsverbandes der Partei Gerechtes Russland legte ihr Amt nieder. Sie trat als Vize-Präsidentin des Stadtparlaments zurück und aus der Partei aus. Marina Schischkina wollte zwar ihr Abgeordnetenmandat behalten, aber nichts mehr mit den früheren Genossen zu tun haben.

Was wie kleinteilige Lokalpolitik klang, kündigte in Wahrheit einen Umschwung an, der sich gefährlich auf die gesamte russische Parteienlandschaft auswirkte. Denn Prigoschin sollte ausgerechnet in ihrer Partei eine Heimat finden. Die Parteipolitikerin, von Hause aus Journalistin und promovierte Soziologin, beobachtete mit zunehmend mulmigem Gefühl, dass sich der Parteivorsitzende auf Föderationsebene Sergej Mironow und Jewgeni Prigoschin immer besser zu verstehen schienen. Mironow wurde immer häufiger im Wagner-Zentrum in Petersburg gesichtet. Ein neuer, überdimensionierter Wolkenkratzer mit einem unübersehbaren Firmenschild, für den die Privatmiliz aber offenbar keine rechte Verwendung hatte, denn nur zwei Etagen waren überhaupt in Benutzung.

Mironow, der langjährige Fraktionsvorsitzende in der Duma und Vorsitzende des Föderationsrates, setzte sich seit Jahren für die Legalisierung der Wagner-Söldnertruppe ein, doch niemand wollte sich ihm so recht anschließen. Seit seinem Schulterschluss mit Prigoschin wurde der blasse Parteisoldat Mironow überhaupt erst wahrgenommen. Zum Beispiel als er sich wie der Wagner-Anführer für ein hartes Vorgehen gegen die Ukraine aussprach. Gleich zu Beginn des Krieges riet er im Fernsehen, Russland solle die ukrainischen Entscheidungszentren bombardieren, auch das, in dem sich Präsident Selenskyj befinde. Die Abgeordnete Schischkina bewies Rückgrat, als sie öffentlich erklärte, ihren bisherigen Parteifreund Mironow wegen dessen fragwürdiger Freundschaft zu Prigoschin nicht länger zu unterstützen. Sie wolle »ihr Gewissen über die Macht stellen«.

Ihr mutiger Schritt, sich von diesen so mächtigen wie brutalen Männern öffentlich abzuwenden, machte Schule. Auch anderen Parteikollegen wurde die Nähe ihres Vorsitzenden zu Prigoschin zu viel. Einer soll den Mironow-Prigoschin-Bund »toxisch« genannt haben. Zusammen mit vier Gleichgesinnten gab Schischkina ihr Mitgliedsbuch an Mironow zurück – und wurde sogleich ersetzt durch Nadeschda Tichonowa, dessen Nichte. Wer die Allianz mit Prigoschin nicht unterstütze, bekomme in der Partei keinen Posten mehr, kündigte Mironow an. Er verlangte von den abtrünnigen Deputierten, ihre Mandate niederzulegen. Doch so leicht machten sie es ihm nicht. Sie blieben Abgeordnete. Eine nicht ungefährliche Position, zumal der Warlord bekannt dafür war, zu ganz eigenen Methoden zu greifen, um seine Ziele zu erreichen. Anfang 2023 ließ sich der Parteivorsitzende Mironow mit einem Vorschlaghammer ablichten. Es war ein Geschenk von Prigoschin, eines seiner letzten. Der Parteipolitiker konnte darin nichts Bedrohliches erkennen, oder doch?

»Für mich ist es kein Symbol der Gewalt, für mich ist es ein normales Geschenk meines Kollegen und Landsmannes. Solche Vorschlaghämmer braucht man, um bürokratische Mauern im Kampf zu durchbrechen. Das ist nicht doppeldeutig gemeint.«

Prigoschin machte Gewalt hoffähig. Den Russinnen und Russen jagten die Grausamkeiten der Wagner-Truppe Angst ein, was ganz im Sinne des Regimes geschah. Prigoschin hat es damit weiter gefestigt. Seine auf offener Bühne ausgetragenen Streitigkeiten mit der Armeeführung waren kalkuliert. Während ein Durchschnittsbürger noch nicht einmal mit einem leeren Blatt in den Händen protestieren darf, geschweige denn mit einem Antikriegsplakat, zog Prigoschin vom Leder. Er durfte das. Vermutlich sollte er es sogar tun. Dass er, jemand aus dem Regime, seinem Ärger über die Armee Luft machte, erinnert an die KGB-Praxis zu Sowjetzeiten. Damals brachte der Geheimdienst selbst Witze über die Parteifunktionäre der KPdSU in Umlauf, um etwas Druck aus dem Kessel abzulassen.

Ausgerechnet am 9. Mai 2023 übertönte Prigoschins Schimpfkanonade die traditionelle Militärparade zum Tag des Sieges. Die fiel in Moskau deutlich bescheidener aus als in den Jahren vorher. Im Vergleich zum Erfolg der Roten Armee im Zweiten Weltkrieg nahm sich die heutige russische Armee auf dem ukrainischen Schlachtfeld schwach aus. Seit Wochen wurde ein Oberbefehlshaber durch den nächsten ersetzt. An dem symbolisch aufgeladenen Tag mitten in einem bislang erfolglosen Krieg nahm Prigoschin nun den Präsidenten persönlich ins Visier.

An vorderster Front, angeblich in Bachmut, stand er als der Anführer der Privatarmee in Kampfanzug mit Waffe vor einer Kamera. Niemand hat Prigoschin je kämpfen sehen, er kommandierte auch keinen Verband an der Front, geschweige denn, dass er je eine militärische Ausbildung absolviert hätte. Er nannte Putin nicht direkt beim Namen, doch jeder verstand, dass Prigoschin den Präsidenten meinte, als er sagte: »Aber wie soll Russland den Krieg gewinnen, wenn sich herausstellen sollte, dass dieser Opa eine Arschgeige ist?« Die Übersetzung erspart hier ein anderes, noch deftigeres Wort.

Prigoschin trat damit nicht einfach nur zufällig in ein Fettnäpfchen, sondern hatte ganz bewusst die rote Linie übertreten. Dass der »Opa« und die »Arschgeige« für den Milizenchef Folgen haben würden, war absehbar. Der Staat, vor allem der totalitäre, fußt auf Hierarchien, Prigoschin fegte sie beiseite. Das Maß, in dem der Söldnerboss das Regime und den ersten Mann im Staat herausforderte, war bemerkenswert und einmalig. Er rüttelte an der Vertikale der Macht und stellte die Verhältnisse in Frage, wie das kein Oppositioneller zuvor gewagt hatte, auch nicht Alexej Nawalny.

Staatliche bewaffnete Organe und private Kampfverbände sind sich von außen betrachtet spinnefeind. Was ganz im Sinne Putins ist. Er fühlte sich immer dann besonders sicher, wenn die potentiellen Herausforderer mit sich selbst beschäftigt waren. Zumindest bislang schien Putin die Kontrolle über die zerstrittenen Silowiki gehabt zu haben. Zumal die staatlichen bewaffneten Institutionen längst nicht mehr nur in Sicherheitsfragen alle wichtigen Entscheidungen treffen. Diese »starken Männer« – Frauen kommen in diesem Umfeld so gut wie gar nicht vor – besetzen fast alle Schaltstellen der Macht, einschließlich die in der Wirtschaft, Bildung und Kultur. Sie zeichneten sich bislang durch absolute Loyalität dem Präsidenten gegenüber aus und stammen meistens aus Sankt Petersburg, Putins Heimatstadt, sind Mitglieder der Armee oder bei den Geheimdiensten. Der Angriff Prigoschins stellt in diesem Zusammenhang einen Einschnitt dar. Er könnte Nachahmer finden.

In seinem Ehrgeiz, auf jeden Fall Bachmut zu erobern und damit der regulären Armee ihre Unfähigkeit zu beweisen, überspannte Prigoschin allerdings den Bogen bereits im Vorhinein. Um die strategisch wichtige Kleinstadt wurde zehn

Monate erbittert gekämpft. Die Auseinandersetzung zwischen Prigoschin und Schoigu drehte sich im Kern um Ressourcen, darum, welcher russische Militärverband wie versorgt wurde. Im Januar 2023 schlug Prigoschin den Ukrainern einen Deal vor, der kaum mit Moskau abgesprochen gewesen sein dürfte, denn er klang wie Verrat: Wenn die ukrainische Armee ihre Einheiten aus der früher völlig bedeutungslosen Kleinstadt abzöge, würde er Kiew mitteilen, wo sich die Stellungen der russischen Truppen befinden. Der US-Tageszeitung *Washington Post* zufolge stand das in US-Geheimdienstdokumenten, die auf der Gruppenchat-Plattform *Discord* durchgesickert waren. Demnach war Prigoschin mit seinem Vorschlag an seine Ansprechpartner im ukrainischen Militärgeheimdienst herangetreten, mit denen er auch während des Krieges kommunizierte. Aber Kiew zeigte ihm die kalte Schulter. Lieber biss man sich weiter an Bachmut die Zähne aus, als dem Warlord mit dem üblen Leumund zu vertrauen und womöglich auf den Leim zu gehen.

Als er am 23. August 2023 mit seinem Privatjet vom Typ Embraer Legacy von Moskau nach Sankt Petersburg unterwegs war, stürzte sein Flugzeug ab. Dass tatsächlich unter den zehn Leichen auch die der beiden Chefs Prigoschin und Utkin geborgen wurden, steht keineswegs zweifelsfrei fest. Zum einen, weil die Unfallstelle in kürzester Zeit geraumt worden war, zum anderen, weil Russland den Vertretern des brasilianischen Flugzeugherstellers Embraer nicht erlaubt hat, an den Ermittlungen teilzunehmen. Somit machen bis heute allerlei Verschwörungstheorien die Runde. In Wagner-Kreisen ist man überzeugt, dass es sich um ein Attentat handelte. Auch der staatsnahe russische Fernsehsender Zargrad geht von einem Mordkomplott gegen Prigoschin aus, allerdings sah man hier den ukrainischen Militärgeheimdienst als Täter. Beim Treffen des Waldai-Klubs im Oktober 2023 lieferte Putin die angeblich offizielle Version der Todesursache von Prigoschin, dessen Namen er wie den von

Nawalny oder von Chodorkowski nicht aussprach. Dem Präsidenten zufolge sind im Flugzeug Handgranaten explodiert, wie Fragmentfunde ergeben hätten. Nicht untersucht worden sei, ob die Toten Alkohol oder Rauschgift konsumiert hätten, obwohl man bei einer Razzia im Wagner-Firmensitz neben großen Mengen Bargeld und Gold auch »fünf Kilogramm Kokain« entdeckt hätte. Dass Putin das Rauschgift im Zusammenhang mit der Todesursache nennt, werten Beobachter als Hinweis darauf, wie er das Ergebnis der Ermittlungen verstanden wissen wollte: dass der zugedröhnte Prigoschin oder einer seiner Leute die Granaten selbst gezündet haben.

Wütend reagierte der russische Außenminister Sergej Lawrow auf eine Meldung, in der als Unglücksursache eine Mini-Bombe unter einer Tragfläche genannt wurde. Angebracht auf Geheiß von Nikolai Patruschew. »Pulp Fiction«, Schundliteratur, sei diese Behauptung im *Wall Street Journal* vier Monate nach dem Absturz. Patruschew, der älteste Vertraute des Präsidenten, soll die riesige Bürokratie, mit der der angebliche Alleinherrscher Putin an der Spitze des Landes gehalten wird, im Hintergrund lenken. Während der gesamten Regierungszeit Putins hat er Russlands Sicherheitsdienste ausgebaut und Feinde mit Attentaten im In- und Ausland terrorisiert. Patruschews Sohn Dmitri, ein ehemaliger Banker, sammelt seit 2018 als Landwirtschaftsminister Regierungserfahrung und wird von einigen als potenzieller Nachfolger Putins gehandelt.

# Putins Geheimtruppe – vom Exportschlager zum Konkurrenten um die Macht

Auch ohne Jewgeni Prigoschin wird die bekannteste der russischen Privatarmeen weiterhin als ein Instrument des Kremls für die verdeckte Kriegsführung eingesetzt werden. Dass all die »Vorarbeit« auf mehreren Kontinenten aufgegeben, dass auf die weitere Ausbeutung wertvoller Rohstoffe verzichtet werden wird, ist keinesfalls anzunehmen. Denn die »Erfolge« sind nicht zu übersehen. Seit 2018 ist auf dem afrikanischen Kontinent in 31 Ländern ein signifikanter Demokratieabbau zu verzeichnen, der nicht nur auf eine schwache Zivilgesellschaft zurückzuführen ist, sondern maßgeblich von außen befeuert wurde. Hauptakteur ist Russland. Die Afrika-Politik des Kremls besteht in der Untergrabung der Demokratie. Moskau sucht vorzugsweise Kontakte zu autoritären Regimes oder Ländern mit schwachen demokratischen Institutionen. Mit ihnen will es sich verbünden, denn die meisten stehen, genau wie Russland, isoliert da.

In den Vereinten Nationen torpediert Russland demokratische Prozesse auf offener Bühne, etwa durch Blockaden von UN-Resolutionen, in denen zum Beispiel Menschenrechtsverletzungen afrikanischer Regimes oder Wahlfälschungen verurteilt werden sollen. Effizienter ist jedoch die verdeckte Einmischung in den Ländern selbst, deren Ausmaß nur geschätzt werden kann. In den ohnehin instabilen Staaten, die sich in schweren Krisen befinden, gibt es immer empfängliche Gruppen, die mit

Waffen geködert werden können. So ist es kein Zufall, dass sich Russland in jenen sieben Ländern engagiert, in denen die meisten Menschen auf dem Kontinent vertrieben worden sind.

### Wagner in Afrika

Elf der 23 afrikanischen Länder, in denen Russland aktiv ist, befanden sich bereits vor Ankunft der Wagner-Armee in einem Konflikt. Das sind drei Viertel aller afrikanischen Länder, die gegenwärtig in einer Krise stecken. Moskaus hybride Kriege in Afrika richten sich stets gegen die Befürworter der Demokratie. Meist soll eine Kreml-freundliche Regierung an der Macht gehalten oder ihre Amtszeit über die verfassungsmäßig vorgeschriebenen Fristen hinaus verlängert bzw. ein Putsch unterstützt werden. Das Arsenal reicht von Desinformationskampagnen gegen liberal gesinnte Politiker und Aktivisten sowie gegen die früheren westlichen Kolonialmächte über Einmischung in Wahlen bis hin zur Kampfeinsätzen der paramilitärischen Wagner-Einheiten. Zusätzlich zu offiziellen Rüstungsexporten werden im Tausch gegen Rohstoffe und Bodenschätze noch illegale Waffengeschäfte abgeschlossen. Als käme nicht ohnehin mehr als genug russisches Militärgerät in diese Länder. Zwischen 2014 und 2019 stieg laut dem Stockholmer Internationalen Friedensforschungsinstitut Russland mit 49 Prozent zum größten Rüstungslieferanten in Afrika auf, von 2018–2022 schickte Moskau immer noch 40 Prozent der Waffen, mit großem Abstand folgten die USA mit 16 Prozent und China mit zehn Prozent. Das Africa Center for Strategic Studies zählte 17 Länder, in denen russische Propagandisten seit 2018 gezielt Desinformationen verbreiteten, 15 Staaten, in denen sich Russland in Wahlen einmischte und 14, bei denen es unrechtmäßige Machtansprüche unterstützte.

Russlands Zusammenarbeit mit den antidemokratischen Kräften verlängert die Krisen, weil Vermittlungsversuche gezielt unterminiert werden. Die Söldner aus dem fernen Russland sollen in Afrika auch amerikanische Interessen vereiteln und sich mit den Autokraten verbünden, denen die Einhaltung der Menschenrechte mehr als lästig ist. Die Legionäre räumen im Auftrag afrikanischer Regierungen Oppositionelle der jeweiligen Länder aus dem Weg, schrecken vor Mord, Massenhinrichtungen, Kindesentführungen und Vergewaltigungen nicht zurück.

Im Oktober 2021 setzten sudanesische Militärs die Übergangsregierung ab, die 2019 nach dem Sturz von Langzeit-Diktator Omar al-Baschir gebildet worden war. Nach Berichten des US-Senders CNN soll es die Gruppe Wagner gewesen sein, die die paramilitärische Einheit Rapid Support Forces (RSF) mit Waffen versorgt hat. RSF war zusammen mit der sudanesischen Armee für den Putsch gegen al-Baschir verantwortlich gewesen. Seit Oktober 2021 regierten RSF-Chef Mohammed Hamdan Daglo und Militär-Oberbefehlshaber Abdel Fattah al-Burhan das Land gemeinsam. Ursprünglich sollten sie die Macht 2022 an eine zivile Führung übergeben. Mitte April 2023 kam es schließlich zu einem Machtkampf zwischen den Fraktionen der herrschenden Militärs. CNN zufolge hat Russland die RSF mit Boden-Luft-Raketen ausgestattet und dadurch erheblich gestärkt.

Während der Fehde zwischen Daglo und Burhan soll Russland bereits im Juli 2022 tonnenweise Gold aus dem Sudan ausgeflogen haben. Von den korrupten sudanesischen Behörden hatten die Wagner-Söldner für ihre Dienste unter anderem Schürfrechte für Gold erhalten. In diese illegalen Geschäfte war Wagner-Chef Jewgeni Prigoschin gleich mehrfach involviert: einmal über seine Söldner, aber auch über die sudanesische Firma Meroe Gold, die dem russischen Unternehmen M Invest gehört. Nach Ansicht der USA ist M Invest eine Tarnfirma der Gruppe Wagner. Zusätzlich zu den finanziellen Interessen verfolgt Moskau aber auch geostrategische militärische Ziele, zum Beispiel die Errichtung von Militärstützpunkten wie den in der Hafenstadt Port Sudan am Roten Meer.

In Mali hat die russische Einmischung den Konflikt der Behörden mit den Islamisten im Norden des Landes nicht nur verlängert, sondern sogar noch ausgeweitet. Auch die Nachbarländer Niger und Burkina Faso wurden stark erschüttert. Ab 2013 sollte die MINUSMA-Friedenstruppe der Vereinten Nationen, der Deutschland mit angehört, die Krise lösen. Doch nach zwei Putschen 2021 und 2022 regiert in Mali eine militärische Übergangsregierung, die die UN-Friedenstruppe loswerden und lieber mit den Wagnerianern zusammenarbeiten möchte. Grund für die Bundesregierung, die Bundeswehr aus dem Land wieder abzuziehen. Frankreich entschied sich für seinen Rückzug bereits 2022, nachdem sich die Beziehungen zur malischen Militärjunta rapide verschlechterten. Sie hatte den französischen Botschafter ausgewiesen sowie fällige Wahlen verschoben. Ein zusätzliches Dilemma wird sichtbar, wenn sich heute in afrikanischen Ländern UN-Blauhelm-Soldaten und private Sicherheitsfirmen gegenüberstehen: Die meisten Friedenssoldaten stellen gegenwärtig Pakistan, Bangladesch, Nigeria, Indien, Ghana, Kenia und Uruguay. Ihr professionelles Ausbildungsniveau kann mit dem der Kämpfer der Privatmilizen nicht mithalten.

Die russischen Söldner sollen nun das malische Militär ausbilden und hochrangigen Beamten Schutz bieten. Das Außenministerium in Moskau bestätigte das Geschäft, betonte aber, dass die russische Regierung nichts damit zu tun habe. Gleichzeitig begann in Mali eine groß angelegte pro-russische PR-Kampagne, ähnlich wie in der Zentralafrikanischen Republik, wo junge Leute in T-Shirts mit dem Aufdruck »Je suis Wagner« für Fotos posierten. Oberst Assimi Goita, der sich in Mali zweimal an die Spitze des Staates putschte, wurde auf Plakaten zusammen mit dem russischen Präsidenten Wladimir Putin abgebildet. Beide stecken in Kampfmonturen und haben Waffen in den Händen. Eine Fotomontage, denn so zeigte sich Putin bislang noch nie. Unter dem Foto heißt es auf Französisch, dass das Volk sie unterstütze.

Parallel zur »Ausbildungsmission« der russischen Söldner begannen die Firmen Alpha Development und Marko Mining, die eigens von Prigoschins Imperium neu gegründet worden waren, mit der Erkundung von Goldminen in Mali.

In Mosambik lässt sich die Privatarmee mit Sitz in Sankt Petersburg mit Erdgas bezahlen, in der Zentralafrikanischen Republik mit Gold, Diamanten und Edelhölzern. Die unappetitlichen Dienste sind so einträglich, dass der Kreml nicht freiwillig auf sie verzichten wird. Vollkommen unklar ist bislang, wer die wertvollen Ressourcen bisher zu Geld machen durfte und in wessen Kasse es landete. Die für Russlands inoffizielle Außenpolitik so nützliche Truppe wurde vom russischen Staat finanziert, wie Putin erst zugab, als der Söldnerchef nicht mehr nur anderen beim Putschen helfen wollte, sondern sich auch einmal selbst daran versuchte. Doch hat Prigoschin in all den Jahren den Profit selbst eingestrichen oder musste er etwas abgeben? An wen? Und wer hat es jetzt auf das lukrative Geschäft abgesehen? Das Gerangel an den Fleischtöpfen dürfte längst im Gange sein.

Die Ausbeutung der afrikanischen Schätze ist ohne Zweifel eine wichtige Einnahmequelle für Russland geworden. Auch als Absatzmarkt, nicht nur für Waffen, sondern auch für Waren, die vor dem Krieg nach Europa verkauft werden konnten, bekommt der Kontinent mit seinen 1,5 Milliarden Bewohnern eine immer größere Bedeutung.

Doch die russische Afrika-Politik kennt ausschließlich Destruktion. Statt mit Soft Skills Konflikte zu lösen, Arbeitsplätze zu schaffen, Infrastruktur zu errichten, also eine nachhaltige Entwicklung und damit auch anhaltend gute Beziehungen zu fördern, setzt Moskau auf den Machterhalt der Despoten.

Russlands Politik in Afrika trägt aber auch in anderer Hinsicht Früchte. Sie sorgt dafür, afrikanische Staaten bei Abstimmungen der Vereinten Nationen in New York auf Putins Seite zu ziehen. Beispielsweise wenn es um seinen Angriffskrieg in der Ukraine geht. Bei Mali und auch bei Nicaragua ist dies gelungen. Hatte sich Mali bei der ersten Resolution am 24. März 2022 noch enthalten, stimmte es am 23. Februar 2023 dagegen, die Aggression der Russischen Föderation gegen die Ukraine auf das Schärfste zu missbilligen, wie es in dem Antrag hieß. Eine noch größere Kehrtwende vollzog Nicaragua, das ein Jahr zuvor den Krieg verurteilte und nun gegen eine Missbilligung auftrat. Damit waren es nicht mehr nur fünf Gegenstimmen, einschließlich der russischen, sondern sieben. China und Indien enthielten sich erneut, Brasilien stimmte der Verurteilung Russlands zu, was eine Überraschung war, hatte man doch nach dem Wechsel von Lula da Silva ins Präsidentenamt mit einer russlandfreundlicheren Positionierung gerechnet.

Wie schnell sich Putin hingegen von Partnern abwenden kann, erlebte der israelische Ministerpräsident Benjamin Netanjahu. Beide pflegten über viele Jahre engen Kontakt. Doch nach dem Massaker der Hamas an der israelischen Zivilbevölkerung am 7. Oktober 2023 wartete man lange auf eine Beileidsbekundung des russischen Präsidenten. Ursache war Putins Enttäuschung darüber, dass Netanjahu nicht seiner Kriegsbegründung gefolgt war, bei der Regierung in Kiew handele es sich um eine faschistische Junta, gegen die Russland vorgehen müsse. Der ansonsten sehr wendige israelische Regierungschef schloss sich zwar weder Sanktionen gegen Russland an, er lieferte auch keine Waffen an die Ukraine, doch die Volte, ausgerechnet den jüdischen Präsidenten der Ukraine als einen Nazi darzustellen, hatte er nicht mitgemacht. Im Gegenzug ließ sich Putin Zeit, für die Angehörigen der israelischen Opfer mitfühlende Worte zu finden. Dagegen beeilte er sich, Vertreter der palästinensischen Terrororganisation im Kreml zu empfangen.

Dass die Russische Föderation immer noch ihr Veto-Recht im Weltsicherheitsrat nutzen darf, erzeugt zunehmend mehr Unmut. Obwohl die russische Regierung mit dem Angriffskrieg massiv gegen die UN-Charta verstößt, legt sie Wert auf die Anwesenheit in diesem Gremium, das sie selbst nicht respektiert, sondern schwer in seinem Ansehen beschädigt. Ähnlich verhält es sich mit dem Menschenrechtsrat der Vereinten Nationen. Eine große Mehrheit der Vollversammlung der Vereinten Nationen hatte nach den mutmaßlichen Kriegsverbrechen der russischen Armee im ukrainischen Butscha für eine Aussetzung der Mitgliedschaft Russlands aus dem Menschenrechtsrat gestimmt. Ein Jahr später kandidierte Moskau wieder für einen Sitz. Die geheime Wahl wurde als Test dafür gesehen, wie salonfähig das Aggressorland wieder ist. Das Votum war erfreulich einhellig. Für Bulgarien und Albanien stimmten 160 bzw. 123 Länder in der UN-Vollversammlung, Russland unterlag mit 83 Stimmen. Die Hoffnung, dass sich die Länder des sogenannten globalen Südens auf seine Seite schlagen, ging nicht auf.

Putins Strategie ist immer gleich. Seine Politik, ob innen oder außen, hat die Aushöhlung der Institutionen zum Ziel. Die UN-Charta wird unterlaufen, Wahlen werden gefälscht und somit als Abbild des wahren Kräfteverhältnisses entwertet. Ob Faschismus, Nazis, Demokratie, Föderation, Menschenrechte, Terrorbekämpfung, Parlamente, Justiz, Presse bis hin zum Krieg, der Spezialoperation genannt wird – all diese Bezeichnungen hat Putin ihres Sinns beraubt. Er verwendet sie in einer Weise, die mit ihrer ursprünglichen Bedeutung nichts mehr zu tun hat. Fatal ist, dass viele Menschen in Russland glauben, man spreche immer noch dieselbe Sprache. Doch Putin und seine Propagandisten haben wie viele andere Institutionen auch ihre Muttersprache gekapert und sind dabei sie zu entkernen. Der Schaden ist gigantisch, denn im Bewusstsein vieler Russinnen und Russen – und dort, wohin die Inhalte der russischen Trollfabriken reichen – geht das Wissen um die ursprüngliche Bedeutung von Worten verloren und die Menschen merken nicht, dass von völlig unterschiedlichen Dingen die Rede ist, wenn zum Beispiel von der Presse gesprochen wird, damit aber keine unabhängige Berichterstattung gemeint ist, sondern diese den Propagandakanälen längst Platz gemacht hat.

Schon seit Jahren wird eine Reform des UN-Sicherheitsrates angemahnt. Der ukrainische Präsident Wolodymyr Selenskyj, der dort im September 2023 als Gast geladen war, wurde deutlicher als andere Kritiker zuvor. Die Veto-Macht in Händen des Aggressorstaates habe die UNO in eine Sackgasse geführt, man solle Russland das Veto-Recht entziehen. Alle Maßnahmen der UNO, sei es durch den Sicherheitsrat oder die Generalversammlung, die diese Aggression hätten stoppen können, seien durch das Privileg, das dem Aggressor mit diesem Sitz eingeräumt wird, zunichte gemacht worden. Die Menschheit setze ihre Hoffnungen nicht mehr auf die UNO, wenn es um die Verteidigung der souveränen Grenzen der Nationen geht. Im gegenwärtigen System sei die Suche nach echten Lösungen durch das Streben nach einem Kompromiss mit Mördern ersetzt worden. Die 193 Mitgliedsstaaten sollten das Veto eines Mitglieds im Sicherheitsrat mit Zweidrittelmehrheit »suspendieren« können, schlug er vor. Der Rat solle größer werden und Deutschland einen ständigen Sitz einräumen. Selenskyj bekam viel Unterstützung. Vor allem den afrikanischen Ländern sprach er mit dem Ruf nach Reformen aus dem Herzen. Unter anderem, weil Russlands Einmischung die Friedensbemühungen der Vereinten Nationen auf dem Kontinent untergrabe. Dort finde die Mehrheit der UN-Blauhelm-Missionen statt. Doch im Rat seien immer nur drei afrikanische Staaten ohne Veto-Recht erlaubt. In fast der Hälfte der Sicherheitsratssitzungen 2022 würden afrikanische Themen behandelt, aber noch immer werde viel mehr über Afrika statt mit Afrika gesprochen.

An Russland selbst prallen solche Worte ab, weil man sich in Sicherheit wiegt, und das zu Recht, bislang zumindest wurde keine Reform des obersten UN-Gremiums angekündigt, geschweige denn das Veto-Recht Russlands in Frage gestellt, auch wenn bekannt ist, welche Strategie es beispielsweise in afrikanischen Staaten verfolgt. Und so konnte Außenminister Sergej Lawrow bereits zwei Tage nach Prigoschins Aufstand im Juni 2023 zur gewohnten Tagesordnung übergehen: Die Söldnergruppe Wagner werde trotz ihres abgebrochenen Aufstands in Russland weiter ihre Einsätze als »Ausbilder« in Mali und der Zentralafrikanischen Republik ausführen. Die Revolte der paramilitärischen Organisation werde die Beziehungen zwischen Moskau und seinen Verbündeten nicht beeinträchtigen.

Es sagt eine Menge aus über eine Regierung, die eine solche Bande finanziert und für ihre Zwecke einspannt. Spätestens Prigoschins Tod wäre ein Anlass gewesen, sich ihrer zu entledigen. Hat sie doch Putins Macht auf offener Bühne angegriffen. Regierungschef Michail Mischustin stach als einer der wenigen hervor, die sich überhaupt mit dem Präsidenten solidarisierten, das Schweigen in der politischen Klasse war bezeichnend. Prigoschin hatte sich unmittelbar nach dem Putsch gerechtfertigt. Er sei aus rein patriotischen Motiven nötig gewesen. Seine Organisation würde ausschließlich im Interesse Russlands agieren, auch in Afrika und im arabischen Raum. Aber aufgrund von Intrigen habe die Existenz der Wagner-Gruppe am 1. Juli beendet werden sollen. Dagegen habe man protestieren wollen, jedoch nicht, um die Obrigkeit im Land zu stürzen. Tatsächlich hatte Verteidigungsminister Schoigu verlangt, dass sich die Privatarmee in die regulären Streitkräfte einfügt. Sein Ziel war es gewesen, Prigoschin das Kommando zu entziehen und dessen Alleingänge damit zu beenden.

## Der König ist tot, es lebe der König – Prigoschins Nachfolger

Nach Prigoschins Tod muss der Umgang mit der Spezialeinheit neu geordnet werden. Auch ihre zukünftige Führung steht zur Debatte. Eine Zeitlang sah es so aus, als ob die Wagner-Truppe – unter welcher Führung auch immer – von Belarus aus ihr Unwesen in Richtung NATO-Grenze treiben könnte. Doch statt der mindestens 5000 erwarteten Söldner, für die schon Feldlager errichtet worden waren, tauchten dort nur 500 auf. Womöglich hat Putin noch während der Meuterei, als er Verhandlungen mit Prigoschin, vermittelt durch Lukaschenko, zustimmte, den Amtskollegen in Minsk nicht nur benutzt, sondern auch getäuscht. Putin hatte mutmaßlich nie vor, in Belarus ein Ausbildungslager oder einen Wagner-Stützpunkt zu installieren. Es war Lukaschenko, dem dieser Vorschlag gefiel. Für Putin hätte er bedeutet, dass die »Musikanten«, wie die Wagner-Leute auch bezeichnet werden, nach ihrem Umzug nach Belarus deutlich dichter an Moskau herangerückt wären. Ihr bisheriger Standort in Molkin im Gebiet Krasnodar war fast 1400 Kilometer von der russischen Hauptstadt entfernt, der in Belarus wäre nur noch 700 Kilometer weit weg gewesen. Damit stünde die Truppe im Ernstfall viel schneller vor den Kreml-Toren, als dem Präsidenten lieb sein kann. Trotzdem hat allein die Idee, die Wagnerianer nach Belarus zu schicken, in Polen, in den baltischen Ländern und in der NATO für Nervosität gesorgt.

Einen Monat nach dem vermeldeten Tod des Milizenführers hieß es aus Kiew, dass die Wagner-Söldner wieder im Osten der Ukraine gesichtet worden seien. Ob sie aus Russland oder Belarus gekommen waren, blieb zunächst im Dunkeln. Auch ob sie inzwischen Verträge mit Russlands Verteidigungsministerium abgeschlossen hatten und nun unter dessen Oberkommando an der Front kämpften. Putin bemühte sich ganz augenscheinlich nicht mehr, Distanz zu der Einheit zu wahren. Als sei es eine Angelegenheit von allerhöchstem Interesse, empfing er einen der Wagner-Kommandeure, Andrej Troschew, mit dem er vor laufender Kamera die Zukunft des umstrittenen »Orchesters« besprach.

Troschew ist ein alter Bekannter, Oberst im Ruhestand, vielfach ausgezeichnet. Er war in Afghanistan, Tschetschenien und Syrien, wo er an den allerersten Wagner-Operationen für Diktator al-Assad teilnahm. In Prigoschins Unternehmen bekleidete er die Funktion des Exekutivdirektors der Kampftruppe. Troschew gehört zum Petersburger Kreis, wurde wie Putin dort geboren, ist aber zehn Jahre jünger als dieser. Im Dezember 2016 lud Putin ihn zusammen mit Dmitri Utkin zu einem Empfang im Kreml ein. Auf Protokoll-Fotos von der Veranstaltung ist an Troschews Jacke der Orden »Held Russlands« erkennbar. Ob er ihn frisch verliehen bekommen hatte, ist ungewiss, denn das Dekret des Präsidenten, das üblicherweise diese Auszeichnung annonciert, ist nicht öffentlich zugänglich.

Der drahtige Offizier hatte sich nach der Meuterei von Prigoschin distanziert. »Sedoi«, der »Grauhaarige«, wie er sich nennt, genießt erkennbar Putins Vertrauen, denn schon bei einem Kreml-Treffen Ende Juni 2023, an dem Prigoschin noch teilnahm, schlug der Präsident den anwesenden Söldnern vor, ihren Dienst unter Troschews Kommando fortzuführen. Er ist die graue Eminenz im Wagner-Imperium, zuständig für die Aufrechterhaltung des Geheimhaltungsregimes sowie für die personelle, finanzielle und informationelle Sicherheit. Er dürfte damit Zugang zu den sensibelsten Daten haben.

Den damals noch lebenden Prigoschin hat der Seitenwechsel Troschews wohl schockiert, denn vermutlich kennt keiner die internen Strukturen der Prigoschin-Unternehmen besser als der Sicherheitschef. An Troschews Seite bei dem Gespräch im Kreml Ende September 2023 saß der stellvertretende Verteidigungsminister Junus-bek Jewkurow, der wenige Tage nach dem vermeldeten Prigoschin-Tod sowohl in Burkina Faso, in Mali als auch in Libyen gesichtet worden war. Quellen wie das russische Investigativportal *The Insider* und die *New York Times* berichteten, dass der Vize-Minister sogar schon vor Prigoschins Flugzeugabsturz in Afrika war. Sein Besuch soll der »Neuverhandlung der Beziehungen« gedient haben, was wohl im Klartext bedeutete, dass sich die Regierung sowohl die Firmen als auch die Aufträge des »Dirigenten« sichern wollte. Außerdem kündigte Jewkurow an, dass die Söldner in Afrika bleiben werden, aber künftig unter der Führung des russischen Militärgeheimdienstes GRU. Der Auslandsgeheimdienst SWR wiederum soll laut *The Insider* Anspruch auf die Trollfabriken erhoben haben.

Kurz nach Jewkurows Trip wurde bekannt, dass das Wagner-Unternehmen auf dem afrikanischen Kontinent durch eine militärische Sicherheitsfirma namens Konvoi ersetzt werden soll. Ob Konvoi das umbenannte Wagner-Corps sein wird oder es sich dabei tatsächlich um eine Neugründung handelt, ist noch nicht bekannt. Nur dass Konvoi von der zweitgrößten Bank Russlands, der VTB, finanziert werden soll, und von Unternehmen, die mit dem Putin-Vertrauten Arkadi Rotenberg verbunden sind.

Hinter den Kulissen des Prigoschin-Imperiums ist also vieles in Bewegung geraten. Mit den größten Auseinandersetzungen ist beim Kampf um Prigoschins zahlreiche Firmen zu rechnen. 149 Unternehmen sind es offiziell. Deren Kontrolle könnte Pawel Prigoschin anstreben, sein 25-jähriger Sohn. Wenn es ihm denn gelänge. Denkbar, dass sein Widerstand gegen die Enteignung der väterlichen Besitztümer für ihn lebensgefährlich wird. Die Gesamteinnahmen des Firmenkonglomerats sollen im Jahr 2022 rund 75 Milliarden Rubel betragen haben, also über 730 Millionen Euro. Wohlbemerkt umfasst diese Summe nur die bekannten und sichtbaren Geschäfte. Aber selbst in diesem Fall hat Prigoschin zur Gruppe der 200 reichsten Russen gehört.

Nicht eingerechnet sind in diese Einnahmen die fast eine Milliarde Euro staatlicher Subventionen für die Privatarmee, die Putin zugegeben hat, sowie noch einmal fast eine Milliarde Euro für die Concord-Betriebe, die die Privat-Armee verpflegten.

Der Bonner Politikwissenschaftler Andreas Heinemann-Grüder vergleicht die russische Privatmiliz Wagner mit den Einsatzgruppen der Sicherheitspolizei und des Sicherheitsdienstes der SS und mit der Waffen-SS während des Nationalsozialismus sowie mit Todesschwadronen, also terroristischen Gruppen, die im Auftrag oder mit Billigung eines Staates morden. Die Gruppe Wagner sei eine staatsterroristische Verfügungsgruppe und damit Inbegriff dessen, was die russländische Propaganda dem extrem nationalistischen ukrainischen Regiment Asow vorhalte.

### Privatarmeen und der innerrussische Machtkampf

Dass nichtstaatliche Akteure überhaupt Gewalt ausüben dürfen, erhöht die Gefahr für einen innerrussischen Machtkampf, der Putin am Ende das Amt kosten könnte. Diese Büchse der Pandora hat er selbst geöffnet. Ihn würde mindestens eine Mitschuld treffen, sollte sein Reich nach einem verlorenen Krieg gegen die Ukraine in einem Bürgerkrieg versinken und zerfallen. Letzteres Szenario wird von der russischen Propaganda immer wieder wie der Teufel an die Wand gemalt. Es soll Unsicherheit schüren und die Menschen warnen, dass ihre Zukunft ohne Putin noch düsterer aussehen würde.

Es ist der Präsident selbst, der nichts gegen die Gründung von immer mehr Privatarmeen in Russland unternimmt. Vermutlich hält er sie für ein zusätzliches Gewaltinstrument in seinen Händen, jenseits der regulären Sicherheitskräfte. Aber spätestens nach Prigoschins Extratour dürfte auch er ahnen, dass diese Truppen außer Kontrolle geraten und sich gegen ihn richten können. Im für ihn schlimmsten Fall könnte ihm sogar der immer stärker aufgeblähte Apparat der Silowiki, der bewaffneten Organe, nichts mehr nützen.

Der Politologe Abbas Galljamow hat dem Ex-Söldnerboss Prigoschin ein großes zerstörerisches Potential bescheinigt. Jemand wie er hätte tatsächlich einen Bürgerkrieg auslösen können. Bürgerkrieg meine in dieser Situation nicht, dass eine Partei gegen eine andere kämpft, sondern jeder gegen jeden. Viele nähmen wahr, dass im gesamten Land eine explosive Stimmung herrsche. Der russische Politologe Wladimir Pastuchow beschrieb es mit einem Bild: Es sei wie bei einem Benzinkanister, von dem bereits Dämpfe aufsteigen, und es genügt, dass diese sogenannten Turbo-Patrioten oder jemand von der Regierung ein brennendes Streichholz daranhalten. Und schon geht das Ganze hoch.

# Gefahr von rechts außen

Auf die angebliche Unfähigkeit von Verteidigungsminister Sergej Schoigu und General Waleri Gerassimow hinzuweisen, wurde Prigoschin nicht müde. Seine Verbalattacken gegen sie wollte er als einen Ruf nach weit größeren Anstrengungen verstanden wissen. Er drängte darauf, die Rüstungsindustrie auf Kriegswirtschaft umzustellen, die kläglichen Reste der bürgerlichen Rechte abzuschaffen. Sein Rezept: das ganze Land in eine Kaserne verwandeln. Oder Russland werde in der Ukraine verlieren. Beigesprungen ist ihm ein alter Bekannter aus früheren Tagen: Igor Girkin, eines der »grünen Männchen« bei der Annexion der Krim. Und, wie die Wagner-Truppe, an der Aufwiegelung der prorussischen Separatistenmilizen in der Ostukraine maßgeblich beteiligt. Auch Girkin sollte für seine Kritik an der Armeeführung nicht ungeschoren davonkommen. Russlands Justiz hat den ehemaligen Militärgeheimdienstmann im Juli 2023 verhaftet. Aber nicht wegen seiner mutmaßlichen Kriegsverbrechen in der Ostukraine seit 2014.

Dort hat er schließlich im Auftrag des Kremls mit den ukrainischen Separatisten zusammen das Terror-Regime aufgebaut und es zum »Verteidigungsminister der Donezker Volksrepublik« gebracht. Nach dem MH-17-Prozess 2022, als er in den Niederlanden wegen Mordes an 298 Flugzeugpassagieren zu lebenslanger Haft verurteilt worden war, wurde er abgesetzt und beschränkte sich danach auf seine Rolle als Beobachter. Seine Kommentare wurden immer bissiger. Strelkow, wie er sich selbst nennt, kannte keine Mäßigung.

Wie anderen ultranationalistischen Bloggern auf diversen Internetkanälen konnte dem Ex-Geheimdienstler mit dem markanten Schnauzbart das Vorgehen gegen die Ukraine gar nicht hart genug sein. Ginge es nach ihm, hätte er die russische Gesellschaft und Wirtschaft sehr viel stärker für den Krieg eingespannt. Außerdem sprach er sich für eine »Säuberung« derjenigen aus, die Einwände gegen die Invasion äußerten. Doch auch das war nicht der Grund für seine Festnahme. Stein des Anstoßes war vielmehr seine Fundamentalopposition gegen Wladimir Putin, den er unter dem Namen Strelkow, Igor Iwanowitsch in einem *Telegram*-Post am 18. Juli 2023, ein halbes Jahr vor der Präsidentschaftswahl und Putins fünfter Kandidatur, als ein »Nichts« bezeichnete: »Seit 23 Jahren wird das Land von einem Nichts geführt, der es geschafft hat, einem großen Teil der Bevölkerung Sand in die Augen zu streuen. [...] Das Land wird keine weiteren sechs Jahre mit diesem feigen Penner an der Macht ertragen.« Zuvor war wie bei Prigoschin vor allem »Sperrholz-Marschall« Sergej Schoigu Ziel seiner Verbalattacken. Seine Verhaftung wurde mit Artikel 280 des russischen Strafgesetzbuchs begründet: Extremismus.

## Kriegsberichterstattung ohne Journalisten

Die Militärblogger oder »Wojenkory«, sogenannte Militärkorrespondenten, kritisierten die russische Armee weitaus härter als es jeder liberale Oppositionelle, Journalist oder einfache Bürger je gewagt hätte. Sie blieben aber über ein Jahr völlig unbehelligt, obwohl der russische Informationsraum immerzu gründlichst »gesäubert« und die Berichterstattung über den Krieg in der Ukraine engmaschig kontrolliert wird. Sie sind die Einzigen, die das Frontgeschehen überhaupt verfolgen können. Somit füllen sie – auf ihre Weise – das Informationsvakuum. Selbstredend haben darin Berichte über Kriegsverbrechen keinen Platz.

Militärblogger stehen mit den kämpfenden Einheiten in engem Kontakt und sind mit dem russischen Verteidigungsministerium und anderen Sicherheitsbehörden verbunden. Sie registrieren auch untereinander genau, was in den Kanälen der anderen wichtigen Stimmen läuft. »Seit vielen Jahren versorgen sie die rechtsextremen Teile Russlands mit kriegsbefürwortender, antiwestlicher und antiukrainischer Propaganda. Und sie haben in vielerlei Hinsicht die Marke der Wagner-Gruppe und die russische Art des Krieges populär gemacht«, sagt Candace Rondeaux, die Leiterin des Future-Frontlines-Programms der New America Foundation.

Erst der Terroranschlag auf den Blogger Maxim Fomin im April 2023 in Sankt Petersburg warf ein anderes Schlaglicht auf die Szene. Er brachte ins Bewusstsein zurück, dass Militärblogger viele Feinde haben, von der Ukraine einmal ganz abgesehen. Zum Beispiel Kriegsgegner in Russland. Auf sie fiel bei dem Attentat der Anfangsverdacht. Möglich wäre jedoch auch, dass hinter dem Anschlag, der während einer Pro-Kriegsveranstaltung in einem Prigoschin zugeordneten Café verübt wurde, eine ganz andere Gruppierung stand. Jemand, der den markigen Kommentaren von Wladen Tatarski, wie Fomins Pseudonym lautete, ein für alle Male ein Ende bereiten wollte.

Tatarski verschaffte sich unter seinen 500 000 Followers als einer der schärfsten antiukrainischen Hetzer und Einpeitscher Gehör. Er rief offen zum Völkermord am ukrainischen Volk, zum totalen Krieg und zu Flächenbombardements auf. Gleichermaßen griff er die russische Armeeführung an, der er Versagen auf dem Schlachtfeld vorwarf und für die er ein Tribunal forderte. Er bezeichnete hochrangige russische Offiziere als »untrainierte Idioten«. Vor seiner Zeit als Kämpfer in der Ostukraine, wo er geboren wurde, saß er als verurteilter Bankräuber im Gefängnis. Auch an der Invasion 2022 beteiligter er sich. Zusammen mit anderen »Kriegsberichterstattern« wurde er in den Kreml eingeladen und für die »Berichterstattung über die Sonderoperation der Russischen Föderation in der Ukraine« geehrt. Die Auszeichnung überreichte der stellvertretende Leiter der russischen Präsidialverwaltung Sergej Kirijenko, der Mann, der auch die Nachrichten bei *Yandex* filtern ließ und immer noch lässt. Präsident Putin würdigte Tatarski posthum mit dem Tapferkeitsorden sowie mit der Medaille »Für die Befreiung von Mariupol«.

Girkin wie auch Tatarski und letztlich auch Prigoschin wurden, freilich mit unterschiedlichen Methoden, 2023 in ihrer Bloggertätigkeit jäh gestoppt. Auch kleinere Lichter in der Szene nimmt sich der Staat seither vor. Wladimir Kwatschkow, der wie Girkin pensionierter Oberst des russischen Militärgeheimdienstes ist, wurde wegen Diskreditierung der Streitkräfte angeklagt. Das war bislang ein Straftatbestand, der gegen linke Kritiker des Krieges erhoben wurde. Doch der 74-Jährige hatte laut der russischen Tageszeitung *Kommersant* am 18. Juli 2023 als Mitglied einer Gruppe hartgesottener, zumeist pensionierter Offiziere an der Militärkampagne des Kremls kein gutes Haar gelassen, während er gleichzeitig für den »Übergang von der Spezialoperation zu einem ausgewachsenen Krieg gegen die ukrainische Armee« eintrat. Dass er dafür juristisch belangt werden sollte, behagte ihm gar nicht. Schließlich würde er »nur« die politische Führung des Landes und die russische Militärführung kritisieren, aber doch nicht die Armee diskreditieren. Fasst das Gericht den Vorgang als Ordnungswidrigkeit auf, muss der Oberst eine Geldstrafe von bis zu 50000 Rubel zahlen, rund 500 Euro. Kein Grund zu großer Aufregung.

Anders verhält es sich bei der Entlassung von Generalmajor Iwan Popow aus seiner Funktion als Kommandeur der 58. Armee, die die Ukraine an der Südfront bei Saporischja angreift. Sein Rauswurf kam für alle, auch für ihn selbst, unerwartet. Mit den Worten »Gute Nacht, meine geliebten Gladiatoren« wandte er sich an seine Soldaten. Er erklärte ihnen, dass er geschasst wurde, weil er bei Generalstabschef Gerassimow die hohen Verluste unter seinen Soldaten durch die feindliche Artillerie beklagt habe. Schuld sei der Materialmangel, um Gegenangriffe zu starten, sowie die fehlende Aufklärung. »All dies habe ich offen und in aller Schärfe zum Ausdruck gebracht.« Popow konnte es nicht glauben, dass er nach dieser Äußerung noch am selben Tag, dem 12. Juli 2023, entlassen wurde. »Unsere Verteidigung vorn konnte vom Feind nicht durchbrochen werden, aber unser Oberbefehlshaber hat uns von hinten angegriffen. Er hat die Armee in der angespanntesten Lage heimtückisch und gemein enthauptet.«

Der angesehene Spartak, wie sich Popow nennt, war angeblich bekannt dafür, das Leben seiner Untergebenen zu schonen. In der ultrarechten Bloggerszene erhob sich nach der Entlassung des Generalmajors ein Sturm der Entrüstung. Jegor Gusenko, ein Freiwilliger aus Sankt Petersburg, der in den besetzten Gebieten der Region Cherson kämpft, kommentierte in seinem *Telegram*-Kanal »Dreizehn«: Das, was dem angesehenen Kampfgeneral widerfahren sei, könne man nur als Verrat bezeichnen. »Auch über Surowikin wird geschwiegen, jeder lügt dreist und verschweigt die Wahrheit.« Gemeint ist der General, der Prigoschin bei der Meuterei zur Mäßigung aufgerufen hatte, den der Kreml aber für einen Komplizen hält.

Der Einfluss der Blogger ist vor allem gewachsen, weil Russland hart gegen westliche Social-Media-Plattformen wie *Twitter* und *Instagram* vorgegangen ist. Auch *Telegram* sollte blockiert werden. Anlass war für den FSB ein Terrorangriff in der Metro von Sankt Petersburg 2016. Telegram wurde aufgefordert, die Verschlüsselungscodes von privaten Chats herauszugeben, weigerte sich aber, weil die Attentäter gar keinen Account bei *Telegram* gehabt hätten, wie Pawel Durow, Gründer des Chatdienstes, damals zu Protokoll gab. 2018 erlaubte ein Gericht trotzdem die Blockierung in Russland. Damit begann ein Katz-

und-Maus-Spiel. *Telegram* wechselte ständig die IP-Adressen seines Datenverkehrs, wobei ihm *Amazon Web Services* oder *Google Cloud* halfen.

Von der Blockade waren auch Websites wichtiger russischer Medien und Unternehmen betroffen. Auch die Seiten der Medienaufsichtsbehörde Roskomnadsor wurden unfreiwillig gesperrt. Wirkung entfaltete die Blockade nur bei 30 Prozent der Nutzer, auch weil viele wussten, wie man die Sperrung mit verschlüsselten VPN-Verbindungen oder Proxyserver umgehen konnte. Die Wirtschaft erlitt durch die Ausfälle von Onlinespeichern, elektronischen Bezahlsystemen und anderen Kundendiensten Verluste in Milliardenhöhe. Otschir Mandschikow, PR-Chef der russischen Suchmaschine *Yandex,* kritisierte: »Der Versuch, *Telegram* zu blockieren, ist zu einem unerwarteten Schlag gegen das ganze Ru-Net geworden.« Im Juni 2020 gab die Medienaufsicht Roskomnadsor *Telegram* wieder frei.

## Rechtsextreme Opposition in Putins Machtgefüge

Wie in vielen anderen Ländern ist der Messengerdienst *Telegram* auch unter russischen Rechtsextremen sehr beliebt. Die Militärblogger sind vor allem in diesem politischen Spektrum zu finden. Als die russische Armee immer mehr Misserfolge erlebte, fanden auch ganz normale Nutzer nur bei *Telegram* Informationen über die Niederlagen und ihre Gründe. Andere Medien verschwiegen, was an der Front schlecht lief. In diesem Moment wurde die militant-nationalistisch eingestellte Gruppe – bedauerlicherweise – zu einer wichtigen Informationsquelle über russische Konflikte, auch für unabhängige Beobachter im In- und Ausland. Darüber hinaus führten die Blogger für alle Welt sichtbar die staatlich gelenkte Informationspolitik vor.

Aber geht von dieser rechtsextremen Opposition eine Gefahr für das Putin-Regime aus? Noch stehen sie ausdrücklich hinter dem Krieg. Von ihm machen sie das Überleben Russlands abhängig und teilen die offizielle Lesart, dass er gebraucht wird, um die Größe des russischen Imperiums wiederherzustellen. Sie drängen auf mehr Effizienz. Wenn sie noch heftiger die Kriegstrommeln schlagen, es darauf anlegen, dass sich der Krieg gegen NATO-Länder ausweitet, könnte das immer noch im Sinne Putins sein. Aber was, wenn sich ihre Kritik kollektiv und nicht nur bei Einzelnen wie Prigoschin und Girkin gegen den Präsidenten richtet? Was, wenn sie mit einem alternativen Gesellschaftskonzept aufwarten?

Die Militärblogger haben die Fähigkeit, unter ihren Anhängern sowohl Rekruten als auch Geld zu mobilisieren. Noch geschieht das alles in Übereinstimmung mit Putins Kriegszielen. Er betrachtet die materielle Unterstützung der Armee mit Wohlgefallen und scheut sich, neue Einberufungskampagnen zu starten. Dass die Blogger aber auch die Rückendeckung von einigen der reichsten Menschen Russlands genießen, könnte sie gefährlich mächtig machen und zur Bedrohung für Putin werden. Noch sind sie in einem Raum unterwegs, der nicht flurbereinigt ist. Noch fühlen sie sich offenbar sicher. Vielleicht zu sehr, wie sich beim letzten Auftritt Tatarskis herausstellte. Keiner der Gäste war auf Waffen oder Sprengstoff untersucht worden. Der Attentäter kann auch aus den Geheimdienstkreisen geschickt worden sein.

Die russische Armee nennt sich selbst gern die zweitstärkste der Welt. Nach der US-amerikanischen? Niemals, fand Prigoschin. An erster Stelle stand für ihn seine Truppe, als beste Armee der Welt. Es gibt einige Beispiele, die an der Qualität der angeblich so aufwändig modernisierten russischen Streitkräfte zweifeln lassen. So konnten zwei Drohnen ungehindert den Kreml, das Wahrzeichen der jeweiligen Herrscher in Moskau, erreichen. Später schockierten ganze Drohnenschwärme die Hauptstädter und Bürger anderer Regionen. Dass alle Zwischenfälle tatsächlich von der Ukraine aus vorbereitet und durchgeführt worden sind, ist nicht bewiesen. Die Ukraine bekennt sich grundsätzlich nicht zu solchen Angriffen. Zumindest einige könnten auch von russischen Kriegsgegnern ausgegangen sein. Oder aus den Silowiki selbst kommen, denen man noch ganz andere Aktionen zutraut, seitdem sie 1999 – wie Eingeweihte behaupten – drei Wohnblöcke in Moskau in die Luft gesprengt haben, um diese Taten tschetschenischen Terroristen anzuhängen. Die Folge war der Krieg gegen Tschetschenien, der zehn Jahre währte. Was, wenn die Geheimdienste dieses Mal solche Angriffe unbemannter Flugkörper benutzen, um ein noch schärferes Vorgehen in dem Krieg gegen die Ukraine zu rechtfertigen?

Eindeutig zuzuordnen war dagegen ein Überfall auf die Region Belgorod, den die russische Armee nicht stoppte oder stoppen konnte. Hier kamen neben der Wagner-Privatarmee weitere Player ins Spiel: ein sogenanntes Russisches Freiwilligenkorps und die Legion der Freiheit Russlands – beide bewaffnete Putin-Gegner und militärische Unterstützer der Ukraine. Sie trugen den Krieg über die Grenze zurück nach Russland. Alexej Baranowski von der Legion der Freiheit Russlands klang nach dem gelungenen Coup am 22. Mai 2023 freudig überrascht und stellte weitere Vormärsche auf russisches Gebiet in Aussicht. Dass das Freiwilligenkorps und die Legion überhaupt russisches Territorium angreifen konnten, sei ein Armutszeugnis für die Streitkräfte, tobte Jewgeni Prigoschin. Er nannte die Landesverteidigung in seinem Telegram-Kanal am 23. Mai 2023 vollkommen unfähig. In keinem Staat, der einen Konflikt mit seinem Nachbarland austrägt, könne man einfach so die Grenze passieren. »Aber bei uns kann man von der Ukraine aus, die jetzt im Krieg unser Feind ist, in aller Seelenruhe mit Panzern in unser Land hineinfahren. Mich würde es nicht wundern, wenn sie morgen bis nach Moskau kommen.«

Sind es vielleicht sogar diese Freischärler gewesen, die Prigoschin damals auf die Idee brachten, einen Marsch auf die Hauptstadt zu organisieren? Man wird es nicht mehr erfahren. Fest steht, dass die Freischärler langfristig genau dieses Ziel verfolgen: von Brjansk und Belgorod aus bis auf den Roten Platz vorzudringen. Sie zählen auf die Unterstützung der Bevölkerung. Dass sie wirklich schon Hunderttausende Anträge von Personen bekommen haben, die sich ihnen mit der Waffe in der Hand anschließen wollen, dürfte allerdings eine maßlose Übertreibung sein. Denn nur wenige Russen wollen überhaupt kämpfen, nicht als Freischärler und auch nicht als reguläre Soldaten. Bis zu 300000 Männer haben schließlich bei der Mobilmachung im Herbst 2022 Hals über Kopf das Land verlassen.

Die Freischärler hoffen außerdem auf Angehörige der indigenen Völker in Russland. In den unterschiedlichen Republiken der Russischen Föderation gärt es, sodass die selbsternannten Freiheitskämpfer auch auf diesen Teil der Bevölkerung spekulieren. »Diese nationalen Gruppen werden mitentscheiden, wie es in Russland nach dem Krieg weitergeht. Wir rufen sie auf, für die Ukraine zu kämpfen, den Widerstand gegen Putins Aggression zu verstärken und dann – wie unser Korps und die Legion – nach Hause zurückzukehren und die Zukunft ihrer Region in die Hand zu nehmen.«

# Die »versklavten Völker« der Russischen Föderation

Moskaus Angriffskrieg wird oft als kolonial und imperial beschrieben. Putin will mit der Eroberung der Ukraine die Russische Föderation flächenmäßig vergrößern. Russland, die Ukraine und Belarus, das Putin längst eingemeindet hat, würden dann das von ihm viel zitierte Neurussland bilden. In einem merkwürdigen Kontrast dazu steht, dass Putin immer wieder vor dem Zerfall Russlands warnt, wenn er Parallelen zur Oktoberrevolution am ausgehenden Ersten Weltkrieg zieht, der das Ende des Zarenreiches zur Folge hatte, oder zur Perestroika des sowjetischen Präsidenten Michail Gorbatschow, die in das Auseinanderbrechen der UdSSR mündete. Es ist seine Art, Ruhe und Gehorsam einzufordern.

Gibt es also Anzeichen für ein mögliches Zerbrechen des Reichs, wie die Russen ihr Land immer öfter in Anlehnung an das Zarenreich nennen? Von den 83 Föderationssubjekten, in die die Russische Föderation unterteilt ist, sind 21 Republiken, die für nicht-russische Ethnien geschaffen wurden. Zumeist handelt es sich dabei um wirtschaftlich abgehängte Regionen. Die Regierung zählt die annektierten und einverleibten Gebiete Krim, Sewastopol, Donezk, Luhansk, Saporischja und Cherson als Subjekte zwar mit, doch völkerrechtlich ist das bedeutungslos, sie gehören nach wie vor zur Ukraine.

Eine schon immer schwer zu befriedende Region ist Tschetschenien. Die Teilrepublik ist mit weniger als zwei Millionen Einwohnern eher ein Leichtgewicht, aber die unbeugsamen

Tschetschenen machten Russland schon zu Zarenzeiten das Leben schwer. Zwar gelang es den Separatisten weder im ersten Tschetschenienkrieg von 1994 bis 1996 noch im zweiten, der mit Putins Amtszeit als Ministerpräsident 1999 begann, die Teilrepublik aus der Russischen Föderation herauszulösen. Doch das heißt nicht, dass sie es nicht wieder versuchen würden.

### Moskaus Statthalter in Tschetschenien

In Tschetschenien gärt es immer. Deswegen hat Putin seinem dortigen Statthalter Ramsan Kadyrow 2006 erlaubt, eine eigene Armee zu unterhalten. Damals war Kadyrow für das Präsidentenamt noch zu jung, wurde zunächst »nur« Premierminister. Der Moskau-Kollaborateur hat jedoch schon in seinen Anfangstagen innerhalb der tschetschenischen Gemeinschaft viele gegen sich aufgebracht. Diese Tschetschenen verbindet der Hass auf Putin. Er ist so groß, dass sie in der Ukraine gegen die russischen Truppen kämpfen. Damit stehen sich an der Front Vertreter beider Lager gegenüber. Die Kadyrow-Einheiten und – in der internationalen Legion der Ukraine – das Scheich-Mansur- und das Dschochar-Dudajew-Bataillon. Sie sind Anhänger eines Itschkeriens, also eines freien Tschetscheniens. Für eine solche, dann unabhängige Republik wären sie bereit, einen dritten Befreiungsschlag zu starten.

Kadyrows Männer, so heißt es auch aus ukrainischen Kreisen, sind längst nicht überall so stark, wie ihr Chef sie darstellt. Seine Truppe wird spöttisch das Tiktok-Bataillon genannt, weil sich die Kämpfer ständig gegenseitig filmen. Aber Kadyrow ist mit ihnen immer dann zur Stelle, wenn Präsident Putin Hilfe braucht. 2014, als er den Krieg in der Ostukraine anzettelte. Und erst recht seit Februar 2022.

Kadyrows Leute waren in Butscha und in Mariupol, wo schwerste Kriegsverbrechen begangen wurden. Das ist die Methode, die sie am besten beherrschen. Mit der Putin-Lakai Kadyrow auch sein Terrorregime im Inneren durchsetzt. Vor allem die demokratische Opposition, die Zivilgesellschaft und die freie Presse sowie Menschen, die sich der LGBT-Community zurechnen, haben keinen Platz in dessen Herrschaftsbereich. Ihre Vertreter werden verfolgt und misshandelt, wie zuletzt die Journalistin Jelena Milaschina, die über einen Gerichtsprozess in Grosny berichten wollte.

Die 53-jährige Sarema Musajewa war bei Kadyrow in Ungnade gefallen, weil einer ihrer drei Söhne einen kritischen *Telegram*-Kanal gegründet hatte, der von den Behörden als terroristisch eingestuft wurde. Die Familie hatte Tschetschenien verlassen und war nach Nischni Nowgorod geflohen. Doch von dort wurde Sarema Musajewa entführt und unter fadenscheinigen Vorwänden zurück nach Tschetschenien gebracht und angeklagt. Wer sich für ihr Schicksal interessierte, wie die Journalistin, machte sich ebenso verdächtig. Kadyrow bedrohte Musajewa bereits 2020 mit dem Tode. Jelena Milaschina hatte die Angeklagte als Geisel des tschetschenischen Regimes bezeichnet. Das wurde ihr zum Verhängnis. Am Tag der Urteilsverkündung wurden sie und der Rechtsanwalt der Angeklagten von mehreren Personen gekidnappt und schwer misshandelt. Der Reporterin brachen die Schergen mehrere Finger, schlugen sie so brutal zusammen, dass sie ein Schädel-Hirn-Trauma erlitt, rasierten ihr den Kopf und übergossen sie mit grüner Farbe, die sich über lange Zeit nicht abwaschen ließ. Der Anwalt erlitt Stichverletzungen und Knochenbrüche.

Dass das russische Regime vor Mord an Journalisten, die aus Tschetschenien berichten, nicht zurückschreckt, wurde zuerst am Beispiel Anna Politkowskajas deutlich, die, wie Jelena Milaschina, ebenfalls für die *Nowaja Gaseta* schrieb. Sie wurde 1958 in New York als Tochter eines ukrainischen Diplomaten geboren und gehörte damit der sowjetischen Nomenklatura, der Elite in der UdSSR, an. Sie besaß zeitlebens einen amerikanischen Pass. Allein in ihrem Todesjahr 2006, in dem der junge Kadyrow an der Spitze der Kaukasusrepublik erschien, verfasste sie 30 Artikel. Die meisten handelten von Putins Krieg gegen das Bergvolk. Politkowskaja genoss weit über Russland hinaus hohes Ansehen wegen ihrer gründlichen Recherchen, vor allem aber wegen ihres Muts. Wenn sie in Moskau war, erwies sie sich als äußerst hilfsbereit gegenüber ausländischen Kolleginnen und Kollegen, gab in Gesprächen freimütig wichtige Ratschläge für die Berichterstattung aus dem Kriegsgebiet. Sie nahm es nicht hin, dass der russischen Presse unter Putin Tabus auferlegt wurden, die unangenehme Wahrheiten, zum Beispiel über die Vorgehensweise der russischen Truppen, betrafen. Über solche Verbote setzte sie sich hinweg und legte unter anderem offen, dass mit dem Geld der Steuerzahler rund eine Million Wehrpflichtige in Tschetschenien eingesetzt wurden, wo sie töteten und vergewaltigten, ohne zur Rechenschaft gezogen zu werden.

Sie beklagte, dass sich Tschetschenien mehr und mehr zu einem rechtsfreien Raum entwickelte. Ihr wichtigstes Thema war der grausame Kriegsalltag, unter dem vor allem die Zivilisten litten. Nicht selten gerieten die Menschen zwischen die Fronten, denn die tschetschenischen Islamisten wurden sowohl von russischen Soldaten bekämpft als auch von der Moskau treuen tschetschenischen Kadyrow-Truppe. In heimlich geführten Interviews mit russischen und tschetschenischen Kämpfern erfuhr sie von seinen Gewaltverbrechen, für die der heutige Präsident Tschetscheniens noch nie geradestehen musste. Immer wieder warnte sie eindringlich vor ihm.

In einem Interview im Sommer 2004 in ihrem Büro bei der *Nowaja Gaseta* beschrieb sie ihn als einen äußerst brutalen Mann: »Ich habe verschiedene Leute getroffen, die mir erzählt haben, dass sie von Ramsan Kadyrow höchstpersönlich gefoltert worden sind, und zwar im Hause der Kadyrows in Zentaroi.«

Alexander Litwinjenko, ehemaliger Geheimdienstoffizier und später offener Gegner von Wladimir Putin, war davon überzeugt, dass es sich bei dem Attentat auf Anna Politkowskaja am 7. Oktober 2006, dem 54. Geburtstag des Präsidenten, um einen Mord in höchstem Auftrag gehandelt hat. In einem Land, das derart vom Geheimdienst kontrolliert werde, vergreife sich niemand an jemandem wie Anna Politkowskaja, ohne dass das sanktioniert worden wäre. Wenige Wochen nach dieser Aussage wurde Litwinenko in London mit Polonium vergiftet.

Michail Gorbatschow, letzter Präsident der Sowjetunion, würdigte Anna Politkowskaja kurz nach ihrem Tod als eine der kritischsten und scharfsinnigsten Berichterstatterinnen der *Nowaja Gaseta*. Der Erfinder von Glasnost und Perestroika unterstützte die Zeitung von Beginn an, übte aber keinerlei Kritik am Demokratieabbau unter Putin. Trotzdem bekam Gorbatschow nicht das ihm als ehemaligem Präsidenten der UdSSR zustehende Staatsbegräbnis, denn Putin sah in ihm nur den Totengräber der Sowjetunion. Bis zuletzt hatte Gorbatschow auf die Entlarvung der Auftraggeber des Mordes an Anna Politkowskaja gehofft. Sein Wunsch hat sich nicht erfüllt. Vielmehr musste er mit ansehen, wie Rechtslosigkeit und Staatsterrorismus in Russland immer weiter um sich griffen.

Von Kadyrows Regime in Tschetschenien unterscheidet sich das gesamte russische Machtgefüge, was die Willkür und Gewalt gegen Andersdenkende angeht, kaum mehr. Kadyrow, dessen Ego mindestens so groß ist wie das von Prigoschin war, gilt als Stütze des Systems Putin. Da niemand jemals etwas gegen die Menschenrechtsverletzungen, die Selbstjustiz und ausufernde Korruption in Kadyrows Machtapparat unternahm, verstand jeder, was dies bedeutete. Kadyrow darf nicht nur gewaltsam schalten und walten, er soll es. Umso beunruhigender müssen für Putin all die Hiobsbotschaften über dessen Gesundheitszustand sein. Der Tschetschene soll im Koma gelegen, unter Nierenversagen gelitten oder eine Nierentransplantation bekommen haben. Was von offizieller Seite sämtlich bestritten wird. Stattdessen wurden im September 2023 Aufnahmen von einem Gespräch in Putins Amtszimmer gezeigt, bei dem der kaum wiederzuerkennende, grotesk aufgedunsene Tschetschene nur kurz im Bild erschien. Was die Spekulationen über einen Doppelgänger, nun auch in Kadyrows Fall, befeuerte.

Müsste Putin auf den fast 25 Jahre jüngeren tschetschenischen Statthalter demnächst verzichten, könnten in der Bergregion erneut Unruhen ausbrechen. Denn die geflohenen Oppositionellen dürften nur darauf warten, zurückzukehren, das Regime abzusetzen und sich den nächsten Unabhängigkeitskampf mit Moskau zu liefern. Militärische Erfahrung haben viele von ihnen.

Die Bereitschaft, für Putin in der regulären russischen Armee in den Krieg gegen die Ukraine zu ziehen, war in Tschetschenien sehr gering und schwand noch mehr, als sich in der Hauptstadt Grosny im September 2022 Frauen gegen die Mobilmachung wehrten und grob abgeführt wurden. Kadyrow betrieb Schadensbegrenzung, als er den »verehrten Müttern« versprach, es werde kein Tschetschene mehr eingezogen, die Mobilisierungsrate sei mit »254 Prozent« ohnehin übererfüllt. Noch heftiger als in Grosny wehrten sich Frauen in Dagestan. Die Nachbarrepublik steht seltener im Fokus, obwohl die Verhältnisse dort wegen der hohen Kriminalität noch instabiler sind.

### Unruheherd Dagestan

Während der Mobilisierung in Dagestan im September 2022 gingen in der Hauptstadt Machatschkala tagelang rund 1000 Menschen auf die Straße. Es kam zu Auseinandersetzungen mit der Polizei und zu Hunderten Festnahmen. Die Aktionen erinnerten an die Proteste der russischen Soldatenmütter, die im ersten Tschetschenienkrieg an die Front marschierten, um ihre Söhne eigenhändig aus dem Krieg herauszuholen. Die Wut der dagestanischen Frauen und Mütter war vor allem deshalb so groß, weil im ersten Kriegshalbjahr bereits über 300 Dagestaner in der Ukraine gefallen waren und die Republik damit den höchsten Blutzoll aller russischen Regionen zu verzeichnen hatte.

Dagestan, Inguschetien und Nordossetien im Kaukasus, Burjatien und Tuwa in Südsibirien oder Sacha bzw. Tschukotka im Fernen Osten gehören zu den Republiken mit den meisten Gefallenen pro 100 000 Einwohner. Moskau lässt die Regionen bluten – für politische Ziele, die mit ihnen nicht abgestimmt werden. Die Senatoren im Föderationsrat nicken wie die Abgeordneten in der Duma die Vorlagen aus der Präsidialverwaltung nur ab. Weil sich keiner dem Präsidenten entgegenstellt, zahlt das ganze Land für einen Krieg, den nur Putin und sein allerengster Zirkel wollen.

Nirgendwo war der Unmut so laut zu vernehmen wie im Kaukasus. Tschetschenien und Dagestan sind derart eng miteinander verbunden, dass Konflikte der einen Kaukasusrepublik schnell auf die andere übergreifen. Der zweite Tschetschenienkrieg hatte seinen Ursprung beispielsweise im Grenzgebiet zwischen den beiden Teilrepubliken. Dagestanische Islamisten wollten in den Bergen einen Gottesstaat errichten, der bis nach Tschetschenien reichen sollte, was Putin mit seiner sogenannten Antiterroraktion gegen Tschetschenien brutal stoppte. Die Menschen flohen vor Putins Bomben nach Dagestan und Inguschetien, wo traditionell viele Tschetschenen wohnen. Man hilft sich gegenseitig, aber oft genug gibt es auch Auseinandersetzungen untereinander.

Dagestan grenzt auch an Aserbaidschan, das sich seit Jahrhunderten mit Armenien um Bergkarabach streitet. Die Enklave, um die es schon zu Sowjetzeiten immer wieder Kriege gab, gehört völkerrechtlich zu Aserbaidschan, allerdings wohnten mehrheitlich ethnische Armenier in dem Gebiet. Bis zum Sommer 2023. Innerhalb weniger Tage erlebte Bergkarabach einen Massenexodus. Wie schon 2020 griff Aserbaidschan erneut an, um sich weiteres Territorium zurückzuholen.

Vor solchen Zwischenfällen sollten die russischen Friedenstruppen, die drei Jahre zuvor stationiert worden waren, die Menschen in Bergkarabach eigentlich bewahren. Moskau hatte ihnen den Schutz versprochen, sie jedoch im entscheidenden Moment sträflich im Stich gelassen. Von den 120 000 Bewohnern, die noch ärmer sind als ihre Landsleute in Armenien, flohen über 100 000. Oft nur mit dem, was sie tragen konnten. Russland hat sich, statt die Vertreibung zu verhindern, lieber auf den Krieg gegen die Ukraine konzentriert. Oder war Moskaus unterlassene Hilfeleistung in Bergkarabach die Quittung für Armeniens Unterschrift unter das Römische Statut des Internationalen Strafgerichtshofes? Dem Gericht, das den internationalen Haftbefehl gegen Putin erlassen hat. Das Parlament in Jerewan hatte trotz mehrfacher Warnungen aus Moskau mit großer Mehrheit dafür gestimmt, nachdem das Verfassungsgericht das Statut für vereinbar mit dem armenischen Grundgesetz erklärt hat. Die Ratifizierung böte Jerewan erstmals die Möglichkeit, gegen Aserbaidschan vor den Strafgerichtshof in Den Haag zu ziehen. Die Behörden müssten nun aber auch Putin festnehmen, wenn er armenischen Boden beträte.

Wer die Implosion der russischen Föderation an die Wand malt und Szenarien der Abspaltung einzelner Regionen befürchtet, muss also auf jeden Fall den Kaukasus im Blick behalten. Der Zerfall der Sowjetunion hat vor Augen geführt, wie schnell selbst ein so großer Staat entzweigehen kann.

Die Völkerfreundschaft, die nach der Oktoberrevolution stets als Gegenentwurf zum Völkergefängnis des Zarenreiches beschworen wurde, zeigte 1990 deutliche Auflösungserscheinungen. Alle Republiken, einschließlich Russlands, erklärten ihre Souveränität. Zwar sprach sich Anfang 1991 eine Mehrheit der Sowjetbürger in einem Referendum für den Erhalt der Sowjetunion aus, doch nach dem gescheiterten Putsch der kommunistischen Hardliner im August 1991 floh eine Republik nach der anderen aus dem angeblichen Nationalitätenparadies, in das die Kommunisten die Sowjetunion verwandeln wollten. Die ehemaligen Sowjetrepubliken wollten sich vor dem allgemeinen Chaos lieber in ihre Autonomie retten.

Gorbatschow hatte mit seiner Perestroika zwar den Totalitarismus und die zentrale Planwirtschaft abbauen und das Land modernisieren wollen, damit aber die UdSSR ungewollt ihrem Ende entgegengeführt. Das alte politische, soziale und wirtschaftliche System war zerstört, ein neues noch nicht etabliert. Die Verarmung der Bevölkerung schritt in einem beängstigenden Tempo voran.

Könnte sich eine solche Entwicklung durch den Krieg gegen die Ukraine wiederholen? Werden sich von den nicht-russischen Ethnien einige von Moskau abwenden und für eine größere Selbstverwaltung oder gar den Austritt aus der Russischen Föderation entscheiden? Ein solches Szenario wäre jedenfalls ganz nach Kyrylo Budanows Geschmack. Der ukrainische Geheimdienstchef nahm an seinem 37. Geburtstag im Januar 2023 die Zerstückelung Russlands vorweg. Die Torte in Form einer Landkarte der Russischen Föderation, die er zur Feier des Tages geschenkt bekommen hatte, zerschnitt er genüsslich in kleine Portionen.

Viele Menschen in den ethnischen Teilrepubliken sind empört, dass sie in Putins Krieg als »Kanonenfutter« herhalten müssen. Denn überproportional viele Soldaten, neben denen aus dem Kaukasus, sind Kalmücken, Tataren, Baschkiren, Jakuten oder Tschuktschen. Sie entstammen also Ethnien, die von verschiedenen Zaren brutal kolonialisiert worden sind. Laut dem russischen Militärexperten Pawel Lusin besetzen Männer aus diesen Republiken vor allem die unteren Ränge der russischen Armee. Viele bleiben nach dem Ende der Wehrpflicht aus finanziellen Gründen weiter in den Streitkräften. »Die Armee bietet einen Job, ein anständiges Gehalt, eine Zukunft.« Doch die wenigsten haben sich für ihre Versetzung in die Ukraine gemeldet. Sie wurden dazu verpflichtet und fanden sich zu ihrer eigenen Überraschung plötzlich im Kriegsgebiet wieder, weil man sie vorsätzlich getäuscht hatte.

### Kalmückien – wo der Glaube an eine Zukunft mit Russland schwindet

Die Autonome Republik Kalmückien in Südrussland liegt am Kaspischen Meer und verfügt somit über eine eigene Außengrenze. Die Kalmücken sind heute die einzige buddhistische und die einzige mongolischsprachige Nation innerhalb der geografischen Grenzen Europas. 1935 bekam das ehemals nomadische Reitervolk den Status einer Autonomen Oblast. Während des Zweiten Weltkrieges wurden die Kalmücken wie die Krimtataren der Kollaboration mit den Nazis beschuldigt und deportiert. Stalin ließ sie aus der Liste der Völker der Sowjetunion streichen. 1957 wurden sie rehabilitiert und bekamen ihre Republik zurück.

Wladimir Dowdanow, Jahrgang 1966, hatte schon während seiner Kindheit ein gespaltenes Verhältnis zur russisch dominierten Obrigkeit der Republik. In der Schule herrschte ein strenges Regime. »Mein Lehrer schlug mir mit einem Zeigestock auf den Kopf, die Schultern und den Rücken, um mich dazu zu bringen, nur Russisch zu sprechen. Aber bis zur vierten Klasse konnte ich überhaupt kein Russisch. Das wurde stille Assimilation genannt. Sie schafften es, eine Menge Nationalität aus uns herauszuprügeln, aber doch nicht alles.« Im Jahr 1991 gründete er den republikanischen Taekwondo-Verband und wurde später Minister für Jugendpolitik, Sport und Tourismus. Er engagierte sich mehr und mehr in politischen nationalen Bewegungen

Kalmückiens. 2022 gehörte er zu den Verfassern der Erklärung »Über die staatliche Unabhängigkeit der Republik Kalmückien«, die er als Vize-Chef des Kongresses des kalmückischen Volkes mit initiiert hatte. Daraufhin setzte ihn das russische Justizministerium auf die Liste der »Ausländischen Agenten«.

Es ist Russlands Krieg gegen die Ukraine, der aus Dowdanows Sicht einen Verbleib seines Volkes in der Russischen Föderation unmöglich macht, die Aggression gegen das unschuldige Nachbarland, an der sich ungefragt viele junge Kalmücken beteiligen müssen. Dowdanow glaubt nicht, dass es der russischen Regierung bei der Rekrutierung in den fernen Regionen nur darum geht, auf diese Weise die hohen Opferzahlen zu vertuschen und das Thema der vielen Kriegstoten von den russischen Großstädten fernzuhalten. Sein Vorwurf reicht sehr viel weiter. Er unterstellt dem Putin-Regime, die Völker der nationalen Minderheiten bewusst reduzieren zu wollen: »Für den Kreml ist es wichtig, die versklavten ethnischen Gruppen so weit zu verkleinern, dass sie nicht wiederaufleben können.« 1910 gab es laut einer Volkszählung im Russischen Reich 210 000 Kalmücken. Während des Bürgerkriegs wurden 120 000 Kalmücken getötet. In der Stalin-Zeit litt jede Familie, jeder Clan. Dowdanow spricht von einem Völkermord während der Deportation 1943. Er verlor neun Onkel in Sibirien. Die Ausrottung der Kalmücken sei seit 1918, seit dem Bürgerkrieg, systematisch betrieben worden und endete erst 1957. Zwar durften sie in die Heimat zurückkehren, doch viele Gebiete, viele Häuser wurden nicht zurückgegeben. Es gab keine Entschuldigung und keine Entschädigung. Auch deshalb möchte er, dass sein Volk die Föderation verlässt.

Kalmücken sind in der Teilrepublik die Mehrheit, aber die Bevölkerung beträgt insgesamt weniger als 300 000 Einwohner. Er betont, dass er keinesfalls ein Einzelkämpfer ist. Mitstreiter habe er auch an ganz unvermuteten Stellen. Zum Beispiel bei den regionalen Behörden. Die müssten zwar mit den föderalen

Institutionen zusammenarbeiten, aber: »Ich weiß mit Sicherheit, dass die lokalen Ermittler manchmal die Verfahren gegen nationale Aktivisten verzögern.« Er ist sich sicher, dass es sogar in den Strafverfolgungsbehörden von Kalmückien Unterstützer der nationalen Bewegung gibt und diese bereit wären, die Seiten zu wechseln. »Im Innenministerium und in der Nationalgarde würden wohl 50 bis 60 Prozent der Mitarbeiter zu uns überlaufen. Im FSB sind es etwa 10 bis 15 Prozent.«

Vertreter von ethnischen Minderheiten, die sich für die Unabhängigkeit von Russland einsetzen, sollten viel stärker unterstützt werden, meint Dowdanow. »Der Westen muss seine Agenda überdenken und darf sich nicht auf ein veraltetes Narrativ verlassen, das Russland die Chance einräumt, wieder ein Imperium zu werden. Nach diesem Krieg in der Ukraine kann es ein Russland in seinen derzeitigen Grenzen nicht mehr geben. Das »schöne Russland der Zukunft«, wie es jetzt Oppositionspolitiker im Exil propagieren würden, sei dann das gleiche imperiale Regime, nur mit einem ausgetauschten Herrn im Kreml.

Der Kalmücke Dowdanow hat den Verdacht, dass westliche Politiker schon wieder über eine Zusammenarbeit mit Russland nachdenken. »Sie vergessen dabei, dass der größte Teil des Territoriums und des Untergrunds Russlands den versklavten Völkern gehört. Wenn sie ihre Unabhangigkeit von Moskau erlangen, wird dies für alle von Vorteil sein.« Er hält es für unabdingbar, dass Russland nach der erwarteten Niederlage im Krieg den Weg des besiegten Deutschlands und Japans gehen müsse. Der größte militärische Misserfolg in der modernen Geschichte werde viele Russen ernüchtern, vor allem die, die das imperialistische System gestützt haben, hofft er. Das Oberste Gericht Kalmückiens stufte den Kongresses des kalmückischen Volkes im September 2023 als extremistisch ein.

### Burjatien – »Wir dürfen nicht weinen«

Burjaten wurden schon 2015 in einem Panzerbataillon in den Donbass abkommandiert. In der Ostukraine sollten sie an der Seite der von Moskau unterstützten Separatisten gegen die ukrainische Armee kämpfen – ein Krieg, dessen Beteiligung Russland stets bestritten hat. Der Militärexperte Pawel Lusin nennt es ein zynisches Kalkül, wenn vor allem zahlreiche Soldaten aus den entlegeneren Republiken des Landes eingezogen werden. »Man entsendet sie in Missionen, in die Kommandanten andere Truppen nicht schicken würden.« Gemeint sind lebensgefährliche Operationen. »Leider kümmert sich der Durchschnittsrusse weniger um den Tod eines Burjaten oder Dagestaners als um den Tod von blauäugigen Soldaten aus Moskau und Sankt Petersburg.« Lusin ist Politologe und Experte für die russischen Streitkräfte und hält sich als Gastwissenschaftler in den USA auf. Die Gesamtzahl der Teilnehmer an der Invasion schätzt er auf rund 190000 Mann, die aus der Armee, der Nationalgarde bzw. den sogenannten Donezker und Luhansker Volksrepubliken abkommandiert werden. Ukrainische Männer im wehrfähigen Alter wurden in den allerersten Wochen, lange vor der Teilmobilmachung in Russland eingezogen. Ein Vorgang, der so manchem Moskau wohlgesinnten Ukrainer in den okkupierten Gebieten schlagartig die Augen öffnete. Denn für die russische Führung spielte es offensichtlich keine Rolle, dass in diesem Krieg Ukrainer auf Ukrainer schießen. So wie Tschetschenen möglicherweise auf Tschetschenen, diese allerdings in sehr viel geringerer Zahl.

Pawel Lusin untersucht derzeit, wie Soldaten in Russland rekrutiert werden. Er spricht von einer autoritären Mobilisierung, die auf Zwang beruhe und auf Kosten der Ärmsten erfolge: »Es ist ein Despotismus, der der Regierung das Überleben sichern soll. Eine solche Mobilisierung hat es immer gegeben, ob bei den Bolschewiki oder bei Mao. Es galt und gilt immer das extraterritoriale Prinzip für den Dienst in der Armee, die Soldaten sollen nicht entkommen können. Und die Demütigungen dienten dazu, die Rekruten zu brechen, sie gehorsam zu machen.«

Zeitsoldaten werden mit juristischen Winkelzügen zur Verlängerung ihres Einsatzes gedrängt, selbst Gastarbeiter aus zentralasiatischen Staaten zum Militärdienst verpflichtet. Pawel Lusin sieht ein Ende dieses Gehorsams erst dann gekommen, wenn die russische Gesellschaft ausgebrannt ist. Wenn der bloße Gedanke an Krieg Angst auslöse. »Das wird passieren, wenn in jeder Familie jemand ohne Arm oder Bein dasteht, ein Ehemann, ein Sohn, ein Bruder beerdigt wurde.«

Doch noch ziehen diejenigen in den Krieg, die sich am wenigsten wehren können. Burjaten gehören dazu. Ein kleines Volk am östlichen Ende Sibiriens zwischen dem Baikalsee und der Mongolei. Hier verdienen die Menschen durchschnittlich 40000 Rubel im Monat. Das sind weniger als 400 Euro. Unter den eine Million Einwohnern bezeichnen sich rund ein Drittel als Burjaten, die traditionell eine Mischung aus Buddhismus und Schamanismus praktizieren. Über 1700 Soldaten aus Burjatien sind in anderthalb Jahren Krieg gefallen. Wegen der zahlreichen Soldatenbegräbnisse ist der Krieg in vielen Familien gegenwärtig. Bei den Beerdigungen, auf denen immer auch ein Geistlicher Gebete spricht, versammeln sich bis zu 600 Personen. Swetlana Dambijewa, eine Bewohnerin des Dorfes Perwomajewka in Burjatien, betet jeden Tag vor ihrem Hausaltar für die Rückkehr ihres 42-jährigen Sohnes und ihres 28-jährigen Enkels aus der Ukraine. »Wir Buddhisten dürfen nicht weinen«, sagt sie. »Tränen sind ein Hindernis, unser Bewusstsein muss ruhig sein. Aber als mein Sohn mobilisiert wurde, habe ich geweint.« Einmal in der Woche geht die 78-Jährige zu den buddhistischen Lamas, die für die beten, die gerade an der »Spezialoperation« teilnehmen. Jeder Einzelne wird namentlich aufgerufen. Es soll die Angehörigen beruhigen. Wenn ihr Sohn und Enkel genannt wurden, gibt sie dem Tempeldiener 100 Rubel. »Der Buddhismus ist die friedliebendste Lehre, doch seit dem Beginn der ›Sonderoperation‹ wird er militarisiert – genau wie andere Religionen«, konstatiert Andrej Terentjew, Herausgeber der russischen Zeitschrift *Woprosy buddisma* (Fragen des Buddhismus).

## Wo Putins Buddhisten Karma kaufen

In Russland bezeichnen sich bis zu zwei Millionen Menschen als Buddhisten, es gibt Hunderte von buddhistischen Organisationen, die aber nicht miteinander verbunden sind. Sie alle haben unterschiedliche Führer und verschiedene Sanghas, wie die Gemeinden genannt werden. Die Gläubigen lassen sich in zwei große Gruppen einteilen: in diejenigen, die in einer buddhistischen Region geboren wurden, und jene, die unabhängig davon zu dieser Religion kamen. Der traditionelle oder ethnische Buddhismus ist in Kalmückien, Burjatien und Tuwa weit verbreitet und wird dort seit mehreren Jahrhunderten praktiziert. In der Sowjetzeit wurden die bestehenden Tempel zerstört oder zu Turnhallen und Lagerhäusern umfunktioniert. Die Geistlichen wurden erschossen oder in Lager verbannt. Während des Zweiten Weltkrieges wurden Buddhisten deportiert bzw. in Strafkompanien geschickt. Der nicht-ethnische Buddhismus entstand nach dem Zusammenbruch der UdSSR.

Die russischen Buddhisten haben keine einheitliche Position zum Angriffskrieg auf die Ukraine. »Es gibt kein gemeinsames Oberhaupt für alle Buddhisten im Land. Die einen sind dafür, die anderen dagegen, und die Mehrheit zieht es vor, einfach zu schweigen«, erklärt der Religionsjournalist Andrej Terentjew.

In der Hauptstadt Burjatiens, in Ulan-Ude, unterstützen rund 500 Frauen die Armee. Genau genommen Verwandte oder Bekannte, die im Krieg in der Ukraine kämpfen müssen. Die Frauen nähen für sie Sturmhauben, Knieschoner und buddhistische Amulette, die dem Schutz der Soldaten, nicht dem Töten anderer Menschen dienen sollen.

Im Kindergarten »Löwenzahn« werden schon die Kleinsten auf den Krieg eingeschworen. Aus einem Gruppenraum ist die neue »Halle des Ruhms« geworden. Feierlich wird er eingeweiht. Dafür bringen Jungen und Mädchen in weißen Hemden und Blusen mit roten Halstüchern eine übergroße Russlandfahne hinein. Traurige Musik wird zur Würdigung der neuen Helden gespielt. Die Helden sind Gefallene, also Väter, Großväter und andere meist männliche Angehörige. An einer Art Schrein mit Fotos von Soldaten legen die Kinder rote Nelken nieder.

Die größte buddhistische Organisation des Landes ist die Buddhistische Traditionelle Sangha. Ihr Oberhaupt hat seinen Sitz in Burjatien. Weitere Unterorganisationen wurden in Sankt Petersburg, Nowosibirsk, Jakutsk, Irkutsk und Tschita gegründet. Der 1962 geborene Wassili Borissowitsch Ajuschejew beansprucht für sich, der Führer aller russischen Buddhisten zu sein. Er stammt aus Krasnokamensk, wo Russlands Top-Gefangener, der Unternehmer Michail Chodorkowski, einst in einem Straflager saß. 6000 Kilometer von Moskau entfernt, in der Oblast Tschita, die an die Mongolei und China grenzt.

Damba Ajuschejew, wie er sich später nennt, wird von Buddhisten aus anderen Regionen nicht anerkannt, stellt der Publizist Andrej Terentjew klar. Viele wollen nichts mit ihm zu tun haben, weil er den Standpunkt vertritt, die Gläubigen seien verpflichtet, sich an dem Krieg zu beteiligen. Ajuschejew appelliert an die Gemeinde: »Solange wir Buddhisten auf dieser Erde leben, sind wir immer jemandem etwas schuldig: unseren Eltern, unserem Volk und vor allem unserem Vaterland. Jetzt ist es an der Zeit, die Schuld gegenüber dem Vaterland zu begleichen. Hier gibt es keine Optionen. Unser gemeinsamer Vorfahre Dschingis Khan hat gekämpft. Wir haben nichts zu befürchten, wir sind stolz auf unseren Vorfahren.« Der ehemalige Oberste

Lama von Kalmückien, Erdni Ombadykow, widersprach heftig, er kritisiert den Krieg, was ihm die Listung als »Ausländischer Agent« einbrachte. Auch dem ehemaligen Untergebenen von Damba Ajuschejew, Baldan Basarow, in Burjatien erging es so. Beide sind jetzt im Ausland. Basarow hatte in einem Antikriegsinterview zu bedenken gegeben, dass ein buddhistischer Burjate an der Front durchaus einen »Verwandten« töten könnte – zum Beispiel einen wiedergeborenen Vater.

»Im Allgemeinen sind alle Buddhisten gegen Sondereinsätze oder den Krieg, aber wir können nichts dagegen tun, denn so funktioniert das Karma«, erklärt dagegen Sergej Larjuschkin, Leiter des Moskauer Padmasambhava-Buddhismus-Zentrums. Karma ist eines der wichtigsten Konzepte im Buddhismus, das mit einem Sprichwort zusammengefasst werden kann, das man auch aus der Bibel kennt: Was du säst, wirst du ernten. Als er das Karma der Ukrainer beschreibt, klingt er wie einer der Propagandisten im russischen Staatsfernsehen. »Vielleicht waren diese Bandera-Männer in einem früheren Leben Raubtiere. Dann wurden sie als Menschen wiedergeboren und entwickelten einen Durst zum Töten.« Für Larjuschkin ist das soziale Karma der Ukraine also mit dem Ultranationalisten Stepan Bandera verbunden. Das russische Karma hingegen sei nicht schrecklich, sondern großartig: »Hier bin ich nun in Moskau [...]. Niemand schießt auf mich und meine Kinder, es fallen keine Bomben, alle sind satt und zufrieden, es herrschen Licht und Wärme im Land. Vielen Dank an den Präsidenten.«

Der buddhistische Funktionär ist kein Geistlicher, aber er organisiert religiöse Veranstaltungen, die dem Kreml nicht in die Quere kommen. Zum Beispiel ein Ritual, bei dem zu Vollmond lebende Fische, Karpfen, Störe, Krebse, die zuvor in Geschäften gekauft wurden, in die Moskwa gesetzt werden. Dabei rezitieren die Geistlichen Mantras, um das Karma der freigelassenen Tiere zu verbessern und einen Ritus für die Krieger zu vollziehen. Auf diese Weise werde das Karma korrigiert. Sie hoffen, dass einige dieser Fische zu Göttern wiedergeboren werden, die es denen danken, die sie freigelassen haben.

Ein in Sibirien lebender buddhistischer Mönch betrachtet den Krieg fatalistisch, er vergleicht ihn mit einem Vulkanausbruch. »Man kann nicht dafür oder dagegen sein. Er geschieht einfach. Wenn man anfängt, eine Position zum Krieg einzunehmen, hindert es einen zu akzeptieren, was geschieht, und schafft nur noch mehr Leiden.«

Andere vermuten, dass Ajuschejew die »Spezialoperation« vor allem befürwortet, weil der Staat den Buddhismus finanziell unterstützt. Damit steht er in einer Linie mit Führern anderer Religionen, die stets auf Seiten der Macht waren, selbst zur Zarenzeit. Ajuschejew hält Putin angeblich für eine Inkarnation der Weißen Tara, eine der am meisten verehrten Gottheiten, die Weisheit und Mitgefühl besitzen soll. Die Begründung für die weltfremden Worte über das Staatsoberhaupt lieferte der Buddhist der 2020 geschlossenen Zeitschrift *Russki Reportjor* (Russischer Reporter): »Wenn die Leute zu mir sagen: ›Wen liebst du mehr, den Dalai Lama, das Oberhaupt aller Buddhisten in der Welt, oder den Präsidenten?‹, sage ich: ›Wer ernährt mich, wer gibt meinen alten Leuten Geld? Ein ausländischer großer Lama oder der Präsident des Landes?‹« Seit 2012 erhält seine buddhistische Organisation regelmäßig Millionen von den russischen Behörden für die Entwicklung des Projekts »Soziale Herde«, über das Landwirte kostenlos Schafe erhalten und einen Teil eines Wurfs an die Religionsgemeinschaft abgeben müssen. Nach Angaben des Rechercheportals *Rusprofile* verfügte Ajuschejews Glaubensgemeinschaft im Jahr 2021 zudem über ein Budget von fast 100 Millionen Rubel, etwa 100 000 Euro, von denen nur zwei Millionen Rubel als Beiträge und Spenden deklariert wurden. Aus den öffentlichen Daten geht nicht hervor, wer Geld überwiesen hat und wofür.

Baldan Basarow kennt den Opportunisten Ajuschejew seit dem gemeinsamen Theologiestudium in der Mongolei. Basarow kommt aus dem burjatischen Bezirk Tunka und wirkt sehr weltlich. Gleich nach Kriegsbeginn verließ er Russland. In den Vereinigten Staaten fand er eine Stelle als Hausmeister in einem Hotel in Cincinnati. Basarow sagt, er empfinde tiefe Traurigkeit für die anderen burjatischen Lamas: »Sie hätten gegen den Krieg sein müssen, aber stattdessen haben sie begonnen, mit dem Strom zu schwimmen, zu schweigen, die Behörden zu unterstützen.« Der Buddhismus finde in jedem System Wege, Kompromisse zu schließen, um Konfrontationen zu vermeiden. Aber diesen Krieg könne man nicht unterstützen. Hier habe die Angst der Menschen vor den Behörden gesiegt.

Ein buddhistischer Gelehrter aus Kalmückien, der ebenfalls Russland verlassen hat, spricht anonym vom Buddhismus von Putins Gnaden. Russland sei kein Gefängnis mehr, sondern ein Konzentrationslager. Deshalb würden sich viele Buddhisten nicht über die »Spezialoperation« äußern. Man könne von den Gefangenen in einem Lager nicht erwarten, dass sie etwas sagten, wenn hinter ihnen die Wachen mit Maschinengewehren stünden.

Ein halbes Jahr nach dem russischen Einmarsch in die Ukraine hielt die 24-jährige gebürtige Kalmückin Danara Jerendschenowa eine Ein-Personen-Mahnwache in Sankt Petersburg ab. Sie stand mit einem Plakat auf der Straße, das die Aufschrift trug: »Militarismus hat einen hohen Preis«. Ein Zitat aus einem Buch des Dalai Lama. Drei Monate später musste die junge Buddhistin ihre Protestaktion teuer bezahlen. Wegen Verunglimpfung der russischen Armee erhielt sie eine Geldstrafe von 30000 Rubel. Und das, obwohl kaum ein Passant eine Reaktion gezeigt hatte, bis auf eine Rentnerin, die zu ihr gesagt hatte: Idiotin!

### Wenn Wälder dem Klima nicht mehr helfen, sondern schaden – Raubbau in Jakutien

In Jakutien, flächenmäßig die größte Region in der Russischen Föderation, begannen Geologen kurz nach dem Tod von Stalin 1953, eine der ergiebigsten Diamantminen der Welt zu erschließen. Aus ihren Wänden wurden fast 50 Jahre lang wertvolle Steine geschnitten. Heute liegt der Tagebau mit seinen 525 Metern Tiefe und über einem Kilometer Durchmesser leergeräumt inmitten der Stadt Mirny. Es ist ein Krater von vielen in der weiten Landschaft der Republik Sacha, wie Jakutien offiziell heißt.

Vom Reichtum, den die wertvollen Edelsteine hätten mit sich bringen müssen, ist bis auf einige wenige moderne Geschäftsgebäude in der Hauptstadt Jakutsk nichts hängengeblieben. 300 000 Menschen leben in zumeist schäbigen Plattenbauten aus Sowjetzeiten. Das Temperaturgefälle von bis zu minus 60 Grad im Winter und 30 Grad plus im Sommer stellt enorme Anforderungen an Architekten. Weder Fernwärmeleitungen noch Wasserrohre oder Stromkabel dürfen in der Erde verlegt werden, damit der Boden unter den Bauten nicht auftaut. Viele Häuser stehen auf Stelzen. Aber trotzdem haben einige gefährlich Schlagseite. Denn die zehn Meter tief in die Erde gerammten Betonpfeiler versinken immer weiter im Schlamm. Kaum irgendwo sonst hat der Klimawandel so sichtbare Spuren hinterlassen wie in Nordsibirien.

Der Permafrostboden ist ins Rutschen geraten. Das stellt die sozialschwache Gegend vor massive Probleme. Sie werden verschärft, weil seit einigen Jahren in den spärlich bewohnten Weiten Sommer für Sommer Millionen Hektar Wald brennen. Das beunruhigt nicht nur die Einheimischen, die unter den hohen Schadstoffkonzentrationen leiden. Ab Mai ziehen oft so dichte Rauchschwaden durch Jakutien, dass regelmäßig der Flughafenbetrieb und die Schifffahrt auf dem Fluss Lena eingestellt werden müssen.

Grigori Sawwinow ist Permafrostforscher. Während eines Videointerviews im Sommer 2021 richtet er die Kamera nach draußen: Dichter Staub trübt die Sicht auf die Stadt Jakutsk. Dann klickt er auf Fotos von einem Krater, der 1960 entstand und damit genauso alt ist wie der Wissenschaftler selbst. Es handelt sich um einen menschengemachten Thermokarst-Krater. Während der Stalin-Zeit, bis in die 1950er Jahre, wurde die einst von Wäldern bewachsene Gegend von Gulag-Häftlingen abgeholzt. Der Permafrostboden war seitdem nicht mehr von der schützenden Pflanzenschicht bedeckt, sondern lag blank in der Sonne und taute auf. Anfangs war der Krater nur eine Spalte – 80 Meter lang und 30 Meter breit. Heute misst er 2,5 Kilometer Länge, fast einen Kilometer Breite und ist an einigen Stellen fast 100 Meter tief. Anders als der kreisrunde Diamantkrater sieht er aus wie ein spitzes Ei.

Der Thermokrater bekam denselben Namen wie das Dorf sieben Kilometer entfernt: Batagai. Er ist der größte seiner Art, doch im dünn besiedelten Jakutien tun sich vielerorts weitere solcher Schlammlöcher auf. Für die Menschen sind jedoch vor allem die Orte gefährlich, an denen der gefrorene Boden zunächst unbemerkt schmilzt und sie erst erkennen, dass der Boden weich geworden ist, wenn sich Straßen absenken, der Asphalt bricht oder Häuser so sehr in Schieflage geraten, dass die Türen nicht mehr zu öffnen sind, das Geschirr aus den Schränken fällt. Betroffen sind viele kleine Siedlungen ebenso wie die Hauptstadt Jakutsk. Dort mussten einige Gebäude abgerissen werden, andere weisen Risse auf, in die im Winter der Frost kriecht. Die gesamte Infrastruktur ist gefährdet. Ölpipelines brechen, Lagerstätten für chemische, biologische und radioaktive Abfälle werden beschädigt, Schadstoffe treten aus und breiten sich im aufgetauten Untergrund aus.

Im Permafrost-Institut von Grigori Sawwinow wird nach neuen Technologien gesucht, um zum Beispiel das Erdreich um die Häuser herum mit Kühlrohren ständig gefroren zu halten. Aber all das ist teuer, und in der Zwischenzeit verlieren immer mehr Menschen ihre Wohnungen und Häuser. Die rohstoffreiche, aber trotzdem bettelarme autonome Republik Sacha hat als erstes Gebiet in Russland ein Gesetz über Vorsorgemaßnahmen erlassen, die den Verlust von Permafrostböden verhindern sollen. Die Region ist damit weiter als die Föderation. Experten sind sich einig, dass auch Moskau dringend Maßnahmen ergreifen muss, denn insgesamt sind rund 65 Prozent Russlands von Permafrost bedeckt. Benötigt wird ein nationales Gesetz, wenn der Permafrost erhalten bleiben soll, um schwere Schäden für die Umwelt zu verhindern.

Den größten Schaden durch den tauenden Permafrostboden erleidet aber die Atmosphäre. Denn der über Jahrtausende vereiste Boden enthält abgestorbene Pflanzen- und Tierreste. Mikroben beginnen bei höheren Temperaturn diese fossilen Reste zu fressen und setzen dabei Kohlendioxid sowie Methan frei. Grigori Sawwinow schätzt, dass im Permafrostboden fast doppelt so viel Kohlenstoff schlummert wie derzeit in der gesamten Atmosphäre. Es steigen schon jetzt immer mehr klimaschädliche Gase auf, da Nordsibirien immer wärmer wird. Im Sommer 2021 waren es zwei Grad mehr. Im Winter sogar drei bis vier Grad, statt minus 47 Grad sind es in Sibirien jetzt 42 Grad unter null.

Russland als nördliches Land erwärmt sich doppelt so schnell wie der Rest der Welt. Vor allem in den letzten 30, 40 Jahren. Im Schnitt um mehr als zwei Grad in den zurückliegenden 100 Jahren. Das Problem sind die Sommer, die länger anhalten und größere Hitze mit sich bringen. In den Böden tauen dann viel tiefere Schichten auf. Immer mehr Waldbrände setzen einen Teufelskreis in Gang. Denn die Flammen und Gase heizen die Atmosphäre immer weiter auf. Die Menschen müssen sich mehrmals im Jahr vor den Bränden in Acht nehmen. Im Frühling, wenn das alte trockene Gras und Geäst leicht Feuer fängt, springt es auf den Wald und manchmal auch auf die Dörfer über. Und später im Sommer, wenn das junge Grün vertrocknet ist, geschieht noch einmal das gleiche. Statt Kohlendioxid zu vernichten, stößt der Wald es aus, weil er immer wieder in Brand gerät. Oft können die Flammen nicht einmal gelöscht werden. Denn Jakutien erhält nur sehr wenig Geld für die Feuerwehren.

90 Prozent der Brände entstehen durch fahrlässigen Umgang mit Feuer, oft von Holzfällern. Die schlagen zudem mehr Bäume, als wieder nachwachsen. Wo es häufig brennt, verschwindet der Wald ganz, und damit die Kälteisolation des Bodens durch die Bäume. Es bleibt nur noch eine Steppenlandschaft übrig. Dichte Taiga-Wälder werden immer seltener, Russlands Waldfläche schrumpft.

Alexej Jaroschenko, Waldbrand-Experte bei Greenpeace, prophezeit, dass der Wald dem Klima nicht mehr hilft, sondern ihm bald vielmehr schaden könnte. Wenn sich nämlich die Brände in dem Tempo ausbreiten wie in den zurückliegenden 20 Jahren. Dann wird die Taiga, statt Kohlendioxid zu verbrauchen, ein zusätzlicher Emittent. Russische Klimaschützer schlagen vor, auf den vielen brachliegenden Flächen, die die Landwirtschaft nicht mehr nutzt, Wälder anzupflanzen. Das wäre auf bis zu 100 Millionen Hektar möglich. Doch noch verbietet das Gesetz, Felder in Wälder zu verwandeln, weil die landwirtschaftliche Nutzung Vorrang haben soll, selbst wenn die Bauern erwiesenermaßen nicht mehr zurückkommen. »Unser Land liebt Märchen und man hört denen zu, die die schönsten erzählen. Zum Beispiel das, wonach unser Wald mehr Treibhausgas vernichtet, als unsere Industrie ausstößt«, sagt Alexej Jaroschenko. Greenpeace ist inzwischen in Russland zur »unerwünschten Organisation« erklärt worden, die »die Grundlagen der verfassungsmäßigen Ordnung und Sicherheit der Russischen Föderation bedroht«. Im Juni 2023 beschränkte Roskomnadzor, die russische Medienaufsicht, den Zugang zur Greenpeace-Website.

Nur eine Gruppe gewinnt, wenn die Permafrostböden immer schneller zu Matsch werden: die Mammutknochenjäger. Zur Freude zumindest einiger Wissenschaftler in Jakutsk, sagt der Geologe Grigori Sawwinow. Er meint auch sich selbst, denn als Biologe, der er ebenfalls ist, schlägt sein Herz höher angesichts der interessanten Funde. Die Knochenjäger entdecken immer mehr Skelette aus der Steinzeit. Im Krater von Batagai lagen ein gut erhaltenes Fohlen, 44000 Jahre alt, sowie Reste eines Bisonbabys und Teile von einem Mammut. Diese Stoßzahnjäger, wie sie auch genannt werden, suchen die Tundra ab und die Nordküste am Arktischen Ozean. Die 30000 bis 40000 Jahre alten Skelette sind streng genommen Eigentum des Vaterlandes und der internationalen Wissenschaft. Aber nicht jeder Zahn landet im Labor, etliche werden auch versilbert. Für die Wissenschaft bleibe immer noch genug übrig, meint Grigori Sawwinow. Er hat viel Verständnis für die Jäger. Sie sind wie er Vertreter kleiner Urvölker. Turksprachige Jakuten, Ewenken oder Ewenen zum Beispiel. Das Überleben wird für sie immer schwieriger. Wenn der Schlamm ihre einfachen Holzhäuser verschluckt, werden sie obdachlos, müssen die Gebiete verlassen, in denen sie bislang gejagt und gefischt haben. Die »Mammutsuche« bietet einen Ausweg. Ihre Funde landen vor allem in Südostasien, in China, Vietnam. Aus den Stoßzähnen wird dort Schmuck hergestellt.

Nicht nur Kriegsgegner, auch Öko-Aktivisten werden vom Regime strengstens beobachtet und verfolgt. Arshak Makichyan stand 2019 Freitag für Freitag 40 Wochen lang protestierend auf dem Moskauer Puschkin-Platz. Zwar könne man in Russland etwas über lokale Umweltprobleme erfahren. »Aber über das globale Klimaproblem? Schweigen. Deswegen habe ich dort so lange gestanden. Ganz allein, denn Proteste mit anderen zusammen sind in Russland zu gefährlich. Unsere Zukunft ist in Gefahr und in Russland redet niemand darüber. Nicht die Medien, nicht die Politiker, die nichts dagegen tun, und das, obwohl Russland weltweit den viertgrößten Ausstoß von Treibhausgasen verursacht.« Arshak Makichyan ist Student und hat sein Violinestudium beendet, aber ob er angesichts der drängenden Probleme, die sein Land verursacht, die Ruhe zum professionellen Musizieren findet, bezweifelt er immer mehr.

Russland unterzeichnete und ratifizierte das Kyoto-Protokoll sowie das Pariser Klimaabkommen. 2020 gab Putin ein neues Ziel aus: Die Reduzierung der Treibhausgase bis 2030 auf 70 Prozent gegenüber dem Wert von 1990. Diese Verpflichtung sei ehrgeiziger als das Ziel der Europäischen Union, die bis 2030 ihr Reduktionsziel von 40 auf 55 Prozent bis 2030 angehoben hätte. Doch genau genommen ist Putins angebliche ehrgeizige Klimavorgabe eine Mogelpackung. Die Umweltaktivisten von Greenpeace Russland zerlegten seine Ankündigung. 70 Prozent seien vielmehr eine Aufweichung früherer Ziele. Denn eine Absenkung auf rund 50 Prozent seit 1990 wurde längst geschafft, dank der deutlich geschrumpften Industrieproduktion. Putin sprach de facto also nur von einer Reduktion *um* 30 Prozent, sein Ziel käme somit in Wirklichkeit einer Erhöhung der Treibhausgase gleich.

Boris Porfiriew, Ökonom beim Moskauer Institut für volkswirtschaftliche Prognosen, hält die Erfolge der russischen Klimapolitik trotzdem für bemerkenswert und liegt damit auf Regierungslinie. »Russland belegt weltweit den ersten Platz bei der Minimierung von Treibhausgasen gegenüber 1990. Russland hat sie fast um die Hälfte gesenkt.« Bei diesem Wert von 50 Prozent wurden allerdings die riesigen sibirischen Wälder mit einbezogen. Sie können große Mengen Kohlendioxid binden, das wurde positiv angerechnet. Wenn Wälder aber immer länger brennen, geht die Rechnung nicht mehr auf. Außerdem wird in Russland ungehindert Erdöl und Erdgas gefördert sowie in nie dagewesenem Umfang Steinkohle abgebaut. Deren Förderung umfasst seit 2017 pro Jahr 400 Millionen Tonnen, was rund anderthalb Mal so viel ist wie zu sowjetischen Zeiten.

Für Alexandra Korolewa von der Umweltschutzorganisation Eco Saschita (Ökoverteidigung) klaffen Putins verkündete Absichten und sein tatsächliches Handeln in Klimafragen weit auseinander. Deswegen bleibt sie auch bei dem neuen, im Jahr 2021 durch den Präsidenten verkündeten Ziel skeptisch: Russland soll bis 2060 klimaneutral werden – zehn Jahre nach den Vereinigten Staaten und der Europäischen Union, aber zur selben Zeit wie China. »Obwohl Russland das Pariser Klimaprotokoll ratifiziert hat, verlangt niemand, dass Russland aus der Kohlenutzung aussteigt. Es gibt kein Umdenken, die fossilen Energieträger sind nach wie vor der Schlüssel für die Industrie Russlands. Und ausschließlich in diesem Sinne wird in den Kreml-treuen Medien darüber berichtet. Das ist eine heilige Kuh.« Sie beklagt: »In den Regionen fernab von Moskau werden Natur und Menschen maximal ausgebeutet. Statt die Bedingungen für die Bewohner erträglicher zu gestalten, wird nur in neue Transportwege nach Asien investiert, hauptsächlich nach China. Die transsibirische Baikal-Amur-Magistrale erhält einen neuen, östlichen Strang.«

Die Fossil-Exporte bringen das meiste Geld in die Staatskasse und sind wegen des Krieges mit den enorm gestiegenen Rüstungsausgaben wichtiger denn je. Auf die EU als Abnehmer ist die Regierung nicht mehr angewiesen, denn der Handel mit China wuchs 2023 um 32 Prozent, mit Indien verdreifachte er sich. Das Bruttosozialprodukt stieg trotz der Sanktionen um 2,5 Prozent. Allerdings ist das in Kriegszeiten ein ziemlich schlechter Gradmesser für den Wohlstand. »Die Produktion von Kugeln trägt zwar zur Wachstumsrate eines Landes bei, ohne allerdings notwendigerweise die Lebensqualität zu verbessern«, schränkt Laura Solanko, leitende Beraterin am Institut für Übergangswirtschaften der Bank von Finnland, ein.

Die Umweltschutzorganisation Eco Saschita ist vor allem

dort aktiv, wo der Abbau von Rohstoffen die Lebensbedingungen der Menschen massiv verschlechtert. In die von der Kohlegewinnung geschundenen Gebiete, wie das Steinkohlebecken Kussbass in Südsibirien, müsste dringend Geld investiert werden, um sie ökologisch zu sanieren. Die Menschen leiden unter dem schwarzen Kohlestaub aus den riesigen offenen Tagebauanlagen, die so dicht an die Dörfer heranreichen, dass diese fast darin versinken. Die Umweltaktivisten fordern neben der Senkung der Abbauquoten auch Strukturreformen in den Kohleregionen. Doch wer so auftritt wie Alexandra Korolewa, wird zum »Ausländischen Agenten« erklärt und ins Exil getrieben.

In der Polarkreis-Region Archangelsk und in der Republik Komi – sie hat während der Stalin-Diktatur wegen der vielen Straflager um Workuta traurige Berühmtheit erlangt – wehrten sich 2019 Bürgerinnen und Bürger monatelang gegen den Bau einer Mülldeponie. Weit weg von der Hauptstadt sollten die Abfälle aus der 20-Millionen-Metropole Moskau landen. In der Tundra, durch deren Weiten große Rentierherden ziehen. Sie müssen in der spärlich bewaldeten Gegend lange Strecken zurücklegen, um Futter zu finden. Die Komi, ein slawisches Urvolk, wandern wochenlang mit den Tieren umher und kehren nur gelegentlich in ihre Dörfer zurück. Sie fühlen sich eng mit der Natur verbunden. Umso empfindlicher reagieren sie auf Umweltverschmutzungen. In die Öko-Proteste der Komi mischen sich zunehmend häufiger Forderungen für mehr regionale Eigenständigkeit und Ärger über »die Kolonialpolitik Moskaus«. Vertreterinnen der Komi-Bewegung, die an den Demonstrationen teilgenommen hatten, durften im selben Jahr nicht bei Kommunal- und Republikwahlen kandidieren.

Zwischen den Rentierzüchtern in der Republik Komi im europäischen Teil Russlands und denen auf der Halbinsel Tschukotka gibt es große Unterschiede. Beide Gegenden liegen zum Teil im Nordpolarkreis. Doch die Lebensumstände sind am äußersten östlichen Ende Russlands sehr viel härter. Würden Tschuktschen die komfortablen Jurten ihrer europäischen Nachbarn sehen, würden sie vor Neid erblassen, angesichts der Teppiche auf dem Holzboden, der abgeteilten Schlafkabinen, der Küche um den Bollerofen herum. Wenn die Viehzüchter auf Tschukotka mit ihren Herden unterwegs sind, schlafen sie buchstäblich im Schnee. Nirgends herrscht in Russland eine solche Armut wie in diesem Teil des Landes.

In den unruhigen 1990er Jahren, als die Löhne oft nicht gezahlt wurden und die Menschen hungerten, liefen die Tschuktschen kilometerweit durch die gefrorene Tundra ans Meer, um sich bei den Fischern an der Küste mit Seetang oder Walfischfett einzudecken. Tschukotka wurde als »postsowjetische Grube der Verzweiflung« bezeichnet. Das Elend hat Roman Abramowitsch angeblich entsetzt. Der Oligarch ist in Komi aufgewachsen und nahm im Jahr 2000 den Auftrag von Wladimir Putin an, Gouverneur auf der neun Zeitzonen von Moskau entfernten Halbinsel zu werden. Wie groß die Distanz ist, veranschaulicht eine Episode aus Revolutionszeiten: Eine kleine Gruppe von Bolschewiken brauchte zwei Jahre, um die Nachricht endlich überbringen zu können, dass private Unternehmen nun Staatseigentum seien. Die Revolutionäre wurden von den örtlichen Kapitalisten erschossen. Der Kommunismus setzte sich trotzdem durch, sogar der Kalte Krieg war hautnah zu spüren, denn das amerikanische Alaska ist an der engsten Stelle keine 40 Kilometer über die Beringstraße entfernt.

Bis zum Herbst 1999 hatte der Top-Manager Abramowitsch keinen Fuß auf Tschukotka gesetzt, entschloss sich aber nach vielen Gesprächen, in den Dörfern bei den Regionalwahlen zu kandidieren. Er bekam fast 100 Prozent der Stimmen und ließ sich zu Beginn seiner ersten Amtszeit in Tschukotka auch als Steuerzahler registrieren. Angeblich wollte er seinen Patriotismus unter Beweis stellen, Putin zeigen, dass er bereit war, in die Heimat zu investieren. Er wolle dem Land, aus dessen natürlichen Ressourcen sein Reichtum entstanden war, etwas zurückgeben. Vielleicht war das tatsächlich ein Motiv. Ein anderes dürfte gewesen sein, einem Schicksal wie dem von Jukos-Öl-Baron Michail Chodorkowski zu entgehen. Der hatte eigenen politischen Ehrgeiz entwickelt und den Präsidenten kritisiert, was ihm schlecht bekam. Abramowitsch dagegen gab sich durchweg loyal und kooperativ.

Überraschenderweise trat Abramowitsch nach einer Wahlperiode nochmals an und blieb bis 2008. Das erregte Aufsehen. Ein Oligarch, der sich für das Wohlergehen seiner Landsleute engagiert, war und ist in Russland eher die Ausnahme. Entsprechend skeptisch beobachtete man seine Amtszeit als Gouverneur. Viele Tschuktschen empfanden ihn hingegen als Segen.

Das Gebiet Tschukotkas ist doppelt so groß wie Deutschland und hatte im Jahr 2000 noch rund 60 000 Einwohner. Der Staat zahlte jahrelang Umzugshilfen, weil es auf Dauer zu teuer wurde, die entlegene Region zu unterhalten. Infolge des Rückgangs des Goldabbaus waren seit 1989 über 100 000 Einwohner fortgezogen. Die meisten, die abwanderten, waren Russen, aber auch Ukrainer, Weißrussen und Tataren. Unter marktwirtschaftlichen Bedingungen Edelmetalle und Gold abzubauen, lohnte sich nicht mehr. Aber als der Milliardär regierte, wollten viel weniger Leute weg. Trotz des Dauerfrostbodens, neun Monaten Winter und Jahresdurchschnittstemperaturen von acht Grad minus. Denn den Menschen ging es wieder etwas besser. Vor allem Rentierzüchter und Hirten der riesigen Herden profitierten von seinen Zuwendungen. Wofür sie ihm aus tiefsten Herzen dankbar waren, denn es hätte nicht viel gefehlt, und ganze Dörfer wären dem Wodka erlegen gewesen. Die Krisenjahre seit 1989 hatten den Tierbestand stark reduziert. Unter Abramowitsch wuchsen sie wieder an. Aber auch in andere Bereiche steckte der Oligarch viel Geld. In seine Regierungsmannschaft nahm er allerdings keinen einzigen Vertreter der ethnischen Minderheit auf. Die Männer, die in seinem Auftrag Tschukotka regierten, kamen aus anderen Teilen Russlands. Sie waren meist jung und arbeiteten jeweils 14 Tage auf der Halbinsel und hatten dann 14 Tage frei, die sie auf dem »Festland«, wie Zentralrussland in Tschukotka genannt wird, verbrachten.

Präsident Putin lässt in seinen Reden selten eine Gelegenheit aus, den schwerreichen Unternehmern ins Gewissen zu reden, sich mehr für das eigene Land zu engagieren. Wahre Patrioten würden in Russland investieren. Worüber er nicht spricht, sind die Gründe, weshalb ihr in Russland erworbenes Vermögen gar nicht schnell genug im Westen angelegt werden kann. Das System Putin selbst stellt die größte Bedrohung für das Vermögen der dadurch reich Gewordenen dar. Hunderte von Millionen Dollar seines eigenen Geldes soll Abramowitsch in den Bau von Schulen und die Ausstattung von Krankenhäusern gesteckt haben. Das erscheint übertrieben. Dennoch: Nach seinem Weggang geriet das winzige asiatische Völkchen schnell wieder in Vergessenheit. Erst die in der Ukraine gefallenen Tschuktschen, es waren viele, brachten es ins Gedächtnis zurück.

Seit dem Beginn des Krieges verbreitet Putin die Lüge, Washington und Brüssel hätten einen Krieg gegen Russland entfesselt, man müsse sich verteidigen gegen den kollektiven Westen, der Russland zerschlagen wolle. Während er einen Beweis schuldig bleibt, zieht er die Daumenschrauben immer weiter an. Wie so oft wird die Beschneidung demokratischer Freiheiten im Inneren mit der Bedrohung durch einen äußeren Feind begründet. Zum Beispiel in Tatarstan. Hier soll es künftig keinen Präsidenten mehr geben.

## Tatarstans geliebte Privilegien

Die Tataren, die größte nicht-russische Ethnie in der Föderation, waren immer sehr stolz auf ihre Souveränität, die sie sich kurz nach dem Zerfall der UdSSR erkämpften. Zu verdanken hatten sie ihre weitgehende Unabhängigkeit Mintimer Schaimijew, der zunächst Chef der Kommunistischen Partei Tatarstans war und 1991 zum Präsidenten der Teilrepublik gewählt wurde. Das Amt behielt er fast 20 Jahre. Er gehörte zu den regionalen Führern, die den Kampf der nationalen Republiken um ihre Souveränität und Unabhängigkeit von Moskau anführten. Präsident Boris Jelzin hatte die Regionen ermuntert, sich so viel Autonomie wie möglich zu nehmen. Der Tatar nahm diese Aufforderung wörtlich. Mit der Konsequenz, dass sich Tatarstan und auch Tschetschenien 1992 weigerten, den Vertrag über die föderale Struktur des Landes zu unterzeichnen. In Tatarstan wurde stattdessen ein Referendum über den Status der Republik abgehalten, bei dem sich 62 Prozent der Wähler für Tatarstan als souveränen Staat aussprachen.

Dass Tatarstan nach dem Zusammenbruch der Sowjetunion nicht weiter versuchte, sich ganz von der Russischen Föderation abzuspalten, ging auch auf Schaimijew zurück, der nie den Gesprächsfaden zu dem jeweiligen Präsidenten abreißen ließ. Jelzin reagierte damals erleichtert und dankbar auf die Kompromissbereitschaft des tatarischen Amtskollegen: »Was für eine Hilfe und Unterstützung er bei der Lösung der nationalen Frage geleistet hat, als wir am Rande der nationalen Zwietracht in Russland standen! Ihm und mir gelang es schließlich, eine Einigung zu erzielen, die sofort von allen Republiken unterstützt und angenommen wurde.« Tatarstan erhielt im Gegenzug das ausschließliche Recht, über Land und Ressourcen zu verfügen, einen Haushalt aufzustellen, eine eigene Staatsbürgerschaft einzuführen und sogar eine separate Außenpolitik zu betreiben.

Mit Putins Präsidentschaft wurden diese Rechte systematisch gestutzt. Ab 2003 ließ er alle Vereinbarungen zwischen Moskau und den Regionen neu aushandeln.

Tatarstan begann damals, selbst rein symbolische Rechte zu verlieren: Die Bestimmung, dass der Präsident der Republik zweisprachig sein muss. Auch die eigene Staatsbürgerschaft von Tatarstan wurden als verfassungswidrig erklärt. Als 2005 die Wiederwahl von Schaimijew anstand, musste seine Kandidatur erst vom Staatsrat der Republik Tatarstan bestätigt werden, der sie sich wiederum von Präsident Putin genehmigen lassen musste. Nach langen Diskussionen unterzeichnete Tatarstan eine Abmachung, die der Republik für weitere zehn Jahre das Recht einräumte, Entscheidungen in wirtschaftlichen, ökologischen, kulturellen und anderen Fragen zu treffen, allerdings »in Zusammenarbeit mit dem Zentrum«. 2017 lief auch diese Abmachung aus.

2010, als Schaimijew mit 73 Jahren auf eine neue Präsidentschaftskandidatur verzichtete, verbot Präsident Dmitri Medwedew den Leitern der russischen Teilrepubliken, sich künftig als Präsident zu bezeichnen. In Russland solle es nur einen Präsidenten geben. Nur Tatarstan wurde es gestattet, noch einen »Präsidenten« zu haben, denn auch der Schaimijew-Nachfolger Rustam Minnichanow hatte sich erfolgreich gegen die Verfassungsänderung gewehrt.

Hinter den Kulissen hatte sich auch Schaimijew bei Putin für eine Übergangsfrist stark gemacht. Aber es war nur eine Frage der Zeit, bis Putin die Sonderbehandlung vollständig beendete. Das geschah im Februar 2023.

Tatarstan ist jetzt eine russische Region wie jede andere. Aus der Verfassung wurden die Begriffe »Souveränität«, »Bürger Tatarstans« und »Präsident« gestrichen. Auch der Vermerk, dass Krieg und Gewalt abgelehnt werden, fehlt jetzt. Der Präsident darf sich bis 2025 so nennen, danach gibt es nur noch einen

»Rais«, das arabische Wort für Oberhaupt. Spötter erinnern sich, dass während der Sowjetzeit ein Kolchosvorsitzender in Tatarstan auch »Rais« genannt wurde. Damals hatte der heutige Präsident Rustam Minnichanow tatsächlich diese Position eine Zeit lang inne. Hinter der Demütigung dürfte Absicht stecken.

Damir Ischakow, Historiker und Mitglied der tatarischen Nationalbewegung, ist 1951 in Tatarstan geboren und aufgewachsen, wo es zu Sowjetzeiten tatarisches Fernsehen, Zeitungen und Theater gab. Auch in der Schule und an der Universität wurde Tatarisch gesprochen. Über die von Stalin deportierten Krimtataren durfte allerdings kein Wort verloren werden. Seine Verwandten, die außerhalb der Tatarischen Autonomen Sowjetrepublik lebten, berichteten oft von ihren Minderwertigkeitskomplexen, weil sie in anderen Teilen der Sowjetunion diskriminiert wurden. Ischakow glaubt, dass die Menschen in Tatarstan negativ auf den Verlust des Präsidentenstatus durch das Oberhaupt der Republik reagieren. »Die Moskauer Beamten denken vielleicht, dass sich das Volk nicht darum kümmert und nichts versteht. Sie sollten sich nicht täuschen, es versteht alles.« Ihm sei die Unabhängigkeit der Republik vom föderalen Zentrum wichtig, auch wenn sie nur symbolisch wäre. Der Historiker wertet das Zurückschrauben der Souveränität der Teilrepubliken innerhalb der Russischen Föderation als Zerstörung der modernen Struktur des postsowjetischen Staates. »Wohin gehen wir? Kehren wir ins 19. Jahrhundert zurück?« Er prophezeit eine massive Unzufriedenheit, wenn das tatarische Volk zu einer Provinznation degradiert werde. Separationsbestrebungen erteilt er jedoch im selben Atemzug eine Absage. »Wir wollen uns nicht von Russland abspalten, aber wir wollen in einem normalen, modernen demokratischen Land leben.«

## Baschkortostan – »Wir kämpfen nicht für Putins Imperium«

In Baschkortostan hat man sehr viel weniger Geduld mit Moskau. Am 21. September 2022, dem Tag, an dem die Teilmobilmachung für den Krieg begann, tauchte auf *Telegram* ein neuer Kanal auf. Er nannte sich *Baschkirisches Widerstandskomitee*. Sein Logo ist eine geballte Faust auf rotem Hintergrund mit dem Untertitel »Baschkortostan wird frei sein«. Die Betreiber wollen anonym bleiben, verfolgen aber das Ziel, den nationalen Widerstand in Baschkortostan gegen Putins Macht zu organisieren. Ebenso wie die Organisation der Baschkirischen Nationalisten befürworten sie die Abspaltung Baschkortostans von Russland. Anders als in anderen Regionen, wo es bei Antikriegsprotesten bleibt, richtet sich die Empörung in Baschkortostan gegen das Machtzentrum Moskau.

Das Widerstandskomitee rief explizit zu Gewalt auf. Bereits einen Tag später brannte das erste Rekrutierungsbüro. Das Feuer sollte die Mobilisierung stören und den Wehrpflichtigen Zeit zum Verschwinden geben. Als nächstes wurden in der baschkirischen Kleinstadt Salavat Autoreifen auf der Veranda der örtlichen Parteizentrale von Einiges Russland in Brand gesetzt, dann die Räume der Kommunistischen Partei, weil sie die Aggression gegen die Ukraine unterstützte und somit Komplizen des kriminellen Putin seien.

In Archangelski, 65 Kilometer von der Hauptstadt Ufa entfernt, ging ein weiteres Rekrutierungskomitee in Flammen auf. Dem *Telegram*-Kanal *Baschkirisches Widerstandskomitee* folgen mehr als 500 Abonnenten. Ruslan Gabbasow, der Anführer der baschkirischen Nationalisten, erklärte in seinem eigenen Account, dass hinter den Brandanschlägen baschkirische Partisanen steckten. In der Republik gebe es eine unterirdische Widerstandsbewegung. Er und sein Baschkirisches Nationales Politisches Zentrum haben die Baschkiren mehrfach aufgefordert, »sich nicht an dem Bruderkrieg zwischen zwei verwandten slawischen Völkern zu beteiligen, nicht zu Söldnern zu werden, nicht der Agitation der russischen imperialen Propagandisten zu erliegen«.

Gabbasow hat sechs Jahre lang »Baschkort«, die größte nationale Organisation, geleitet. Sie wurde 2020 vom Obersten Gerichtshof der Republik zu einer extremistischen Organisation erklärt und verboten. Diese Vereinigung hat sich damals noch für den Verbleib in der Föderation eingesetzt. Im russischen *facebook*-Pendant, bei *VKontakte,* folgten »Baschkort« mehr als 60 000 Abonnenten. Populär war die Bewegung, weil sie sich für das obligatorische Erlernen der baschkirischen Sprache einsetzte und Umweltaktionen organisierte. Unter anderem für den Schutz des heiligen Berges der Baschkiren, den Kuschtau. Monatelang kämpften sie dagegen, dass dort der Wald abgeholzt wird, um die Mineralwasserquelle für eine Getränkefirma zu erschließen. Die Proteste waren erfolgreich, denn 2020 wurde der Berg zum Naturdenkmal erklärt.

»Baschkort« machte außerdem unter der Landjugend die alte Tradition von Volksversammlungen bekannt und schaffte es, sie in den baschkirischen Dörfern wiederzubeleben. Der Bewegung lag daran, ein Nationalbewusstsein zu wecken und basisdemokratische Protestformen zu etablieren. Die Anführer wurden festgenommen oder gingen ins Exil. Gabbasow kämpft nun vom Ausland aus mit seiner Nachfolgeorganisation für ein weitaus brisanteres Ziel: Baschkortostans Abspaltung von Russland. Sie soll mit der Schaffung eines unabhängigen Staates – einschließlich einer eigenen Armee – einhergehen. Diese Armee könne sich mit den Streitkräften anderer Republiken zusammenschließen, wenn Baschkortostan einer Konföderation oder Union unabhängiger Republiken beiträte.

Grundlage des neuen baschkirischen Staates soll eine baschkirische politische Nation mit den Baschkiren als führender politischer Kraft sein. Willkommen seien jedoch auch die Einwohner Baschkortostans, die anderen Nationalitäten angehören, wenn sie die Republik als ihre Heimat betrachteten. Bislang sind die Baschkiren zwar die Titularnation, aber sie stellen eine deutlich kleinere Gruppe als die Russen und andere Ethnien. All dies sind bislang Absichtserklärungen, dennoch werden die Verfechter dieser Ideen bereits wie Extremisten behandelt. Auch, weil sie ankündigten, eine bewaffnete Untergrundorganisation gründen zu wollen. Vorbild ihres neuen Staatsgebildes ist die Erste Baschkirische Republik, Baschkurdistan, die im November 1917 ausgerufen wurde und einen Teil des heutigen Baschkortostan sowie die Regionen Tscheljabinsk und Orenburg umfasste. Baschkurdistan verfügte damals über eine eigene Armee und bekämpfte die Bolschewiki. Im Jahr 1919 verständigten sich die Führer der Republik jedoch mit den Behörden und die baschkirische Armee schloss sich der Roten Armee an. Nach dem Bürgerkrieg hieß Baschkurdistan Autonome Sozialistische Sowjetrepublik Baschkirien.

Ayrat Dilmuchametow, ein geschichtsbewusster Baschkire, sieht die Freiheit seines Volkes, das ganz im Osten Europas dicht vor dem Uralgebirge lebt, seit Epochen unterdrückt. Im 18. Jahrhundert schlugen die zaristischen Behörden antikoloniale Aufstände nieder. Mehr als 15 000 Angehörige des Turkvolkes wurden getötet und viele weitere Baschkiren wurden zur Zwangsarbeit verurteilt. Dilmuchametow setzte sich für ein Denkmal ein, das an die Opfer des baschkirischen Völkermordes erinnern sollte. Es sollte am Schauplatz des Geschehens errichtet werden, in Sunarchi, einem Dorf in der Region Orenburg. Vor allem unterstützte er die Gründung einer neuen, demokratischen Föderation freier Völker, sprich die Loslösung der ethnischen Minderheiten von der Russischen Föderation.

Da hatten die Behörden Dilmuchametow längst im Visier. Sie ermittelten gegen ihn wegen Aufrufs zum Separatismus,

Extremismus und Massenunruhen sowie wegen Rechtfertigung von Terrorismus und Aufstachelung zu ethnischem Hass. 2020 wurde er zu neuneinhalb Jahren Haft verurteilt, die er jetzt absitzt. Der Europäische Menschenrechtsgerichtshof hält das Urteil für unrechtmäßig, das russische Menschenrechtszentrum Memorial erklärte Dilmuchametow 2019 zum politischen Gefangenen. Die baschkirischen Separatisten um Gabbasow sind heute deutlich radikaler als Dilmuchametow. Sie wollen eine andere baschkirische Republik und dazu eine so schlagkräftige Armee, dass ihr der »Sturz des Regimes von Oberst Putin« gelingt. Das jetzige Oberhaupt der Republik, Radij Chabirow, würden sie aus dem Amt jagen, weil die baschkirische Nationalbewegung und das Revolutionäre Komitee von Baschkortostan niemals damit einverstanden sein würden, dass »dieser loyale Putinist Chabirow« sie anführt.

Vor der Mobilisierung im Herbst 2022 flohen viele ehemalige Aktivisten der verbotenen »Baschkort«-Organisation nach Kasachstan. Diejenigen, die zurückblieben, sind untergetaucht. »Sie wollen nicht für das Imperium kämpfen. Sie denken, es ist nicht unser Krieg. Warum sollten Baschkiren irgendwo in der Ukraine für die ›russische Welt‹ sterben? Die Ukrainer haben uns nichts Böses angetan, und das Imperium hat uns immer geknechtet. Sie haben unsere baschkirische Sprache unterdrückt, sie haben unsere Führer ins Gefängnis gesteckt«, so der Wortführer Gabbasow aus seinem Exil.

Dass längst nicht alle wehrfähigen Männer seinen Aufrufen, den Dienst zu verweigern, gefolgt sind, zeigt eine Statistik. Im Föderalbezirk Wolga, einem der acht Verwaltungsbezirke, in die Putin die Russische Föderation aufgeteilt hat, steht Baschkortostan auf der Liste der in der Ukraine getöteten Soldaten an erster Stelle.

Finanziell unterstützt werden die baschkirischen Nationalisten offenbar von lokalen Geschäftsleuten, die mit der Entwicklung im Land unzufrieden und selbst Nationalisten sind. Davon geht jedenfalls der Politikwissenschaftler Abbas Galljamow aus, der als Redenschreiber Putins, aber auch mehrere Jahre in der Verwaltung des ehemaligen baschkirischen Republikchefs Rustem Chamitow tätig war. Galljamow betrachtet es nicht als Nachteil, dass dem anonymen *Baschkirischen Widerstandskomitee* nur ein überschaubarer Kreis von Aktivisten angehört, denn schließlich müsse die Geheimhaltung gewahrt werden. Solche Organisationen könnten erst dann Massenbewegungen werden, wenn das System zusammenbreche. Dmitri Oreschkin, ein ebenfalls im Ausland lebender Geograf und Politikwissenschaftler, der vom russischen Justizministerium als »Ausländischer Agent« geführt wird, sieht in Baschkortostan die erste Schwalbe unter den Republiken, die ihren Kampf für die Unabhängigkeit erklärt.

Wenn der Funke des Separatismus überspringt und auch andere Teilrepubliken entflammt, könnte es tatsächlich zu einem Szenario kommen, vor dem der Kreml permanent warnt. Würde Russland auseinanderbrechen, hätte das wahrscheinlich Instabilität und Gewalt zur Folge. Nicht Gewalt und Instabilität, wie sie die Russinnen und Russen bereits kennen, wenn sie von der russischen Führung massiv in ihren demokratischen Rechten eingeschränkt werden und gleichzeitig der persönlichen Bereicherung einer kleinen Elite zusehen müssen. Nach der Abspaltung einzelner Regionen käme eher ein Szenario in Frage, bei dem die neuen unabhängigen Staaten miteinander um Grenzen und wirtschaftliche Vorteile kämpfen würden, wie es die französische Historikerin Marlene Laruelle für möglich hält. Die Direktorin des Instituts für europäische, russische und eurasische Studien an der George Washington University bezeichnet eine solche Konfrontation als Bürgerkrieg.

Doch Moskaus Eliten würden ziemlich sicher auf jede Abspaltung mit Gewalt reagieren. Was Russland ebenfalls in einen inneren Kriegszustand versetzen würde. Doch von einer solchen

Dynamik ist das eher zaghafte oder vereinzelte Aufbegehren der ethnischen Minderheiten Russlands im Moment weit entfernt. Mit einer stärker und breiter werdenden, sich solidarisierenden Bewegung ist unter den jetzigen Bedingungen nicht zu rechen. Denn sobald Aktivisten mit Selbstbewusstsein, Charisma und Visionen von einer anderen Nationalitätenpolitik auf der politischen Bühne erscheinen, werden sie von den Geheim- und Sicherheitsdiensten oder durch Scheinverfahren an den Gerichten aus dem Weg geräumt.

Dass es derzeit zu keiner größeren Mobilisierung kommt, liegt auch an den mangelnden Ressourcen der ethnischen Minderheiten. Weder bekleiden sie wichtige Ämter in den Republiken, noch befinden sich große Wirtschaftsunternehmen in ihren Händen. Und dass sich die eine oder andere der unzähligen Privatarmeen in Russland für sie stark macht, ist ebenfalls nicht anzunehmen, da den Aktivisten das Geld fehlt, die Söldner zu bezahlen. Den nationalen Separationsbewegungen, von denen man, wenn überhaupt, nur vereinzelt sprechen kann, fehlt es somit zuallererst an Schlagkraft. Putins Regime fällt es immer noch vergleichsweise leicht, sie weiter zu unterdrücken. Ob die nicht-russischen Völker tatsächlich aufbegehren, wird auch vom Verlauf des Krieges in der Ukraine abhängen. Die historische Erfahrung zeigt, dass Imperien, die Kriege verlieren, implodieren können. Beispiele sind das Osmanische und das Deutsche Reich, die Habsburger Monarchie und nicht zuletzt das russische Zarenreich. Die Erinnerungen an die Aufstände zur Zarenzeit sind jedenfalls im Gedächtnis der Völker Tschetscheniens, Dagestans, Baschkortostans und vieler anderer mehr immer noch lebendig.

## Russlands Schweigen über den eigenen Kolonialismus

Würde Putin den Krieg in der Ukraine gewinnen und dieser Sieg mit einer territorialen Einverleibung des ukrainischen Staates einhergehen, wäre das Land die erste Kolonie, die Russland im 21. Jahrhundert erobert. Während anderswo die kolonialistische Herrschaft kritisch hinterfragt wird, darf den russischen Kolonialismus niemand als solchen bezeichnen. Außerdem ist die russische Führung mit ihrem Hobbyhistoriker Putin vorneweg an der Geschichte des russischen Kolonialismus merkwürdig wenig interessiert. Des Kolonialismus haben sich, so die Botschaft, westliche Länder schuldig gemacht, nicht aber Russland. Als Begründung muss herhalten, dass das Zarenreich und später die Sowjetunion ihre Macht nicht auf außereuropäische und Überseegebiete ausgedehnt haben. Eine Argumentation, die schon Lenin nicht gelten ließ. In seinem Aufsatz »Der Imperialismus als höchstes Stadium des Kapitalismus« bezeichnete er Russland 1914 als zweitgrößte Kolonialmacht nach England.

Wie unsinnig die Relativierung des eigenen Kolonialismus gegenüber dem des Westens ist, zeigt sich auch anhand der Tatsache, dass ein Teil der von Russland eroberten Gebiete erst nach dem Ende der UdSSR in die Unabhängigkeit entlassen wurde, also erheblich später als die überseeischen Kolonien. Kolonialisiert wurden über das Zarenreich hinaus auch die Kurilen, die Mandschurei, Finnland und Alaska. Begonnen hatte die russische Eroberung mit Sibirien, das wenige Jahrzehnte nach der Gründung des Zarenreichs 1547 unterworfen wurde, also zwei bzw. drei Jahrhunderte früher als alle anderen von Russland eroberten Territorien.

Madina Tlostanowa, Professorin für postkolonialen Feminismus an der Universität Linköping in Schweden, nennt Beispiele für brutale Zwangskolonisierungen durch das russische Zarenreich, die mit Völkermord einhergingen: die Ausrottung von 70 Prozent der Jakuten an der Lena in den 1640er bis 1680er Jahren, von mehr als der Hälfte der Tschuktschen, Korjaken und Kamtschadalen in Kamtschatka Ende der 1690er Jahre, die Vernichtung der Dauren an den Ufern des Amur in der Mitte des 17. Jahrhunderts oder die fast vollständige Eliminierung der Itelmenen im 18. Jahrhundert. Nach modernem Verständnis setzt Völkermord eine bewusste und kohärente staatliche Politik voraus. Die sei im Fall des Völkermords an den Tscherkessen im 19. Jahrhundert deutlich sichtbar gewesen. Bei der Kolonisierung Sibiriens lassen sich solche Befehle oder Anweisungen nicht immer genau zurückverfolgen, zumal es in Sibirien nicht nur um die Eroberung von Territorien, sondern um die Ausbeutung der einheimischen Bevölkerung ging. Hier war die vollständige Vernichtung der Nationalitäten für das Reich nicht immer von Vorteil. Im Kaukasus wiederum brauchte Russland vor allem den Zugang zum Meer, um Waren zu transportieren. Unter anderem Getreide, das damals wie heute vor allem in der Ukraine angebaut wurde.

Seine Verbundenheit mit den Völkern Sibiriens stellte Putin in seinen jüngeren Jahren gern offenherzig zur Schau. Mit nacktem Oberkörper beim Angeln, an seiner Seite Sergej Schoigu. Sein wortkarger Freund, der sich in seinem ersten Regierungsamt als Katastrophenschutzminister oft selbst ein Bild vor Ort machte und der bekannt dafür ist, lieber zuzuhören als zu sprechen. Schoigu stammt aus Tuwa, Heimat eines nomadischen Turkvolkes an der Grenze zur Mongolei. Den heutigen Verteidigungsminister scheint es nicht sonderlich zu bekümmern, dass seine Landsleute viele in der Ukraine getötete Soldaten zu beklagen haben. Die 68-jährige russische Sprachlehrerin Raisa Kuschuget dagegen möchte »nicht mehr länger auf dem Sofa sitzen und schweigen«. Sie hat sich einer spontanen Protestaktion gegen die Mobilisierung angeschlossen und wurde wie Dutzende andere festgenommen.

### Realität in Tuwa – »Wir sind in Wahrheit eine Kolonie«

In den Schulen soll demnächst ein neues Tuwa-Geschichtslehrbuch erscheinen, das die Verbindung und die Freundschaft zwischen dem »brüderlichen« tuwinischen und dem russischen Volk noch stärker betont. Vorbild ist das gerade erschienene russische Geschichtslehrbuch für die Klassen neun bis elf, das von Putins Berater Wladimir Medinski verfasst wurde. Im Mittelpunkt stehen die Geschichte der UdSSR und die russisch-amerikanischen Beziehungen. Ein eigener Abschnitt ist der Zeitgeschichte und der »militärischen Spezialoperation« in der Ukraine gewidmet. Zur Nationalitätenpolitik wird darin hervorgehoben, dass die Sowjetrepubliken während der Zeit der UdSSR die Produktivität um das Dutzendfache steigern konnten, dass die interethnischen Ehen die Völker »zusammennähten« und dass es keine Fremdenfeindlichkeit gab. Nationale oder antikommunistische Bewegungen in der UdSSR seien dagegen stets mit Beteiligung der USA und der CIA entstanden, um nationalistische und separatistische Gefühle zu schüren.

Russland schreibe schon seit Langem Geschichtsbücher um, insbesondere die Geschichte der kolonisierten Völker. Was aber erst jetzt auffalle, sagt Danchajaa Chowalig. Die junge Frau ist Schriftstellerin und stammt ebenfalls aus Tuwa. »Für die Geschichte der kolonisierten Völker hat sich die große Mehrheit der Russen nicht interessiert. Erst jetzt, da auch ihre eigene Geschichte umgeschrieben wird, wachen sie auf.« Sie nimmt es der Regierung in Moskau nicht mehr ab, dass ihre Heimatrepublik ein wirkliches föderales Subjekt sein soll. Denn die weise doch sehr viel mehr Merkmale einer Kolonie auf. Auslöser, über die Stellung der nationalen Minderheiten nachzudenken, war ihr Umzug zum Studium nach Moskau. Außerhalb ihrer Heimatrepublik hat sie zum ersten Mal Diskriminierung erlebt. »Asiatisch auszusehen mit meiner Art von Augen, Wangenknochen und Gesichtszügen führt dazu, dass man mich beschimpfte. Ich sei schmaläugig, chinesisch, solle zurückgehen in mein Kirgisistan, Tadschikistan.« Ähnliche Diskriminierungserfahrungen machen auch Menschen aus Burjatien, Kalmückien, Chakassien, Altai, Sacha und Tschukotka. Diese Kränkungen verbinden. Ihrer aller Vorfahren waren zumeist Steppennomaden und hatten somit ähnliche Alltagserfahrungen, mit einer gleichen Küche, dem gleichen Glauben und gleichen Gewohnheiten und Traditionen.

Danchajaa Chowalig will die Herabsetzungen durch Russen und Russinnen nicht mehr einfach nur tolerieren. Zusammen mit anderen Indigenen verfasste sie einen offenen Brief, in dem sie fordern: Nichts über uns ohne uns. In ihrem Podcast »says the republic« gibt die Dekolonialisierungsaktivistin den sibirischen Völkern eine Stimme. Je mehr sie selbst über die Geschichte der asiatischen Teilrepubliken erfahre, desto mehr falle ihr auf, wie rudimentär und einseitig darüber in der Schule unterrichtet wurde. Sie habe zwar gewusst, dass die Republik Tuwa die jüngste nationale Region innerhalb des russischen Staates ist. Doch dass die ehemalige mandschurische Kolonie 1912 ihre Unabhängigkeit erklärte und 1921 den souveränen Staat Tannu Tuwa (Tuwinische Volksrepublik) ausrief, sei ihr nahezu unbekannt gewesen.

In der Schule hatte Danchajaa Chowalig gelernt, dass die Unabhängigkeit des neuen Staates von den meisten Ländern der Welt nicht anerkannt wurde, weil sie Tuwa weiterhin als Teil Chinas betrachteten. Nur die benachbarte Mongolei und die UdSSR standen auf der Seite der Tuwinischen Volksrepublik. Doch wie sie heute weiß, war die Anerkennung durch die UdSSR nur Heuchelei. Denn eine Gruppe künftiger sowjettreuer tuwinischer Führer absolvierte das Stalinsche Kommunistische Institut der Arbeiter des Ostens in Moskau. Diese Gruppe übernahm dann die Macht in der Republik, leitete die Zwangskollektivierung des nomadischen tuwinischen Volkes ein sowie die

Russifizierung und Sowjetisierung. Der buddhistische Glaube wurde verboten. Die Führer der Volksrepublik, die die Politik Stalins nicht unterstützten, wurden hingerichtet. Alle Feudalherren und andere Menschen mit Vermögen sowie diejenigen, die einfach nur anderer Meinung waren, wurden unterdrückt. 1941 trat die Tuwinische Volksrepublik als erstes ausländisches Land an der Seite der UdSSR in den Zweiten Weltkrieg ein und erklärte Deutschland den Krieg. 1944 akzeptierte die Sowjetunion ein Beitrittsgesuch der tuwinischen Revolutionäre, worauf das einst unabhängige kleine Land als Autonomes Gebiet Tuwa schließlich Teil der Sowjetunion wurde.

Die junge Aktivistin fragt sich, wie es kommt, dass sie so wenig über die Vergangenheit ihrer Heimat weiß. Und warum Tuwa eines der wirtschaftlich schwächsten Subjekte der Russischen Föderation ist und den niedrigsten Lebensstandard überhaupt aufweist. Obwohl es eine der ökologisch saubersten Regionen des Landes ist und mit den Bergen und Gletschern, der Taiga, Steppe, Tundra und den Sandwüsten sowie zahlreichen Flüssen, Seen und Heilquellen als Naturparadies gelten müsste. Stattdessen liegt Tuwas großes touristisches Potential brach, trotz des einzigartigen kulturellen Erbes, trotz der Denkmäler der alten jenizischen Runenschrift, den skythischen und uigurischen Ruinen, den Zeugnissen der Nomadenkultur. Neben der Viehzucht gibt es Bodenschätze wie Kohle und Erz, Gold und seltene Erden. Die Bevölkerung ist jung, die Geburtenrate hoch, ebenso das Bewusstsein einer nationalen Identität.

Warum gilt Tuwa dennoch als depressive Region? Aus Sicht der Kolonialisten, so Danchajaa Chowalig, ist es logisch, den Reichtum der Region abzuschöpfen. Denn eine Region, aus der sich die Metropole nur bedient, aber nie etwas zurückgibt, verarmt. Und wenn die Bewohner ständig mit dem blanken Überleben beschäftigt sind, werden sie sich nicht auflehnen oder möglicherweise abspalten. Einen Ausweg aus der Not sehen viele

Eltern in der Russifizierung ihrer Kinder. Vor dem Schlafengehen wurden Danchajaa Chowalig als Kind keine tuwinischen Märchen vorgelesen, sondern russische. Die ganze Familie sah sich russische Filme mit slawisch aussehenden Figuren an. Sie schickten sie in einen »russischen« Kindergarten, dann in eine »russische« Klasse, in der die angesehenste Lehrerin Russin war. Im Unterricht wurde »große russische Literatur« gelesen. Zum Beispiel Fjodor Dostojewskis »Tagebuch eines Schriftstellers« von 1881, in dem steht: »In Europa waren wir Hausangestellte und Sklaven, aber in Asien werden wir als Herren auftreten. In Europa waren wir Tataren, aber in Asien sind wir Europäer.«

Die tuwinische Sprache und tuwinische Literatur sind in der Schule fakultativ. Immer mehr Eltern wählen sie ab, weil sie hoffen, dass ihre Söhne und Töchter nach der elften Klasse in die großen Städte Russlands abwandern können, wo sie ihre Muttersprache nicht brauchen. Dafür aber Russisch, denn es wird schwer genug für sie werden, eine Wohnung zu finden, weil die Vermieter »Slawen« bevorzugen. Die Polizei wird sie öfter auf der Straße kontrollieren, ihre Vor- und Nachnamen werden vertauscht oder durch einfachere ersetzt werden.

Die Aktivistin legt den Finger in die Wunde, wenn sie öffentlich über die zahlreichen Fälle berichtet, in denen russische Neonazis nicht-russische Menschen verprügelten und töteten. Ein neunjähriges tadschikisches Mädchen, einen Burjaten, Koreaner, Usbeken, Kirgisen, Kalmücken. Die Angst bestimmt für viele Angehörige nicht-russischer Völker den Alltag. »Wir, unsere indigenen Sprachen und Kulturen, unsere nationalen Republiken sind nicht gleichwertig und nicht gleichgestellt mit dem russischen Volk, der russischen Sprache und Kultur, den sogenannten russischen Regionen.«

Sie möchte Klartext sprechen, weil das, was in Russland Region genannt wird, in Wahrheit als »Kolonie« bezeichnet werden müsste. Um nichts anderes handelt es sich ihrer Meinung nach, wenn ein Gebiet von der Metropole abhängig ist, keine politische und wirtschaftliche Macht hat und von einem Regime regiert wird, das den Bürgern der Kolonie nicht dieselben Rechte einräumt wie den Bürgern der Metropole. Das sei bei allen ethnischen Teilrepubliken und Gebieten ausnahmslos der Fall. Ein Kolonialregime halte nach der Phase der Unterwerfung an der Dominanz der Kultur der Metropole fest. Auch dies treffe auf die Regionen der ethnischen Minderheiten Russlands zu. »Wo es Kontrolle gibt, kann es keine Gleichheit geben, keine Entwicklung, keinen Wohlstand und keinen Umgang auf Augenhöhe.« Ergo macht sie sich für eine »Dekolonisierung« stark.

»Wir müssen unsere wirtschaftliche Subjektivität und damit unsere persönliche Verantwortung zurückgewinnen, die volle Kontrolle über unser eigenes Leben. Denn wenn alles so bleibt, wie es ist, wenn die imperiale Ausbeutungsmaschinerie der Regionen weiterläuft, wird es keine Zukunft für Tuwa geben. Die niedrige Lebensqualität, die hohe Arbeitslosigkeit, Kinderarmut und Kriminalitätsrate sowie der verbreitete Alkoholismus sind eine Folge der Kolonialpolitik. Wir haben noch nie so schlecht gelebt wie heute«, sagt Danchajaa Chowalig. Entkolonialisierung bedeutet für sie nicht zwingend politische Unabhängigkeit, aber in jedem Fall Dezentralisierung. Die Beseitigung der politischen, wirtschaftlichen und administrativen Bevormundung der Regionen. Dieser Prozess werde sich über Jahrzehnte hinziehen. Für sie beginnt er mit ihrem persönlichen Beitrag zur Erhaltung der nationalen Kultur und Sprache. Als Schriftstellerin hofft sie, eines Tages Bücher auf Tuwinisch schreiben zu können. Sie fordert ihre indigenen Mitbürger auf, sich für ihre Regionen zu interessieren und problematische Entwicklungen zu thematisieren. Sich für die Öffnung der verschlossenen Archive einzusetzen, um mehr über die Zeit der Unterdrückung der nomadischen Viehhirten, des Klerus und ihrer eigenen Familien zu erfahren. Sie sollen auch die Situation der tuwinischen Sprache in den

Schulen hinterfragen. Oder Rechenschaft über die Verschmutzung der Umwelt durch die Bergbau- und Verarbeitungsanlagen chinesischer Unternehmen verlangen und Auskunft darüber, wer erlaubt hat, tuwinisches Land an ausländische Investoren zu verpachten. Besonders drängend findet Danchajaa Chowalig, die Rekrutierung von tuwinischen Männern zu stoppen. Dass ausgerechnet sie das Gesicht der russischen Armee sein und in der Ukraine die »russische Welt verteidigen« sollen, sei typisch für Putins Zynismus.

Bei allen Problemen in den von Moskau abhängigen Regionen sind, wie bereits erwähnt, Anzeichen dafür, dass die ethnischen Republiken mit Macht aus der Russischen Föderation ausbrechen wollen, gegenwärtig nicht zu erkennen. Das Konfliktpotential reicht für eine derart disruptive Entwicklung längst nicht aus. Die vielen kleinen Nationen werden auf absehbare Zeit keine Entwicklung anstoßen, die Russland insgesamt nachhaltig erschüttern oder zu einem grundlegenden Politikwechsel drängen könnte. Dazu herrscht zu wenig Widerspruchsgeist, ist die indigene Bevölkerung zu klein, liegen die Republiken in der Weite des Landes zu isoliert voneinander, können sie sich räumlich nicht zusammenschließen, aber auch nicht ideell. Fragt man aber, wo die ethnischen Republiken jenseits von Separatismusbestrebungen gerade stehen, bietet sich ein differenziertes Bild: Sie geben sich selbstbewusster, wenden sich intensiver ihrer eigenen Vergangenheit zu. Die politische Führung im entfernten Moskau wird seit dem Krieg gegen die Ukraine sehr viel kritischer gesehen. Die Menschen der Minderheiten verstehen, dass ihr Leben für Moskau nicht zählt, so wenig wie ihre Lebensumstände das Zentrum beschäftigen.

## Kolonialismus 2.1 – Putins Griff nach dem weißen Gold der Ukraine

Dass der Ukraine im Falle einer Niederlage das Schicksal der sibirischen Weiten drohen könnte, scheint nur auf den ersten Blick etwas weit hergeholt. Denn die russische Vergangenheit und Gegenwart zeigt, mit welcher Zielstrebigkeit eingenommene Gebiete unterworfen und ausgebeutet werden. Zu holen ist einiges, denn die Ukraine ist kein armes Land.

Nicht nur auf den riesigen fruchtbaren Ackerflächen wächst der Reichtum des Landes. Er lagert auch im Boden. Kohle und Eisenerz werden schon seit Langem gefördert. Die Annexion der Krim war ein Weg, der dortigen Erdöl- und Erdgasvorkommen habhaft zu werden. Ebenso in der Ostukraine, wo sogenanntes Fracking-Gas gewonnen werden kann. Inzwischen wecken womöglich noch ganz andere Bodenschätze Begehrlichkeiten: Kobalt, Nickel, Kupfer, vor allem aber Titan, seltene Erden und Lithium – alles Rohstoffe, die für die Energiewende, Elektromobilität und High-Tech-Industrie gebraucht werden und sich in ukrainischer Erde befinden.

Wenige Tage vor dem Einmarsch von Putins Armee in die Ukraine verkündete die ukrainische Nationale Akademie der Wissenschaften mit Sitz im britischen Brighton: »Die Ukraine hat große Chancen, einer der führenden Lithiumproduzenten der Welt zu werden.« Die Lagerstätten sollen bis zu 500 000 Tonnen Lithiumoxid in Form von Petalit, Spodumen oder Lithiumkarbonat umfassen und sich vor allem in der zentralen und östlichen Ukraine befinden. Das Wissen um das weiße Gold der Ukraine ist vergleichsweise unbekannt. Doch chinesische und australische Firmen haben schon ihre Fühler ausgestreckt.

Im November 2021 begann in Kiew die Versteigerung von Schürfrechten für Lithium, Kupfer, Kobalt und Nickel. Das australische Unternehmen European Lithium bewarb sich um die Rechte für zwei Lagerstätten in der Region Donezk und in

Kirowograd in der Zentralukraine. Das chinesische Unternehmen Chengxin Lithium konkurrierte. Deren frühes Engagement weckte auch das Interesse Deutschlands und der Europäischen Union mit Blick auf die Energiewende. Olena Remesowa, Chef-Geologin des renommierten Instituts für Geologie in Kiew, schätzt, dass die ukrainischen Lithiumreserven, die sehr wichtig für die Elektromobilität sind, zu den größten der Welt gehören. Ob es, wie bislang angenommen wird, zwischen fünf und zehn Prozent der Gesamtvorkommen sind, muss neu erforscht werden. Denn die Analysen stammen noch aus Sowjetzeiten.

Die fünf bis zehn Prozent sind eine Schätzung von britischen und US-amerikanischen Geologen. Der größte Teil lagert in der Zentralukraine, bei Kropywnyzkyi. Bislang gab es noch nicht genügend Geld für die genauere Erkundung der Vorkommen. »Bei einzelnen Lithium- und auch Titan-Lagerstätten kennen wir uns besser aus, sie werden schon seit 20 Jahren untersucht. Aber wegen der fehlenden Mittel für die Erschließung ging es nicht voran, und so sind unsere Experten ins Ausland abgewandert.« Olena Remesowa ist Mitglied der Akademie der Bergbauwissenschaften der Ukraine. Sie hat nach dem Studium in Russland, aber auch im ukrainischen Schitomir nach Bodenschätzen gesucht. Eine Pionierarbeit, die sie bis heute fasziniert. Sie hofft sehr darauf, dass die Schätze nicht in russische Hände fallen, dass die Ukraine sie nach dem Krieg selbst nutzen kann. Sie vertraut auch darauf, dass der Abbau dann mit westlicher Hilfe erfolgt, moderne Technik und neue Verfahren sind teuer.

Der größte Vorteil des ukrainischen Lithiums besteht darin, dass er in Gestein vorkommt und nicht in Salz. Denn Lithium aus Salz zu extrahieren, ist problematisch. Das Verfahren ist mit einem hohen Wasserverbrauch verbunden, und am Ende lagern hohe Salzhalden in der Landschaft, wie das bereits in Bolivien, Argentinien und Chile zu sehen ist. Solche Naturzerstörungen drohten in der Ukraine nicht. Über die Vorkommen weiß man seit Sowjetzeiten Bescheid. Allerdings wurden damals Bodenschätze bevorzugt auf heute russischem Gebiet abgebaut. Die anderen Sowjetrepubliken hatten gegenüber den Russen als dominierender Ethnie oft das Nachsehen, konnten ihre Reichtümer nicht heben. Nun, so könnte man vermuten, streckt Putin mit seinem Krieg auch die Hand nach den wertvollen Bodenschätzen aus. Sein Fabulieren von der historischen Einheit der beiden Länder, von den Faschisten in der Kiewer Regierung oder der Aggression der NATO wäre dann nur ein Ablenkungsmanöver gewesen.

Die grüne Europa-Politikerin Viola von Cramon ist davon überzeugt: »Zum einen wollte man die Ukraine als mächtigen selbstständigen Agrar-Wettbewerber aus dem Markt schießen. Das ist mehr oder weniger gelungen. Und wenn man dann die ganzen ukrainischen Gebiete beherrscht, kann man beginnen, diese sehr lukrativen Rohstoffvorkommen zu erschließen, die vor dem Hintergrund der Energiewende irgendwann Gold wert sind.« Olena Pawlenko, Präsidentin der Kiewer Denkfabrik DIXI Group, schließt ebenfalls nicht aus, dass es Russland auch um die Ressourcen geht. Für sie ist es allerdings nicht von der Hand zu weisen, dass Putins erstes Ziel darin besteht, die Ukraine als Land und Nation zu vernichten.

Das 20-köpfige Team von Olena Pawlenko erkundet gegenwärtig, wie die heimischen Rohstoffe nach besten internationalen Standards gefördert werden können – nachhaltig, umweltschonend, fair, unter Mitsprache der Bevölkerung. Darüber informieren sie die Regierung und einzelne Ministerien, damit sie nach Kriegsende schnell starten können. Aber ob die Ukrainer dazu überhaupt noch imstande sein werden, ist fraglich. Die Vorkommen befinden sich sehr nahe an den besetzten Gebieten, die im Krieg dem Erdboden gleichgemacht werden.

Durch den Krieg kamen aber auch einige Altlasten auf den Prüfstand: die alten Abbaurechte, die russische Unternehmer lange vor dem russischen Angriff bekommen haben. Damals, als die Beziehungen noch deutlich besser waren. Die Geologin Olena Remesowa ist Expertin für Titan, ein anderer Rohstoff, von dem immense Reserven in der Ukraine liegen. Einer der reichsten Unternehmer der Ukraine, Dmytro Firtasch, hatte in diesem Sektor die Nase vorn. Seine Kooperation mit Russland wurde ihm jedoch zum Verhängnis. »Unsere Regierung hat all diese Lizenzen aufgekündigt, was richtig war«, sagt Olena Remesowa. Dass Titan nicht mehr von oder mit russischen Firmen abgebaut werden darf, darüber besteht in der ukrainischen Bevölkerung Konsens.

Überhaupt wird der Umgang mit den einheimischen Rohstoffen und Bodenschätzen gerade grundsätzlich überdacht. Als 2019 Präsident Wolodymyr Selenskyj neu ins Amt kam, hieß er mögliche ausländische Investoren unbefangen willkommen. »Selenskyj war so naiv! Wenn man gesehen hat, wie er sich mit chinesischen Investoren vor dem Krieg ins Benehmen gesetzt hat, wie viel er den Chinesen überlassen hat, wie großzügig er war. Er hat tatsächlich direkt an das angeknüpft, was der frühere Präsident Janukowitsch zuvor mit den Chinesen vereinbarte. Das hatte etwas von Ausverkauf und Überlassung. Den möglichen Kolonialmächten kam er weit entgegen.« Das wird sich nach dem Krieg so nicht fortsetzen, hofft die EU-Abgeordnete Viola von Cramon.

So reich die Ukraine an Bodenschätzen ist, so schwach ist der moderne Bergbau entwickelt. Dass es an Spezialisten fehlt, weiß kaum jemand so genau wie die Geologin Olena Remesowa. Auch die russischen Abbautechnologien seien längst überholt, sagt sie. »In Perha gibt es Titan, seltene Erden und Lithium. Hier könnte ein ganzer Industriekomplex entstehen.« Perha liegt in einem Wald- und Sumpfgebiet nördlich von Kiew an der Grenze zu Belarus – eine strukturarme Gegend, kaum Verdienstmöglichkeiten. Der Abbau würde viele Arbeitsplätze schaffen. Aber ohne internationale Beteiligung werden die Schätze weiter in der ukrainischen Erde bleiben müssen. Da sind sich die Expertinnen Remesowa und Pawlenko sicher. Mit ausländischen Partnern würden höhere Standards, Technologien und moderne Technik Einzug halten.

Ob in Zukunft auch chinesische Mitbewerber in der Ukraine zum Zuge kommen, ist fraglich. Über allem steht die Angst – auch wenn sie keiner laut auszusprechen wagt –, dass Russland die Ukraine schluckt. Aber wirklich begeistert ist bei der Vorstellung einer chinesischen Beteiligung bei der Rohstoffgewinnung niemand. Denn zum einen gibt es Vorbehalte gegenüber chinesischem Geschäftsgebaren. Zum anderen bezieht China im Krieg Russlands gegen die Ukraine nicht eindeutig Position. Das hat so manchen in der ukrainischen Regierung überrascht und enttäuscht. Denn die Chinesen schienen ernsthaft an der Kooperation in der Landwirtschaft und beim Rohstoffabbau interessiert zu sein. Auch deshalb hatte man gehofft, dass Peking eher den Ukrainern beispringt und zugleich stärker mahnend auf Russland einwirken würde. Nach diesem Nicht-Engagement der Chinesen könnte es deutlich schwieriger werden, sich nach dem Krieg neu mit China zu verständigen.

Der Krieg hat den Ukrainern die Augen über den kolonialistischen und imperialistischen Charakter Russlands geöffnet. »Wir wollen keinen Neo-Kolonialismus. Wir wollen die gesamte Wertschöpfungskette bei uns aufbauen und hochwertige Produkte wie Batterien selbst herstellen«, unterstreicht die Politikberaterin Olena Pawlenko. »Deshalb liegt es doch auf der Hand, die Förderung dieser Rohstoffe zusammen mit den zerstörten Gebieten aufzubauen, um dann, in diesen Orten, auch die Batterien zu produzieren.« So würde man die Menschen zurückbringen und diese Gegend modern wiederentstehen lassen. Doch Maryna Twerdostup, Ökonomin vom Wiener Institut für internationale Wirtschaftsstudien, fragt sich, wer dieses Riesenprojekt anpacken wird, für das massenhaft Ingenieure, Berg- und Bauleute benötigt werden. »Die moderne ukrainische Armee braucht gerade gut ausgebildete Leute mit Computerkenntnissen, um mit all den Waffen umzugehen. Keiner weiß, wie viele von ihnen überleben und nach dem Ende des Krieges arbeitsfähig sein werden.«

Die Wirtschaftswissenschaftlerin kennt keine genauen Verlustzahlen, auch sie kann sie nur hochrechnen. Aber sie weiß, dass die Bevölkerung bereits seit der Erlangung der ukrainischen Unabhängigkeit 1991 immer weiter schrumpft. Von 50 auf 42 Millionen schon vor der russischen Invasion. Nach dem Krieg wird das Land vielleicht nur noch 30 Millionen Menschen haben. Die russische Invasion hat fast acht Millionen Menschen in die Flucht geschlagen. Dass sie alle wieder zurückkommen werden, ist nicht zu erwarten, wie die Umfrage des Bundesinstituts für Bevölkerungsforschung im Sommer 2023 ergeben hat. Rund die Hälfte der Geflüchteten hat sich in ihrem neuen Leben eingerichtet. Und zu den Frauen und Kindern könnten auch die Ehemänner kommen, die nach Kriegsende, wenn die Armee sie nicht mehr braucht, das Heimatland verlassen dürfen. Die ukrainische Ökonomin ist trotz dieser Umfragen optimistisch. Sie vermutet, dass deutlich mehr als die Hälfte der Geflüchteten wiederkommt. »20 Prozent werden bleiben. Die anderen 80 Prozent jedoch werden zurückgehen, wenn auch unterschiedlich schnell. Was vor allem von der Dauer und der Eskalation des Krieges abhängen wird.«

Wenn es der EU ernst ist mit der Energiewende und der Diversifizierung der Rohstoffquellen, wird sie auf das Lithium, Titan und die seltenen Erden aus der Ukraine angewiesen sein. Und dafür müsste sie dann auch den Rückkehrwillen der Ukrainer mit Programmen unterstützen. Dort wiederum muss sich die Einstellung gegenüber Arbeitsmigranten aus anderen Ländern gründlich ändern. 300 000, so die Hochrechnung, werden im Rohstoffsektor gebraucht. Dafür muss die ukrainische Bevölkerung selbst offener für ausländische Arbeitskräfte werden. Aus Westeuropa werden sie kaum kommen, aber aus postsowjetischen Ländern. Wie in der jüngsten Vergangenheit bereits aus Georgien, Aserbaidschan oder Armenien.

Für viele Ukrainerinnen und Ukrainer ist die Vorstellung, dass Russland zerfällt, zu schön um wahr zu sein. Wie immer die Nachkriegsentwicklung aussähe, ein Friedensabkommen zwischen der Ukraine und Russland müsste aus Sicht Kiews auf jeden Fall die Demilitarisierung und Denuklearisierung Russlands enthalten. Eine künftige russische Armee dürfte nur noch zur Verteidigung fähig sein, aber nicht mehr auf Expansionskurs gehen können. So verständlich dieser Wunsch in der Ukraine und in Europa ist, so weit ist er im Moment von der Realität entfernt. Denn für einen solchen Wandel müsste sich Russland von seinem jahrhundertealten imperialen Selbstverständnis trennen: ein Riesenreich zu sein. Ein Reich, das immer weiterwachsen will, nur der schieren Größe wegen. Nicht, weil es die eroberten Gebiete zu blühenden Landschaften kultivieren möchte.

Über ein halbes Jahrtausend legte Russland fast kontinuierlich an Größe zu. Seit Iwan dem Schrecklichen im 16. Jahrhundert bis zur russischen Revolution 1917 weitete es sich jeden Tag über 400 Jahre lang durchschnittlich um 130 Quadratkilometer aus. Russland sammelte regelrecht fremde Territorien. Der russische Schriftsteller Viktor Jerofejew vergleicht es mit einem Monster, das andere Länder schluckt, weil es sich von fremder Erde ernährt.

Der Autor wurde zwar in Moskau geboren, verbrachte seine Jugend aber in Paris, wohin sein Vater nach Stalins Tod als Kulturattaché entsandt worden war. Jerofejew, Jahrgang 1947, hatte zuvor in der Schule noch gelernt, dass Sibirien dank der Eroberungsfeldzüge des Kosaken-Hauptmannes Jermak eingenommen wurde. Jedes sowjetische Kind kannte die Geschichte, die von Lew Tolstoi aufgeschrieben worden war. Darin erlaubte Zar Iwan der Schreckliche, das schier unendlich weite Land hinter dem Ural zu erobern. 1582 nahmen die 700 Söldner Jermaks die Hauptstadt des tatarischen Chanats Sibir ein. Viele Monate später hatte Jermak an den Flüssen Irtysch und Ob so viel Land erobert, dass man es angeblich in zwei Monaten nicht umgehen konnte. »Wer die Geschichte heute so erzählt, gilt als Volksverräter«, sagt Jerofejew, denn heute werde von einer Ausweitung gesprochen statt von Imperialismus und Kolonialismus.

### Wie aus Worten Taten werden

Die Idee der Einverleibung der Ukraine reklamiert Wladislaw Surkow für sich. Er ist einer der ambitioniertesten Polit-Technologen Russlands und war sieben Jahre lang, von 2013 bis 2020, in der Präsidialadministration für das Nachbarland zuständig. Vorher hatte er angeblich das Handtuch werfen, aus der Kreml-Verwaltung ausscheiden wollen. Tatsächlich war er vom Amt des Vize-Ministerpräsidenten zurückgetreten. Vorausgegangen war der Vorwurf des wiedergewählten Präsidenten Putin, der Regierung habe es an Ehrgeiz gemangelt, seine Dekrete umzusetzen. Obendrein war es zwischen Surkow und den russischen Strafermittlungsbehörden zu Auseinandersetzungen über Korruptionsvorwürfe gekommen. Ein halbes Jahr später ernannte ihn Putin zu seinem persönlichen Berater. Es hieß, man habe Surkow halten wollen und ihn deshalb mit dem Angebot geködert, sich ein neues Projekt auszusuchen.

Er habe die Ukraine gewählt, erklärte Surkow 2020 in einem Interview, das er Alexej Tschesnakow gab, Direktor des Zentrums für politische Konjunktur, dem Surkow nahestehen soll. »Aus reiner Intuition. Niemand hat mir gesagt, was ich tun sollte: Ich habe nur gespürt, oder besser gesagt, gerochen, dass es eine große Sache werden würde. Noch bevor irgendetwas passierte, war mir klar, dass es zu einem echten Kampf mit dem

Westen kommen würde. Ein ernster Kampf. Mit Opfern und Sanktionen. Denn der Westen wird vor nichts von beidem Halt machen. Und uns wird nichts zu teuer sein. Wahrlich, ich hatte eine Vorahnung. Ich bin jetzt selbst erstaunt, wie genau ich es schon im Sommer 2013 vorausgesehen habe. Ich bin stolz darauf, daran beteiligt gewesen zu sein.«

Präsident der Ukraine war zu diesem Zeitpunkt Wiktor Janukowitsch. Ein für Moskau pflegeleichter Partner, den man schon lange kannte und wegen seiner Nachgiebigkeit schätzte. Schon seinen ersten Präsidentschaftswahlkampf 2004 unterstützte der Kreml nach Kräften. Zwischen der Kiewer und der Moskauer Präsidialadministration gab es zu jener Zeit keinerlei Berührungsängste, denn es war der scheidende Präsident Leonid Kutschma, der die Russen um Unterstützung für seinen Wunschnachfolger gebeten hatte. Putin wurde selbst aktiv und sichtbar. In einem Kiewer Fernsehstudio beantwortete er stundenlang Fragen von ukrainischen Zuschauern. Das Sonderprogramm übertrugen drei ukrainische Kanäle gleichzeitig. »Der direkte Draht«, wie die Sendung nach russischem Vorbild hieß, funkte mitten in den Wahlkampf der Ukraine. Eine verbotene Einmischung, die am Ende allerdings nichts nützte. Wiktor Juschtschenko, der Kandidat der demokratischen Protestbewegung, wurde Präsident und Nachfolger von Leonid Kutschma.

Zunächst hatte jedoch Wiktor Janukowitsch gewonnen. Knapp, und aufgrund von Wahlfälschung. Die Massenproteste danach mündeten in die Orange Revolution und erwirkten eine erneute Stichwahl, die der Reformpolitiker Juschtschenko gewann. Er war schließlich von 2005 bis 2010 Präsident der Ukraine. Für Putin eine bittere Niederlage, konnte doch noch nicht einmal sein eigener Einsatz den gewünschten Wahlausgang herbeiführen. Juschtschenkos Erfolg und die Orange Revolution nahm er persönlich. Nun galt es, die Präsidentschaft des ungeliebten Siegers zu torpedieren. Juschtschenko wurde schwer krank. Wie sich erst später herausstellte, war er im Wahlkampf mit Dioxin vergiftet worden. Seitdem ist sein Gesicht von einer schweren Akne gezeichnet. Er musste sich mehrmals operieren lassen. Wer den Anschlag verübt hat, ist bis heute unbekannt.

Die Moskauer Masterminds machten Juschtschenko das Leben schwer. In seine Amtszeit fallen die ersten Versuche, die Ukraine zu spalten. Sie fanden willige Helfershelfer, die Russland dabei unterstützten, sich auf Kosten der Ukraine weiter auszudehnen. Die Geschichte des ukrainischen Separatismus ist vor allem eine Geschichte von Kollaboration und Korruption. Bei den Abtrünnigen handelte es sich nicht um kritische Köpfe, die wegen der zahlreichen Probleme im Land unzufrieden waren. Sie waren nicht an einer besseren Ukraine interessiert. Auf einem prorussischen Kongress im Jahr 2005 in der ostukrainischen Industriestadt Sewerodonezk beschlossen die Separatisten, einen neuen südostukrainischen Staat mit Charkiw als Hauptstadt zu gründen. Eine Idee aus dem Kreml, doch der Versuch schlug fehl. Erst im Juni 2022 gelangte Sewerodonezk in russische Hände – völlig zerstört.

Nach den Dauerquerelen mit seiner Ministerpräsidentin Julia Timoschenko verlor Wiktor Juschtschenko 2010 seine Wiederwahl, und Moskaus Favorit Janukowitsch zog in den Präsidentenpalast in der Bankowa in Kiew ein. Er erfüllte alle Erwartungen Putins: die Absicht eines NATO-Beitritts ad acta zu legen, die russische Sprache als Regionalsprache anzuerkennen, den Holodomor, die Hungersnot in der Stalin-Zeit, nicht mehr als Völkermord an der ukrainischen Nation aufzufassen, sondern als »allgemeines Problem der sowjetischen Geschichte«. Die Janukowitsch-Jahre waren in Putins Augen vermutlich ein Selbstläufer. »Es saß ein Präsident im Land, der auf der Kreml-Gehaltsliste stand«, sagte Surkow in einem seiner seltenen Interviews.

Massive Schwierigkeiten, nicht mit Moskau, aber mit seinem Volk, begannen, als Janukowitsch das Assoziierungsabkommen mit der EU ablehnte und der Zollunion mit Russland beitrat. Knapp zehn Jahre nach der Orangen Revolution rollte 2013/14 eine neue Protestwelle durch die Ukraine, mächtiger als je zuvor. Ein zweiter Maidan begann. Dass die Bürger von ihrem Recht auf Meinungs- und Versammlungsfreiheit Gebrauch machen, ist in Putins Welt nicht vorgesehen. Er fühlte sich hintergangen, als sein Diktat missachtet wurde, und setzte alles daran, die unerwünschte Entwicklung aufzuhalten. Doch seine Marionette in Kiew erwies sich als zu schwach.

Janukowitsch floh nach Russland. Oleksandr Turtschynow wurde zum Interimspräsidenten gewählt, und nach der Abstimmung im Juni 2014 war Petro Poroschenko der rechtmäßige Präsident. Schon da hatte sich der Kreml entschieden, überhaupt kein ukrainisches Staatsoberhaupt mehr ernst zu nehmen. Den jungen Wolodymyr Selenskyj, einen populären Schauspieler und Kabarettisten aus Kriwi Rih, der bei den ebenfalls freien Präsidentschaftswahlen 2019 haushoch gewann, erst recht nicht. Mit ihm glaubten Kreml-Strategen wie Surkow, mit links fertigzuwerden. Sie hielten ihn für ein Leichtgewicht, schnell auf ihre Seite zu ziehen, denn Selenskyj hatte während seiner Fernsehkarriere eine Weile in Moskau gearbeitet. Antirussische Sprüche waren von ihm bislang nicht zu hören gewesen.

Nach seinem Amtsantritt wollte Selenskyj Putin die Hand reichen, mit ihm über einen Frieden für die Ostukraine reden. Ein Treffen lehnte der über ein Vierteljahrhundert ältere Amtskollege jedoch ab, Selenskyj musste sich mit einem Telefonat zufriedengeben und kündigte sogleich an, den ukrainischen Unterhändler auszutauschen. Die russische Seite bekam es nun mit dem Selenskyj-Vertrauten Andrij Jermak zu tun, der auch das Präsidialamt leitete. Selenskyj hatte sich den bisherigen ukrainischen Verhandlungsführer Wiktor Medwedtschuk angeschaut und sich an dessen allzu großer Nähe zu Putin gestört. Der war immerhin der Patenonkel von Medwedtschuks Tochter Darja.

Den neuen Präsidenten Selenskyj unterschätzte anfangs nicht nur Putin. Wer ihn auf der internationalen Bühne beobachtete wie bei den Normandie-Friedensgesprächen im Dezember 2019 in Paris, mit dem französischen Präsidenten Emmanuel Macron, Bundeskanzlerin Angela Merkel und Wladimir Putin, fühlte sich an Szenen seiner ukrainischen TV-Serie »Diener des Volkes« erinnert. An Selenskyjs Mimik war wie in der Komödie jeder Gedanke ablesbar. Zum Beispiel als Putin verlangte, die Ukraine möge das Minsker Abkommen umsetzen. Er legte seine Stirn in Falten und versuchte an Macron und Merkel vorbei Putin anzuschauen. Der Minsker Vertrag enthält derartig widersprüchliche Regeln, dass die Ukraine ihre Sicherheit untergraben würde, sollte sie dem Plan folgen. Putin pochte darauf, dass wie im Abkommen vereinbart Regionalwahlen in den Separatistengebieten abgehalten werden. Er unterschlug jedoch, dass der Vertrag für solche Wahlen eine wichtige Voraussetzung vorsah. Nämlich die Wiederherstellung der vollen Kontrolle der Ukraine über ihre Grenze zu Russland. Von nichts war und ist die Ukraine weiter entfernt. Dennoch mahnte Putin die Abstimmung an. Das fand Selenskyj offensichtlich so absurd, dass er anfing zu kichern. Er hielt sich die geballte Faust vor den Mund, um seinen Lachanfall zu verstecken oder zu stoppen.

Da Putin ihn während der gesamten Pressekonferenz, die die vier Staats- und Regierungschefs nebeneinander an einem Tisch sitzend absolvierten, keines Blickes würdigte, erfuhr er erst hinterher, wie Selenskyj auf seine Forderungen reagiert hatte. Der Kreml-Chef war bis auf die Knochen blamiert, hatte er doch vor aller Augen eine Ohrfeige kassiert, und zunächst nichts davon bemerkt. Das Ganze von einem Jüngelchen, für den er Selenskyj offensichtlich hielt. Nur hatte der sich eben nicht so ohne Weiteres über den Tisch ziehen lassen. Auch die russische Delegation hatte die junge ukrainische Mannschaft verkannt und geglaubt, sie wäre an Detailfragen nicht interessiert. Stattdessen sah sie sich mit deren genauen Vorstellungen konfrontiert und vor allem mit dem, was die Ukrainer nicht wollten: Wahlen im Donbass und eine dauerhafte Festschreibung des separaten Status des Gebietes. Surkow bekam noch in Paris einen Tobsuchtsanfall. Nur wenig soll gefehlt haben und er hätte seinen Counterpart Jermak mit der Faust ins Gesicht geschlagen. Er schrie ihn an und trat ihn mit den Füßen. Als Präsidentenberater hatte er ausgedient.

Während der Corona-Pandemie unternahm Selenskyj einen weiteren Schritt, die russische Einflussnahme auf die Ukraine zu unterbinden. Der von Selenskyj gegründete Nationale Sicherheits- und Verteidigungsrat verhängte im Februar 2021 ein Sendeverbot über die TV-Kanäle 112 Ukraine, NewsOne und ZIK, die alle antiukrainische Propaganda verbreiteten und die Integration der Ukraine in die EU behindern wollten. Die Fernsehsender gehörten Taras Kosak, dem Geschäftspartner von Wiktor Medwedtschuk, Moskaus wichtigstem ukrainischen Kollaborateur. Ihn und seine Frau setzte der Sicherheits- und Verteidigungsrat im Februar 2021 wegen Terrorismusfinanzierung auf die ukrainische Sanktionsliste, ihr Vermögen wurde blockiert, ebenso das von Kosak. Im Mai wurden Ermittlungen gegen Medwedtschuk eingeleitet: wegen Hochverrats und der illegalen Ausbeutung natürlicher Ressourcen auf der von Russland annektierten Krim. Er wurde unter Hausarrest gestellt.

Später haben dem unabhängigen russischen Internetportal *Verstka* drei Gesprächspartner aus dem Umfeld des russischen Präsidenten bestätigt, dass die Festnahme Medwedtschuks in der Ukraine den Ausschlag für Putins Entscheidung gegeben hat, eine Militäroperation vorzubereiten. Ein langjähriger Bekannter des Präsidenten ist überzeugt, dass Putin den Angriff auf den ukrainischen Oligarchen Medwedtschuk als Angriff auf sich selbst aufgefasst habe. Als Signal, dass die Ukraine zur Eskalation übergehe, woraufhin er habe zeigen müssen, mit wem sie es zu tun habe. Auch die Fehlkalkulation zu Beginn der russischen Invasion, eine neue ukrainische Regierung sei innerhalb von drei Tagen installierbar, führen die Quellen, auf die sich die russischen Investigativ-Journalisten berufen, auf Medwedtschuk zurück. Der habe dem russischen Präsidenten regelmäßig von seiner großen persönlichen Unterstützung und der prorussischen Stimmung in der Ukraine berichtet. »Er erzählte Märchen, verwaltete das Geld, das ihm für die Organisation des politischen Widerstands [zugunsten Russlands] gezahlt wurde [...]. Er führte Putin dummerweise in die Irre.« Auf der Grundlage dieser Aussagen sieht es ganz so aus, als hätte Medwedtschuk einen Platz in der Nähe Putins eingenommen, den vorher jemandem anderes besetzt hatte. Am 15. Februar 2020 war Wladislaw Surkow von Putin per Ukas als sein Präsidentenberater abgesetzt worden.

Was war passiert? Gab es zwischen dem Kreml-Herrn und seinem Spindoktor ein Zerwürfnis? Nichts deutete zunächst darauf hin. In einem Interview mit dem Direktor des Zentrums für politische Konjunktur, Alexej Tschesnakow, sagt Surkow elf Tage nach seinem Ausscheiden, dass er nicht gehen musste, sondern angeblich wollte, und dass es gedauert hat, ehe Putin ihn gehen ließ. »Ich für meinen Teil habe mich sehr gefreut, dass ich ihm ein großes Dankeschön sagen konnte. Dafür, dass ich 20 Jahre lang für ihn arbeiten durfte. Und dass ich nach bestem Wissen und Gewissen an seiner großartigen Arbeit teilhaben durfte. Das war eine große Ehre für mich.« Eine Distanzierung klänge anders. Oder soll die Erklärung ironisch sein? Surkows Interviewer Tschesnakow gehört selbst zur Präsidialadministration und ist Mitglied in der Kreml-Partei Einiges Russland: Er fragt nicht nach.

Surkow darf ausführen, dass er schon vor Jahren gemerkt hätte, dass es in diesem System keinen Platz mehr für ihn gebe. Reichte es nicht, dass er über lange Zeit als dritter Mann im Staat galt? »Natürlich habe ich dieses System geschaffen, aber ich bin nie Teil davon gewesen. Das ist kein Problem des Systems. Ich mag es. Es ist nur so, dass ich nichts länger als fünf Jahre machen kann. Solange sich das Projekt entwickelt und wächst, ist es interessant. Es gibt Raum für neue Ideen. Wenn ein Konzept mit der Realität kollidiert, zerfallen alte Strukturen und neue Strukturen entstehen, und es wird kräftig Energie freigesetzt. Das macht Spaß. Aber wenn das Neue entstanden ist, wird es schlagartig zum Alten. Das Projekt tritt in eine Phase der Stabilität und wird selbst zur Realität. Es schaltet auf ein niedriges Energieniveau herunter. Wird Routine. Dann wird von einem nichts Neues mehr verlangt, nur noch erwartet, dass man sich wiederholt.« Glaubt man Surkow, verfolgte er die Idee, die Ukraine 2013 zu destabilisieren, einfach, um seinen Arbeitsalltag aufzupeppen. Und selbst das klappte nur vorübergehend, bis ihn die Routine wieder einholte. »Meine Eitelkeit wird für immer durch die Tatsache befriedigt sein, dass ich meine Hand und meinen Kopf in den Aufbau eines neuen russischen Staates gesteckt habe.«

Dass der neue russische Staat unter der Missachtung des Völkerrechts vergrößert werden soll, ist für den ehemaligen Putin-Berater kein Problem. Seine Ratschläge, die er erteilte, als er den Kreml längst verlassen hatte, reichen noch weiter. Es sei überfällig, dass internationale Verträge nicht mehr über russischen Gesetzen stünden. Denn so lange das der Fall sei, »kann unsere Demokratie nicht als vollständig souverän angesehen werden«, sagt der Erfinder ebenjener »souveränen Demokratie«.

Annexion der Krim und Krieg in der Ostukraine als Egotrip eines Präsidentenberaters? Ein Spiel mit Zehntausenden von Menschenleben, damit ein gelangweilter Spitzenbeamter wieder mit Schwung seine Arbeit verrichtet? Surkow wie Putin hegen eine tiefe Verachtung für die Ukraine, deren Existenz sie beide leugnen. Aber wer wiederholt hier wen? Putin Surkow, oder verhält es sich umgekehrt? Am Ende läuft es auf das gleiche hinaus.

»Es gibt den Ukrainismus. Das ist eine spezifische Geistesstörung. Das Interesse an der Ethnographie, das erstaunlicherweise bis zum Äußersten getrieben wurde. Blutige Lokalgeschichte. Verwirrung statt Staat. Es gibt Borschtsch, Bandera, Bandura. Aber es gibt keine Nation.« Überheblich prophezeit Surkow, dass die Ukrainer es zwar schaffen werden, ein eigenes Land zu errichten. Aber was für eine Ukraine das genau sein würde, in welchen Grenzen sie existieren und wie viele Ukrainer es dann noch geben würde, das seien offene Fragen. Russland müsse auf die eine oder andere Weise an der Lösung dieser Fragen beteiligt sein.

Auf welche Weise über die Zukunft der Ukraine von Russland aus bestimmt werden wird, steht für Surkow fest: »Brüderliche Beziehungen mit Gewalt zu erzwingen, ist die einzige Methode, die sich in der Vergangenheit in Richtung Ukraine bewährt hat. Ich glaube nicht, dass eine andere erfunden werden wird.« Wer tatsächlich hinter der Idee stand, sich die Ukraine mit Gewalt einzuverleiben, ist derzeit nicht auszumachen. Putins Vordenker Surkow behauptet, er sei es gewesen, und bildet sich darauf eine Menge ein. Er denkt nicht an eine Distanzierung oder Kurskorrektur. Ihm tun auch die vielen Toten und die zwei Millionen Menschen, die bis zu seinem Ausscheiden aus dem Kreml 2020 ihre Häuser verlassen und innerhalb der Ukraine fliehen mussten, keinen Augenblick leid.

Ganz im Gegenteil. Auf den Tag genau zwei Jahre nach Putins Ukas über seine Entlassung, veröffentlichte er auf der Internetplattform *Aktualnyje Kommentarii* (Aktuelle Kommentare) seinen Aufsatz »Die neblige Zukunft der unzüchtigen Welt«. Er liest sich wie die Fortsetzung von Putins Geschichtsaufsatz aus dem Juli 2021, in dem der Kreml-Chef erklärte, warum die Ukraine und Russland zusammengehörten und die Ukraine keine eigene Nation sei. Die Ukrainer haben dieses Pamphlet seinerzeit als Kriegserklärung verstanden, womit sie recht hatten, denn etliche Formulierungen fanden sich am 24. Februar 2022 in Putins Rede zum Beginn der sogenannten Spezialoperation wieder.

In welchem Verhältnis Surkow und Putin heute zueinander stehen, ist unklar. Ist der Stratege für die Entdemokratisierung Russlands nur von der Bildfläche verschwunden? Oder ersinnt der Spindoktor die nächste Aggression? Surkows Artikel vom 15. Februar 2022 dürfte in Estland, Lettland und Litauen jedenfalls eine ähnliche Wirkung entfaltet haben wie Putins Aufsatz in der Ukraine. Surkow stellt darin nicht die völkerrechtlich gültigen Grenzen nach 1945 in Frage, wie dies Putin bei der Annexion der Krim tat, sondern er geht einen noch größeren Schritt zurück: bis zum Februar 1918 und dem Friedensvertag von Brest-Litowsk.

In diesem Vertrag wurde einige Monate vor dem Ende des Ersten Weltkrieges ein Separatfrieden für Osteuropa erwirkt. Die deutsche Heeresleitung setzte sich dabei durch, während das damalige Russische Kaiserreich Gebiete an seiner Westgrenze und an die Ukraine verlor, die kurz zuvor aus dem Krieg ausgeschieden war. Nun mussten die Bolschewiki, die in der Oktoberrevolution wenige Monate zuvor Zar Nikolaj II. entmachtet hatten, über das Friedensabkommen beraten. Surkow nennt den Friedensvertrag eine direkte Beleidigung für Russland, weil es riesige Gebiete im Baltikum, in Belarus und in der Ukraine abgeben musste. Die Bolschewiki hätten 1918 feige zugestimmt, die mächtige Sowjetunion hätte sich nicht als Festung erwiesen, sondern als so etwas wie ein Sarkophag von Tschernobyl, in dem Spaltung und Zerfall weitergingen, schreibt der entlassene Präsidentenberater wenige Tage vor der Invasion in die Ukraine. Er schimpft auf den letzten Generalsekretär der Kommunistischen Partei und Präsidenten der Sowjetunion, ohne ihn beim Namen zu nennen. »Eine lächerliche Perestroika, eine undurchsichtige Glasnost genügten, um das Flickenteppich-Sowjetimperium aus den Fugen geraten zu lassen.«

Es wäre nicht mehr als eine Randnotiz, wenn sich ein Zyniker wie Surkow auf diese Weise ins Zeug legt. Oder wenn er den Untergang der Sowjetunion als Stoff für seinen nächsten Roman verwenden würde. Wie in »Okolonolja« (Nahe Null), den ein »unorigineller, Hamlet-besessener Schreiberling« verfasst hat, wie es im Vorwort heißt. Er veröffentlichte ihn 2009 unter Pseudonym, von dem jedoch bald alle Welt wusste, dass sich dahinter Aslambek Andarbekowitsch Dudajew verbarg, geboren 1964 oder 1962 – die Angaben wechseln, in der Tschetschenisch-Inguschetischen Autonomen Republik, der sich später umbenannte in Wladislaw Surkow, und nun als Autor Natan Dubowizki hieß.

In seiner Gangsta-Polit-Fiktion ließ Surkow seiner Fantasie freien Lauf. Eine Art Verleger wird durch Erpressung, Bestechung, Vetternwirtschaft und den Diebstahl von Manuskripten reich. Die Kulisse bildet ein postkommunistisches Russland, in dem Mord und Todschlag herrschen. Surkow habe einen Roman über das Leben im heutigen Russland geschrieben, fand Viktor Jerofejew damals in der *Frankfurter Allgemeinen Zeitung.*

Vielleicht wäre Surkow lieber Schriftsteller geblieben. Als Präsidentenberater und Polit-Technologe richtete er eindeutig mehr Schaden an. Denn die Vergangenheit hat gezeigt, dass Ankündigungen wie die Revision von Grenzen, die zunächst wie Hirngespinste oder Gewaltfantasien anmuten, letztlich ernst genommen werden müssen. In Putins Regime können sie auf fruchtbaren Boden fallen und urplötzlich einen neuen Aggressionskurs begründen, in diesem Fall weiter in Richtung Westeuropa.

Surkow und Putin sind bei der Beurteilung des Endes der UdSSR Brüder im Geiste. Sie lasten es ausschließlich Michail Gorbatschow an. Nicht etwa Boris Jelzin, Leonid Krawtschuk und Stanislaw Schuschkewitsch. Die beiden Präsidenten und der belarussische Parlamentschef waren es jedoch, die am 8. Dezember 1991 in einer Staatsdatscha in Wiskuli im Urwald von Belowesch nahe der belorussisch-polnischen Grenze das Ende der Sowjetunion besiegelten. Was in der Datscha vor sich ging, erfuhr Gorbatschow fast in Echtzeit. Das Gebäude war komplett verwanzt. Durch den KGB wurde er im Stundentakt informiert.

So erfuhr Gorbatschow, dass Jelzin auch den kasachischen Präsidenten Nursultan Nasarbajew herbeigerufen hatte, doch der verhielt sich loyal und flog statt nach Belarus lieber zum letzten Präsidenten der Sowjetunion nach Moskau. Als er eintraf, war das Ende des Staatenbundes schon nicht mehr aufzuhalten. Gorbatschow hatte bis zuletzt für eine Nachfolgelösung gekämpft. Doch Putin wie auch Surkow und mit ihnen Millionen Russinnen und Russen sehen allein in ihm den Schuldigen für den Zerfall des kommunistischen Großreiches.

Putins Kritik an Gorbatschow sagt viel über sein Verhältnis zur Sowjetunion aus. Immerhin ehemaliger Angehöriger eines kommunistischen Geheimdienstes distanziert er sich deutlich von der Partei und ihren Führern. Auch von Lenin und Stalin, denen er eine viel zu laxe Nationalitätenpolitik vorwirft. Nach seinem Geschmack hätte sie viel restriktiver ausfallen müssen. Dass die einzelnen Sowjetrepubliken aus der Union austreten durften, war in der Verfassung der UdSSR verankert. Für Stalin, der das Grundgesetz in jeglicher Hinsicht verletzte, hatte das keine Bedeutung. Trotzdem hält Putin dieses Recht auf Austritt für einen Webfehler des Systems. Seiner Meinung nach hatten die Gründer der Union der Sowjetrepubliken eine fatale Schwachstelle eingebaut, die sich am Ende als das Schlupfloch entpuppen sollte, durch das die Republiken die Sowjetunion verlassen konnten.

Litauen, Estland, Lettland und Armenien, die 1990 als Erste ihre Unabhängigkeit erklärten, gefolgt 1991 von Georgien, der Ukraine, Belarus und den anderen der 15 Sowjetrepubliken, taten nichts Gesetzeswidriges. Doch nach Putins Ansicht hätte es diesen Spielraum für sie nie geben dürfen. Seiner Meinung nach verspielten die Kommunisten die Eroberungen des Zarenreichs. Entsprechend wenig hält er von der Sowjetunion, deren kommunistische Ideologie ihm ohnehin immer fremd geblieben war.

Näher ist Putin die Gewalt, mit der die Zaren das Vielvölkerreich vor allem zwischen dem 16. und 19. Jahrhundert beständig erweiterten und zusammenzwangen – und keinen Raum für freiwillige Zugehörigkeit ließen. Sein ehemaliger Berater Surkow schlägt in dieselbe Kerbe. Surkows Artikel vom Februar 2022 endet mit dem bedrohlichen Satz: »Wir sind für den Frieden. Natürlich sind wir das. Aber nicht für einen schmutzigen Frieden. Für die richtige Art von Frieden.« Man könnte seine Worte so deuten, dass die Ergebnisse des Brester Friedensvertrages von 1918 auch im Hinblick auf Lettland, Litauen und Estland revidiert werden könnten, nicht nur bezüglich der Ukraine, wie das eine Woche nach dem Erscheinen seines Aufsatzes durch den Überfall am 24. Februar geschah. Surkows Text war durchsetzt von Vergewaltigungsdrohungen, ausgesprochen gegen eine ganze Nation, flankiert von einem Truppenaufmarsch, mit dem die Ukraine und die NATO erpresst werden sollten. Ganz in der Manier des Petersburger Straßenjungen, der sich mit seiner Bande prügelnd die Herrschaft über die Hinterhöfe sichert und jedem ins Gesicht lügt. Manchmal jedoch gehen sie zu weit.

Wie Außenminister Sergej Lawrow, den es selten kümmert, wenn er in seinen Statements allzu dick aufträgt. Bei seinem Indien-Besuch im Frühjahr 2023 bekam er allerdings einmal die Quittung. Als er auf der Raisina-Konferenz beim G20-Treffen den Westen für den Krieg in der Ukraine verantwortlich machte, lachte der ganze Saal. Indien verhält sich zwar neutral, schon wegen der massiven Rüstungsimporte aus Russland, aber belogen werden wollten die Vertreter der Regierung und Thinktanks dann doch nicht. Das gaben sie dem mürrischen Außenminister auch am Ende noch einmal gründlich zu verstehen, als Lawrow versprach, dass Russland bei seinen Gas- und Öllieferungen nie mehr dem Westen, sondern nur noch verlässlichen Partnern wie Indien und China vertrauen werde. Erneut brach Gelächter aus, das anhielt, bis Lawrow den Saal verlassen hatte.

Mit faustdicken Lügen über die Ukraine hatte schon die Sowjetunion die Welt an der Nase herumgeführt. Als Anfang 1933 Gerüchte die Runde machten, dass in der UdSSR ein Völkermord durch eine Hungerkatastrophe organisiert werden sollte, gingen zwei US-Journalisten den Spuren nach. Sie kamen nicht weit, weil man sie verhaftete und auswies. Ihr britischer Kollege Gareth Jones hat sich 1933 vom Rauswurf der Amerikaner nicht abschrecken lassen. Er begann auf eigene Faust über den Hunger zu recherchieren. Der herrschte überall außerhalb Moskaus, aber in der Ukraine sollte die Lage besonders prekär sein. Jones stieg in einen Zug nach Charkiw, von sowjetischen Aufpassern begleitet. Doch den Journalisten scherten die Auflagen wenig, die ihm als Ausländer verboten, sich außerhalb von Städten zu bewegen. Auf offener Strecke sprang er aus dem Zug, ging zu Fuß weiter und schüttelte so seine Begleiter ab.

Eine Woche zog Jones durch ukrainische Dörfer und hörte Hunderten von Bauern zu. Nicht nur den Kulaken, den angeblich reichen Bauern, die von den Kommunisten als die Sündenböcke für den Hunger dargestellt wurden, sondern allen, die sich trauten, mit ihm zu sprechen. Jones' Eltern stammten aus Wales, doch die Mutter hatte drei Jahre lang als Nachhilfelehrerin bei einem englischen Ingenieur im Donbass gearbeitet. Ihrem Sohn hatte sie viel über Russland erzählt und seine Neugier geweckt. Gareth Jones lernte Russisch und konnte sich somit verständigen. »Ich habe mit ihnen allein auf Russisch gesprochen und ihre Gespräche aufgeschrieben, die eine unwiderlegbare Anklage gegen die sowjetische Agrarpolitik darstellen. Die Bauern sagten, dass die Hungersnot schlimmer sei als 1921 und dass Mitbewohner gestorben seien oder noch sterben würden.«

Gareth Jones kehrte nicht nach Moskau zurück, sondern fuhr nach Berlin, wo er auf einer Pressekonferenz über den Holodomor berichtete. Sein US-Kollege Walter Duranty spielte das Ausmaß der Not indes herunter. Er bagatellisierte die Engpässe in der Ukrainischen Sowjetrepublik und anderen Teilen der Sowjetunion. Die kommunistische Propaganda spannte ihn, den Star-Journalisten ein, um gegen Gareth Jones Zweifel zu säen. Duranty war seit seinem Interview, das ihm Stalin gewährt hatte, eine Autorität, 20 Jahre älter als Jones und obendrein Pulitzer-Preisträger. Dennoch war seine Moskau-freundliche Berichterstattung inzwischen vielen suspekt geworden.

Am 31. März 1933 erschien Jones' Bericht über die bereits eine Million Hungertoten. Dass es zwischen drei und sieben Millionen Menschen werden würden, konnte er zu diesem Zeitpunkt noch nicht wissen. Er hielt dem verharmlosenden *New York Times*-Artikel des US-Kollegen entgegen: »Herr Duranty sagt, dass ich in den Dörfern keine toten Menschen oder Tiere gesehen habe. Das stimmt, aber man braucht kein besonders flinkes Gehirn, um zu begreifen, dass auch in den russischen Hungergebieten die Toten begraben und die toten Tiere aufgegessen werden. Darf ich abschließend das sowjetische Außenministerium zu seinem Geschick beglückwünschen, die wahre Situation in der UdSSR zu verschleiern? Moskau ist nicht Russland, und der Anblick der wohlgenährten Menschen dort verdeckt das wahre Russland.« Gareth Jones ist ein großes Wagnis eingegangen, als er recherchierte und berichtete, was sich in der Sowjetunion abspielte. Es stand in krassem Gegensatz zu dem schöngefärbten Bild, das sich die Linken weltweit von diesem ersten kommunistischen Land der Erde gemacht hatten. Zwei Jahre später wurde er in der Mandschurei erschossen, wahrscheinlich von einem sowjetischen Geheimdienstagenten. Die Umstände konnten nie aufgeklärt werden.

# Schutzlos ausgeliefert

Die von russischen Einheiten verübten Kriegsverbrechen in der Ukraine sprechen eine deutliche Sprache der Gewalt. Man geht sicherlich nicht zu weit, sie als ein Spiegelbild der russischen Gesellschaft zu bezeichnen. Gewalt prägt den Alltag der Russinnen und Russen. Sie wird ausgeübt durch staatliche Institutionen, von der obersten bis in die unterste Ebene. Das Grauen, das sich in manchen ukrainischen Orten abgespielt haben muss, scheint angesichts der Exzesse, denen Häftlinge in russischen Gefängnissen ausgesetzt sind, nicht mehr so unerklärlich. Denn von dort stammt zumindest ein Teil der Rekruten, nicht nur in den Wagner-Verbänden, sondern auch in der russischen Armee, wo Wehrpflichtige ein gnadenloses System von Schikanen, Dedowtschina genannt, durchlaufen. Gut möglich, dass Soldaten die an ihnen vollzogenen Misshandlungen nun an anderen Wehrlosen wiederholen.

Zudem sind Schwerstkriminelle unter ihnen, die sich in Ausnahmesituationen, wie es Kriege sind, schnell an die Spitze von Gruppen setzen und – geduldet von den Vorgesetzten – zu deren inoffiziellen Anführern werden. Denen nicht-kriminelle, zumal häufig junge, unbedarfte Soldaten vermutlich wenig entgegenzusetzen haben. Noch dazu, wenn sie aus weit entlegenen Teilrepubliken Russlands stammen und in der Gesellschaft ohnehin als nicht gleichwertig wahrgenommen werden.

So wie die Angst in der russischen Bevölkerung zu einem bestimmenden Faktor ihres Handelns geworden ist, ist die Furcht vor Repressionen innerhalb der russischen Kampfverbände bestimmend für die Taten vieler einfacher Soldaten. Deren Alltag häufig ebenfalls von Erfahrungen der Machtlosigkeit gegenüber körperlicher oder psychischer Willkür geprägt ist. Der selbst gewalttätige Staat duldet das Recht des Stärkeren nicht nur, er fördert es.

Manche Täter, vor allem, wenn sie in der Wagner-Privatarmee dienen, verkraften die Brutalität selbst nicht mehr. Doch wenn sie vor Ende ihrer Vertragszeit aussteigen, leben sie extrem gefährlich. Der russische Bürgerrechtler Wladimir Osetschkin hält Kontakt zu solchen Ehemaligen, sei es aus der russischen Armee oder der Söldnermiliz.

Sie fliehen in der Regel in Mitgliedsländer der NATO, die für sie noch kurz vorher als der eigentlich zu bekämpfende Gegner galten, denn Moskau stellt den Westen, nicht nur die Ukraine, als den großen Feind dar. Ausgerechnet bei ihm suchen sie nun Schutz und Sicherheit. Andrej Medwedew im Januar 2023 zum Beispiel. Er kämpfte von Juli bis Oktober 2022 in Bachmut und war nach eigenen Aussagen Augenzeuge bei Hinrichtungen innerhalb der Wagner-Truppen. Er weiß von angeblich mindestens zehn, bei einigen war er, wie er sagt, selbst anwesend und musste mit ansehen, wie seine Kameraden die »Verurteilten« einzeln oder paarweise erschossen.

Der Ex-Söldner Medwedew rettet sich zunächst nach Norwegen, dann nach Schweden, wo er festgenommen wird und abgeschoben werden soll. In einem Gefängnis hat er Zugang zu Telefon und Internet. So erreicht ihn Wladimir Osetschkin. Der Aktivist bittet den Ex-Wagner-Mann, ein Enthauptungsvideo, in dem die Dialoge der Täter deutlich zu verstehen sind, anzuschauen. Kommt ihm jemand bekannt vor, um welche Männer könnte es sich handeln? Osetschkin stellt diese Fragen, um zu erfahren, ob die Taten einer Prigoschin-Einheit zuzuordnen sind. Andrej Medwedew war Kommandeur der ersten Abteilung des vierten Zuges der siebten Sturmabteilung im Wagner-Verband.

Medwedew glaubt, mehrere seiner ehemaligen Kameraden zu erkennen. An den Kampfnamen, mit denen sie sich gegenseitig ansprechen, und an dem Jargon, in dem sie miteinander reden. Obwohl Medwedews Aussage noch kein Beweis, ja vielleicht noch nicht einmal ein Hinweis ist, verbreitet sich die Nachricht, dass ein Ex-Wagnerianer Auskunft über Verbrechen an seinen Kameraden gegeben hat, wie ein Lauffeuer. Kein Wunder, denn Wladimir Osetschkin ist ein Medienprofi. Er nutzt öffentliche Auftritte, um zugleich für eine Spendenaktion zu werben. Wer Hinweise zu den möglichen Tätern geben könne, bekäme eine Belohnung von 3000 Euro, die aber erst einmal gesammelt werden müssten.

Eine Spendenaktion für die Aufklärung eines Mordes initiiert von einem im Ausland lebenden Bürgerrechtler ist selbst für russische Verhältnisse ungewöhnlich. Aber Osetschkin hat schon öfter unorthodox agiert. Er hat der Gewalt, die der Staat unerlaubt an seinen Bürgern verübt, den Kampf angesagt, vor allem der im Strafvollzug. Die hat er am eigenen Leib auf einer Polizeistation und im Untersuchungsgefängnis erfahren. Unter Mordverdacht ist er monatelang eingesperrt und gefoltert worden, weil man ihm ein Geständnis abpressen wollte. Er weigerte sich hartnäckig. Im Gegensatz zu anderen kam Osetschkin wieder auf freien Fuß. Aber einfach zur Tagesordnung übergehen wollte er nach seiner Hafterfahrung nicht.

2011 gründete er das Onlineportal *gulagu.net*, das jedem offensteht, der von seinen Erfahrungen im Gefängnis berichten möchte. Seither füllen sich die Seiten des Portals wie von selbst. Zahllose Menschen haben im russischen Strafvollzug Ungeheuerliches erlitten. Aufgrund von Veröffentlichungen auf seiner Internetseite wurde das eine oder andere Strafverfahren wegen unerlaubter Folter eingeleitet, mehrere Gefängnisdirektoren wegen Organisation und Vertuschung von Verbrechen an Gefangenen zu Haftstrafen verurteilt.

Osetschkin wollte das Problem aber nicht nur von Fall zu Fall, sondern ganz grundsätzlich angehen und machte es sich deshalb zur Aufgabe, Abgeordnete und Beamte von der Abschaffung der Folter in russischen Gefängnissen zu überzeugen. 2014 holte man ihn als Berater in die Duma. Obwohl er wusste, dass man ihn, den inzwischen bekannten Antifolterkämpfer, politisch benutzen würde, ließ er sich darauf ein. Denn auf diese Weise konnte er mehr Einfluss nehmen und erwirken, dass sich eine Arbeitsgruppe mit den Rechten von Gefangenen befasste. In ihren Besprechungen kamen Fälle aus dem Haftalltag zur Sprache, die so schwerwiegend waren, dass die Abgeordneten entschieden, parlamentarische Anfragen an den Föderalen Strafvollzugsdienst, das Justizministerium und die Generalstaatsanwaltschaft zu richten.

Als das Antifoltergesetz 2022 tatsächlich verabschiedet wurde, lebte Osetschkin bereits im Exil. Später gab es weitere Gesetzverschärfungen zur Unterbindung von Gewalt in Gefängnissen, die ebenfalls auf seine noch immer aktive Seite *gulagu.net* zurückzuführen sind.

Über das Portal werden bis heute ständig neue Vorfälle bekannt, unter anderem 2021 massive Folterverbrechen in der Region Saratow, die zu zahlreichen Strafverfahren und Entlassungen führten. Der Direktor des russischen Föderalen Strafvollzugsdienstes, Alexander Kalaschnikow, sowie der Leiter des Föderalen Strafvollzugsdienstes der Region Saratow, Alexej Fedotow, wurden ihrer Ämter enthoben. Die Gewalttäter und weitere Beteiligte wurden inhaftiert.

Im Sommer 2022 verschärfte die Duma das Gesetz endlich auch für diejenigen, die ursächlich dafür verantwortlich sind, gegen Häftlinge mit Folter vorzugehen. Dies war keine Reaktion auf die Verbrechen mutmaßlich russischer Soldaten im ukrainischen Butscha, Irpin, Isjum oder Mariupol, wo Zivilisten festgehalten, misshandelt, vergewaltigt und getötet wurden, sondern ging auf die öffentlich gewordenen Gewaltexzesse gegen Gefangene im Gebiet Saratow zurück, aber auch auf solche in anderen russischen Regionen.

### Das russische Antifoltergesetz – ein zahnloser Tiger

Theoretisch ist nun Folter, um Geständnisse zu erzwingen oder Zeugen einzuschüchtern, in Russland eine strafbare Handlung, auf die Verurteilungen von bis zu zwölf Jahren Gefängnis folgen können. Hat die Folter den Tod oder eine schwere gesundheitliche Schädigung verursacht, wird sie mit bis zu 15 Jahren Haft bestraft, wobei die Ausübung bestimmter Ämter für bis zu 20 Jahre verboten werden kann. Auch Folter durch eine Gruppe, gegen Minderjährige, aus Söldnerinteresse oder anderen Gründen kann jetzt mit Freiheitsstrafen von drei bis zehn Jahren geahndet werden.

Das Gesetz erinnert an die Verfassung der Sowjetunion. Sie sicherte den Bürgern Freiheit und demokratische Rechte zu, hatte aber in der Realität keine Bedeutung. Ebenso wenig wie das Antifoltergesetz. Denn um das Folterverbot wirklich durchzusetzen, müssen Gerichte die Verantwortlichen für die Misshandlungen im Strafvollzug, bei der Polizei und in der Armee tatsächlich bestrafen. Doch das geschieht nur, wenn es politisch opportun erscheint – und auf Befehl von ganz oben.

So wichtig das Engagement von Aktivisten wie Wladimir Osetschkin ist, es bleibt ein Kampf gegen Windmühlen. Faktisch hat sich bislang nichts verbessert. Denn der Fisch stinkt vom Kopf. Es ist unter anderem der Inlandsgeheimdienst FSB, der mit der Folter jeglichen Widerstand in der Gesellschaft brechen will. Die Exzesse sollen sich herumsprechen, damit sich die Menschen vor den Behörden und ihrer Willkür fürchten. Auf diese Weise handelt die russische Führung doppelt gewaltvoll gegenüber ihrer eigenen Bevölkerung: Sie unterbindet Gewalt durch staatliche Institutionen und ihre Vertreter nicht und sie macht sich selbst zum Gewaltmonopolisten, indem sie Gesetzen keinerlei Bedeutung schenkt und damit eine Grundlage des Rechtsstaats außer Kraft setzt: die Gewaltenteilung.

Osetschkin blieb am Ende nicht nur weitgehend erfolglos, sondern ramponierte auch noch seinen Ruf als Antifolterkämpfer mit einem dubiosen freiwilligen Versicherungsprogramm. Russische Bürgerinnen und Bürgern sollten sich damit gegen Folter versichern. Im Falle eines Schadens durch unzulässige Gewaltanwendungen würde die Versicherung zahlen. Als hätten die Opfer nach der Folter noch die Kraft, die unzulässige Gewalt gegen sie nachzuweisen, die Täter zu benennen und womöglich um die ihnen zustehenden Entschädigungssummen zu streiten, wenn sie zuvor schon ihr Recht auf körperliche Unversehrtheit nicht durchsetzen konnten. Es startete 2012 und endete 2020 mit Betrugsvorwürfen gegen ihn.

Der selbsternannte Bürgerrechtler erwies sich auch in politischen Fragen als nicht immer trittsicher. So verteidigte er die Annexion der Krim und das Gesetz über die »Ausländischen Agenten«, das er für zulässig hielt, weil es tatsächlich internationale Kräfte gebe, die Russland Übles wollten. Später korrigierte er seinen Fehler, das Gesetz mit einem nützlichen Werkzeug verglichen zu haben. Doch der Schaden war angerichtet, zumal er darüber hinaus ausgerechnet die Menschenrechtsorganisationen Memorial und Einsitzendes Russland kritisierte. Letztere ist eine seit 2008 bestehende Organisation, die explizit Opfern der russischen Justiz hilft. Osetschkin behauptete, sie würden sich nicht entschieden genug für ein Folterverbot stark machen. Anstatt sich mit den Profis zusammenzuschließen, beschimpfte er sie.

## Folter als Besatzungspolitik

Die Bewohner der Krim und des Donbass haben bereits hinreichend Bekanntschaft mit Russlands Eroberern gemacht. Gefängnisse, in denen gefoltert wird, befinden sich oft an völlig unverdächtigen Orten. In Donezk wurde das Kulturzentrum, das früher eine Fabrik für Isoliermaterialien war, auserkoren. Es trägt den inzwischen doppeldeutigen Namen »Isolazija«.

Fast zweieinhalb Jahre wurde der 1990 geborene Stanislav Aseyev dort festgehalten. Der junge Journalist kann 2017 nicht vor den neuen Herren fliehen, weil er als Alleinverdiener seine Mutter und die beiden Großmütter durch den Krieg in der Ostukraine bringen muss. Als er für den Kiew-freundlichen Sender Radio Swoboda zu arbeiten beginnt, tut er dies unter Pseudonym. Die Separatisten nehmen ihn dennoch fest. Der Anfang eines Martyriums für den damals 27-Jährigen.

»Isolazija« ist ein illegales Gefängnis. Wohl das schrecklichste in der Ostukraine, mitten in der ehemaligen Millionenstadt Donezk. Die Adresse: Heller Weg Nummer drei. Stadtbusse fahren am Werksgelände vorüber, das vor dem Krieg Teil der Kunstszene war. Inzwischen dienen die weitverzweigten unterirdischen Flure und Katakomben sowie die oberen Etagen des Produktionsgebäudes als Folterstätten.

Der junge Journalist wird von den prorussischen Separatisten 31 Monate gefangen gehalten. Sein angebliches Vergehen: Spionage. Tatsächlich stört das autoritäre Regime der sogenannten Volksrepublik, dass der Ex-Philosophiestudent aus dem besetzten Gebiet berichtet hat. Er wird zu 15 Jahren Freiheitsentzug verurteilt. Während seiner Haft lernt er unzählige Zelleninsassen kennen, von denen einer eine Woche lang nicht sprechen konnte. Er hatte seine Stimme während der Elektroschocks an den Genitalien verloren.

Dass sich der Journalist von Anfang an Notizen vom Geschehen macht, rettet ihn. Vor allem psychisch, denn sein Schreiben ermöglicht ihm, einen Blick von außen auf sich selbst und seine Lage einzunehmen, bewahrt ihn vor dem Suizid, der Verrohung, gibt ihm einen Funken Hoffnung. Er benutzt schmutzige Pappe, Papierfetzen, manchmal Blätter. Schon das Niederschreiben allein, ohne jede Aussicht auf Veröffentlichung, wirkt wie eine Reinigung, die ihm die erniedrigenden Qualen aus der Seele spült, ihm hilft, sie loszuwerden und zugleich festzuhalten.

Hunderte Männer und Frauen werden allein während seiner Haftzeit in der »Isolation« vor allem mit Strom gefoltert und fast immer sexuell misshandelt. Die Opfer erleiden schwerste Verletzungen, einige sterben. Die Mitgefangenen werden häufig Zeugen der Gewalttätigkeiten, in jedem Fall bekommen sie die zerstörten Körper zu Gesicht, wenn diese in die Zelle zurückgeschleift werden. Jeder Folterakt wird gefilmt, sodass Direktor Palytsch auf unterschiedlichen Bildschirmen alles live mitverfolgen kann. Er hat für das Foltergefängnis perfide Regeln ersonnen, die darauf ausgelegt sind, unter den Gefangenen Hass zu produzieren, wodurch ein Aufstand ausgeschlossen werden soll. Stanislav Aseyev gelingt es, Strategien für den Schutz seiner Seele zu entwickeln: »Eine Form der Psychohygiene in der Isolation war die absolute Gleichgültigkeit gegenüber dem Leid der anderen Gefangenen, die auch mich selbst zwischendurch erfasste. Einmal, als mein Zellengenosse und ich Haferflockenbrei zubereiteten, begannen sie in der Nachbarzelle jemanden zu foltern. [...] Es wurden elektrische Stromstöße eingesetzt, was am charakteristischen Stampfen der Beine zu erkennen war. [...] Und obwohl mein Zellengenosse bleich wurde und keinen einzigen Löffel essen konnte, wartete ich selbst lediglich zwanzig Minuten, bis ich mit dem Mittagsessen begann. Ich rechtfertigte es damit, dass die Folter sowieso nicht aufhören würde, der Brei aber abkühlen und zu einem einzigen kalten Klumpen werden würde. [...] Ich erinnere mich, dass sich mein Pritschennachbar, der erst etwa einen Monat saß, große Sorgen machte: ›Wie ergeht es Sergej dort?‹ [...] Zu diesem Zeitpunkt befand ich mich schon anderthalb Jahre in der ›Isolation‹ und der unendliche Strom solcher ›Sergejs‹ hatte mir nicht nur das letzte Körnchen Mitgefühl ausgeschwemmt – er begann mich zu nerven.« Über viele Monate hinweg sah er, dass sich Gefangene stets und ständig eine Plastiktüte über den Kopf stülpen müssen.

Nach 31 Monaten kommt Aseyev durch einen Gefangenenaustausch frei. Er sorgt sofort dafür, dass das Geschehen in der Haftanstalt bekannt wird und dass sich die Justiz mit den Tätern befasst. Dank Radio Swoboda, für das er wieder arbeitet, und des Investigativportals *Bellingcat* wird der Direktor des illegalen Gefängnisses 2021 festgenommen: Denis Kulikowski, genannt Palytsch. Der Kommandant hat über fünf Jahre ununterbrochen selbst gefoltert, vergewaltigt und gemordet sowie zugesehen, wenn andere es taten. Mit Aseyevs Hilfe wird ihm der Prozess gemacht – das Foltergefängnis existiert bis heute.

Aseyev erlebte eine Genugtuung, die vielen Opfern lange oder für immer verwehrt bleibt, dennoch wird die Gewalt, die ihm während der Gefangenschaft angetan wurde, ein Teil seines Lebens bleiben: »Wenn man sieht, was eine Person einer anderen antun kann, dann verkümmert irgendwann das normale Gefühl der Empathie für den Schmerz und das Leid anderer. Selbst wenn man entlassen wird, kann nicht alles wieder so werden wie vor der Gefangenschaft. Mein Charakter hat sich verändert, ich bin härter und zäher geworden. Aber ich arbeite daran, denn ich möchte so nicht sein. Das ist nicht die Norm für mich.«

»Isolazija« steht für ihn als Beispiel dafür, was aus einem von Russland besetzten Gebiet werden kann. »Isolazija« ist für ihn auch die Antwort auf die Frage, ob mit der Russischen Föderation überhaupt ein Friedensabkommen möglich ist. Wenn westliche Politiker die Ukrainer drängen zu verhandeln, dann bedeute das, der Errichtung eines modernen Konzentrationslagers auf besetztem Gebiet zuzustimmen. »Die Art der Kriegsführung der Russischen Föderation lässt überhaupt keinen Raum für Kompromisse. Es sind zerstörte Städte, es sind Folterlager, es sind systematische Konzentrations- und Filtrationslager. Es handelt sich um Hunderte und Tausende von Kriegsverbrechen. Da ist es einfach unmöglich, irgendeinem Kompromiss zuzustimmen.«

Aseyev will es nicht bei Palytsch, dem Gefängnisdirektor, belassen. Eine von ihm gegründete Stiftung hat es sich zur Aufgabe gemacht, Kriegsverbrecher zu suchen. Vorbild sind israelische Organisationen, die weltweit nach Tätern des Holocausts fahnden. Der Journalist setzt sich außerdem für die Überstellung von mutmaßlichen Kriegsverbrechern an nationale und internationale Gerichte ein. Er möchte, dass russische Kriegsverbrecher nirgendwo mehr untertauchen können. »Ein Igor Girkin soll sich nicht mehr sicher fühlen können, sondern überall mit seiner Auslieferung als verurteilter Täter rechnen müssen. Wenn unsere Spezialdienste ihn morgen mit einem Sack über dem Kopf aus Moskau herausholen und nach Den Haag bringen, wird man uns sagen: Das ist illegal, das ist eine Entführung. Also muss er sich entweder selbst einem Gericht stellen und seine lebenslange Strafe absitzen oder Russland muss ihn ausliefern. Beides wird nicht geschehen.« Dass Girkin jahrelang frei herumspazieren und in Cafés in Moskau oder Sankt Petersburg Vorträge halten konnte, ist für Aseyev Beweis genug, dass die Verfolgung und Verurteilung von Kriegsverbrechern in Russland nicht funktioniert. Außerdem fehle eine Institution nach dem Vorbild von Interpol, die sich nur mit Kriegsverbrechen befasse.

Einige der russischen Besatzer, die nach dem Einmarsch am 24. Februar 2022 an Verbrechen beteiligt waren, meldeten sich bei Wladimir Osetschkin auf *gulagu.net*. Manche wollen angeblich sogar vor Gericht aussagen. Warum sie sich an ihn wenden, hat vermutlich noch einen anderen Grund, als die Ermittlungen zu unterstützen. Osetschkin wirbt mit dem Versprechen, sie mit Hilfe seiner Stiftung »Neue Dissidenten« aus Russland herauszuholen, vorausgesetzt, sie legen tatsächlich Zeugnis ab.

Der 1989 geborene russische Fallschirmjäger Pawel Filatjew wollte sich zunächst darauf einlassen. Er gestand, selbst in Kriegsverbrechen in der Ukraine verwickelt gewesen zu sein. Welche genau, schilderte er in seinem Buch »ZOV – Der verbotene Bericht. Ein russischer Fallschirmjäger packt aus«. Ursprünglich hatte er vor, sich auch der Justiz zu stellen, doch dann überlegte er es sich anders. Mit den wachsenden Einnahmen aus dem Buchverkauf sank zugleich seine Motivation, Wort zu halten. Peinlich für Osetschkin, denn er hatte Filatjew bei seiner Flucht und seinem Asylantrag in Frankreich geholfen. Und es stellte sich heraus, dass der russische Soldat zwar Fehlentscheidungen von Kommandeuren kritisierte, sich aber nicht im Mindesten von der Armee und ihrem Krieg distanzierte. Er beschreibt sogar seine Wut auf Kameraden, die sich weigerten zu kämpfen. »Wir sind durch Patriotismus, Gesetze und Schuldgefühle miteinander verbunden, niemand will ein Feigling sein. Wir können unsere Waffen nicht fallen lassen und weglaufen.«

Osetschkin kam selbst unter Druck, Landsleute wie Filatjew in den Westen geholt zu haben. Schließlich können von solchen Personen potentiell Gefahren für die Gesellschaft ausgehen, die sie aufnimmt. Schutzbedürftig und vor allem schutzwürdig sind sie nicht. Noch bevor die französischen Behörden darauf drängten, kündigte er an, sein dubioses Evakuierungsprogramm einzustellen und räumte den Misserfolg ein.

Den aktiven Kampf gegen Folter in der Haft hat Osetschkin aufgegeben, aber er dokumentiert sie weiterhin. Im Herbst 2021 stellte er Fotos, Videos und andere Dokumente auf seine Website. Große Mengen an Beweisen und anschauliche Beispiele, wie es in russischen Gefängnissen zugeht. Als Antwort darauf setzten ihn die Sicherheitsbehörden auf die Fahndungsliste. Der bulgarische Investigativ-Journalist und Experte für russische Geheimdienste Christo Grozev vom Recherchenetzwerk *Bellingcat* warnte Osetschkin vor einem Attentat, das ihn möglicherweise auch in Frankreich treffen könnte, wo er seit einigen Jahren lebt.

Es wäre nicht der erste Anschlag auf einen Kreml-Gegner im Ausland. Im August 2019 erschoss der frühere FSB-Oberst Wadim Krasikow den tschetschenischen Georgier Selimchan Changoschwili im Kleinen Tiergarten in Berlin, zwei Kilometer vom Bundeskanzleramt entfernt. Changoschwili hatte für die Unabhängigkeit Tschetscheniens von Russland gekämpft. Im März 2018 wurden der frühere russische Agent Sergej Skripal und dessen Tochter Julia im englischen Exil in Salisbury mit dem Nervengift Nowitschok attackiert.

An den Westen als sicheren Hafen vor Putins Schergen glaubte auch die russische Reporterin Jelena Kostjutschenko, die schon seit ihrer frühesten Jugend nichts anderes als Teil des mutigen Teams der *Nowaja Gaseta* sein wollte. Sie ist Jahrgang 1987 und begann mit 17 für das unabhängige Blatt zu berichten. Aus Tschetschenien, Nordossetien, dem Iran und zuletzt aus der Ukraine. Sie beschrieb die Zustände in Odessa, Mykolajiw und Cherson, dort insbesondere in den russischen Foltergefängnissen. Als sie im März 2022 in das heftig umkämpfte Mariupol wollte, erreichte sie eine Warnung: Verbündete des tschetschenischen Präsidenten Kadyrow, die in Mariupol kämpften, waren mutmaßlich auf sie angesetzt, um sie zu töten. Der ukrainische Geheimdienst bestätigte ihr diese Information. Dmitri Muratow, Chefredakteur der *Nowaja Gaseta*, riet ihr im September, als die Zeitung verboten worden war, keinesfalls nach Russland zurückzukehren.

Jelena Kostjutschenko zog nach Deutschland und wähnte sich in Sicherheit. Ein Fehler, wie sich herausstellte. Während eines Aufenthalts in München im Oktober 2022 spürte sie die ersten Symptome: starkes Schwitzen, wobei von ihrem Körper ein strenger Geruch nach verfaultem Obst ausging. Sie klagte über Kopfschmerzen und Schwierigkeiten, sich im Raum zu orientieren. Danach verschlechterte sich ihr Zustand weiter. Sie litt unter akuten Schmerzen im Unterleib, Schlaflosigkeit, Übelkeit und extremen Angstzuständen. Ihr Gesicht schwoll an, sodass sie sich kaum noch im Spiegel erkannte. Danach die Finger und Zehen. Außerdem verfärbten sich ihre Handflächen grell rot. Nach zehn Tagen fand ihr Arzt heraus, dass zwei Leberenzymwerte fünfmal höher als normal waren und ihr Urin Blut enthielt. Kollegen von *The Insider* und *Bellingcat* kontaktierten Ärzte und Chemiker, darunter einen Experten der Organisation für das Verbot von Chemiewaffen, für eine Bewertung ihrer Symptome. Die Spezialisten erklärten, dass die toxikologischen Befunde auf eine akute Schädigung der Leber und Nieren hinwiesen, wie sie von einer chlororganischen Verbindung wie Dichlorethan hervorgerufen werden kann. Ein Gift, das sie über die Haut aufgenommen oder verschluckt haben könnte. Mediziner in der Charité waren vorher von Covid-Spätfolgen oder Hepatitis ausgegangen. Ein Bluttest auf ein Gift wurde nicht gemacht, entgegen der Anweisung der Polizei. Warum das nicht geschah, wurde nicht begründet.

Wie Jelena Kostjutschenko erging es auch Irina Bablojan von Echo Moskwy. Die Radio-Journalistin erfuhr ebenso wenig, ob sich Gift in ihrem Blut befand. Als Emigrantin war sie im November 2022 von Moskau nach Tiflis gezogen, wo sie mutmaßlich vergiftet wurde. Sie dachte sofort an einen Anschlag und wollte sich in der Berliner Charité untersuchen lassen, wo seinerzeit Alexej Nawalny behandelt wurde. Ihre Symptome glichen denen von Jelena Kostjutschenko. Doch in der Klinik erklärte man ihr, ihre Testergebnisse seien verloren gegangen. Eine weitere Russin, Natalia Arno, die Präsidentin der Menschenrechtsorganisation Free Russia Foundation in Washington, wurde im Mai 2022 in Prag und zwei Jahre zuvor wohl in Vilnius aller Wahrscheinlichkeit nach mit Gift attackiert, also ebenfalls im angeblich sicheren Europa.

Eine Journalistin wie sie umzubringen, hält Jelena Kostjutschenko für völlig unsinnig. Die Realität werde nicht besser, wenn die Botin der schlechten Nachrichten verschwinde.

## Gewalt in der Familientradition

Gegen die Gewalt in Russland vorzugehen, ist praktisch unmöglich, vor allem, weil die Übergriffe größtenteils von staatlichen Organen ausgehen, also systemisch sind. Menschenrechtsorganisationen, die diesen Missstand angeprangert haben, sind inzwischen verboten. Somit greift die Brutalität immer weiter um sich. Dort, wo Gewalt innerhalb von Familien ausgeübt wird, bietet der Staat den Opfern per Gesetz keinen ausreichenden Schutz. Auch dieser Umgang sowohl mit den familiären Tätern als auch mit den im privaten Raum Misshandelten ist systemisch. Eine überwältigende Zahl von Abgeordneten der Duma sei der Meinung, dass sich der Staat in »Familienstreitigkeiten« nicht einmischen sollte, sagt die Menschenrechtsaktivistin Aljona Popowa. Denn ein solches Gesetz würde anerkennen, dass häusliche Gewalt zu verurteilen ist, womit sie gleichzeitig zugeben würden, dass andere Arten der Gewalt auch inakzeptabel sind.

Bezeichnenderweise wird ein Gesetz, das Gewalt in der Ehe ahndet, seit Jahren nicht verabschiedet. In 156 Ländern der Welt gilt häusliche Gewalt als Straftatbestand, nicht so in Russland. Die Hilfsorganisation für Opfer häuslicher Gewalt Nasiliju.net wurde als »Ausländischer Agent« eingestuft. »Unser derzeitiges Regime tut alles, um die ›traditionellen Familienwerte‹ zu erhalten«, sagt sie. Diese Politik hat zur Folge, dass unzählige Opfer ohne jegliche Unterstützung dastehen. Ein symptomatischer Fall ereignete sich in Kemerowo. Dort hatten Nachbarn

Schreie gehört. Die Studentin Vera P. wurde stundenlang von ihrem Freund verprügelt. Die Hausbewohner riefen siebenmal die Nummer 112 an, doch die Polizei kam nicht. Schließlich brachen die Mieter selbst die Tür zu der Wohnung auf. Zu spät, die 23-jährige Frau war bereits tot. Wladislaw K., der Mann, von dem sie sich trennen wollte, hatte ihr in dreieinhalb Stunden mehr als 100 Verletzungen zugefügt und sie schließlich mit der Schnur eines Bügeleisens erdrosselt. Der Mord ereignete sich am 14. Januar 2020. Dreieinhalb Jahre später wurden die fünf Polizisten, die trotz der Anrufe nicht eingegriffen hatten, zu Bewährungsstrafen zwischen anderthalb und zwei Jahren wegen fahrlässiger Tötung verurteilt. Die Beamten verweigerten während der Ermittlungen jegliche Kooperation und bekannten sich nicht schuldig. Alle mussten eine Geldstrafe von je 30000 Rubel (ca. 310 Euro) zahlen. Den Angehörigen der Toten zahlte das russische Innenministerium zwei Millionen Rubel (ca. 20640 Euro) Entschädigung. Wladislaw K. wurde zu 17 Jahren Haft in einer Strafkolonie verurteilt. Ihm wurde Mord mit besonderer Grausamkeit und Freiheitsberaubung vorgeworfen. Ende Juni 2023 erfuhren die Angehörigen des Opfers, dass der Täter freigelassen worden sei und in der Ukraine kämpfe.

# Kinder als Kriegsbeute

Die 12-jährige Maria aus Jefremow in der Nähe von Tula soll sich in der Schule Gedanken über die »militärische Spezialoperation« machen. Sie malt ein Bild von einer Frau mit einem Kind auf ukrainischer Erde. Den beiden nähern sich Raketen aus Russland. Marias Lehrerin ist alarmiert, sie trägt die Zeichnung zur Direktorin und die meldet das Mädchen der Polizei. Der alleinerziehende Vater, Alexej Moskalew, wird in die Schule und später ins Polizeipräsidium bestellt, danach verhören FSB-Mitarbeiter Vater und Tochter. Das Kind ist inzwischen völlig verängstigt und weigert sich, zur Schule zu gehen.

Am Morgen des 30. Dezember 2022, als der Vater gerade zur Arbeit aufbrechen will, halten drei Polizeiwagen vor dem Haus, außerdem ein Fahrzeug vom Katastrophenschutz. Ein Dutzend Männer vom FSB und von der Polizei steuern auf den Eingang zu und dringen dann in die Wohnung ein. Vater und Tochter lassen die Hausdurchsuchung über sich ergehen. Anschließend fliehen sie und verstecken sich drei Monate lang in einem Nachbarort. Als man sie entdeckt, wird der Vater zu zwei Jahren Lagerhaft verurteilt, weil er sich im Internet ebenfalls kritisch über den Krieg geäußert hat. Außerdem wollen ihm die Behörden das Sorgerecht entziehen. Maria soll in einer Ersatzfamilie untergebracht werden. Erst im letzten Augenblick holt die Mutter den Teenager zu sich.

Wieder gibt es statt eines Aufschreis in der Bevölkerung nur vereinzelte Stimmen, die sich angesichts der Unerbittlichkeit bei der Verfolgung politisch Andersdenkender ihren Kommentar nicht mehr verkneifen können. Doch der Rest schweigt. Auch zu dem zynischen Foto, das unter der Überschrift »Die neue Mode an russischen Schulen« ins Netz gestellt wurde: Ein Kind – es ist nicht auszumachen, ob Junge oder Mädchen – mit Sturmhaube auf dem Kopf, die nur die Augen erkennen lässt, hält mit beiden Händen einen übergroßen Vorschlaghammer. Gepostet wurde es von Wagner-Chef Prigoschin, dessen Leute im November 2022 ihren ehemaligen Kameraden mit einem solchen Hammer vor laufender Kamera hingerichtet haben.

Putins Regime ist schon viele Jahre auf die Gleichschaltung der Gesellschaft ausgerichtet. Dass nun schon Schüler durch Denunziation, Einschüchterung und Gewaltverherrlichung auf Linie gebracht werden, ist eine neue Qualität. So soll der Nachwuchs offenbar desensibilisiert werden.

Dem Schicksal, das Maria aus Jefremow drohte, entgingen viele Kinder aus der Ukraine nicht. Zu den schlimmsten Verbrechen, die Russland dort verübt, gehört die Verschleppung von Kindern. Die russischen Behörden rechtfertigen den Abtransport Tausender Mädchen und Jungen mit Evakuierungs- und Rehabilitationsmaßnahmen für die Kinder. Die Zahlen gehen weit auseinander. Die ukrainische Seite gibt mindestens 14000 an, Russland selbst brüstet sich, bis zu 150000 Kindern endlich ein »richtiges« Zuhause gegeben zu haben. Ukrainische Menschenrechtsaktivisten setzen die Zahl noch viel höher an, sie gehen von bis zu 200000 Minderjährigen aus, von denen oft jede Spur fehlt.

Die Charkiwer Helsinki-Gruppe, das Zentrum für bürgerliche Freiheiten, das 2022 den Friedensnobelpreis erhielt, oder auch die Ostukrainische Juristen-Gruppe sowie das Kiewer Institut für strategische Forschung und Sicherheit – sie alle dokumentieren diese Art von Kriegsverbrechen. Dass die Deportation von minderjährigen Ukrainern eine vom Kreml zumindest unterstützte, wenn nicht gar initiierte Aktion war, zeigte das offizielle russische Staatsfernsehen. Nur zwei Wochen nach dem russischen Überfall auf die Ukraine war zu sehen, wie eine blonde Frau in gepunkteter Seidenbluse in Putins Büro vorstellig wurde und an einem kleinen Besprechungstisch gegenüber dem Präsidenten Platz nahm. Es handelte sich um die 38-jährige Marija Lwowa-Belowa, die russische Ombudsfrau für die Rechte von Kindern, die in einem weichen Russisch ihr Anliegen vortrug. »Zu uns sind über 1000 Kinder gekommen und unsere Mitbürger, die ja ein großes Herz haben, stehen schon Schlange, um diese Kinder aufzunehmen. Aber dafür braucht es einige Gesetzesänderungen.« Welche Kinder auf welche Weise nach Russland gekommen waren, sagte sie nicht, Putin fragte auch nicht nach.

Tatsächlich handelte es sich um ukrainische Jungen und Mädchen, die nicht etwa gekommen waren, sondern die man mit Hilfe der Kreml-treuen Behörden in den sogenannten Donezker und Luhansker Volksrepubliken unter anderem aus Waisenheimen im Donbass in die Russische Föderation gebracht hatte. Die Zahl der Internet-Suchanfragen zu Adoptionen schnellte seit Lwowa-Belowas Putin-Besuch nach oben. Offenbar interessierten sich plötzlich viele Russen für »Adoption, Kinder, Donbass«. Die Internet-Suchmaschine *Yandex* verzeichnete einen Anstieg von 200 Anfragen im Februar auf 13 000 jeweils im März und April 2022. Unzählige Menschen verspürten offenbar plötzlich den Wunsch, ein Kind anzunehmen, und erfuhren, dass das gar nicht so einfach war. Durch das inszenierte Gespräch ließ der Präsident die Öffentlichkeit wissen, was er vom Parlament erwartete: ein beschleunigtes und vereinfachtes Verfahren, das die zügige Vermittlung von aus der Ukraine verschleppten Minderjährigen an russische Familien erlaubt.

Für die ukrainische Bevölkerung ist der Kinderraub eine Katastrophe in mehrfacher Hinsicht. Die russischen Angriffe kosten viele ukrainische Menschenleben. Auch wenn die Zahlen geheim gehalten werden, schätzen Beobachter sie auf weit über 100000 allein im ersten Kriegsjahr. Soldaten und Zivilisten. Im Land fehlen außerdem mindestens acht Millionen Menschen, die geflohen sind. Über ein Drittel möchte im Ausland bleiben, ein Drittel ist unentschlossen, nur 35 Prozent wollen auf jeden Fall zurückkehren. Je länger der Krieg dauert, desto weniger Menschen werden es in der Ukraine.

Einst, nach der Erlangung der Unabhängigkeit 1991, hatte die Ukraine über 51 Millionen Einwohner. Wegen der abnehmenden Geburtenrate schrumpfte die Zahl bis 2022 auf knapp 40 Millionen. Seit dem russischen Einmarsch bekamen die Ukrainerinnen noch weniger Kinder, die Geburtenrate sank auf 0,8 und dürfte kaum schnell wieder steigen. Denn es fehlen die jungen Paare, die Familien gründen könnten. Sie kämpfen, sind geflohen, verletzt oder gefallen. Wenn der Krieg lange dauert, noch mehr Ukrainer gehen und nur wenige zurückkehren, prognostiziert die Europäische Union dem Land einen Rückgang auf 33 Millionen Menschen. Da sich Russland auch noch an der hoffnungsvollsten nächsten Generation vergreift, könnten es noch weniger werden.

Statt die Kinder aus den von Russland besetzten ukrainischen Gebieten vor den Kriegshandlungen zu evakuieren und sie umgehend den ukrainischen Behörden zu übergeben, begann Marija Lwowa-Belowa, die Unterbringung in Waisenhäusern und Pflegefamilien auf russischem Territorium zu organisieren und eine Art Zwangsrussifizierung einzuleiten. Diese Vorgehensweise ist Teil einer hybriden Kriegsführung. »Für die Ukraine ist es ein Krieg der verspäteten Dekolonisierung, ein Krieg um die endgültige Freiheit, während Russland versucht, die Ukraine zu rekolonisieren«, sagt Maria Mälksoo vom Zentrum für Militärstudien an der politikwissenschaftlichen Fakultät der Universität Kopenhagen. Die Russifizierung der ukrainischen Bevölkerung in den besetzten Gebieten erfolge gemäß Putins Verständnisses, dass Ukrainer und Russen sowieso ein Volk seien. Hinzu käme die Sowjetisierung. In der UdSSR sei die einheitliche kommunistische Ideologie entscheidend gewesen, die ethnische Zugehörigkeit hätte marginale Bedeutung gehabt.

Argumentativ verfolgt Putin eine Doppelstrategie: Auf der einen Seite unterdrückt er das Zugehörigkeitsgefühl der Ukrainer zur ukrainischen Nation zugunsten einer möglichst gleichgeschalteten russischen Gesellschaft, auf der anderen Seite verbreitet er die wahrheitswidrige Behauptung, dass die moderne Ukraine eine Erfindung der Sowjetära sei. In seinem revisionistischen Aufsatz über die »Historische Einheit von Russen und Ukrainern« stellte er 2021 die Ukraine als einen künstlichen Staat dar, der sich nach dem Zusammenbruch der UdSSR historisch russische Gebiete angeeignet habe. Weil Russland beraubt worden sei, müsse nun die historische Gerechtigkeit wiederhergestellt werden. Die Gebiete samt der Bevölkerung müssten zurück in den Bestand Russlands gebracht werden.

Wie das bewerkstelligt werden könnte, hat Timofei Sergejzew dargelegt. Der Polit-Technologe verfolgte einen noch radikaleren Ansatz. Er schlug Krieg als Mittel der Umerziehung und Auslöschung der Identität vor. Für ihn treffe die Ukrainer eine Kollektivschuld, weil sie ihre »antirussische Regierung« unterstützt hätten: »Die weitere Entnazifizierung dieser Bevölkerungsmasse besteht in der Umerziehung, die durch ideologische Unterdrückung der nazistischen Einstellungen und strenge Zensur erreicht wird: nicht nur im politischen Bereich, sondern notwendigerweise auch im Bereich der Kultur und der Bildung. Die Bandera-Spitze muss liquidiert werden, ihre Umerziehung ist unmöglich. Der gesellschaftliche ›Sumpf‹, der ihn aktiv und passiv durch Handeln und Nichthandeln unterstützt hat, muss die Härten des Krieges ertragen und die Erfahrung als historische Lektion und Sühne für seine Schuld verinnerlichen.« Diese »Kolumne« hat nach ihrer Veröffentlichung im April 2021 selbst in Russland einen Sturm der Entrüstung ausgelöst. Nach nur wenigen Tagen wurde sie von der Internetseite der staatlichen Agentur RIA Novosti gelöscht. Doch ein halbes Jahr später ging Moskau nach ebendiesem Szenario vor. Der russischen Invasion folgte die Russifizierung.

Auch führende Politologen wie Sergej Karaganow, Alexander Kramarenko, Fjodor Lukjanow und Dmitri Trenin setzen in ihren Empfehlungen für den Kreml 2023 auf die Umerziehung der ukrainischen Bevölkerung in den besetzten Gebieten. Der Annexion müsse eine »intensive ideologische Indoktrination ähnlich der in der DDR mit der Verdrängung nationalistischer Elemente« folgen. Außerdem schlagen sie vor, die westliche Ukraine, auf der rechten Uferseite des Dnipro, in einen landwirtschaftlichen Randbezirk zu verwandeln, der die Nutzung für militärische Zwecke verhindert. Ihrer Meinung nach besteht das Wichtigste bei der Lösung der »Ukraine-Frage« darin, die Region in »einen freundlichen Puffer an unseren Grenzen zum Westen« zu verwandeln.

Die Autoren, die dem Kreml die Entwicklung Sibiriens als neue große nationale Idee schmackhaft machen wollen, denken an die Umsiedelung von ein bis zwei Millionen Menschen aus der Westukraine dorthin. Entweder in schon bestehende Städte oder neu zu bauende. Sibiriens Entwicklung könnte der russischen Elite eine »grandiose Aufgabe« bescheren und sie abbringen von westlichen Ideen. Ausführen müssten sie Menschen aus der Westukraine. Dieses auszugsweise bekannt gewordene Pamphlet mit dem Titel »Probleme und Lehren aus der jüngeren Geschichte der Außenpolitik Russlands und die Möglichkeit ihrer Korrektur« sollte nach der Erfahrung mit Putins Aufsatz über die angebliche Einheit von Russen und Ukrainern nicht vorschnell abgetan werden. Die grausame Wahrheit ist, dass der Kreml diese ungeheuerlich klingenden Pläne jeweils umzusetzen versucht. Worten folgen Taten.

### Die Verschleppung der Jüngsten

Dass die Ombudsfrau für Kinderrechte die Adoptionsverfahren in Russland rasch vereinfachen möchte, hat nur einen Grund: die Russifizierung der besetzen Gebiete voranzutreiben. Ein Kind aufzunehmen war 2012 deutlich erschwert worden. Nicht, weil es keine Adoptionen in Russland mehr geben sollte, die fanden ohnehin kaum statt, sondern weil man sie Bürgern »unfreundlicher Länder« verwehren wollte. Sogar die Vermittlung von Kindern mit körperlichen oder psychischen Beeinträchtigungen wurde beendet, obwohl sich ihrer in Russland kaum jemand annimmt.

Am 28. Dezember 2012 wurde das sogenannte Dima-Jakowlew-Gesetz erlassen, das seinen Namen von dem russischen Jungen bekam, den sein amerikanischer Adoptiv-Vater in seinem Auto vergessen hatte und der wegen der Hitze darin erstickt war. Sein Tod wurde von den russischen Medien ausgeschlachtet als ein Fall systemischer Verantwortungslosigkeit ausländischer Adoptiveltern ihren russischen Schützlingen gegenüber. Doch in Wahrheit zielte das neue Gesetz nicht auf die Kinder und deren neue Eltern, sondern es war eine Antwort auf das Einreiseverbot, das der US-Kongress 2012 in der Amtszeit von Barack Obama gegen russische Beamte verhängt hatte. Und zwar gegen jene, die am Tod des russischen Steueranwalts Sergej Magnitzki beteiligt gewesen sein sollen. Der Magnitzki Act und das Dima-Jakowlew-Gesetz sind ein typisches Beispiel von *tit for tat* – wie du mir, so ich dir – im russisch-amerikanischen Verhältnis. Doch wie so häufig wurde die Rache an den USA auf dem Rücken der eigenen Staatsbürger ausgetragen, in diesem Fall auf dem von kranken und beeinträchtigten Kindern, die oft nur im Ausland noch eine Chance auf Förderung und Entwicklung haben.

Nun, da ukrainische Kinder schnellstmöglich russische Staatsbürger werden sollten, drückte der Kreml-Herr aufs Tempo. Sein Erlass über die vereinfachte Adoption ausländischer Kinder trat bereits im Frühsommer 2022, nur acht Wochen nach Putins Gespräch mit Marija Lwowa-Belowa, in Kraft.

Die Deportationen der ukrainischen Kinder begannen schon vor der russischen Invasion. Mykola Kuleba, Leiter der Organisation Save Ukraine und bis 2021 Kinderbeauftragter der Ukraine, hat verfolgt, dass Jungen aus Kinderheimen in den Separatistengebieten im Donbass schon seit 2014 nach Russland gebracht wurden. Dort, so sagt er, seien sie umerzogen und in die russische Armee eingegliedert worden. Somit dürften einige von ihnen heute ihre Waffen gegen ihr Heimatland richten.

Die Suche nach den verschleppten Kindern beschränkt sich seit Februar 2024 nach Aussage der Menschenrechtsaktivistin Vera Jastrebowa keineswegs nur auf Mädchen und Jungen aus Kinderheimen. Schon bald wurden auch Kinder aus intakten Familien, die der Krieg auseinandergerissen hatte, mitgenommen. Die verzweifelten Familien, die ihre Töchter und Söhne zurückhaben wollen, sind mit der Suche in dem riesigen Nachbarland vollkommen überfordert. Ukrainische Behörden und Hilfsorganisationen unterstützen sie, doch Erfolge können sie nur vereinzelt melden.

Die Menschenrechtlerin der Ostukrainischen Juristen-Gruppe Vera Jastrebowa und Pawel Lisjanski vom Institut für strategische Forschung und Sicherheit in Kiew sammeln seit Jahren Informationen über die Kinderverschleppungen und stellten bei Kriegsbeginn einen entscheidenden Unterschied fest. Vor der russischen Invasion hatten sie kaum Kontakt zu den Offiziellen in den sogenannten Volksrepubliken Donezk und Luhansk. Danach verbesserte sich paradoxerweise ihr Verhältnis zu den dortigen Politikern, Beamten der Polizei, Jugendämtern und Justizbehörden. Sie alle gaben jetzt bereitwillig Auskunft, denn sie alle einte der Frust. Sie fühlten sich überflüssig, beiseitegeschoben, seitdem die russischen Besatzer das Kommando in den Separatistengebieten übernommen hatten. Und so manchem ging inzwischen ein Licht auf, dass es Moskau vielleicht doch nicht so gut mit ihnen, den Kollaborateuren, meinte. Denn die erste russische Zwangsmobilmachung fand ausgerechnet in den sogenannten Volksrepubliken statt. Das Unvorstellbare wurde im großen Stil wahr: Moskau verpflichtet Ukrainer, gegen Ukrainer zu kämpfen.

Viele Männer im Donbass wurden direkt von ihren Arbeitsplätzen, beispielsweise aus Bergwerken, abgeholt und an die Front geschickt. Zurück blieben Familien ohne ihre Ernährer. Den Müttern mit zwei oder drei Kindern unterstellten die Jugendämter, allein nicht in der Lage zu sein, mehr als ein Kind versorgen zu können, und nahmen ihnen das zweite und dritte Kind weg. Neue Gesetze in den okkupierten Gebieten erlauben das. 38000 Fälle von Sorgerechtsentzug zählten die beiden jungen Juristen im ersten Kriegsjahr. Sie sind geübt im Aufdecken von Menschenrechtsverletzungen in der Ostukraine, denn sie dokumentieren sie bereits seit 2014, noch während ihres Jurastudiums. »Für die neuen russischen Besatzer haben die Separatisten ausgedient, sie werden nicht mehr gebraucht«, sagt Pawel Lisjanski.

Der russische Staat bemüht sich, der Kinderverschleppung einen legalen Anstrich zu geben. Die Abgeordneten der Duma änderten, wie vom Kreml bestellt, zuerst die Adoptionsgesetze in der Russischen Föderation, dann in den sogenannten Volksrepubliken. Denn die ukrainischen Kinder sind für Russland in mehrfacher Hinsicht wertvoll. Zum einen geht es um die Akzeptanz des Krieges bei der russischen Bevölkerung, ist Vera Jastrebowa überzeugt: »Durch diese Vorgehensweise verbreitet sich die Botschaft, dass Russland im Krieg nichts verliert. Es bekommt nicht nur neue Gebiete hinzu, sondern auch schnell Ersatz für gefallene Wagner-Söldner oder Soldaten.« Einen anderen Grund sieht sie in Russlands demografischer Situation. Zwar machen Russen 80 Prozent der Bevölkerung aus, doch ihre Geburtenrate sinkt rapide, die ethnischer Minderheiten in der Russischen Föderation ist 50 Prozent höher. Mitgenommen würden blonde Kinder mit hellen Augen, erfuhren Vera Jastrebowa und Pawel Lisjanski von ihren Informanten. Ultranationalisten wie Ex-Kulturminister Wladimir Medinski störe es schon lange, dass die Zahl nicht slawisch aussehender Kinder in Russland seit 2015 immer mehr zunehme. Die genaue Summe der entführten Kinder können auch Vera Jastrebowa und Pawel Lisjanksij nicht angeben. Es seien sehr viel mehr, als die ukrainische Seite zugibt, denn sie fürchtet den Vorwurf der Eltern, die ukrainischen Kinder nicht ausreichend vor den Besatzern geschützt zu haben. »Unsere Recherche freut weder Russland noch die Ukraine.«

Betroffen sind auch Kinder, die zurückgelassen wurden, wenn ihre Eltern beim sogenannten Filtrationsprozess festgenommen wurden. Auf der Flucht aus dem Kriegsgebiet wurden Ukrainer an Straßensperren überprüft. Sie durften nur dann in die unbesetzten ukrainischen Gebiete weiterfahren, wenn die russischen Soldaten sie nicht für aktive Unterstützer der Regierung in Kiew hielten. Eltern, auf deren Handys proukrainische Slogans zu lesen waren oder die die falschen Tattoos trugen, wurden inhaftiert. Die zurückbleibenden Kinder wurden eingesammelt. Und es wurden auch Schüler verschleppt, die dem Unterricht fernblieben. Viele Eltern wollten nicht, dass ihre Söhne und Töchter nach russischem Lehrplan unterrichtet werden, wie das von der Besatzungsmacht vorgeschrieben wurde. Denn die neuen Geschichtslehrbücher stellten die demokratische Protestbewegung auf dem Maidan beispielsweise als »Neonazi-Staatsstreich« der Ukraine dar und den Krieg als notwendige militärischen Spezialoperation gegen die Faschisten in Kiew.

Obwohl in der Ostukraine hauptsächlich Russisch gesprochen wird, hat die ukrainische Regierung die Verbreitung der Landessprache forciert. Als die Moskau-treuen Separatisten im Mai 2014 die Macht übernahmen, gab es in Donezk 750 ukrainische Klassen, in denen die Mädchen und Jungen auf Ukrainisch unterrichtet wurden. Im Jahr 2016 schlossen die Kreml-treuen Erfüllungsgehilfen alle ukrainischen Klassen, weil es für sie angeblich nicht genügend Schüler gab. 2017 wurde die ukrainische Sprache als Pflichtfach gestrichen. 2020 verkündeten die sogenannten Volksrepubliken, dass Ukrainisch nicht mehr Staatssprache ist. Eltern, die ihre Kinder nicht in die russifizierten Schulen schickten, riskierten, dass ihnen das Sorgerecht mit der Begründung entzogen wurde, sie würden ihren Söhnen und Töchtern das Recht auf Bildung verwehren.

Für die besetzte Region Cherson wurde verfügt, dass alle nach dem 24. Februar 2022 geborenen Kinder automatisch russische Staatsbürger sind. Internationale Organisationen sehen darin einen groben Verstoß gegen das Völkerrecht. Am 27. Januar 2023 erklärte der UN-Hochkommissar für Flüchtlinge Filippo Grandi: »Die Verleihung der russischen Staatsbürgerschaft an [ukrainische Kinder] oder deren Adoption widerspricht den Grundprinzipien des Schutzes von Kindern in Kriegssituationen.«

In Russland werden die eingesammelten ukrainischen Kinder in sogenannten Familienbildungszentren untergebracht, wo sie, bevor sie zur Adoption freigegeben werden, neue Dokumente und damit die russische Staatsbürgerschaft bekommen. Oft gibt man ihnen auch andere Namen, was die Chance, sie je wiederzufinden, extrem verringert. Die potentiellen russischen Väter und Mütter müssen spezielle Kurse absolvieren und systemtreu sein. So wie Marija Lwowa-Belowa, die russische Ombudsfrau für die Rechte von Kindern. Sie ist aus russischer Sicht über jeden Zweifel erhaben. Als Putin sie ein knappes Jahr später, am 16. Februar 2023, erneut im Kreml empfängt, spricht er von sich aus die Adoptionen von »unseren« Kindern aus dem Donbass an. Die fänden ja schon seit neun Jahren statt. Woraufhin Lwowa-Belowa bestätigt, die Zahl der Bewerber, die ein ukrainisches Kind adoptieren wollten, steige stetig. Die interessierten Eltern kämen aus vielen Regionen. Zudem hätte Ramsan Kadyrow, der Präsident von Tschetschenien, mit besonders schwierigen, bereits straffällig gewordenen Jugendlichen ein militärisch-patriotisches Training absolviert. Was der für seine Brutalität bekannte Kadyrow den ukrainischen Minderjährigen beibringt, erläutert sie nicht.

Doch es ist bekannt, dass die Kadyrowzy unter anderem in Mariupol gekämpft haben. In der von den russischen Einsatzkräften zerstörten Hafenstadt »fand« Lwowa-Belowa etwa 30 Kinder, die zunächst eine sehr negative Sicht auf Russland gehabt hätten. Als sie in die Moskauer Region gebracht wurden, äußerten sie sich auch ablehnend über Präsident Putin. Sie hätten die ukrainische Hymne gesungen und »Ruhm der Ukraine« gerufen, doch schon im September 2022 konnte die Kinder-Kommissarin Erfolge vermelden. Auf einer Sitzung der Bürgerkammer in Moskau berichtete sie, dass die Waisenkinder aus Mariupol in ihren neuen Familien »gelehrt wurden, Russland zu lieben«.

Marija Lwowa-Belowa ist eine Machtpolitikerin, die sich als Übermutter stilisiert. Im Föderationsrat repräsentierte sie ihre Region Pensa, die über 600 Kilometer von Moskau entfernt an der Wolga liegt. Doch dort, im Oberhaus des russischen Parlaments, war sie nur eine von 170 Regionalabgeordneten. Erst als der Präsident sie 2021 zur Kinderbeauftragten ernannte, wurde sie bekannt. Auf diese Aufgabe hatte sie sich offenkundig schon länger vorbereitet. Sie betreut 13 Kinder mit Behinderungen bzw. sorgt für deren Pflege, adoptierte mit ihrem Mann, einem Software-Ingenieur, der später Priester wurde, vier Kinder. Zusammen mit den fünf leiblichen hat das Paar neun Kinder. Im August 2022 verkündete sie die Adoption des damals 15-jährigen Filip aus Mariupol.

Seine Geschichte wurde im Zargrad TV dargestellt, allerdings in der russischen Version. Der Junge, der seine Mutter früh verloren hatte, aber von seinem Vater und dessen Frau versorgt wurde, versteckte sich während des russischen Beschusses der Stadt wie viele andere Einwohner in einem Keller. Als eines der rund 30 Kinder aus Mariupol wurde er nach Donezk und von dort nach Russland gebracht. Filip war also mitnichten ein Waisenkind. Die Kinderschutzbeauftragte rapportierte die »Fortschritte« des Teenagers. Ihm gefalle es nun in Russland. Schon bei ihrer ersten Begegnung mit Filip habe sie gewusst, dass er zu ihr gehöre. Seitdem postet sie regelmäßig Fotos mit ihm auf Social Media, auch wie er im September 2022 den russischen Pass entgegennimmt.

### Putin allein zu Hause?

So arglos sich der Kreml-Chef und die Funktionärin geben, so wenig ändert das etwas an der Tatsache, dass sie gemeinsam den Weg frei gemacht haben für die massenhaften Deportationen von ukrainischen Kindern. Ein Vergehen, das der Internationale Strafgerichtshof in Den Haag als Völkermord einstuft. Lwowa-Belowa machte gute Miene zu bösem Spiel: »Es ist schön zu wissen, dass unsere Arbeit für die Kinder unseres Landes von der internationalen Gemeinschaft wahrgenommen wird.« Chefankläger Karim A. A. Khan stellte am 17. März 2023 einen Haftbefehl gegen den Präsidenten der Russischen Föderation und dessen Ombudsfrau aus. Noch nie wurde das Staatsoberhaupt eines so großen Landes zur Fahndung ausgeschrieben. In Moskau ein Schock. Den sonst so lautstarken Kreml-Propagandisten verschlug es zunächst die Sprache. Doch dann feuerten sie umso härter zurück. Der Moderator des russischen Staatsfernsehens, Wladimir Solowjow, forderte einen »sofortigen Atomschlag« gegen jedes Land, das es wagen könnte, den russischen Staatschef zu verhaften.

Ex-Präsident Dmitri Medwedew drohte, das Gericht mit einer Hyperschallrakete anzugreifen. Sowohl Putin als auch seine

Ombudsfrau sind fortan so lange gesuchte Personen, bis sie festgenommen und dem Gericht überstellt werden. An die russischen Eliten ist der internationale Haftbefehl ein Signal, dass Putin nicht mehr als legitimer Ansprechpartner betrachtet und er persönlich für den Krieg verantwortlich gemacht wird.

Schon in der Begründung des Fahndungsaufrufes heißt es, dass die Vorverfahrenskammer aufgrund der in unabhängigen Untersuchungen gesammelten und analysierten Beweise bestätigt habe, dass es hinreichende Gründe für die Annahme gebe, dass Präsident Putin und Frau Lwowa-Belowa für die rechtswidrige Deportation und Verbringung ukrainischer Kinder aus den besetzten Gebieten der Ukraine in die Russische Föderation strafrechtlich verantwortlich seien und damit gegen Artikel 8 Absatz 2 Buchstabe a (vii) und Artikel 8 Absatz 2 Buchstabe b (viii) des Römischen Statuts verstoßen hätten.

»Zu den [...] festgestellten Vorfällen gehört die Deportation von mindestens Hunderten von Kindern, die aus Waisenhäusern und Kinderheimen entführt wurden. Viele dieser Kinder wurden [...] inzwischen in der Russischen Föderation zur Adoption freigegeben. Das Gesetz wurde in der Russischen Föderation durch Präsidialdekrete von Präsident Putin geändert, um die Verleihung der russischen Staatsbürgerschaft zu beschleunigen und so die Adoption durch russische Familien zu erleichtern.« Diese Handlungen hätten Russlands Absicht offenbart, die Kinder dauerhaft aus ihrem eigenen Land zu entfernen. Kinder als Kriegsbeute – für den Obersten Staatsanwalt in den Haag war damit eine rote Linie überschritten.

Schwarz auf weiß erfahren die Eltern, Verwandten, Freunde und Aktivisten, die diese Machenschaften dokumentiert haben, dass die internationale Gemeinschaft nicht nur Notiz von den mutmaßlichen Kriegsverbrechen nimmt, sondern gewillt ist, die Verantwortlichen zur Rechenschaft zu ziehen. Die ukrainischen Opfer bekommen damit sehr viel mehr Aufmerksamkeit und

Unterstützung als Menschen in vielen anderen Kriegen dieser Welt. Schon kurz nach Bekanntwerden der Verbrechen im Kiewer Vorort Butscha hatte Khan erklärt, dass in der Ukraine ein komplexes und breites Spektrum an mutmaßlichen internationalen Verbrechen geschehen sei und er nicht zögern werde, weitere Anträge auf Haftbefehle zu erlassen, wenn die Beweislage dies erfordere.

Die Ukraine hat das Römische Statut zwar selbst nicht ratifiziert, erkannte aber seit dem Krieg im Osten ihres Landes ab 2014 die Befugnisse der internationalen Richter an und erlaubt ihnen, bei Hinweisen auf Verbrechen gegen die Menschlichkeit und Kriegsverbrechen auf ihrem Staatsgebiet zu ermitteln.

Auch wenn die Aussichten gering sind, dass Putin und seine Kinderrechtsbeauftragte eines Tages tatsächlich vor dem Gericht in den Niederlanden Rede und Antwort stehen, kommt Den Haag schon jetzt das Verdienst zu, wichtige, ihnen zugeschriebene Verbrechen publik gemacht zu haben. Putin eilt künftig der Ruf des Parias voraus. Sein Bewegungsradius dürfte sich stark einschränken. Seine Isolation nimmt aber vermutlich auch auf andere Weise zu. Wer außer Politikern vom Schlage Xi Jinpings und Alexander Lukaschenkos reist jetzt noch nach Moskau? Können sich Kanzler Olaf Scholz und der französische Präsident Emmanuel Macron noch einmal an den sieben Meter langen Tisch im Kreml setzen, und sei es für Friedensverhandlungen? Wird sich der Mann, der pompöse Auftritte in goldenen Palästen zu brauchen scheint wie die Luft zum Atmen, bald einsam fühlen?

Der eine oder andere seiner Untergebenen schläft möglicherweise schlecht, denn dem Haftbefehl gegen den Chef könnten weitere folgen, zum Beispiel wegen der Angriffe auf die zivile Infrastruktur in der Ukraine. Auch das gilt als Kriegsverbrechen. Dass der Internationale Strafgerichtshof nicht mit den Kleinen anfängt und den Großen laufen lässt, erstaunt Juristen. Ebenso, dass die Beweise *vor* der Anklageerhebung vorgelegt wurden. Putin und Lwowa-Belowa wissen somit nicht nur, was genau ihnen zur Last gelegt wird, sondern wie groß ihre Chancen sind, die Kläger vom Gegenteil zu überzeugen.

Keineswegs alle Vertragsstaaten des Gerichtshofes dürften gewillt sein, Putin tatsächlich festzunehmen und nach Den Haag zu überstellen, sollte er einen Fuß auf ihren Boden setzen. Verpflichtet wären dazu alle, denn das Gericht verfügt nicht über eigene Polizeikräfte. Insgesamt fünf Präsidenten hat der Internationale Strafgerichtshof bislang zur Fahndung ausgerufen. Vor Putin waren das Laurent Gbagbo aus der Elfenbeinküste, Omar al-Baschir aus dem Sudan, Muammar Gaddafi aus Libyen und Slobodan Milošević aus Serbien. Putin ist der zweite amtierende Präsident, der sich dem Weltstrafgericht stellen soll, zuvor hat Den Haag einen solchen Haftbefehl 2008 gegen den ebenfalls noch regierenden al-Baschir erlassen, dem Völkermord vorgeworfen worden war. Trotzdem unternahm al-Bashir weiter Auslandsreisen, auch in Länder, die das Römische Statut ratifiziert hatten, wie Südafrika. In Johannesburg war die Justiz nicht schnell genug für seine Festnahme. Al-Baschir verließ ein Gipfeltreffen der Afrikanischen Union wenige Stunden, bevor ein südafrikanisches Gericht über seine Verhaftung entscheiden konnte. Obwohl al-Baschir 2019 durch einen Militärputsch gestürzt wurde und die neue Regierung ihn nach eigenem Bekunden an Den Haag ausliefern wollte, ist das bis heute nicht geschehen.

Nun wird es auch für Putin künftig zumindest schwerer sein, sich als unbescholtener Mann in anderen Ländern blicken zu lassen. Am BRICS-Gipfel in Südafrika 2023 nahm er nur virtuell teil.

Das Beispiel der ehemaligen Sowjetrepublik Armenien zeigt, dass sich Putin selbst in Moskaus Einflusssphäre nicht sicher fühlen kann. Das kleine Land hat kurz nach dem Haftbefehl gegen Putin das Römische Statut des Internationalen Strafgerichtshofes ratifiziert. Gagik Melkonjan, ein Abgeordneter der Nationalversammlung und Mitglied der Regierungspartei, forderte Putin öffentlich auf, besser in seinem eigenen Land zu bleiben. Sollte er nach Armenien kommen, müsse er verhaftet werden, denn Armenien, sehe sich an die Entscheidung des Internationalen Strafgerichtshofs gebunden. Ein mutiger Schritt, denn die kleine Kaukasus-Republik bezieht ihre Energie zu 100 Prozent aus Russland und ist wirtschaftlich fast vollständig von Moskau abhängig. Für eine so eindeutige Haltung hat das große Deutschland länger gebraucht.

## Russland – das abschreckende Beispiel

Die Ukrainer schmerzt es, wie Russland mit ihren Kindern umgeht. Andererseits gibt es in der ukrainischen Gesellschaft ein sicheres Gespür dafür, die junge Generation vor einer unfreiwilligen innerlichen Zerstörung oder Demoralisierung zu bewahren, damit nicht auch sie noch zu Putins Kriegsbeute wird. Viele Kinder haben zunächst nicht begriffen, warum russische Soldaten ihr Land überfallen haben. Sie und ihre Eltern hatten Russland nichts getan. Kaum jemand trägt derzeit in der Ukraine eine so große Verantwortung wie die Pädagogen, schließlich hängt es maßgeblich von ihnen ab, in welchem Geist die Schüler heranwachsen. Welche Art von Staatsbürger das Land später übernimmt.

Seit Putins aggressivem Vorgehen gegen ihr Land fragen sich die Menschen von Lemberg bis Mariupol nicht mehr, was ihre Nation von der russischen unterscheidet. Putins herbeigeredete Einheit von Russen und Kleinrussen, wie Ukrainer gern abschätzig genannt werden, hat es auch früher nie wirklich gegeben. Der Graben wird mit jedem neu eroberten Ort, mit jedem zusätzlich zerstörten Haus, jedem toten Zivilisten und jedem gefallenen Soldaten immer tiefer. Die Abscheu gegen alles Russische wächst, der Gedanke an eine gemeinsame Zukunft scheint absurd zu sein. Und dennoch gilt: Der große Nachbar wird nach dem Krieg nicht verschwinden. Sie werden mit ihm leben und auskommen müssen, sogar, wenn es ihr Land nicht mehr vollständig geben sollte. Eine Zukunft mit Russland empfinden sie als regelrechte Zumutung. Kaum jemand kann sich heute vorstellen, wie das funktionieren soll. Zu groß sind die Verluste und Verletzungen. Und doch wissen viele Ukrainer schon jetzt genau, dass allein Rache kein Weg sein kann, weil sie denjenigen, der hasst, zerstören kann. Diesen nachträglichen Sieg wollen die wenigsten Putin gönnen. Doch der Umgang mit dem großen Land, das sich als unberechenbar und mörderisch erwiesen hat, muss erlernt werden. Auch in den Schulen. Als stünden die nicht ohnehin bereits vor völlig neuen Anforderungen, als wäre der Kriegsalltag nicht schon beschwerlich genug. Geht es doch auch im Klassenraum oft um das pure Überleben. Deswegen wird immer wieder trainiert, es bei Luftalarm innerhalb von drei Minuten in den Keller zu schaffen. »Jeder Schüler, jede Klasse muss die Flucht durchs Treppenhaus immer wieder üben«, sagt Tetjana Schwez.

Ihr Lyzeum liegt im Stadtzentrum von Kiew, in der Nähe von Regierungsinstitutionen, über denen der Luftraum ganz besonders geschützt wird. Die Lehrerin, die ursprünglich aus Charkiw kommt, erlebt, dass die jüngeren Schulkinder auf Luftalarm oft ganz besonnen reagieren. Anders als die Älteren, die schon mal die Nerven verlieren. Alle im Lehrerkollegium wissen, dass sie ihren Schülern vor allem so viel Stabilität wie möglich vermitteln müssen. Wenn die Sirenen den Alarm auf dem Handy anzeigen, sie sie von draußen hören, eilen sie hinunter und setzen den Unterricht in den inzwischen gemütlich eingerichteten Kellerräumen fort. Wenn es keinen Strom gibt, kommen die Taschenlampen zum Einsatz, dann reden sie einfach oder spielen mit den Kindern. Die Jugendlichen legen ihre Telefone nur aus der Hand, wenn sie müssen, sie verfolgen die aktuellen Meldungen aus den Kampfgebieten, ist sich Tetjana Schwez sicher. »Vor allem mit den Ältesten sind wir in engem Austausch. Die Schüler wollen etwas zum Kampf gegen den Feind beitragen. Einmal haben sie sich entschlossen, Hackerangriffe auf russische Internetseiten zu starten.« Die Vize-Schuldirektorin ist schon 2014 aus der Ostukraine geflohen. Acht Jahre später holte der Krieg die Lehrerin in Kiew ein. Sie beobachtet, wie unterschiedlich Kinder auf die Anspannung reagieren. »Dem einen sieht man äußerlich gar nichts an, der nächste kriecht in eine Ecke und verschanzt sich dort, andere fühlen sich geborgener, wenn man sie in eine Decke einwickelt. Oder sie halten sich einfach bei den Händen.« Die Schulpsychologin ermuntert die Lehrerkollegen, die Kinder genau anzuschauen. Olga Perekopajko ist ein Glücksfall für die Schule, sowohl für die Mädchen und Jungen als auch für das Personal. Schon seit dem Beginn des Krieges in der Ostukraine betreut sie Familien, deren Väter, Söhne und auch Mütter oder Töchter dort kämpfen. 60 000 Frauen beteiligen sich militärisch an der Verteidigung ihres Landes.

Olga Perekopajko beobachtet, wie der Krieg für die Kinder zur Dauerbelastung wird. Sie vermissen ihre Eltern, die kämpfen müssen, und haben Angst, dass sie nicht mehr nach Hause zurückkommen. Zwei von drei Ukrainern haben einen Verwandten oder nahen Bekannten in Frontnähe. 94 Prozent der Ukrainer vertrauen ihrer Armee, 93 Prozent bringen den Soldaten hohe Anerkennung entgegen, sagen die Umfragen. Die Werte sind seit vielen Monaten unverändert.

Die Kinderhilfsorganisation der Vereinten Nationen, Unicef, schätzt, dass mindestens anderthalb Millionen ukrainische Kinder von Depressionen, Angstzuständen und anderen psychischen Problemen bedroht sind. Die Schulpsychologin versucht ihnen zu helfen, mit der dauernden Unsicherheit fertig zu werden und durchzuhalten. Für ihr späteres Leben als Erwachsene ist es wichtig, dass die Kinder psychisch gesund bleiben und Stress abbauen lernen.

Olga Perekopajko zeigt ihnen, dass Schreien hilft, oder mit den Füßen aufzustampfen – einfach richtig Krach zu machen. Auch im Keller, um den Luftalarm zu überstehen, der manchmal Stunden dauern kann. Brüllen befreit, auch gemeinsames Singen. Die Jungen und Mädchen haben einen ukrainischen Rap-Hit vom »Kalush-Orchestra« einstudiert, der beim Eurovision-Wettbewerb gewonnen hat. »Stefania« heißt das Siegerlied. Es zu singen, macht sie fröhlich. Der Zusammenhalt unter den Jugendlichen sei jetzt viel fester als vor dem Krieg, den allergrößten Wandel aber gebe es bei ihrer Leistungsbereitschaft, stellt die Schulpsychologin fest. »Die Kinder sagen: Wir wollen nicht so dumm sein wie die Russen. Deswegen wollen sie lernen. Das ist eine Motivation, die wir niemals zuvor auch nur annäherungsweise erreichen konnten.«

Aber Olga Perekopajko sieht auch, dass sich die Schüler wegen des Stresses, den der Krieg für sie bedeutet, sehr viel schlechter konzentrieren können, sie jede Menge vergessen. Was sie gestern noch gut konnten, sei heute einfach weg. In Kiew gibt es zwar keine Kampfhandlungen, aber wenn die Sirenen heulen, fürchteten sich die Kinder und Jugendlichen nicht nur vor den russischen Raketen, sondern entwickelten oft auch starke Hassgefühle. Das verunsichert die Schüler und auch ihre Eltern, die sich Sorgen machen, dass ihre Töchter oder Söhne verrohen. Das wollen sie keinesfalls, denn das hieße in ihren Augen, so zu werden wie die russischen Angreifer. Das Nationale Institut für Demografie hat ermittelt, dass sich 94 Prozent der Bevölkerung ihr Land als eine funktionierende Demokratie wünschen, 92 Prozent bestehen auf der Befreiung aller besetzten Gebiete und 82 Prozent lehnen einen Frieden ab, der nur unter Aufgabe des Donbass und der Krim zu haben wäre. 86 Prozent unterstützen die in der Verfassung festgeschriebene NATO-Mitgliedschaft als Ziel, mehr als je zuvor.

Die Gesellschaft ist zusammengerückt, das ist auch in dem Kiewer Lyzeum spürbar. Die Psychologin zeigt den Schülern und auch deren Eltern, wie sie mit negativen Gefühlen besser zurechtkommen. Sie ermuntert sie, den Hass und die Angst zuzulassen, denn das sei in ihrer Lage normal. Damit würden diese Gefühle legalisiert: Du empfindest Hass? Weil es einen Auslöser dafür gibt. Du möchtest, dass Moskau brennt? Du hast ein Recht auf diesen Wunsch. Aber diese Wut kostet dich sehr viel Energie. Lass uns überlegen, wie man die nutzen kann, nicht um jemandem zu schaden, sondern für das eigene Wohl. Dann schlägt sie etwa vor, den ukrainischen Soldaten an der Front zu schreiben oder einen Kuchenbasar zu veranstalten und mit dem Geld Spielzeug für ein Kind zu kaufen, das seinen Vater verloren hat.

Das Verhältnis der Schüler untereinander und auch zu ihren Pädagogen beschreiben diese als viel offener als vor dem Krieg. Olga Perekopajko scheut sich nicht, ihren Schülern zu erzählen, wie sie selbst mit ihrem eigenen Hass umgeht. Dass sie bei einem Marathon mitgelaufen ist, der zu Ehren der gefallenen Helden stattfand. »Du meldest dich für zweieinhalb, fünf oder zehn Kilometer an und bekommst den Namen und die Geschichte deines Helden. Für ihn und vor allem für seine Familie rennst du.« Damit der Schulalltag im Krieg nicht nur aus Sorgen und Angst besteht, organisiert die Schulleitung immer wieder kleine Feste. Die Schüler im Ausland bekommen zusätzlich samstags und sonntags Unterricht, damit sie den Anschluss an den heimischen Lehrplan nicht verlieren.

Für die Pädagogen bedeutet das eine enorme Belastung, aber niemand klagt. Jeder an seinem Platz ist aufgefordert, für den Fortbestand der Ukraine zu tun, was er oder sie kann, keiner beschwert sich. Denn alle kennen die Antwort auf die Frage: Was würden unsere Leute an der Front dazu sagen? Entsprechend selten wenden sich die Lehrerinnen an die Schulpsychologin. Die erkennt dennoch, wem es zu sehr zu schaffen macht, sich im Krieg immer zuerst um die Kinder kümmern zu müssen. Auch sie selbst ist für die Schüler immer erreichbar, selbst wenn sie sich noch spät abends bei Olga Perekopajko melden, wimmelt sie keinen ab. Dass ihre Kraft dafür reicht, hat sie nicht zuletzt einem Psychologen-Kollegen aus Armenien zu verdanken, der sie per Internet in einer Supervision aufbaut und stützt. Vor allem, wenn sich die schlechten Nachrichten häufen.

Wie negativ ihre Schüler auf das Verhältnis zu Russland blicken, lässt die passionierte Lehrerin Tetjana Schwez mitunter erschaudern: »Ein Jugendlicher glaubt, dass es unser Schicksal ist, mit einem solchen Nachbarn zu leben, der uns niemals in Ruhe lassen wird, mit dem wir immer kämpfen werden. Selbst wenn dieser Krieg aufhört. Er geht davon aus, dass er immer auf der Hut sein muss, weil es jederzeit wieder Krieg geben kann.« Die stellvertretende Schulleiterin belastet, dass ihr Freundeskreis deutlich geschrumpft ist. Nur eine einzige russische Freundin hält noch den Kontakt zu ihr. Inzwischen hat sie die, die schweigen, aus ihrer Adressliste gelöscht.

## Der Traum von Russlands Läuterung

Dass Putin seit dem 17. März 2023 international gesucht wird, ist ein starkes Signal an die Ukrainerinnen und Ukrainer, die die Verantwortlichen für die Kriegsverbrechen benannt und bestraft wissen wollen sowie Reparationszahlungen verlangen. Der Weg bis dahin ist noch weit. Deshalb liegt Andrij Jermak, Chef des Präsidialamtes der Ukraine, richtig mit seiner Prophezeiung, dass der Haftbefehl »erst ein Anfang ist«. Auch von einer Aufhebung der Sanktionen gegen Russland dürfte frühestens dann die Rede sein, wenn Putin an den Internationalen Strafgerichtshof ausgeliefert ist. Dies würde vermutlich nur eine russische Führung veranlassen, die vollständig mit dem alten Regime gebrochen hat und einen Weg zurück in die internationale Staatengemeinschaft sucht.

Hatte vor dem Haftbefehl so gut wie nichts darauf hingewiesen, dass Putin auf eine weitere Amtszeit verzichten könnte, verbot sich danach für ihn jeder Gedanke daran von selbst. Schließlich schützt ihn sein Amt durch die damit verbundene strafrechtliche Immunität. Außerdem kann er nur dann verhindern, dass ein möglicher Nachfolger auf die Idee kommt, ihn auszuliefern, wenn er selbst Präsident bleibt. An der Einstellung der russischen Bürgerinnen und Bürger zu Putin änderte der Haftbefehl nichts. Nur 20 Prozent fanden ihn gerechtfertigt, 30 Prozent waren irritiert darüber und haben nicht nachvollziehen können, wofür ihr Präsident überhaupt angeklagt werden soll. Ihnen ist die Vorstellung, dass ein Politiker für seine Handlungen zur Verantwortung gezogen werden kann, völlig fremd. 30 Prozent gaben sogar an, empört darüber zu sein, dass der russophobe Westen alles tue, um die russische Führung zu diskreditieren und ihr zu schaden. Generell findet Putin vor allem bei den Älteren und Ärmeren Rückhalt sowie bei denen, die vom Staat abhängig sind. Eigens befragte jüngere Leute dagegen haben die Nase voll von ihrem Langzeit-Präsidenten. Zwei Drittel von ihnen wollen, dass er in Rente geht. Fünf Prozent würden sich wünschen, dass er ins Gefängnis käme. Andere gestehen ihm ein neues Amt zu, als Vorsitzender des Internationalen Olympischen Komitees zum Beispiel, Hauptsache nicht mehr Staatsoberhaupt.

Für das »Verbrechen der Aggression« gegen die Ukraine kann das Putin-Regime noch nicht belangt werden, da dies voraussetzen würde, dass Russland die Zuständigkeit des Internationalen Strafgerichtshofes anerkennt. Außerdem müsste zuvor der Weltsicherheitsrat der Vereinten Nationen eine Resolution verabschieden, die die Verfolgung dieses Verbrechens fordert. Die Chancen dafür sind mehr als gering, denn Russland als ständiges Mitglied des Sicherheitsrates könnte sie mit einem Veto verhindern. Deswegen wirbt die deutsche Außenministerin dafür, die Zuständigkeit des Strafgerichtshofes in Den Haag auf das Verbrechen der Aggression auszuweiten, sobald der Opferstaat Vertragspartei ist. Das müssten allerdings zuvor die 123 Staaten beschließen, die den Strafgerichtshof schon anerkennen.

Im Juli 2023 kam ein wenig Bewegung in die Sache. Für die strafrechtliche Verfolgung des russischen Angriffskriegs gegen die Ukraine wurde in Den Haag bei der EU-Justizbehörde Eurojust ein internationales Zentrum gegründet, das sowohl Beweismittel sichern als auch die Anklage vorbereiten soll. Die Experten streiten sich noch, ob es ein hybrides Tribunal geben soll, das nach ukrainischem Recht, aber mit internationalen Elementen vorgeht. Dafür plädieren die USA. Der ukrainische Generalstaatsanwalt Andrij Kostin dagegen bevorzugt ein Tribunal nach internationalem Recht, das auch den russischen Präsidenten, den Ministerpräsidenten und Außenminister zur Verantwortung ziehen könnte. Stellte man diese Troika vor ein Gericht nach nationalem Recht, würde ihnen nichts passieren, sie wären immun. Vor einem internationalen Gericht hätte ihre Immunität dagegen keine Gültigkeit. Kostin setzt wie sein Präsident Selenskyj deshalb lieber auf Zeit: Sie warten auf das internationale Gericht, das die russische Führung wirksam zur Verantwortung ziehen könnte. Von den USA dürfte in diesem Fall keine Hilfe kommen, weil solch ein neues internationales Gericht ihre Rolle im Irak-Krieg 2003 noch einmal unter die Lupe nehmen könnte.

Für russische Reparationszahlungen an Kiew scheinen die Hürden nicht ganz so hoch zu sein. Die Zustimmung zu der entsprechenden Resolution der UN-Generalversammlung im November 2022 fiel aber weit weniger eindeutig aus, als man aus europäischer Sicht gehofft hatte. 94 Länder forderten, dass Moskau für die in der Ukraine angerichteten Schäden aufkommt, 14 Staaten votierten dagegen, die übrigen 73 Mitgliedsländer enthielten sich. Russland hat die Resolution erwartungsgemäß abgeblockt, sie »rechtlich unbedeutend« genannt. Politisch ist sie das keineswegs, juristisch dagegen tatsächlich, denn UN-Resolutionen sind nicht bindend.

Anders verhält sich das bei Entscheidungen des Internationalen Gerichtshofs der Vereinten Nationen, denn diese sind durchaus rechtsverbindlich, allerdings nur dann, wenn die betreffenden Staaten zugestimmt haben, überhaupt Parteien des Verfahrens zu werden. Bis September 2022 gab es noch eine dritte Instanz, die Russland theoretisch zu Reparationszahlungen hätte verpflichten können, nämlich der Europäische Gerichtshof für Menschenrechte. Bis zu diesem Zeitpunkt war Russland Mitglied im Europarat und unterlag damit Entscheidungen dieses

Gerichts. Nach dem Ausschluss aus der Menschenrechtsorganisation im September 2022 ist Russland keine Vertragspartei der Europäischen Menschenrechtskonvention mehr, somit könnte das Gericht die Russische Föderation nur für Schäden belangen, die der Ukraine von Februar bis September 2022 entstanden sind. Diese Auffassung vertritt die Rechtsexpertin Paula Rhein-Fischer und schränkt sogleich ein, dass nach den Erfahrungen der vergangenen Jahre kaum zu erwarten sei, dass Russland ein entsprechendes Urteil umsetzen werde. »Außerdem ist sehr umstritten, ob die Europäische Menschenrechtskonvention auf andauernde Konflikte überhaupt anwendbar ist.«

Alle Wege, Russland im Rahmen der Vereinten Nationen für seine Verbrechen und deren Folgen zur Verantwortung zu ziehen, führen mehr oder weniger in die Sackgasse. Immerhin hat der Europarat bei seinem Treffen in Reykjavik die Schaffung eines Schadensregisters beschlossen. Darin sollen Informationen und Beweise gesammelt werden, die Zerstörungen, Verluste und Verletzungen an Personen, Einrichtungen oder dem ukrainischen Staat nach dem 24. Februar 2022 durch russische Angriffe betreffen.

Erfasst werden Verluste in der gesamten Ukraine, inklusive der von prorussischen Separatisten kontrollierten Gebiete im Osten und der Halbinsel Krim, aber nicht die Schäden durch den Krieg in der Ostukraine bis zum russischen Großangriff. Der Europarat erfüllt damit zumindest einen Teil der von der Generalversammlung beschlossenen UN-Resolution über Entschädigungszahlungen. Angesiedelt wird das Schadensregister in Den Haag sowie in der Ukraine, es soll unabhängig von Nationalstaaten oder internationalen Organisationen agieren können. Das Schadensregister als vom Europarat geschaffene Institution – und nicht die Ukraine – wird feststellen, in welcher Höhe Russland für welche Schäden zur Kasse gebeten werden wird. Das verleiht den Forderungen mehr Gewicht. Zahlt Moskau nicht, soll mit der Konfiszierung der russischen Vermögen begonnen werden. Privatjets, Yachten, Immobilien oder Konten von schwerreichen russischen Staatsbürgern im Ausland einzuziehen und für die Entschädigungszahlungen an die Ukraine zu verwenden, muss jedoch juristisch abgesichert sein. Ob Besitztümer oder auch die Auslandsvermögen sanktionierter russischer Unternehmen bzw. die Devisenreserven der russischen Zentralbank konfisziert oder eingefroren werden, ist für die Eigentümer ein großer Unterschied, denn davon hängt ab, ob sie nur eine Zeit lang keinen Zugriff auf ihr Geld haben oder ob sie es für immer verlieren.

Im Westen bewegt man sich mit der Idee, russisches Vermögen als Reparationsleistung heranzuziehen, also immer noch auf glattem Parkett. Die Kölner Juristin Rhein-Fischer gibt noch etwas zu bedenken: Staatliches Vermögen, zu dem die russischen Devisenreserven wohl gehören, ist nach internationalem Recht durch Immunität vor Beschlagnahmung geschützt. Um die juristischen Komplikationen zu umgehen, müssten politische Vereinbarungen ausgehandelt werden, zum Beispiel die Aufhebung der Sanktionen gegen Russland an die Bereitschaft zu Reparationszahlungen zu knüpfen. Das könnte auch Gegenstand eines Friedensvertrages sein.

Der Teufel steckt wie immer im Detail, denn wie die Höhe der Entschädigungen berechnet, welche Zahlungsmodalitäten und Finanzierungsquellen festgelegt werden, ist offen. Experten rechnen damit, dass die Verluste die verfügbaren Mittel deutlich übersteigen werden, weshalb Russland rechtlich verpflichtet werden soll, nach seiner Kriegsniederlage viele Jahre lang mit Gas- und Öleinnahmen zum Entschädigungsfonds beizutragen.

Welch schwere Bürde Reparationszahlungen darstellen können, weiß man in Deutschland nur zu gut. Im Versailler Vertrag von 1919 wurde das Deutsche Reich nach dem Ersten Weltkrieg zu 200 Milliarden Goldmark verpflichtet. Der folgende

Zweite Weltkrieg hatte für Deutschland weitere Reparationszahlungen zur Folge. Die der Sowjetunion zugestandenen Summen bezahlte die DDR. Selbst die Wiedervereinigung befreite die Deutschen nicht von diesen Verbindlichkeiten. Erst im Jahr 2010 waren die Verpflichtungen des Versailler Vertrages erfüllt, zahlte die Bundesrepublik Deutschland als Rechtsnachfolgerin des Deutschen Reiches die letzte Tranche.

40 Mitgliedsstaaten des Europarates sowie die USA, Kanada, Japan und die EU als Organisation stellten sich bei der Schaffung eines Schadensregisters sofort an die Seite der Ukraine. Der Europarat hat jedoch 46 Mitglieder, was bedeutet, dass sechs die Idee nicht von Anfang an unterstützten: Aserbaidschan, Armenien, Bosnien-Herzegowina, Serbien, Ungarn und die Türkei.

Für die Ukrainer ist die Vorstellung, dass Russland für seinen Krieg zahlen muss, eine große Motivation, im Krieg durchzuhalten. Sie erwarten, dass es zumindest eine finanzielle Kompensation für die Toten und Verletzten gibt. Außerdem hoffen Millionen von Menschen, die ihre Häuser und sämtliches Hab und Gut durch russische Raketen oder Artillerie verloren haben, deren Firmen zerstört, deren Getreide vernichtet oder gestohlen wurde, auf einen Ausgleich. Das Schadensregister wird mit jedem Kriegstag aktualisiert. Für Russland sind die Aussichten, auf Generationen zur Kasse gebeten zu werden, einerseits deprimierend und andererseits Motivation weiterzukämpfen.

# Kann es die Opposition richten?

Der russischen Zivilgesellschaft lag und liegt ihr Land am Herzen. Auf vielfältige Weise hat sie versucht, die Missstände zu erkennen und zu beseitigen, wobei ihr immer mehr Steine in den Weg gelegt wurden. Nun erlebt sie seit Jahren, wie der Staat unter Putin gegen die eigenen Bürger kämpft, sie ihrer Rechte beraubt. Putins Plan, den Widerstand in der Bevölkerung zu brechen, ist fast vollständig aufgegangen. Die starken kritischen Köpfe haben Russland verlassen. Das ist ganz im Sinne des Kremls, denn er kann eine große Anzahl politischer Gefangener nicht gebrauchen, nach denen bei jeder Gelegenheit gefragt würde, wie das bei Alexej Nawalny der Fall war. Es ist einfacher, wenn alle fort sind. Die meisten von ihnen beobachten von Deutschland, Großbritannien, Frankreich, Litauen, Lettland, Estland, Polen, Tschechien, Georgien oder den USA aus, wie sich der Krieg in der Ukraine entwickelt.

Anfangs atmeten sie kurz auf, als sie sahen, dass Russland ein schneller Sieg verwehrt blieb. Seither warten sie darauf, wann der Stellungskrieg in seine entscheidende Phase eintritt, und hoffen, dass der Westen die Ukraine entschlossener unterstützt, um die russische Armee schneller zu einem Abzug zu bewegen. Für den Fall, dass der Krieg andauert, rechnet der Soziologe Lew Gudkow mit fünf bis sieben Jahren des Niedergangs in Russland. Sollte Putin in der Ukraine verlieren und dadurch sein Amt einbüßen, würde sich für die Opposition ein Zeitfenster für Reformen öffnen. Vorstellungen, welcher Art der Umbau sein müsste, haben einige prominente Oppositionspolitiker durchaus. Sie reichen von der Föderalisierung Russlands über eine parlamentarische Republik, mit weit größeren Befugnissen für die Duma und sehr viel kleineren Vollmachten für den Präsidenten, bis hin zu einer Neugestaltung der russischen Wirtschaft.

Michail Chodorkowski, in London lebender Ex-Ölmagnat, plädiert für eine Re-Privatisierung der wichtigsten Unternehmen, die sich momentan in den Händen von rund 100 Familien befänden. Als ehemaliger Oligarch spricht er heute offen und selbstkritisch über die ungerechte Aneignung der sowjetischen Betriebe durch einige wenige Personen, die, wie er, schneller als andere die Zeichen der Zeit verstanden und für sich auszunutzen gewusst hätten. Dass seine Lehre daraus nicht Verstaatlichung lautet, vor allem jener Firmen, die Bodenschätze und fossile Energieträger fördern und verarbeiten, hat einen Grund. Er befürchtet, dass verstaatlichte Unternehmen dann von Beamten verwaltet werden würden, die sie sich erneut als Privatbesitz aneignen könnten.

Chodorkowski, der 2001 zusammen mit dem ehemaligen US-Außenminister Henry Kissinger die Bildungsorganisation Open Russia Foundation gründete, hat nach dem 24. Februar 2022 ein »Antikriegskomitee« ins Leben gerufen. Der ehemalige Schachweltmeister und Oppositionspolitiker Garri Kasparow wiederum schuf das Forum Freies Russland. In der Free Russia Foundation wiederum engagiert sich die Ehefrau des zu 25 Jahren Haft verurteilten Journalisten Wladimir Kara-Murza. Außerdem gibt es die Bewegung »Für ein freies Russland« des ehemaligen Duma-Abgeordneten Gennadi Gudkow. Diese bei Weitem nicht vollständige Aufzählung zeigt, dass es allerhand zu Widerstand bereite Organisationen gibt, die noch dazu von ambitionierten Persönlichkeiten geführt werden, aber keine großen Gruppen hinter sich versammeln können. Das größte Manko der liberalen Opposition besteht jedoch darin, dass sie nicht mit einer Stimme spricht. Kasparow und Chodorkowski regten deshalb an, in einem »Russischen Aktionskomitee« die Kräfte zu bündeln, doch es will nicht recht gelingen, weil Gennadi Gudkow in Frankreich mit dem »Russischen Demokratischen Club« eine ähnliche Idee hatte. »Es gibt zwischen uns fast keine politischen Differenzen«, versucht der Ex-Parlamentarier Gudkow zu beruhigen. Warum sie sich trotzdem nicht auf eine gemeinsame Führungsfigur verständigen können oder wollen, erklärt er nicht. Nur so viel: »Das politische Exil ist eine Herausforderung.« Es gebe viele Selbstmorde, zerstörte Familien, Tendenzen zu Alkoholismus und Drogenkonsum. Der Unterschied zur belarussischen Opposition mit Swetlana Tichanowskaja als erklärter Siegerin der Präsidentschaftswahl 2020 an ihrer Spitze könnte nicht größer sein.

Jenseits von Appellen hört man von den russischen Politikern im Ausland kaum konkrete Forderungen wie etwa die Freilassung politischer Gefangener. Auch der Kampf gegen die russische Propaganda ist ausbaufähig. Russinnen und Russen in der Heimat werden kaum erreicht, weil sich niemand explizit an sie wendet. Die Oppositionellen in der Diaspora haben darüber hinaus offenbar auch keinen Plan, wie die Hunderttausenden Russen, die vor der Einberufung in die Armee geflohen sind, einzubeziehen wären.

Die Zeit des Exils ist der klassische Moment für die Arbeit an einem ausformulierten Regierungsprogramm und die Verständigung auf eine Exilregierung, die signalisiert, im Ernstfall bereitzustehen. Stattdessen vernimmt man vor allem eine große Kakophonie. Viele präsentieren eigene Vorstellungen, die kaum abgestimmt oder gar gemeinsam beschlossen wurden, aber umso mehr die geistigen Urheber in den Mittelpunkt stellen. Kaum auszumachen ist, an welche gesellschaftlichen Gruppen sich die Oppositionellen wenden, wen sie mit ihren Regierungsideen begeistern wollen. Es ist viel von den Absendern die Rede, aber wenig von den Adressaten, bemängelt der Soziologe Lew Gudkow. Mit den Umfrageergebnissen seines unabhängigen Lewada-Zentrums handelt er sich immer wieder Ärger ein. Denn sie unterscheiden sich in Bezug auf die Zustimmung der russischen Bevölkerung zum Regime und zum Krieg nicht wesentlich von staatlichen Instituten. Lew Gudkows Zahlen werden vor allem von Regierungsgegnern in Zweifel gezogen. Sie wollen einfach die Realitäten nicht anerkennen, konstatiert der Forschungsdirektor. Aber die rund 1000 Mitarbeiter, die ins ganze Land ausschwärmen, um Menschen zu befragen, stellen seit Jahren das Anwachsen einer rückwärtsgewandten totalitären Stimmung innerhalb der russischen Bevölkerung fest. »Das ist etwas, was die Opposition nicht sehen will, weil sie sonst ihr eigenes Scheitern eingestehen und schweigen müsste. Deswegen leugnet sie unsere Daten und Ergebnisse, statt sie hinzunehmen.«

Von denjenigen, die sich zur Opposition zählen, sind einige in Russland geblieben. Oft, weil sie ihre Familie nicht zurücklassen wollen oder sich selbst zu alt bzw. zu krank fühlen. Manchen fehlt auch das Geld für das Exil oder der Mut für einen Neuanfang im Ausland. Die meisten halten im Moment die Füße still, machen sich unsichtbar. Aber manche setzen ihre politische Arbeit im Untergrund fort. An vielen Orten bekommt man eine leise Ahnung, dass es durchaus noch Menschen gibt, die den Krieg kritisch betrachten und ihn beim Namen nennen. Überall im öffentlichen Raum gibt es kleine Hinweise.

Auf dem Geländer einer Brücke in Kreml-Nähe hat jemand zwei kleine Knetfiguren positioniert. Eine Frau und einen Mann jeweils mit Schal und Mütze in den Farben der ukrainischen Flagge. In den winzigen Händen halten sie Schilder, auf denen steht: Hört auf zu töten! Ein kleines Ensemble, das man mit einer Hand wieder in der Jackentasche verschwinden lassen kann. An einer Hauswand hängt eine Kinderzeichnung mit der Bildunterschrift: Die Ukrainer sind nicht unsere Feinde. An Bushaltestellen, Metroeingängen, in Schaufenstern kann man Kriegsproteste entdecken: Stoppt den Krieg! Beteilige dich nicht am Krieg! Wie viele Jahre Haft bekommt man, wenn man zum Frieden aufruft? Das Fernsehen sagt nicht die Wahrheit. Schweig nicht! Schließe dich der Antikriegsbewegung an! – daneben steht ein QR-Code mit Kontaktdaten zu Gleichgesinnten. Manche Botschaften muss man erst entschlüsseln. »ГРУЗ 200« ist ein Hinweis auf russische Kriegstote: Gruz heißt Fracht, 200 steht für die sterblichen Überreste eines Soldaten. Früher kamen sie in Zinksärgen nach Hause zurück, heute in Leichensäcken. Alle diese Aktionen ähneln sich: Sie sind unaufwändig vorzubereiten, die Utensilien gut zu transportieren, man kann sie zur Not sofort zerstören, um nicht haftbar gemacht zu werden. Alle zeugen von großer Angst, erwischt zu werden.

In einer Onlinekonferenz im Sommer 2023 berichten Aktivisten der russischen Zivilgesellschaft einem kleinen Kreis von ausländischen Journalisten, dem sie vertrauen, über die Bedingungen ihrer Arbeit. Sie sind nervös, denn für sie alle steht viel auf dem Spiel. Verrät sie jemand, drohen viele Jahre Haft. Deswegen nennt keiner seinen Namen, manche haben Mützen oder Fake-Brillen auf, damit man sie nicht erkennt. Andere sprechen so leise, dass man sie kaum versteht. Nur eine Person gibt sich mehr oder weniger deutlich zu erkennen.

Kirill, Mitte 30, berichtet, dass er und seine Mitstreiter Diskussionen für Landsleute organisieren, die sich ausdrücklich als apolitisch bezeichnen. Ihr Bedürfnis zu reden sei trotzdem riesig, die Angst, sich politisch die Finger zu verbrennen, ebenso. In fünf verschiedenen Städten schlagen Kirills Gruppen Themenabende vor, zum Beispiel zum Kolonialismus oder zu »Auswegen aus Kriegssituationen in der Geschichte«. Sie annoncieren diese Veranstaltungen, die in den Wohnungen von Teilnehmern stattfinden, in sozialen Netzwerken. Sei es vor dem

Krieg vor allem um den Austausch gegangen, suche man jetzt eher die moralische Unterstützung in einer Gemeinschaft von Gleichgesinnten, von der man vielleicht schon geglaubt hat, es gebe sie überhaupt nicht mehr. Häufig schreiben sie auch Briefe an politische Gefangene, um ihnen zu verstehen zu geben, nicht vergessen zu sein. Das ist immer noch möglich.

Daria aus einer Stadt im europäischen Teil Russlands, genauer will sie es nicht sagen, bietet Opfern von häuslicher Gewalt sichere Orte an. Sie hat sich mit Antikriegsinitiativen zusammengeschlossen. Psychologen, die mit Daria und ihren Mitstreitern kooperieren, hätten eine deutliche Zunahme von sexueller Gewalt registriert. Auch, weil es immer mehr Täter gebe, Männer, die verroht und traumatisiert von der Front zurückgekehrt seien. Die verletzlichsten Gruppen bekämen dies besonders zu spüren. Die Homophobie habe sehr stark zugenommen, auch die Aggressionen gegen Transgender-Personen, was mehr Menschen als zuvor in den Selbstmord treibe.

An dem vertraulichen Onlinetreffen russischer Oppositioneller nimmt auch eine Aktivistin teil, nennen wir sie Mascha, die lange in einer deutsch-russischen Organisation tätig war. Sie hilft vor allem Flüchtlingen, die eine Übernachtung unmittelbar vor ihrem Grenzübertritt nach Finnland brauchen, indem sie ihre eigene Wohnung zur Verfügung stellt. Mascha berichtet, dass sie immer mehr junge Menschen trifft, die noch nie internationale Kontakte gehabt hätten. Um diese Selbstisolation zu durchbrechen, würde sie für kleine Gruppen Auslandsreisen organisieren. Sie, die früher eng mit deutschen Partnern im Austausch war, erzählt außerdem, wie allein sich die Oppositionellen in Russland fühlen würden. Ehemalige Mitarbeiter der Nichtregierungsorganisationen, die das Regime verboten hat, würden nicht mehr miteinander kommunizieren. Es sei völlig unklar, wer überhaupt noch im Land oder in den Untergrund verschwunden sei.

Ein Mann mit Hipster-Bart erzählt von Wochenendhäusern, die als Rückzugsorte für Gruppen dienen, die ungestört diskutieren wollen. Das Antikriegsprojekt, von dem der junge Oppositionelle erzählt, nennt sich »Datscha«. Thematisch ginge es oft um Diktatur und Schuld. Einmal hätten sie sich mit Karl Jaspers beschäftigt, weil sie verstehen wollten, wie es um die Verantwortung des Einzelnen an dem – in diesem Fall – von Russland verursachten Unglück bestellt ist, wer wohl später zur Rechenschaft gezogen werden könnte. Der Hipster hält ein Heftchen in die Kamera: »Die Schuldfrage«, erschienen 1946. Es handelt sich um eine Vorlesung Jaspers' an der Universität Heidelberg über die Schuld des deutschen Volkes an den Verbrechen des Nationalsozialismus. In der Diskussion in der Datscha hätten sie Deutschland durch Russland ersetzt und seien die vier Schuldbegriffe durchgegangen: die kriminelle Schuld, die politische Schuld, die moralische Schuld und die metaphysische Schuld.

Kriminelle Schuld müsse durch die Gerichte der Siegermächte oder durch eine neu aufgebaute Gerichtsbarkeit festgestellt werden, ohne Verjährung. Politische Schuld treffe für die zu, die das Regime miterrichtet und es am Laufen gehalten hätten. Moralische Schuld könne man nur dem Einzelnen, dem Mitläufer zuschreiben, zum Beispiel für die Selbsttäuschung, mit der er das brutale Herrschaftssystem verharmlost, gebilligt und hingenommen hat. Dort, wo die »Solidarität mit dem Menschen als Menschen« verloren gegangen sei, »wenn ich überlebe, wo der andere getötet wird«, handele es sich um metaphysische Schuld. Mit dem Vorwurf der Kollektivschuld müsse man dagegen vorsichtig sein, meint der junge Mann aus der Onlinerunde, weil die Verbrechen von Einzelnen in dem pauschalen Vorwurf untergehen könnten, alle hätten sich irgendwie schuldig gemacht. Dann könne es passieren, dass sich am Ende niemand angesprochen fühle. Die Schuldfrage treibt die Aktivisten sichtbar um, denn sie sorgen sich, dass die Mehrheit der Menschen sie verdrängen und somit nichts aus dem Krieg lernen könnte. Dass sich die Aktivisten trotz der erschwerten Umstände weiter engagieren, begründen sie mit ihrer Sorge um ihr Land, das ohne Menschen wie sie eine noch schlechtere Zukunft hätte. Sie fragen sich, ob es dem Regime tatsächlich gelungen ist, die russische Zivilgesellschaft auszulöschen, oder ob sie zu einem späteren Zeitpunkt zu neuem Leben erweckt werden kann. Die Zweifel überwiegen.

# Was verlorene Schlachten lehren

Es gibt eine lange Liste von Beispielen für den Zerfall von Staaten nach Kriegen, Revolutionen, Wirtschaftskrisen und anderen Ereignissen von epochalem Ausmaß. 27 Kriege hat Russland seit dem 18. Jahrhundert geführt, dazu ungezählte Feldzüge. Mit unterschiedlichem Erfolg. Im 20. Jahrhundert häuften sich die Niederlagen: 1905 gegen Japan, 1918 im Ersten Weltkrieg, 1921 im sowjetisch-polnischen Krieg, beinahe gegen Finnland 1940, im Afghanistankrieg 1989, im ersten Tschetschenienkrieg 1996. Wohin haben die verlorenen Schlachten Russland geführt?

Die Sowjetunion wurde nicht müde, sich als antiimperialistischer Staat auszugeben, doch in ihren Eroberungsgelüsten standen die kommunistischen Führer den Zaren in Nichts nach. Kurz nach dem Abschluss des Hitler-Stalin-Paktes fiel die Rote Armee im September 1939 im Osten Polens ein, das zuvor von Nazideutschland überfallen worden war. Am 30. November starteten die sowjetischen Truppen nach dem Vorbild der deutschen Faschisten einen Blitzkrieg gegen Finnland. Als Antwort auf einen angeblichen Artilleriebeschuss von gegnerischer Seite. Vier Monate später waren rund 3000 Finnen und zehnmal so viele Rotarmisten tot. Über 30000 Mann, die bei bis zu 35 Grad minus vor allem aufgrund schlechter Ausrüstung, Logistik und Militärtaktik starben. Trotz der zahlenmäßigen Unterlegenheit behielten die Finnen lange die Oberhand. Italien, Frankreich, Großbritannien und Schweden hatten schwere Waffen und Kampfflugzeuge geliefert. Finnland musste zwar Gebiete abtreten, rettete aber seine Eigenstaatlichkeit.

Bemerkenswert an diesem sowjetisch-finnischen Krieg war zweierlei: die Chuzpe Stalins, den Krieg wie Hitler mit einer Lüge zu beginnen, und auf finnischer Seite, nach dem verlorenen Krieg gegen die Sowjetunion die Allianz mit Hitler zu suchen. Finnland wollte sich künftig vor der Gefahr aus dem Osten schützen und stellte sich für kurze Zeit auf die falsche Seite der Geschichte. Das wurde nach dem Zweiten Weltkrieg korrigiert, indem Finnland wieder näher an die UdSSR heranrückte und sich für neutral erklärte, freilich gut bewaffnet. Putins Aggression gegen die Ukraine hat in Helsinki die alten Ängste heraufbeschworen. Der zähe Widerstand gegen die sowjetische Übermacht ging in das finnische Gedächtnis als Heldengeschichte ein, nun erinnerten sich die Bürger wieder daran. In Russland dagegen wurde die schmachvolle Beinahe-Niederlage im Winter 1940 durch den Sieg im Zweiten Weltkrieg komplett verdrängt. Auch die mahnenden Worte des sowjetischen Politoffiziers Michail Solowjew waren schnell vergessen: »Es gab kein Gefühl von Hass gegen die Finnen. Nur ein Gefühl von Scham und Erniedrigung. Sie hatten uns gezwungen, daran zu zweifeln, dass wir eine große Nation waren.«

So schnell russische Selbsterkenntnis aufflackert, so schnell verlischt sie wieder. Was auch daran liegt, dass kaum jemand ein Interesse daran hat, Fehler zu analysieren, und bereit ist, sie zu diskutieren. Willkommen ist jedes neue Ereignis, das negative Erfahrungen überlagert, bevor sie in das gesellschaftliche Bewusstsein vorgedrungen sind. Der Afghanistan-Krieg von 1979 bis 1989 ist das beste Beispiel für historisch entscheidende russische Kriegsniederlagen. Die Folgen für die Sowjetunion waren mindestens so einschneidend wie die des Ersten Weltkrieges für das Zarenreich.

Als die letzten russischen Truppen aus Kabul abzogen, waren am Ende dieses imperialistischen völkerrechtswidrigen Krieges anderthalb Millionen Tote und sieben Millionen Flüchtlinge zu verzeichnen. Die ohnehin geschwächte UdSSR lag wirtschaftlich, militärisch sowie moralisch am Boden, denn in Ermangelung von Erfolgen an der Front verübte die Rote Armee schwere Kriegsverbrechen an der afghanischen Zivilbevölkerung. Wie in der Ukraine heute ging es der Sowjetunion um die aggressive Ausweitung ihrer Einflusszone. Doch immer mehr Sowjetsoldaten kamen in Zinksärgen zurück, was nicht mehr nur hinter vorgehaltener Hand moniert wurde. Michail Gorbatschow hatte der Gesellschaft Transparenz verordnet, also wurde der Sinn des Krieges offen angezweifelt und das Sowjetregime mit der Kritik direkt konfrontiert.

Swetlana Alexijewitsch, damals Journalistin, 2015 Literaturnobelpreisträgerin, wagte nach dem Krieg die Frage zu stellen, ob die Afghanistan-Soldaten nun Helden oder Opfer eines politischen Irrtums seien. Ihr Schriftstellerkollege Wassil Bykau befand unmissverständlich, dass die Gefallenen »keine Helden mit dem zweifellosen Recht auf Verehrung des ganzen Volkes sind, sondern lediglich bemitleidenswerte Opfer«. Von der Mutter eines getöteten Soldaten bekam Alexijewitsch hingegen zu hören: »Ich liebe den Staat, in dem wir lebten – die UdSSR. Aber Sie hasse ich! Ich brauche Ihre schreckliche Wahrheit nicht! Wir brauchen sie nicht! Sagen Sie ja nicht, dass wir Opfer sind und dass alles ein Fehler war. Ich erlaube es Ihnen nicht.«

Die Sowjetbürger wurden getäuscht und sie wollten sich auch lieber weiter täuschen lassen, als die Wahrheit zur Kenntnis zu nehmen. Vom Wunsch nach Aufarbeitung kaum eine Spur. Die kriegsversehrten Veteranen waren im Straßenbild Russlands noch zehn Jahre nach dem sowjetischen Truppenabzug aus Afghanistan allgegenwärtig. Obwohl sie Angehörige der Armee gewesen waren, gehörten sie zu den Ärmsten der Armen. Es schockierte so manchen Autofahrer in Moskau, auf dem Asphalt die versehrten Gestalten zu entdecken. Man konnte sie leicht übersehen, denn sie saßen nicht in Rollstühlen, sondern auf rohen Holzbrettern, unter die Kofferrollen geschraubt worden waren. Um vorwärtszukommen, stießen sie sich mit den bloßen Händen von der Straße ab.

Zur Ironie der Geschichte gehört, dass diese geschlagenen Afghanistan-Veteranen unter Putin zu Kriegsbefürwortern wurden. Denn der russische Präsident schrieb die Geschichte resolut um. Den sowjetischen Herrschaftsanspruch am Hindukusch nutzt er gleich zu Beginn seiner Amtszeit als Kreml-Chef für den Kampf Russlands gegen den angeblichen islamistischen Extremismus in Tschetschenien. Die glücklosen Veteranen, für die Afghanistan zum Vietnam der Sowjetunion geworden war, stellte Putin als frühe Helden in diesem Kampf dar und eroberte so ihre Herzen. Dass sie ihre wiederhergestellte Würde seiner Geschichtsklitterung zu verdanken hatten, kümmerte sie nicht. Nach dem 11. September 2001 erklärte er sich zum Verbündeten der Vereinigten Staaten bei der Bekämpfung des islamistischen Terrors. Seine Begründung: Moskau führe diesen Antiterrorkrieg schon seit Jahren. Die Niederlagen verschweigt er. Das Expansionsstreben hält unvermindert an. In den nächsten Jahren folgen die Besatzung Südossetiens und schließlich der Ukraine.

Für den Moskauer Schriftsteller Viktor Jerofejew, dessen Vater Stalins Französisch-Dolmetscher war, erklärt sich der Charakter des Putinschen Imperialismus in seinem aktuellen Angriffskrieg aus einem Machtgefälle zwischen Russland und der Ukraine. Um es zu veranschaulichen, zieht er einen Vergleich: Die Ukraine sei Russlands Geliebte. Diese ist ihm untreu geworden, ausgerechnet mit einem amerikanischen Liebhaber. Sie soll es bereuen, aber vor allem zu ihm zurückkommen. Worauf die Ukraine sagt, dass Russland sie in Ruhe lassen solle, man sei schließlich nie verheiratet gewesen. Weil alle Überzeugungsversuche Russlands fehlschlagen – kein Schmeicheln, kein Appell an die Vernunft, kein Drohen hilft –, greift der wütende Mann zu

Gewalt. Wenn er sie nicht zurückhaben könne, dürfe auch kein anderer sie besitzen, er schlägt sie tot.

Auch der russische Schriftsteller Fjodor Dostojewskij bemühte einst ein paternalistisches Bild. Um das Konstrukt zu beschreiben, das der russischen Gesellschaft über die Jahrhunderte hinweg zugrunde liege, bezeichnete er das Volk als die »Kinder des Zaren, rechtmäßige, wahrhaftige, leibliche Kinder, und der Zar ist ihr Vater«. Der russische Philosoph Pjotr Tschaadajew erklärte die russische Gesellschaftsordnung über die unterschiedlichen Ideologien hinweg Anfang des 19. Jahrhunderts ebenfalls als Familie, weil das russische Volk niemals etwas anderes in der Macht sieht als die elterliche Autorität, die mal mehr, mal weniger streng angewandt wird. Jeder Herrscher ist für das Volk ein Väterchen.

Viktor Jerofejew sieht auch in der jüngeren Vergangenheit und in der Gegenwart kaum Chancen für einen Mentalitätswechsel: »Wenn meine Oma eine Tasse fallengelassen hat, sagte sie, die Tasse ist kaputtgegangen. Sie sagte nicht, ich habe die Tasse kaputt gemacht. Sie hat es nie zugegeben, weil in Russland die Bestrafung schlimmer ist als die Tat selber. Das ist das Problem mit der Schuld. Sie wächst sich scheinbar zwangsläufig zu einer großen Tragödie aus. Jeder Fehltritt konnte zum Verlust der Arbeit, zum Ausschluss aus der Partei führen, aus einer noch so kleinen Schuld konnte folgen, dass eine Person alles verliert. Das verstehen im Westen sehr wenige. Das ist nicht nur eine Frage der russischen Mentalität, sondern fast schon ein philosophischer menschlicher Bewusstseinszustand.«

Wenn Jerofejew von Schuld als zwangsläufig wachsender Tragödie spricht, impliziert das auch die Unmöglichkeit, Fehler einzugestehen und um Vergebung zu bitten. Diesen Weg der Verständigung schloss Roman Schwarzmann, Holocaust-Überlebender aus Odessa, aus: »Die Chance, dass irgendwann zwischen Russland und der Ukraine wieder ein gutes Verhältnis herrschen kann, ist schon deshalb nicht gegeben, weil sich die Russen nicht entschuldigen werden.«

Kriegszeiten sind schlechte Momente, um über Recht und Unrecht zu philosophieren, Wörter wie »nie« oder »niemals« rücken dann üblicherweise ins Zentrum, findet Viktor Jerofejew. »Es ist bereits das dritte Mal in meinem Leben, dass ich in dieser seltsamen Sportdisziplin des Krieges für die gegnerische Mannschaft bin.« Das erste Mal war 1968, als die tschechoslowakische Demokratiebewegung unter anderem von sowjetischen Panzern und Soldaten niedergeschlagen wurde. In den 1980er Jahren galt seine volle Sympathie der Solidarność-Bewegung, die die kommunistische Diktatur Polens bekämpfen wollte. Und heute ist er auf Seiten der Ukraine, was dazu führte, dass er, seit dem Machtantritt Putin politisch verfolgt, 2022 aus Russland fliehen musste.

Vor vielen Jahren, als Jerofejew in Warschau lebte, erzählte ihm ein polnischer Freund einmal von seinem Verhältnis zum Nachbarland Deutschland. »Er sagte mir: ›Wenn ich nachts einen Deutschen sehe, werde ich ihn umbringen. Ich bringe ihn um.‹ Ich habe ihn damals naiv gefragt, meinst du einen Ostdeutschen oder einen Westdeutschen, und er sagte mir: ›Egal.‹ Damals waren schon 25 Jahre nach dem Krieg vergangen, trotzdem war noch immer dieser Hass da.« Jerofejew vermutet, dass die Feindschaft zwischen der Ukraine und Russland wegen der ausbleibenden Aufarbeitung in seinem Heimatland länger bestehen bleiben wird. Einen möglichen Sieg Russlands hält Jerofejew für verhängnisvoller als eine Niederlage. Sein Land stehe am Scheideweg: »Russland würde sich sofort in ein Nordkorea verwandeln, und zwar für lange Zeit. Aber auch eine Niederlage wäre problematisch, denn das Russland, das wir heute sehen, würde eine Niederlage nicht anerkennen. Wir befinden uns in einem metaphysischen Krieg, in dem das Licht gegen die Finsternis kämpft, und sowohl die Ukraine erklärt, auf der Seite des

Lichts zu stehen, als auch Russland. Der Krieg wird sehr lange andauern, das wird ein unendlicher Krieg.«

Was immer der wahre Grund für den Krieg war, ob sich Putin mangels innenpolitischer Erfolge für den Waffengang entschied, oder weil er eine starke Ukraine an der Ostgrenze nicht verkraftete, oder er die Verhaftung Wiktor Medwedtschuks durch Wolodymyr Selenskyj als persönliche Demütigung empfand. Russland reagierte schon in der Vergangenheit aggressiv auf starke Nachbarländer. Es führte gegen sie Kriege, um die Gefahr von außen zu mindern und mutmaßlich feindliche Mächte auf Abstand zu halten.

Viktor Jerofejew macht sich selbst wie auch seinen russischen Schriftstellerkolleginnen und -kollegen schwere Vorwürfe: »Die russische Kultur hat zu lange den Ungebildeten, den Schwachen, den Grobschlächtigen aus der Bevölkerung Zugeständnisse gemacht und es zugelassen, dass sie ihren Präsidenten wählen. Putin ist ihr Präsident.« Er beschwört geradezu die Kraft der russischen Literatur, die in der Vergangenheit einen unschätzbaren Beitrag zur Entblößung des Stalinismus und zur Dekonstruktion des Kommunismus geleistet habe. Alexander Solschenizyn mit seinem »Archipel Gulag« oder Warlam Schalamow, der das Verhältnis von Tätern und Opfern hinterfragte und schilderte, wie sich die einen in die anderen verwandeln, aus Opfern Täter und aus Tätern Opfer werden werden können.

Jerofejew selbst knüpft in seiner »Enzyklopädie der russischen Seele« daran an, indem er ein schonungsloses und wenig schmeichelhaftes Bild über den Charakter seiner Landsleute zeichnete. »Wer hätte ahnen können, dass Putin diesen Vorhang aufmacht zu der Bühne, auf der all unsere Puschkins, Rostropowitschs, Chagalls und die anderen stehen? Dass er die Kultur schamlos und ungehemmt missbraucht? Dostojewski war überzeugt davon, dass wir ein gottesfürchtiges Volk sind. Aber wir wissen doch sehr viel besser, dass in diesem Volk viel mehr

Grobheit und Grobschlächtigkeit steckt als Freiheit oder religiöses Missionieren.« Jerofejew fragt, wo der Solschenizyn-Roman 2.0 bleibt, wer heute das Putin-Regime demaskiert?

Irina Scherbakowa konnte 1974 dank ihres Vaters eines der ersten in Europa gedruckten Exemplare des »Archipel Gulag« lesen. Sie durfte das Buch genau 24 Stunden behalten, weil noch viele andere darauf warteten, und wusste, dass es eines der gefährlichsten in dieser Zeit war. Zur Tarnung trug es den Titel: »Reise durch die flandrischen Schlösser«. In Irina Scherbakowas Moskauer Elternhaus gingen viele systemkritische sowjetische Schriftsteller ein und aus, denn der Vater war Chefredakteur der *Literaturnaja Gaseta*. Ursprünglich hatte er nach dem Zweiten Weltkrieg zur See fahren wollen, aber seine Verletzungen, die er sich bei der Verteidigung von Stalingrad zugezogen hatte, ließen das nicht mehr zu. Scherbakowas Familie gehörte wie die Jerofejews zur sowjetischen Nomenklatura, vor allem wegen des Großvaters, der ein wichtiger Mitarbeiter des Vorsitzenden der Kommunistischen Internationale Georgi Dimitroff war.

Solange Stalin regierte, schwebte die Familie trotz ihrer Privilegien in ständiger Gefahr, weil nicht nur die Parteimitglieder, sondern auch ihre Angehörigen oft bestraft wurden. Dass Irina Scherbakowas Großmutter ihr ganzes Leben mit ihrem Mann verbringen konnte, wusste sie als großes Glück zu schätzen. Die Familie blieb von den Säuberungen während des Stalin-Terrors verschont, hatte jedoch von den Deutschen großes Leid erfahren. In Dnipro wurde Scherbakowas Urgroßmutter ermordet und auch die Lieblingslehrerin ihres Vaters, die seine Begeisterung für die Literatur geweckt hatte.

Anders als in Polen mit seiner gut organisierten Solidarność gab es in der UdSSR keine breite Untergrundbewegung. Der Perestroika-Reformbewegung von Michail Gorbatschow schlossen sich vor allem Intellektuelle an. »Sie wurde von den Lesern getragen«, erinnert sich Irina Scherbakowa, doch längst nicht alle hätten die Möglichkeit gehabt, an die Samisdat-Ausgaben zu kommen. Die Breschnew-Ära erlebte sie, damals in ihren Zwanzigern, als bleierne Zeit, die ihr keine Luft zum Atmen ließ. Sie übersetzte DDR-Literatur. Doch ihr eigentliches Interesse galt den Opfern des Stalin-Terrors, über die nicht gesprochen und an die erst recht nicht offiziell erinnert wurde, obwohl fast jede Familie welche zu beklagen hatte. Im Unterschied zu den Opfern des Großen Vaterländischen Krieges war ihnen kein einziges eigenes Denkmal gewidmet worden. Niemand wusste, wie es diesen Menschen ergangen war, wo sie begraben waren oder, wenn sie überlebt hatten, wie diese Männer und Frauen nach der Lagerhaft ihr Dasein fristeten.

Die Aufarbeitung des Stalin-Terrors wurde ihre Mission. Dabei erkannte die Historikerin, dass eine Gesellschaft Fehler wiederholt, wenn zu wenige in ihr bereit sind, kritisch auf die Geschichte des eigenen Landes zu schauen. Es ist eine bittere Lektion, die heute kaum Gehör findet und die einen Kurswechsel notwendig machte, der unerlässlich ist für den Umgang mit der Putin-Zeit, sollte sie irgendwann enden.

Zu ihrem 25. Geburtstag bekam Irina Scherbakowa ein kleines Philipps-Tonbandgerät aus Österreich geschenkt, handlich, unauffällig, reisetauglich. Sie begann, Opfer des kommunistischen Terrors ausfindig zu machen und sie zu befragen. Später wurde diese Vorgehensweise *oral history* genannt. Für die Opfer, es waren meist Frauen, kam Scherbakowas Anfrage überraschend. Aber sie waren bereit zu erzählen. Die Interviews hatten auf die oft einsamen, kranken und armen Personen eine therapeutische Wirkung. Scherbakowa selbst lernte von der Lebensklugheit der Frauen. Sie erfuhr, dass die Solidarität unter den weiblichen politischen Gefangenen viel größer war als unter den Männern. Auch die Kreativität. In der Lagerhaft waren Kunstwerke aus Lumpen, Zweigen oder Papierfetzen entstanden. Hoffnungslosigkeit sei eine Gefahr für das Überleben gewesen, sagte man ihr. Sie mache den Menschen unbeweglich, lasse ihn verkümmern in seiner Empathie. Diejenigen, die zuversichtlich blieben, bewahrten sich ihre Menschlichkeit und Anteilnahme. Diese Erkenntnis hilft Irina Scherbakowa heute in ihrem politischen Asyl in Deutschland.

Über sieben Jahre lang befragte sie die Opfer, die es offiziell nicht gab. Außerdem engagierte sie sich 1986/87 in einer Gruppe von Menschen aus unterschiedlichen Berufen, die das Ziel hatten, den Opfern des Stalinismus und Kommunismus seit 1917 ein Denkmal zu setzen. Noch niemand hatte systematisch erforscht, wie viele es waren, aber es mussten Millionen sein. Als der Atomphysiker Andrej Sacharow, der Historiker Arseni Roginski und die Mathematikerin Elena Schemkowa auf Scherbakowas Interviews aufmerksam wurden, berieten sie, wie man die Erinnerungen bewahren und was man heute für die Opfer tun könnte. So entstand »Memorial«.

Inzwischen begannen die Menschen in Russland offener, ohne Furcht vor Repressionen über die Vergangenheit zu sprechen. Glasnost unter Michail Gorbatschow machte es möglich. Ein leider viel zu kurzes Zeitfenster öffnete sich. Die Betroffenen erzählten, die Familien und andere Interessierte hörten zu. Die Kinder der Opfer waren zum Teil noch jung und wussten nichts über das schwere Schicksal ihrer Eltern. Das Schweigen zuvor war allumfassend. Zu groß die Angst, erneut in die Mühlen der kommunistischen Diktatur zu geraten.

Memorial organisierte Ausstellungen mit Briefen der Gulag-Häftlinge und ihren kleinen Kunstwerken, setzte sich für ein neues Archivgesetz ein und erwirkte 1992 den Zugang zu den Akten, die jahrzehntelang unter Verschluss gestanden hatten. Die Unterstützung für die Organisation, die sich der Aufklärung und Erinnerung verschrieben hatte, war in der postkommunistischen Gesellschaft Russlands anfangs sehr groß. Mitte der 1990er Jahre nahm sie schon wieder ab, als es mit der Wirtschaft im Land bergab ging, die Menschen rasant verarmten und ums Überleben kämpften.

Memorial gab nicht auf, sondern rief einen landesweiten Geschichtswettbewerb ins Leben, mit dem Schüler ermuntert wurden, ihre Familien nach ihrer Vergangenheit zu befragen. Er wurde 1999 erstmals durchgeführt und erfuhr Störmanöver, wie es sie seit Beginn der Perestroika nicht mehr gegeben hatte. Wladimir Putin war an die Macht gekommen. Gleich zu Beginn, noch als Ministerpräsident, sorgte er dafür, dass sich in die kritischen Töne über die vergangene Diktatur lobende Äußerungen über Stalin mischten. Das blieb auch den Schülern nicht verborgen. Sobald sie über die eigene Familie sprachen, war für sie die Ungerechtigkeit des kommunistischen Terrors offensichtlich, aber dass das ganze Regime, der ganze kommunistische Staat verbrecherisch gewesen sein soll, ging vielen zu weit. Irina Scherbakowa erklärte sich diesen Widerspruch so: »Den Charakter des Systems zu verstehen war schwer. Die Lehrer waren auf sich selbst gestellt, denn es gab keine Geißelung des kommunistischen Regimes. Nirgends stand: Stalin ist als Massenmörder verurteilt worden. Statt Geschichtsunterricht gab es immer mehr Geschichtspropaganda für Jugendliche.«

Viele deutsche Spitzenpolitiker nahmen die alarmierenden Anzeichen für ein roll back der russischen Politik nicht zur Kenntnis. Die »frühen Kassandra-Rufe« von Memorial blieben in Deutschland ungehört. Außenminister Frank-Walter Steinmeier war fasziniert von seiner Idee einer Modernisierungspartnerschaft mit Russland, die viele gesellschaftliche Bereiche einschließen sollte, etwa die Gesundheitspolitik. Dass das Grundlegende, nämlich eine funktionierende demokratische Ordnung, nicht vorhanden war, wurde geflissentlich übersehen.

Bei Staatsbesuchen in Moskau traf sich Kanzlerin Angela Merkel regelmäßig mit den Vertretern von Memorial, die von Deutschland auch finanzielle Unterstützung erfuhren, um sich über ihre prekäre Lage informieren zu lassen. Sie machte sich bei Putin für die Menschenrechtsaktivisten stark, als dieser Memorial als erste Nichtregierungsorganisation mit dem Stigma »Ausländischer Agent« versehen ließ. Bei ihren Gesprächen im Kreml wurde Merkel mit Putins systematischer Vorgehensweise konfrontiert: erst eine Lage drastisch zu verschärfen, um sich später Zugeständnisse abringen zu lassen, die seine Verhandlungspartner dann als Mini-Sieg verbuchen können. An der von ihm provozierten schlechten Gesamtlage des Landes änderten die Interventionen meist kaum etwas. Abgesehen davon verfolgten sowohl Gerhard Schröder als auch Angela Merkel gegenüber Moskau eine Politik, die von wirtschaftlicher Kooperation und bestenfalls sporadischer politischer Schadensbegrenzung geprägt war. Erst die völkerrechtswidrige Annexion der Krim führte zu Sanktionen, aber auch diese waren anfangs eher harmlos.

Ein paar Tage vor dem endgültigen Verbot von Memorial am 28. Dezember 2021 fand während einer Filmvorführung in den Räumen der Organisation ein Überfall statt. Rund ein Dutzend Hooligans, junge maskierte Männer, stürmten den kleinen Saal und pöbelten die größtenteils älteren Besucher an: Faschisten! Raus aus unserem Land! Hände hoch! »Wie in Deutschland Anfang der 1930er Jahre«, sagt Irina Scherbakowa. »Als die Polizei kam, wurden wir nicht wie Opfer, sondern wie Verdächtige behandelt.« In der gerichtlichen Begründung des Verbots von Memorial nannte der Staatsanwalt dann den wahren Grund für die Zerschlagung der Aufarbeitungsgesellschaft. Sie hätte versucht, den Menschen ein negatives Bild vom Sowjetstaat zu vermitteln. Das entspreche nicht der Regierungspolitik. Damit unterstellte man der Gruppe mehr Macht, als sie tatsächlich je besessen hat: Es waren akribisch Opferbiografien zusammengetragen und den Menschen damit ihre Namen zurückgegeben worden. Mit Plaketten an Wohnhäusern sollte auf ihre letzte Adresse hingewiesen werden, die inzwischen aber schon wieder entfernt werden. Man stellte Material für eine Neubewertung der Vergangenheit zur Verfügung. Diese jedoch stellvertretend für die Gesellschaft und gegen den Widerstand des Staates vorzunehmen war nie Ziel von Memorial, und dafür hätte auch ihr Einfluss nicht ausgereicht.

Zum 80. Jahrestag des Endes der Schlacht von Stalingrad wurde im Februar 2023 eine neuen Stalin-Büste in Wolgograd aufgestellt. Irina Scherbakowas Vater wurde damals schwer verletzt. Nicht weit entfernt von der Büste des Diktators steht ein Denkmal für die Opfer der stalinistischen Unterdrückung. Noch jedenfalls. Was die beiden Objekte der Erinnerung zeigen: Unterschiedlicher können Lehren aus verlorenen Schlachten nicht gezogen werden.

»Wir haben uns ›historische Aufklärungsgesellschaft‹ genannt. Wenn man sich dann als Verlierer geschlagen geben muss, ist das ein tragisches Gefühl. Das kann man niemandem wünschen.«

Bei aller Enttäuschung bleibe aber keineswegs nur das Gefühl des Scheiterns. Es habe immer Menschen gegeben, die sie unterstützt hätten. »Rechtsanwälte, Aktivisten, Besucher unserer Veranstaltungen. Sie haben uns gezeigt, dass die Gesellschaft gespalten ist. Leider waren wir in diesem riesigen Land in der Minderzahl. Was bleibt, ist unsere Arbeit. Festzuhalten, was geschehen ist, während der kommunistischen Diktatur, welche Lehren daraus zu ziehen sind.« Doch solange der Krieg dauert, sieht sie, wie erneut Familien getrennt werden, wie verzweifelt sich die Ukrainer und Ukrainerinnen die russische Sprache aus dem Herzen reißen, obwohl es bei sehr vielen die Muttersprache ist. »Und Landsleuten, die glauben, dass sie sich hinter der dünnen Schicht der Kultur verstecken können, sollte es eine Lehre sein. Dieser Krieg findet nicht fernab statt, er wird nach Russland kommen, man muss sich mit ihm auseinandersetzen.«

# Was also wird aus Russland?

Der gegenwärtige Putinismus verkörpert ein imperiales Gesellschaftsmodell, das allein auf die Größe des Reichs ausgerichtet ist. Dem Imperium geht es um Fläche. Jedoch hat niemand im Kreml die Absicht, die besetzte Ukraine beispielsweise zu modernisieren. Sowenig wie das eigene Land, wie vor allem an den kolonialisierten ethnischen Republiken zu sehen ist. Auf welche Weise die Menschen leben, wie sie sich entfalten können, welcher Wohlstand ihnen zugestanden wird, bestimmt eine mafiöse Clique. Oft sind diejenigen materiell bessergestellt, die sich mit der regierenden Schurkenbande arrangieren konnten. Dazu mussten sie sich ihren Gesetzen unterwerfen, die auf Gewalt, Gefolgschaft und Korruption aufbauen.

Geopolitisch hält sich das russische Regime für überlegen, und zweifellos übertrifft es andere Regierungen – an Skrupellosigkeit allemal. Es hat keinerlei Hemmungen, mit seiner Zerstörungswut Grenzen zu überschreiten und seine Regeln auf fremde Gebiete zu übertragen. In einigen Ländern wird es bereits von denen kopiert, die ebenso bereitwillig alle Zivilisation über Bord werfen und ihre Landsleute zu einer beherrschbaren Masse degradieren, die beliebig ausgeraubt, drangsaliert und in sinnlose Waffengänge geschickt werden kann.

Entscheidend für die Überlebensdauer des Putin-Regimes ist der Ausgang des Krieges. Scheitert Putin, ist seine politische Karriere zu Ende. Dann hätten andere gesellschaftliche Kräfte die Chance, das Ruder in Russland herumzureißen. Ob es aber demokratische Kräfte sind, hängt von deren Handlungsfähigkeit und Geschlossenheit ab. Gegenwärtig erscheinen sie nicht stark genug, um eine Wende herbeizuführen. Wahrscheinlicher ist, dass jene Akteure die Bühne betreten, die bereits jetzt in den Startlöchern sitzen und – siehe Prigoschin – eingreifen, sobald sich die Gelegenheit dazu ergibt. Da es sich dabei um unterschiedliche Fraktionen der aktuell miteinander verwobenen wirtschaftlichen, militärischen und politischen Elite Russlands handelt, ist ein interner Machtkampf nicht ausgeschlossen, der Russland auf Jahre beschäftigen, weiter destabilisieren und in seiner Entwicklung zurückwerfen könnte.

Setzt sich der Krieg fort, was geschehen wird, wenn der Westen die Ukraine nicht deutlicher unterstützt, droht ihr eine Katastrophe. Zugleich hätte der andauernde Waffengang desaströse Folgen für Russland. Für die Soldaten sowieso, die entweder ihr Leben verlieren oder aber als traumatisierte und brutalisierte Männer für das zivile Leben zur Gefahr werden. Das de facto geltende Kriegsrecht würde – auch wenn es nicht eigens verhängt würde – weiter die Unterdrückung der eigenen Bevölkerung erlauben, ein Mitspracherecht bliebe den Bürgern auf Jahre verwehrt. Nichts ist der heutigen Führung so verhasst wie der Westen mit seiner Gewaltenteilung, seinen demokratischen Regeln und politischen Aushandlungsprozessen. Putins Clique verachtet die Demokratie, die Macht nur auf Zeit verleiht, Transparenz und Rechenschaft einfordert, und in der der Staat im Auftrag und im Sinne der Bürger zu agieren hat. Die früheren Versuche der russischen Zivilgesellschaft, ein demokratisches System zu errichten, sind von Putin und seinem Vorgänger Jelzin vereitelt worden. Die jetzige demokratische Opposition müsste ganz von vorn beginnen und sich dann darauf einstellen, den gesellschaftlichen Fortschritt ständig zu verteidigen. Für Russland wäre es eine neue Erfahrung, dem Individuum Raum und Grundlage für eine sinnvolle und sichere Existenz zu geben, was das Streben nach Gerechtigkeit und einen schonenden Umgang mit natürlichen Ressourcen, in Verantwortung für die Zukunft der nächsten Generationen einschlösse. Die Menschen müssten zu eigenständigem kritischem Denken befähigt werden, um als mündige gebildete Bürgerinnen und Bürger in der Lage zu sein, sich gegen alles zu wehren, was den heutigen russischen Staat ausmacht: die allgegenwärtige Gewalt, das Recht des Stärkeren, die Skrupellosigkeit staatlicher Institutionen, eine korrupte Staatselite.

Dieser gegenwärtige Willkürstaat lässt den niedersten Instinkten freien Lauf, gegenüber Frauen, Minderheiten, gegenüber allen, die als schwächer empfunden werden. Wladislaw Surkow, der sich selbst als Erfinder des Putinismus rühmt, beschreibt nicht etwa eine Dystopie, wenn er sagt: »Unser System sieht nicht eleganter, aber ehrlicher aus. Wenn es nur Schurken gibt, muss man Schurken einsetzen, um Schurken zu bändigen. Es gibt eine große Auswahl an Halunken und komplizierte Regeln, die ihren Kampf untereinander mehr oder weniger auf ein Unentschieden reduzieren sollten. So entsteht ein dynamisches Gleichgewicht der Niedertracht, ein Gleichgewicht der Gier, eine Harmonie der Schurkerei.« Das sind die Gesetze, nach denen das heutige Russland funktioniert. Der Status quo.

Sollte Putin den Krieg in der Ukraine gewinnen, wird das eine Bestätigung dieser Gesetze sein, ein Gütesiegel für sein Regime, das versuchen wird, seine Schreckensherrschaft immer weiter auszudehnen. Hochgerüstet und mit dem Iran, Nordkorea und China als Waffenbrüder an der Seite könnte es in nicht mehr ferner Zukunft den Kampf gegen die NATO aufnehmen. Das würde die bisherige regelbasierte Weltordnung endgültig zum Einsturz bringen.

Putins Regime, ganz gleich, ob er selbst es noch führt oder eine Ersatzfigur aus seinem Umfeld, wird bis zu dem Tag Bestand haben, an dem die Russinnen und Russen in breiter Front dagegen rebellieren. Vieles deutet allerdings darauf hin, dass es der übergroßen Mehrheit vorerst genügt, Teil eines Imperiums zu sein. Ganz nach dem Motto: »Wir leben zwar schlecht, aber wir gehören zu einer Atommacht, vor der die Welt Angst hat und weswegen man uns respektiert.« Solange diese Gewissheit den Menschen Genugtuung verschafft, sie sich damit über Armut, Perspektivlosigkeit und staatliche Willkür hinwegtrösten, werden die Russinnen und Russen im Auftrag ihres Präsidenten, der in Wahrheit längst wie ein autokratischer Zar herrscht, Kriege gegen Nachbarn führen. Sie werden sich von Generation zu Generation herumkommandieren lassen und keinen eigenen Willen artikulieren. Sie werden eine Versammlung von ernannten, nicht gewählten Vertretern als Parlament bezeichnen, weil sie eine echte Volksvertretung nicht kennen. Sie werden sich weiter ausrauben lassen müssen, wenn ein Vertreter der Macht Anspruch auf ihr Eigentum erhebt. Diejenigen, die grundsätzlich einverstanden sind mit der Art, wie das Regime regiert, bestenfalls Nuancen in der Wirksamkeit nachschärfen wollen, Ultranationalisten zum Beispiel, die noch brutaler im Krieg gegen Nachbarn vorgehen wollen, werden in diesem russischen System immer ihren Platz behalten.

Die Konstellation der gesellschaftlichen Kräfte lässt gegenwärtig nicht erkennen, wer stark genug wäre, die herrschenden Verhältnisse zu ändern. Die liberalen, selbstbewussten und am Wohl freier Menschen interessierten Köpfe wurden vertrieben oder ihrer Instrumente vollständig beraubt. Im Land können sie keine eigenen Organisationen, Parteien oder Massenmedien mehr gründen, sie können nicht protestieren oder demonstrieren. Im Ausland schaffen sie es nicht, sich zusammenzuschließen, eine Führungsfigur zu benennen und mit einer Stimme zu sprechen. Es gibt keine Exilregierung, kein Regierungsprogramm, das man sofort umsetzen könnte.

Aus Russland ist ein gefährlicher Mafiastaat geworden, der Europas Sicherheit bedroht. Und das wird auf absehbare Zeit so bleiben. Es sei denn, das Putin-Regime wird massiv bekämpft. Von innen und von außen.

Mit einem Sieg für die Ukraine und einer Nachkriegsordnung, die die Schuld gegenüber den Opfern anerkennt, in der Entschädigungen und der Wiederaufbau der Ukraine verankert sind, die Täter zur Rechenschaft zieht und die Entwaffnung Russlands vorsieht, sodass es andere Nationen nicht mehr angreifen kann, wäre diese Gefahr gebannt. All das wäre nur unter internationaler Aufsicht gewährleistet. Die schwierigsten Aufgaben müssen die Russinnen und Russen jedoch selbst übernehmen. Der wichtigste und gefährlichste Part ist die Entflechtung von Wirtschaft und bewaffneten Institutionen. Ein Kraftakt, der außer Kontrolle geraten kann, denn keiner in der heutigen Machtelite Russlands wird seine Pfründe freiwillig hergeben. Zudem muss die Gewaltenteilung zwischen Legislative, Judikative und Exekutive neu organisiert werden, um Machtmissbrauch künftig auszuschließen. Nur so kann auf Dauer ein neuer Zar, Autokrat oder Diktator verhindert werden. Wer sich nicht mit dem Putinismus abfinden möchte, muss Widerstand gegen das Regime leisten.

## Quellen

Die Autorin greift auf Interviews und Recherchen zurück, die sie im Rahmen ihrer Arbeit als Osteuropa-Korrespondentin des Deutschlandfunks durchgeführt hat. Zitate und Wortlaute aus dem Russischen hat sie selbst übersetzt. Da regierungskritische Berichterstattung in Russland unerwünscht ist, werden immer wieder Internetseiten von der russischen Regierung gesperrt, die in diesem Fall hier als Quelle nicht mehr nachgewiesen werden können. Die Angabe der Quellen erfolgt kapitelweise und in der Reihenfolge, wie sie im Text erscheinen.

**»Schlimmer als Krieg ist nur ein verlorener Krieg«**

Dokumentation russischer Leserbriefe, Meduza, 3.6.2023, https://meduza.io/feature/2023/06/03/dazhe-nekotorye-chitateli-meduzy-opravdyvayut-vtorzhenie-v-ukrainu-my-poprosili-ih-ob-yasnit-pochemu-vot-chto-iz-etogo-vyshlo (Zugriff 14.11.2023)

Kate Tsurkan: Why Ukrainian Writers Refuse to Share Stages with Russian Authors at Festivals, The Kyiv Independent, 19.5.2023, https://kyivindependent.com/why-ukrainian-writers-refuse-to-share-stage-with-russian-authors-at-festivals/ (Zugriff 12.11.2023)

Interview mit Michail Piotrowski, Rossijskaja Gaseta, 22.6.2022, https://rg.ru/2022/06/22/kartina-mira.html (Zugriff 14.11.2023)

Sabine Adler: Schriftstellerin Ulitzkaja: »Es gab noch weitaus härtere Zeiten«, Deutschlandfunk, 5.3.2023, https://www.deutschlandfunk.de/wehrhafte-demokratie-die-russ-schriftstellerin-l-ulitzkaja-ueber-putins-krieg-dlf-6594599f-100.html (Zugriff 13.11.2023)

**Die sedierte Gesellschaft**

Juri Lewada: Die Sowjetmenschen. Soziogramm eines Zerfalls 1989–1991, München 1992

Lev Gudkov: Wahres Leben. Analysen, Diagnosen, Interventionen, Edition Osteuropa 2, Berlin 2017, S. 239 ff.

Lev Gudkov: Phasen der Gewöhnung. Russlands Krieg im Meinungsbild der Bevölkerung, Osteuropa, 4-5/2022, S. 29–43

Zwei Drittel der Russen wollen keinen über 70-Jährigen als Präsidenten, Verstka, 19.9.2023, https://verstka.media/tri-chetverti-rossiyan-ne-hotiat-videt-na-postu-prezidenta-cheloveka-starshe-70-let (Zugriff 18.12.2023)

Lev Gudkov: Der »Führer der Nation«. Putin und das Kollektivbewusstsein in Russland, Osteuropa, 5-6/2023, S. 23–71
Jan C. Behrends: Tschekist, Etatist, Imperialist. Anmerkungen zu Vladimir Putins Weltbild, Osteuropa, 11/2022, S. 111–126

**Wo eine Mini-Revolte den Führer erschreckt**

Edi Rama auf dem 18. Strategischen Forum der Internationalen Sicherheitskonferenz in Bled, Slowenien, 28./29.8.2023, https://www.youtube.com/watch?v=DkoWbUkVSAs (Zugriff 11.11.2023)
Fernsehansprache von Wladimir Putin, 24.6.2023, http://kremlin.ru/events/president/news/71496 (Zugriff 11.11.2023)
Valerie Hopkins: One Big Winner of Kremlin-Wagner Clash? The Dictator Next Door, The New York Times, 25.6.2023, https://www.nytimes.com/2023/06/25/world/europe/belarus-lukashenko-russia-wagner.html (Zugriff 11.11.2023)
Sämtliche Zitate von Jewgeni Prigoschin, Telegram (Zugriff 11.11.2023)

**Krieg als Überlebenschance für Diktatoren**

Andrea Kendall-Taylor/Erica Frantz: Putin's Forever War. How the Invasion Empowers Russia's President, Foreign Affairs, 23.3.2023, https://www.foreignaffairs.com/ukraine/putins-forever-war? (Zugriff 16.11.2023)
Interview mit Jaroslaw Hryzak, Radio NV, 27.8.2023, https://nv.ua/ukraine/events/kogda-zakonchitsya-voyna-budet-kollaps-rossii-a-ne-smert-putina-yaroslav-gricak-novosti-ukrainy-50348550.html (Zugriff 16.11.2023)
Dmitri Medwedew, Rossijskaja Gaseta, 2.7.2023, https://rg.ru/2023/07/02/epoha-protivostoianiia.html (Zugriff 15.11.2023)
Margarete Klein/Claudia Major: Dauerhafte Sicherheit für die Ukraine, Stiftung Wissenschaft und Politik, Deutsches Institut für Internationale Politik und Sicherheit, 29.6.2023, https://www.swp-berlin.org/publikation/dauerhafte-sicherheit-fuer-die-ukraine (Zugriff 15.11.2023)
Konrad Schuller: Das deutsche Hamlet-Syndrom, Frankfurter Allgemeine Sonntagszeitung, 21.5.2023, https://zeitung.faz.net/fas/politik/2023-05-21/9c8358700d076d2d160bd63c9b53765a?GEPC=s9 (Zugriff 15.11.2023)

**Silowiki auf Beutezug**

Interview mit Andrej Sykow, Inform Napalm, 27.7.2015, https://informnapalm.org/de/der-fall-putin/ (Zugriff 18.11.2013)

Wiktor Resunkow: Der Fall Putin, Radio Swoboda, 19.6.2015, https://www.svoboda.org/a/27081099.html (Zugriff 6.1.2024)

Juri Baranjok: »Putins Schlafsaal«. Ehemaliger Ermittler zum Fall Nummer 144128, Nastojaschtscheje Wremja, 29.3.2020, https://www.currenttime.tv/a/putin-investigation/30515774.html (Zugriff 6.1.2024)

Peter Triede/Andreas Thelen: Ein ehemaliger Ermittler für Sonderfälle: »Putin ist Teil der Mafia-Führung«, Inostrannaja Pressa, 26.11.2021, http://www.inopressa.ru/article/01aug2016/bild/delo (Zugriff 6.1.2024)

Der vergessene Kriminalfall W. W. Putin Nr. 144128, Dzen, 18.11.2022, https://dzen.ru/a/Y3dY4Q14_Sz_fCbB (Zugriff 6.1.2024)

Nachruf: Boris Berezovsky, BBC News, 23.3.2013, https://www.bbc.com/news/world-europe-19435227 (Zugriff 18.11.2023)

Pawel Chlebnikow: Der Pate des Kremls. Wie Boris Beresowski sein Imperium aufbaute, Forbes, 29.11.2017, https://www.forbes.ru/biznes/100-let-forbes353509-krestnyy-otec-kremlya-kak-boris-berezovskiy-postroil-svoyu-imperiyu (Zugriff 18.12.2023)

Maria Sokolova: Fünftausend Kinder werden als Pioniere auf dem Roten Platz aufgenommen, Parlamenskaja Gaseta, 17.5.2022, https://www.pnp.ru/social/na-krasnoy-ploshhadi-primut-v-pionery-pyat-tysyach-detey.html (Zugriff 18.11.2023)

John Hyatt: Meet the Oligarch who Whispers in Putin's Ear, Forbes, 18.3.2022, https://www.forbes.com/sites/johnhyatt/2022/03/18/meet-the-man-who-whispers-in-putins-ear/ (Zugriff 18.11.2023)

Wer hat für den Krieg gearbeitet?, Projekt, https://war-proekt.media/spisok-oligarkhov/provider/aleksey-mordashov/ (Zugriff 27.11.2023)

David Smith: Inside the Hiddenworld of Roman's Empire, The Guardian, 24.12.2006, https://www.theguardian.com/world/2006/dec/24/sport.football (Zugriff 27.11.2023)

Martin Fricker: Roman Abramovich Revealed: The Dangerous World of Roman and Russia's Oligarchs, Mirror, 12.3.2012, https://www.mirror.co.uk/news/uk-news/roman-abramovich-revealed-the-dangerous-world-89764 (Zugriff 27.11.2023)

Jacob Steinberg: Abramovich Hands »Stewardship and Sare of Chelsea« to Charitable Foundation, The Guardian, 26.2.2022, https://www.

theguardian.com/football/2022/feb/26/abramovich-hands-stewardship-and-care-of-chelsea-to-charitable-foundation (Zugriff 27.11.2023)
Group Buys Chelsea FC for More than $5 Billion, Deutsche Welle, 5.7.2022, https://www.dw.com/en/group-buys-chelsea-fc-for-more-than-5-billion/a-61716368 (Zugriff 27.11.2023)
Nick Wallis: Sanctioning an Oligarch Is Not So Easy, OCCRP, 22.3.2022, https://www.occrp.org/en/asset-tracker/sanctioning-an-oligarch-is-not-so-easy-why-the-money-trail-of-alisher-usmanov-one-of-russias-wealthiest-men-is-difficult-to-follow (Zugriff 27.11.2023)
Mark Krutov/Robert Coalson: FinCEN Leak Sheds Light On The Hidden Money Flows Of Putin's Russia, Radio Free Europe/Radio Liberty, 24.9.2020, https://www.rferl.org/a/major-questions-fincen-leak-sheds-light-on-the-hidden-money-flows-of-putin-s-russia/30855925.html (Zugriff 27.11.2023)
Wladislaw Surkow: Putins langer Staat, 11.2.2019, Nesawissimaja Gaseta, https://www.ng.ru/ideas/2019-02-11/5_7503_surkov.html (Zugriff 2.1.2024)
A Window into Yandex's Censorship. A Source Code Leak Reveals How Russia's Top Tech Company Protects Putin's Image, Meduza, 1.2.2023, https://meduza.io/en/feature/2023/02/01/a-window-into-yandex-s-censorship (Zugriff 29.11.2013)
Agathe Duparc/Robert Bachmann: Russische Oligarchen und die Schweiz, Public Eye, 9.5.2022, https://www.publiceye.ch/de/themen/ukraine/russische-oligarchen-und-die-schweiz/oligarchen-galerie (Zugriff 29.11.2023)
»Toxic assets« – How Russia's Invasion of Ukraine Tore Yandex Apart, Meduza, 6.5.2022, https://meduza.io/en/feature/2022/05/06/toxic-assets (Zugriff 3.1.2024)
Tweet von @banteg, 27.1.2023, https://twitter.com/bantg/status/1618797815605657600 (Zugriff 29.11.2023)
Tweet von @banteg, 27.1.2023, https://twitter.com/bantg/status/1618799484418523137 (Zugriff 29.11.2023)
Siladitya Ray: Billionaire Founder of Russia's Google' Condemns »Barbaric« Ukraine Invasion, Forbes, 10.8.2023, https://www.forbes.com/sites/siladityaray/2023/08/10/billionaire-founder-of-russias-google-condemns-barbaric-ukraine-invasion/?sh=4c33f3fa1a28 (Zugriff 29.11.2023)

Andreas Heinemann-Grüder: Russlands irreguläre Armeen, Osteuropa, 11/2022, S. 127–156
Michail Krutichin: Nationaler Reichtum – auf Wiedersehen. Wie Putin Gazprom ruinierte und Europa »einfrieren« wollte, The Insider, 13.7. 2023, https://theins.ru/opinions/krutikhin/263291 (Zugriff 29.11.2023)
Ein Geschäftsmann aus Magadan erzählt, wie ihm ein FSB-Offizier seine Firmen weggenommen hat, Kasparov.ru, 20.7.2020, https://www.kasparovru.com/material.php?id=5f15348084a5e (Zugriff 30.11.2023)
Why Russia Locks Up so Many Entrepreneurs, BBC News, 2.7.2012, https://www.bbc.com/news/magazine-18706597 (Zugriff 30.11.2023)
Yulia Krylova/Judy Deane/Louise Shelley: Reiderstvo 2.0. The Illegal Raiding Pandemic in Russia, TraCCC Consulting LLC, Juni 2021, https://traccc.gmu.edu/wp-content/uploads/2022/03/Reiderstvo-2.0-The-illegal-raiding-pandemic-in-Russia-1.pdf (Zugriff 18.12.2023)
E. V. Avdeeva: Schutz der Rechte von Unternehmern: Umgestaltung des Strafrechts zur Umsetzung des Potenzials der russischen Wirtschaft, Lex Russia, 2023, 76/7, S. 48–59, https://lexrussica.msal.ru/jour/article/view/3189?locale=en_US (Zugriff 3.1.2024)
Anastasia Kornja: Geschäfte in Russland werden immer unheimlicher, Wedomosti, 25.3.2020, https://www.vedomosti.ru/society/articles/2020/05/24/830948-strashnee-biznesom (Zugriff 30.11.2023)
Veronika Bode: Warum Beamte in Russland als böse wahrgenommen werden, Radio Swoboda, 8.7.2010, https://www.svoboda.org/a/2094820.html (Zugriff 30.11.2023)
Sabine Adler: Soziologe Gudkov rechnet mit »Periode des Niedergangs«, Deutschlandfunk, 29.10.2023, https://www.deutschlandfunk.de/interview-prof-gudkov-lev-wissenschaftlicher-leiter-levada-zentrum-moskau-dlf-bc55021c-100.html (Zugriff 18.12.2023)

**Das Schreckgespenst vom Bürgerkrieg**

Andrej Piontkowski: Die Russische Föderation hat die ersten Vorboten des Bürgerkriegs, Espreso, 31.12.2022, https://espreso.tv/u-rf-e-pershi-peredvisniki-gromadyanskoi-viyni-piontkovskiy (Zugriff 18.12.2023)
Schoigus neue Gardisten: Mörder, Vergewaltiger, Rückfällige, Olga Romanowa über die russische Armee, Verstka, 16.6.2023, https://verstka.media/novye-gvardejcy-shojgu (18.12.2023)

Leonid Newslin im Gespräch mit Igor Jakowenko, Januar 2023, https://www.youtube.com/live/tKVIbJ2fLSo?feature=share&t=1218 (Zugriff 18.12.2023)
Tobias Eßer: Wagner-Anhänger drohen mit »katastrophalen Folgen«, t-online, 24.8.2023, https://www.t-online.de/nachrichten/ausland/internationale-politik/id_100230704/wurde-prigoschin-ermordet-wagner-anhaenger-drohen-mit-katastrophalen-folgen-.html (Zugriff 18.12.2023)
Ilschat Saripow: »Gangster Game of Thrones«. Soziale Netzwerke über den möglichen Tod von Prigoschin, Radio Swoboda, 24.8.2023, https://www.svoboda.org/a/banditskaya-igra-prestolov-sotsseti-o-gibeli-prigozhina/32562648.html (Zugriff 18.12.2023)
Sabine Adler: Wer steckt hinter den russischen Privatarmeen?, Deutschlandfunk, 30.5.2023 https://www.deutschlandfunk.de/russlands-privatarmeen-viele-bewaffnete-konkurrenten-dlf-3f39fe36-100.html (Zugriff 18.12.2023)
Ilja Ivanow: Zirkulation von PMC in der Staatsduma, Snob, https://snob.ru/society/armii-po-vyzovu-glava-6/ (Zugriff 18.12.2023)
Miles Johnson: Wagner Leader Generated $250mn from Sanctioned Empire, Financial Times, 21.2.2023, https://www.ft.com/content/98e478b5-c0d4-48a3-bcf7-e334a4ea0aca (Zugriff 18.12.2023)
Peskow erinnerte an die Notwendigkeit eines Präsidialdekrets zur Begnadigung, RBC, 9.1.2023, https://www.rbc.ru/rbcfreenews/63bbf2049a79474176669ceb (18.12.2023)
Maxim Litavrin/Anna Pavlova: The Wagner Map. 17.000 Inmates Unaccounted for in 35 Russian Regions Amid Recruitment for War in Ukraine, Mediasona, 25.4.2023, https://zona.media/article/2023/04/17/17000 (Zugriff 2.12.2023)
»Ich würde alles aufgeben und wieder nach Bachmut gehen«, Meduza, 6.9.2023, https://meduza.io/feature/2023/09/06/ya-by-vse-otdal-i-opyat-poshel-na-bahmut (Zugriff 18.12.2023)
Abbas Galljamow: Prigoschin stürzt Putins Regime, Juli 2023, https://www.youtube.com/watch?v=WVuRd84ZiMk (Zugriff 18.12.2023)
Lew Kamenew: »Jeder stirbt, es ist besser, im Krieg zu sterben als an Alkoholismus«, RIASV, 25.11.2022, https://riasv.ru/rossiya/2022/11/25/vsem-ymirat-tak-lychshe-vsego-na-voine-chem-ot-alkogolizma-pytin-podderjal-materei-pogibshih-soldat/ (Zugriff 18.12.2023)

»Packt sie ein und schickt sie zum Kommandanten«, The Insider, 11.1.2023, https://theins.info/news/260886 (Zugriff 18.12.2023)
»Die Partei ist giftig geworden«, Fontanka, 5.5.2023, https://www.fontanka.ru/2023/04/05/72194036/ (Zugriff 18.12.2023)
Sergej Mironow: »Ich habe meinen Kollegen alles über Prigoschin erzählt«, Fontanka, 1.3.2023, https://www.fontanka.ru/2023/03/01/72098735/ (Zugriff 18.12.2023)
Shane Harris/Isabelle Khurshudyan: Wagner Chief Offered to Give Russian Troop Locations to Ukraine, Leak Says, The Washington Post, 15.5.2023, https://www.washingtonpost.com/national-security/2023/05/14/prigozhin-wagner-ukraine-leaked-documents/ (Zugriff 2.12.2023)
Vitaly Kropman: Putin hat den Tod von Prigoschin anerkannt, Deutsche Welle, 24.8.2023, https://www.dw.com/ru/putin-fakticeski-priznal-smert-prigozina/live-66617684 (Zugriff 18.12.2023)
Thomas Grove/Alan Cullison/Bojan Pancevski: How Putin's Right-Hand Man Took Out Prigozhin, Wall Street Journal, 22.12.2013, https://www.wsj.com/world/russia/putin-patrushev-plan-prigozhin-assassination-428d5ed8?mod=Searchresults_pos1&page=1 (Zugriff 3.1.2024)

**Putins Geheimtruppe – vom Exportschlager zum Konkurrenten um die Macht**

Pieter D. Wezeman/Justine Gadon/Siemon T. Wezeman: Trends in International Arms Transfers 2022, SIPRI Fact Sheet, März 2023, https://www.sipri.org/sites/default/files/2023-03/2303_at_fact_sheet_2022_v2.pdf (Zugriff 20.12.2023)
Africa Center for Strategic Studies: Tracking Russian Interference to Derail Democracy in Africa, 21.6.2023, https://africacenter.org/spotlight/russia-interference-undermine-democracy-africa/ (Zugriff 5.12.2023)
Veaceslav Epureanu: Wandernde »Musiker«. Was erwartet den Wagner-PMC nach dem Mord an Prigoschin und Utkin, The Insider, 13.9.2023, https://theins.ru/politika/264814 (Zugriff 20.12.2023)
NYT: SVR und die Hauptdirektion des Generalstabs des Verteidigungsministeriums versuchen, Prigoschins Vermögen unter sich aufzuteilen, Mediasona, 8.9.2023, https://zona.media/news/2023/09/08/aktivy (Zugriff 20.12.2023)

Andreas Heinemann-Grüder: Russlands irreguläre Armeen, Osteuropa, 11/2022, S. 127–156
Interview mit Abbas Galljamow Juni 2023, https://www.youtube.com/watch?v=WVuRd84ZiMk (Zugriff 20.12.2023)

**Gefahr von rechts außen**

Ivana Kottasová: Putin's Digital Footsoldiers: How Bloggers Became a Key Cog in Russia's War Machine, CNN, 4.4.2023, https://edition.cnn.com/2023/04/04/europe/russia-military-bloggers-war-machine-intl-cmd/index.html (Zugriff 20.12.2023)
Alexander Kislow: Gegen Wladimir Kwatschkow wurde ein Verwaltungsverfahren wegen Diskreditierung der Armee eingeleitet, Kommersant, 18.7.2023, https://www.kommersant.ru/doc/6110878?tg (Zugriff 20.12.2023)
Ilja Barabanow: »Es gab eine schwierige Situation mit hochrangigen Kommandeuren.« Warum ist der Kommandeur der 58. Armee abgereist?, BBC, 13.7.2023, https://www.bbc.com/russian/articles/c512gjwnjqlo (Zugriff 20.12.2023)
Otschir Mandschikows Aussage wurde auf der Seite der Organisation Digitaler Widerstand im sozialen Netzwerk *Vkontakte* am 12. Mai 2019 zitiert, https://vk.com/wall-160561153_152 (Zugriff 20.12.2023)
Sabine Adler: Russlands Privatarmeen. Zunehmende Militarisierung und ein drohender Bürgerkrieg, Deutschlandfunk, 13.6.2023, https://www.deutschlandfunk.de/russlands-privatarmeen-100.html (Zugriff 20.12.2023)
Interview mit Alexej Baranowski, Freedom, Juli 2023, https://www.youtube.com/watch?v=VOuxtpuJplA (Zugriff 20.12.2023)

**Die »versklavten Völker« der Russischen Föderation**

Sabine Adler: Interview mit Anna Politkowskaja, Deutschlandfunk, 27.8.2004
Die Absage der Mobilmachung in Tschetschenien war eine Reaktion auf den Protest der Mütter in Grosny, Kaukasischer Knoten, 23.9.2022, https://www.kavkaz-uzel.eu/articles/381406/ (Zugriff 20.12.2023)
Irina Garina: Militärexperte Pawel Luzin: Wie sich die Kämpfe zwischen Russland und der Ukraine qualitativ verändert haben und

warum noch niemand aufhören wird, Nowaja Gaseta Europe, 17.9.2023, https://rus.jauns.lv/article/novosti/576699-voennyi-ekspert-pavel-luzin-o-tom-kak-kacestvenno-izmenilis-boi-mezdu-rossiei-i-ukrainoi-i-pocemu-poka-nikto-ne-ostanovitsya (Zugriff 20.12.2023)
Jewgeni Senschin: Militärexperte Pawel Luzin über die vorläufigen Ergebnisse des Krieges im Jahr 2022, die Denuklearisierung der Russischen Föderation und künftige Reparationen, Republik, 15.12.2023, https://republic.ru/posts/106495 (Zugriff 20.12.2023)
Vereintes Russland? Wie Russland nach Medwedew die Autonomiebestrebungen der Republiken ausmerzt, DOXA, https://doxa.team/articles/yedinaya-rossija (Zugriff 19.12.2023)
Andrej Krasno: »Imperiales Regime«: Ein Aktivist aus Kalmückien über die Zukunft ohne Russland, Kaukaz, 24.8.2023, https://www.kavkazr.com/a/32562662.html (Zugriff 20.12.2023)
Wladimir Dowdanow: Die Ukrainer kämpfen nicht nur für ihre Freiheit, sondern auch für die Unabhängigkeit des kalmückischen Volkes, IUATV, 23.8.2022, https://i-ua.tv/world/59170-ukraintsy-boryutsya-ne-tolko-za-svoyu-svobodu-no-i-za-svobodu-i-nezavisimost-kalmytskogo-naroda-zamestitel-predsedatelya-kongressa-ojrat-kalmytskogo-naroda (Zugriff 20.12.2023)
Karina Pronina: Der Buddhismus des Putin-Regimes, Baikal Journal, 14.2.2023, https://baikal-journal.ru/2023/02/14/buddizm-putinskogo-rezhima/ (Zugriff 20.12.2023)
Sabine Adler: Viel Rauch, viele Feuer – Die Wirklichkeit der russischen Klimapolitik, Deutschlandfunk, 6.7.2021, https://www.deutschlandfunk.de/viel-rauch-viele-feuer-die-wirklichkeit-der-russischen-klimapolitik-dlf-350845d3-100.html (Zugriff 20.12.2023)
Russia Economy Is Increasingly Structured Around ist War in Ukraine, The New York Times, 9.10.2023, https://www.nytimes.com/2023/10/09/business/economy/russia-economy-ukraine-war.html (Zugriff 19.12.2023)
Sabine Adler: Russischer Oligarch engagiert sich auf Tschukotka, Deutschlandradio Kultur, 10.3.2004
Mintimer Schaimijew, Polit.ru, 20.1.2022, https://polit.ru/news/2022/01/20/shaymiev/ (Zugriff 20.12.2023)
Andrej Perzew: »Wir wollen uns nicht von Russland abspalten, aber wir wollen in einem normalen demokratischen Land leben.«, Meduza,

12.1.2023, https://meduza.io/feature/2023/01/12/my-ne-hotim-vyhodit-iz-sostava-rossii-no-hotim-zhit-v-normalnoy-demokraticheskoy-strane (Zugriff 20.12.2023)
»Das ist nicht unser Krieg.« Baschkirische Nationalisten leisten bewaffneten Widerstand, Verstka, 18.10.2022, https://verstka.media/vooruzhennoe-soprotivlenie-bashkortostana (Zugriff 19.12.2023)
Alexander J. Motyl: It's High Time to Prepare for Russia's Collapse, Foreign Policy, 7.1.2023, https://foreignpolicy.com/2023/01/07/russia-ukraine-putin-collapse-disintegration-civil-war-empire/#cookie_message_anchor (Zugriff 20.12.2023)
Kirill Buketow: »Das russische Regime ist ein Wiederkäuen der globalen neoliberalen Weltordnung.« Postkolonialismus-Forscherin Madina Tlostanowa über Dekolonisierung, Russlands Vergangenheit und Zukunft, DOXA, 15.9.2023, https://doxa.team/articles/neolibmetropolerussia (Zugriff 20.12.2023)
Karina Pronina: Der Buddhismus von Putins Regime, Baikal Journal, 14.2.2023, https://baikal-journal.ru/2023/02/14/buddizm-putinskogo-rezhima/ (Zugriff 20.12.2023)
Danchajaa Chowalig: »Du gehörst also uns!« Nein, ich gehöre nicht zu euch, Holod, 10.3.2023, https://holod.media/2023/03/10/dekolonizatsiia-tyvy/ (Zugriff 20.12.3023)
Sabine Adler: Wo Bodenschätze schwer zu heben sind, Deutschlandfunk, 10.8.2023, https://www.deutschlandfunk.de/rohstoff-reichtum-in-der-ukraine-wo-schaetze-schwer-zu-heben-sind-dlf-3aec997a-100.html (Zugriff 20.12.2023)
Alexej Tschesnakow: Interview mit Wladislaw Surkow, Aktueller Kommentator, 26.2.2023, https://actualcomment.ru/surkov-mne-interesno-deystvovat-protiv-realnosti-2002260855.html (Zugriff 20.12.2023)
Ilja Scheguljow: Wie Putin die Ukraine hasste, Verstka, 25.4.2023, https://verstka.media/kak-putin-pridumal-voynu (Zugriff 20.12.2023)
Wladislaw Surkow: Die düstere Zukunft der unzüchtigen Welt, Aktueller Kommentator, 15.2.2022, https://actualcomment.ru/tumannoe-budushchee-pokhabnogo-mira-2202150925.html (Zugriff 10.12.2023)
Natan Dubowizki: Nahe Null, Berlin 2010
John Simkin: Gaeth Jones, September 1997/März 2022, Spartacus Educational, https://spartacus-educational.com/GBjonesG.htm (Zugriff 20.12.2023)

**Schutzlos ausgeliefert**

Der ehemalige Söldner Andrej Medwedew, der nach Norwegen geflohen ist, ist bereit, über die Verbrechen des Wagner-PMC zu sprechen, BBC, 17.1.2023, https://www.bbc.com/russian/news-64292609 (Zugriff 20.12.2023)

Stanislav Aseyev: Heller Weg. Geschichte eines Konzentrationslagers im Donbass 2017–2019, Hannover 2021

Sabine Adler: Ein Zeugnis abgrundtiefer menschlicher Bosheit, Deutschlandfunk, 19.1.2022, https://www.deutschlandfunk.de/ein-zeugnis-abgrundtiefer-menschlicher-bosheit-100.html (Zugriff 12.12.2023)

Pawel Filatjew: ZOV – Der verbotene Bericht. Ein russischer Fallschirmjäger packt aus, Hamburg 2022

Uladzimir Zhyhachou: Russischer Soldat verklagt nach Bucherfolg seine Helfer, n-tv, 9.12.2022, https://www.n-tv.de/politik/Russischer-Soldat-verklagt-nach-Bucherfolg-seine-Helfer-article23772253.html (Zugriff 20.12.2023)

Tatjana Schweitzer: »Es ist Unsinn, wenn sie versuchen, einen Reporter zu töten.«, Deutsche Welle, 17.8.2023, https://www.dw.com/ru/elena-kostucenko-eto-bred-kogda-pytautsa-ubit-reportera/a-66562542 (Zugriff 13.12.2023)

Friedrich Schmidt: »Die Schläger haben Carte blanche.« Aljona Popowa kämpft seit Jahren gegen häusliche Gewalt, Frankfurter Allgemeine Zeitung, 6.1.2023, https://www.faz.net/aktuell/politik/ausland/gewalt-in-russland-aljona-popowa-ueber-krieg-und-haeusliche-gewalt-18581594.html (Zugriff 12.12.2023)

**Kinder als Kriegsbeute**

Jaroslaw Schimow: Das letzte Gefecht gegen das Imperium. Der Krieg in der Ukraine als antikolonialer Kampf, Swoboda, 18.8.2022, https://www.svoboda.org/a/posledniy-boy-protiv-imperii-voyna-v-ukraine-kak-antikolonialnaya-borba/31991150.html (Zugriff 20.12.2023)

Wladimir Putin: »Über die historische Einheit von Russen und Ukrainern«, 12.7.2021, http://kremlin.ru/events/president/news/66181 (Zugriff 12.12.2023)

Timofei Sergejzew: Was Russland mit der Ukraine machen soll, RIA, 3.4.2022, https://ria.ru/20220403/ukraina-1781469605.html (Zugriff 12.12.2023)

Sabine Adler: Wie russische Besatzer ukrainische Kinder verschleppen, Deutschlandfunk, 6.2.2023, https://www.deutschlandfunk.de/russland-verschleppt-kinder-aus-der-ukraine-dlf-4787f5b8-100.html (Zugriff 20.12.2023)
Wladimir Putin trifft die Kommissarin für Kinderrechte Maria Lvova-Belova, Internet-Portal des Kremls, 16.2.2023, http://kremlin.ru/events/president/news/70524 (Zugriff 20.12.2023)
Wer ist Marija Lwowa-Belowa?, BBC, 17.3.2023, https://www.bbc.com/russian/news-64990678 (Zugriff 12.12.2023)
Steve Crawshaw: Milošević Finally Stood Trial at The Hague – and Vladimir Putin isn't Above The Law Either, The Guardian, 22.3.2023, https://www.theguardian.com/commentisfree/2023/mar/22/i-watched-milosovic-stand-trial-icc-vladimir-putin (Zugriff 20.12.2023)
Warum Armenien entgegen der Position Russlands das Römische Statut ratifiziert, RBC, 3.10.2023, https://www.rbc.ru/politics/03/10/2023/651c20c59a794723f71e463b (Zugriff 20.12.2023)
Sabine Adler: Kinder im Ukraine-Krieg. Angst, Hass und Depressionen, Deutschlandfunk, 11.1.2023, https://www.deutschlandfunkkultur.de/ukraine-kinder-100.html (Zugriff 20.12.2023)

**Der Traum von Russlands Läuterung**

Wie Russland und die Welt auf die Entscheidung des Gerichts in Den Haag reagierten, einen Haftbefehl gegen Putin zu erlassen, RTVI, 17.3.2023, https://rtvi.com/news/kak-v-rossii-i-mire-otreagirovali-na-reshenie-suda-v-gaage-vydat-order-na-arest-putina/ (Zugriff 20.12.2023)
Sabine Adler: Soziologe Gudkov: Russische Opposition ist gescheitert – Land erwartet ausgedehnte Periode des Niedergangs, Deutschlandfunk, 13.12.2023, https://www.deutschlandfunk.de/soziologe-gudkov-russische-opposition-ist-gescheitert-land-erwartet-ausgedehnte-periode-des-niederga-102.html (Zugriff 20.12.2023)
Marina Baranovska: Wie realistisch sind russische Reparationen?, Deutsche Welle, 23.11.2022, https://www.dw.com/de/ukraine-wie-realistisch-sind-russische-reparationen/a-63849687 (Zugriff 20.12.2023)

**Kann es die Opposition richten?**

Sabine Adler: Soziologe Gudkov: Russische Opposition ist gescheitert – Land erwartet ausgedehnte Periode des Niedergangs, Deutschland-

funk, 13.12.2023, https://www.deutschlandfunk.de/soziologe-gudkov-russische-opposition-ist-gescheitert-land-erwartet-ausgedehnte-periode-des-niederga-102.html (Zugriff 20.12.2023)
Faustine Vincent: Russian Opponents in Exile Seek to Overcome Their Differences to Pave the Way for a Post-Putin Era, Le Monde, 25.5.2023, https://www.lemonde.fr/en/russia/article/2023/05/25/russian-opponents-in-exile-seek-to-overcome-their-differences-to-pave-the-way-for-a-post-putin-era_6028046_140.html (Zugriff 6.1.2024)

**Was verlorene Schlachten lehren**

Michael Jonas: »Eisige Hölle«. Der sowjetisch-finnische Winterkrieg 1939/40, Osteuropa, 3-4/2023, S. 83–101
Georg Wurzer: Kleiner Krieg mit großer Wirkung. Der sowjetische Afghanistankrieg 1979–1989, Osteuropa, 3-4/2023, S. 103–120
Swetlana Alexijewitsch: Zinkjungen. Afghanistan und die Folgen, Berlin 2016
Fjodor Dostojewski: Gesamtausgabe. Aufsätze, Bd. 27, Moskau 1984, S. 21
Pjotr Tschaadajew: Aufsätze und Briefe, Moskau 1989, S. 204
Sabine Adler: Gespräch mit Viktor Jerofejew, Deutschlandfunk, 18.6.2023, https://www.deutschlandfunk.de/wie-geht-es-weiter-mit-russland-viktor-jerofejew-im-gespraech-dlf-c3ef4c56-100.html (Zugriff 20.12.2023)
Sabine Adler: Scherbakowa: Änderung in Russland nur ohne Putin möglich, Deutschlandfunk, 23.2.2023, https://www.deutschlandfunk.de/zeitzeugen-im-gespraech-die-historikerin-und-germanistin-irina-scherbakowa-dlf-da4192ab-100.html (Zugriff 15.12.2023)

**Was also wird aus Russland?**

Wladislaw Surkow: Putins langer Staat, Nesawissimaja Gaseta, 11.2.2019, https://www.ng.ru/ideas/2019-02-11/5_7503_surkov.html (Zugriff 20.12.2023)

## Dank

Gesprächspartner in Russland riskieren eine Menge, wenn sie die Wahrheit sagen. Deshalb sind viele Menschen zu einem Austausch gar nicht bereit. Die Mutigen, die ich in den vergangenen Monaten sprechen konnte, bewundere ich, weil ich weiß, in welche Gefahr sie sich begeben haben. Zu ihrem Schutz nenne ich keine Namen. Mit einer Ausnahme: Vera Ananjewa. Aber auch der ist ein Pseudonym. Diejenige, die so genannt werden möchte, weiß, dass ich mich bei ihr hiermit ganz besonders für ihre unermüdliche Hilfe bei der Recherche bedanke.

Ein später Dank geht an die, die mir in besseren Zeiten Interviews gewährt haben, sie waren auch damals schon aufrichtiger als andere.

Sehr hilfreich waren meine Erstleser: Wolfgang Klose, Wolfgang Eichwede, Manfred Sapper, Anne Rabe, Klaudia Pape, Kerstin Kohlenberg, die den Text mit ihren wertvollen sachdienlichen, freundschaftlichen, aber nicht weniger kritischen Hinweisen verbessert haben. Sollten sich Fehler eingeschlichen haben, gehen sie allein auf meine Kappe. Das gilt auch für die sorgsame Durchsicht von Stephan Pauli und Stefan Kahlau.

Das hartnäckige Interesse von Maike Nedo schätzte ich an ihr als meiner Lektorin ganz besonders.

Und ohne meinen Mann Friedrich Schmidt, seine wie immer konstruktive Begleitung, ohne den lebhaften Austausch mit ihm, hätte es dieses Buch so früh und in diesem Umfang nicht gegeben. Dafür danke ich ihm von Herzen.